《政府采购实务》
编委会

主　　任　杜　杰

副 主 任　李习民　黎　明　张　伟

主　　编　李海燕

副 主 编　程振华　王　蓓　付方龙　宋　浠

编写人员　肖　飞　汪　丹　武天仪　张　威
　　　　　　胡火轮　张　晨　沈　车　刘文斌

审　　稿　邓先科　刘　刚

政府采购实务

Practice of Government Procurement

湖北省招标股份有限公司 编

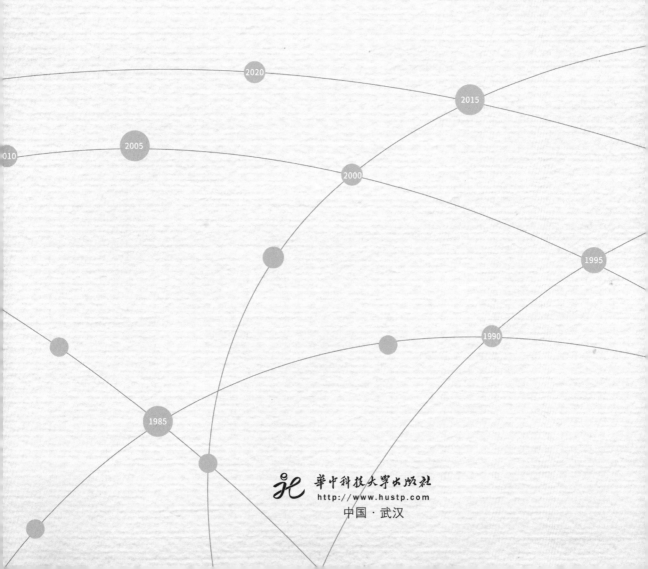

华中科技大学出版社
http://www.hustp.com
中国·武汉

内 容 简 介

本书归纳和总结了我国政府采购的基本制度和操作程序,从采购人、采购代理机构、供应商和评审专家等不同角度,运用比较法、实证法、图示法等多种分析方法,对政府采购的基本制度和操作实务进行了全面阐述,特别是对政府采购实施过程中容易出现的问题进行了实证分析,是一项开创性的工作。对采购人、采购代理机构和供应商正确理解及把握政府采购政策,规范政府采购行为具有重要的理论意义和现实指导意义。

本书适合政府采购从业人员、相关专业学生、供应商、政府采购评审专家等,在学习和工作中作为参考资料。

图书在版编目(CIP)数据

政府采购实务/湖北省招标股份有限公司编. —武汉:华中科技大学出版社,2020.10(2023.5重印)
ISBN 978-7-5680-6674-7

Ⅰ.① 政… Ⅱ.① 湖… Ⅲ.① 政府采购制度—中国 Ⅳ.① F812.2

中国版本图书馆 CIP 数据核字(2020)第 186184 号

政府采购实务
Zhengfu Caigou Shiwu

湖北省招标股份有限公司 编

策划编辑:徐晓琦
责任编辑:陈元玉
封面设计:何 轩 刘 洋 原色设计
责任监印:徐 露
出版发行:华中科技大学出版社(中国•武汉)　　电话:(027)81321913
　　　　　武汉市东湖新技术开发区华工科技园　　邮编:430223
录　　排:华中科技大学出版社美编室
印　　刷:湖北新华印务有限公司
开　　本:787mm×1092mm　1/16
印　　张:31.75　　插页:2
字　　数:552 千字
版　　次:2023 年 5 月第 1 版第 3 次印刷
定　　价:88.00 元

本书若有印装质量问题,请向出版社营销中心调换
全国免费服务热线:400-6679-118　竭诚为您服务
版权所有　侵权必究

序 言

政府采购制度是现代财政制度的重要组成部分,是国家宏观调控的重要手段,也是全面依法治国建设法治政府、廉洁政府的重要内容。《中华人民共和国政府采购法》(以下简称《政府采购法》)正式实施17年来,全国政府采购规模从2002年的1000亿元增加到2019年的33067亿元。政府采购涉及了国计民生的方方面面,为我国经济社会的发展作出了重大贡献。

《政府采购法》自2003年正式实施以来,政府采购经历了从借鉴、试点、规范、完善到逐步与世界接轨的演变过程,初步形成了"统一监管、管采分离、机构分设、集中与分散相结合"的制度框架。随着以《政府采购法》为核心的政府采购制度法律框架的形成,建立了比较完备的政府采购管理机构,确立了集中采购与分散采购相结合的政府采购模式,初步建成政府采购信息管理系统。政府采购的经济效益、社会效益越来越明显,不仅提高了财政资金的使用效益,而且在维护国家和社会公共利益、防范腐败、支持节能环保和促进自主创新等发挥了积极作用。

政府采购制度作为政府财政制度的重要组成部分,在我国也就二十多年的历史,尚处于初级阶段,制度体系运行机制需要完善。政府采购的参与主体,包括采购人、采购代理机构、供应商等对政府采购法律法规的认识不足、把握不准,影响了政府采购的质量和效率。在具体执行中存在着"价高质次""效率低下""采购腐败"等现象。对此,2018年11月14日,中央全面深化改革委员会第五次会议审议通过了《深化政府采购制度改革方案》等,指出:深化政府采购制度改革要坚持问题导向,强化采购人主体责任,建立集中采购机构竞争机制,改进政府采购代理和评审机制,健

全科学高效的采购交易机制,强化政府采购政策功能措施,健全政府采购监督管理机制,加快形成采购主体职责清晰、交易规则科学高效、监管机制健全、政策功能完备、法律制度完善、技术支撑先进的现代政府采购制度。2019年12月,全国政府采购改革工作会议确定了进一步规范政府采购工作的重点,即以强化采购人主体责任为核心,全面落实"谁采购、谁负责"的原则;以完善政府采购交易制度为重点,推动实现"物有所值"的采购目标;以建立健全政府采购政策落实机制为抓手,进一步发挥政府采购对经济社会发展的促进作用;以优化政府采购营商环境为契机,有效保障各类市场主体平等参与政府采购活动的权利;以实施"互联网+政府采购"为支撑,不断提升政府采购的监管能力、运行效率和服务水平;以推进采购代理机构和专家业务转型为突破,不断提升政府采购的专业化水准。

本书立足我国政府采购的基本制度,从采购人、采购代理机构、供应商和评审专家等不同角度,对政府采购的基本概念、基本制度和操作规范进行了系统的归纳和阐述;对政府采购的基本方法和程序以图示法、列表法等直观的方式呈现给读者;对政府采购实施过程中容易出现的问题以典型案例的形式进行了实证分析。本书还设置了"百问百答"内容,就政府采购项目执行过程中的问题简明扼要地作了解答。这是一部目前政府采购领域论述较为集中、系统、全面的书籍。既有理论性,也有很强的可操作性;既是一本系统的理论专业著作,也是一本政府采购实务指南。对采购人、采购代理机构和供应商正确理解和全面把握政府采购政策和采购程序,规范政府采购行为,提高政府采购的质量和效率都有很大的帮助。

本书是湖北省招标股份有限公司自成立35年以来出版的第一部政府采购专业书籍,是该公司从事政府采购代理一线工作人员多年的实践积累和经验总结的成果,体现了编写团队对我国政府采购理论以及政府采购相关政策、法规和制度的深刻理解与具体把握。希望本书的出版对广大读者有所裨益,对推动我国政府采购工作走向规范化、制度化、程序化贡献一份力量。

湖北省政府采购协会会长

2020 年 9 月

目 录

第一部分 总论

第一章 政府采购基本概念 /3
第一节 政府采购的定义 /3
第二节 政府采购的原则 /4
第三节 政府采购政策 /5

第二章 政府采购当事人 /8
第一节 采购人 /8
第二节 采购代理机构 /9
第三节 供应商 /14

第三章 政府采购项目属性及采购方式 /16
第一节 政府采购项目属性 /16
第二节 政府采购方式 /18
第三节 政府采购流程 /21
第四节 电子化采购的创新及应用 /67

第四章 政府采购法律体系 /70
第一节 政府采购法律体系 /70
第二节 《政府采购法》与《招标投标法》 /71

第二部分 采购人实务

第五章 政府采购内部控制管理 /83
第一节 政府采购内控原则 /83
第二节 政府采购内控管理任务 /85
第三节 政府采购内控管理措施 /86
第四节 政府采购内控制度建设 /89

第六章 政府采购预算编制及意向公开/94
第一节 政府采购预算编制依据及程序 /94
第二节 政府采购预算调整 /95
第三节 政府采购预算编制的注意事项 /96
第四节 采购需求意向公开 /98

第七章 政府采购需求的编制/101
第一节 采购需求编制的方法 /101
第二节 采购需求编制的内容及要求 /103

第八章 政府采购代理机构的选择和委托/106
第一节 采购代理机构的选择 /106
第二节 采购代理机构的委托 /108
第三节 采购人与采购代理机构的相互监督 /111

第九章 政府采购项目的执行 /113
第一节 政府采购预算执行计划备案 /113
第二节 采购文件的确认 /116
第三节 采购人代表的委派 /117
第四节 采购结果的确认 /120
第五节 询问、质疑的答复和配合投诉处理 /124

第十章　政府采购合同的签订　/126
第一节　政府采购合同签订的要求　/126
第二节　政府采购合同的分包、补充、变更　/130

第十一章　政府采购合同的履约验收及支付　/133
第一节　履约验收的要求　/133
第二节　履约验收的流程　/135
第三节　履约验收的监管及责任追究　/139
第四节　政府采购资金支付及采购文件的保存　/140

第十二章　监督检查及法律责任　/142
第一节　对采购人的监督检查　/142
第二节　采购人法律责任　/144

第三部分　采购代理机构实务

第十三章　委托代理协议的签订　/149
第一节　签订委托代理协议的必要性　/149
第二节　委托代理协议的分类及内容　/150

第十四章　采购方案的编制　/152
第一节　采购方案编制原则　/152
第二节　采购方案的内容　/153

第十五章　采购文件的编制　/154
第一节　邀请函　/154
第二节　供应商须知及采购需求　/167
第三节　评审办法及标准　/172
第四节　合同文本　/181
第五节　投标(响应)文件格式　/183

第十六章　采购公告发布及采购文件发出　/188
第一节　采购公告的发布　/188
第二节　采购文件的提供　/189
第三节　采购文件的澄清、修改　/190

第十七章　开标、评审及结果发布　/195
第一节　投标(响应)文件的接收、开标　/195
第二节　项目评审　/199
第三节　采购方式变更　/206
第四节　中标(成交)结果的发布　/208

第十八章　质疑、投诉的应对及处理　/211
第一节　质疑的受理和处理　/211
第二节　投诉的配合处理　/215
第三节　质疑或投诉的常见情形　/216

第十九章　采购代理机构风险控制及法律责任　/223
第一节　采购代理机构存在的风险　/223
第二节　代理机构风险防控措施　/224
第三节　代理机构的法律责任　/225

第二十章　采购代理机构服务评价及竞争力的提升　/230
第一节　采购代理机构的服务评价　/230
第二节　代理服务竞争力的提升　/231

第四部分　供应商实务

第二十一章　政府采购项目参与资格的获取　/235
第一节　政府采购信息的收集　/235
第二节　政府采购信息内容　/236

第三节 政府采购信息解读 /240
第四节 政府采购文件获取 /247

第二十二章 采购文件的解读 /249

第一节 供应商须知解读 /250
第二节 项目采购需求解读 /259
第三节 评审方法、步骤及标准解读 /264
第四节 合同主要条款和投标文件格式解读 /268

第二十三章 投标(响应)文件的编制 /270

第一节 确定投标方案 /270
第二节 编制资格证明文件 /272
第三节 编制报价文件 /273
第四节 编制商务文件 /277
第五节 编制技术文件 /278
第六节 细节处理 /279

第二十四章 开标及评审活动的参与 /281

第一节 递交投标(响应)文件 /281
第二节 参与开标 /281
第三节 评审活动的配合 /283

第二十五章 中标(成交)、政府采购合同的签订 /285

第一节 中标(成交) /285
第二节 政府采购合同订立 /288
第三节 政府采购合同的变更 /289

第二十六章 政府采购合同的履约、验收 /291

第一节 政府采购合同履约 /291

第二节 政府采购合同验收配合 /294
第三节 资金结算 /295

第二十七章 询问、质疑、投诉 /297
第一节 询问 /297
第二节 质疑 /298
第三节 投诉 /300

第二十八章 供应商的法律责任 /305
第一节 常见的违法情形 /305
第二节 串通投标的法律责任 /306
第三节 拒签政府采购合同的法律责任 /309
第四节 恶意质疑投诉的法律责任 /312

第五部分 评审专家实务

第二十九章 评审专家及入库 /317
第一节 评审专家的定义 /317
第二节 评审专家入库 /317

第三十章 评标委员会（评审小组）的组建 /320
第一节 评审专家的抽取或自行选定 /320
第二节 评审专家的回避事项 /323
第三节 评标委员会（评审小组）的组成 /325

第三十一章 项目评审 /327
第一节 评审预备会 /327
第二节 评审 /331
第三节 评审过程中特殊情况的处理 /339
第四节 评审专家劳务报酬的获取 /347

第三十二章　评审专家的职责、信用评价及法律责任 /350
第一节　评审专家的职责和工作纪律　/350
第二节　评审专家的信用评价　/354
第三节　评审专家的法律责任　/355

附录

附录 A　百问百答　/363

附录 B　政府采购常用法律法规　/402
中华人民共和国政府采购法　/402
中华人民共和国政府采购法实施条例　/415
中华人民共和国招标投标法　/430
中华人民共和国招标投标法实施条例　/440
政府采购货物和服务招标投标管理办法　/454
政府采购非招标采购方式管理办法　/473
政府采购质疑和投诉办法　/487

第一部分

总 论

Zong
Lun

Yi

第一章 政府采购基本概念

第一节 政府采购的定义

政府采购,是指各级国家机关、事业单位和团体组织,使用财政性资金采购依法制定的集中采购目录以内的或者采购限额标准以上的货物、工程和服务的行为。

政府采购需具备以下几个要素。

一、采购主体

政府采购主体必须是各级国家机关、事业单位和团体组织。

二、资金性质

政府采购资金性质为财政性资金。政府采购所称的财政性资金是指纳入预算管理的资金,以财政性资金作为还款来源的借贷资金视同为财政性资金。对于既使用财政性资金又使用非财政性资金的采购项目,能按资金性质不同进行分割的,使用财政性资金采购的部分适用《中华人民共和国政府采购法》(以下简称《政府采购法》)及相关法规;不能进行分割的,整个采购项目都应适用《政府采购法》及相关法规。

三、采购范围

政府采购的采购范围为:集中采购目录以内的或者限额标准以上的货物、工程和服务。

《政府采购法》所称集中采购，是指采购人将列入集中采购目录的项目委托集中采购机构代理采购或者进行部门集中采购的行为；所称分散采购，是指采购人将采购限额标准以上的未列入集中采购目录的项目自行采购或者委托采购代理机构代理采购的行为。

集中采购的范围和政府采购限额标准由省级以上人民政府公布的集中采购目录确定。属于中央预算的政府采购项目，集中采购目录和政府采购限额标准由国务院确定并公布；属于地方预算的政府采购项目，集中采购目录和政府采购限额标准由省、自治区、直辖市人民政府或者其授权的机构确定并公布。

《政府采购法》所称采购，是指以合同方式有偿取得货物、工程和服务的行为，包括购买、租赁、委托、雇用等。该法所称货物是指各种形态和种类的物品，包括原材料、燃料、设备、产品等。工程是指建设工程，包括建筑物和构筑物的新建、改建、扩建、装修、拆除、修缮等。服务是指除货物和工程以外的其他政府采购对象。

第二节 政府采购的原则

《政府采购法》第三条规定，政府采购应当遵循公开透明原则、公平竞争原则、公正原则和诚实信用原则。

一、公开透明原则

政府采购被誉为"阳光下的交易"，只有坚持公开透明，才能为供应商参加政府采购活动提供公平竞争的环境，为公众对财政资金的使用情况进行有效的监督创造条件。

公开透明要求政府采购的法规和规章制度要公开，政府采购信息要公开，包括依照政府采购有关法律制度规定应予公开的公开招标公告、资格预审公告、单一来源采购公示、中标（成交）结果公告、政府采购合同公告等政府采购项目信息，以及投诉处理结果、监督检查处理结果、集中采购机构考核结果等政府采购监管信息。

二、公平竞争原则

公平竞争要求在竞争的前提下公平地开展政府采购活动。政府采购活动需引入竞争机制，让采购人获得价廉物美的货物、工程或者服务，提高财政性资金的使用效益。竞争必须公平，不能设置妨碍公平竞争的不正当条件。要公平地对待每一个供应商，不能排斥潜在供应商参与政府采购活动。

三、公正原则

公正原则是为确保供应商公平参与政府采购活动，促进供应商之间充分竞争而设立的。采购人和采购代理机构不得以不合理的条件对供应商实行差别待遇或者歧视待遇；在评审活动中，评审专家应当按照客观、公正、审慎的原则，根据采购文件规定的评审程序、评审方法和评审标准进行独立评审，不得明示或者暗示其倾向性、引导性意见。

四、诚实信用原则

诚实信用原则是政府采购的重要基础，要求政府采购各方当事人在政府采购活动中，本着诚实、守信的契约精神，履行各自的权利和义务，恪守信用，兑现承诺，不得有欺诈、串通、隐瞒等行为，不得伪造、变造、隐匿、销毁需要依法保存的文件。

第三节　政府采购政策

《中华人民共和国政府采购法实施条例》（以下简称《政府采购法实施条例》）第六条规定，国务院财政部门应当根据国家的经济和社会发展政策，会同国务院有关部门制定政府采购政策，通过制定采购需求标准、预留采购份额、价格评审优惠、优先采购等措施，实现节约能源、保护环境、扶持不发达地区和少数民族地区、促进中小企业发展等目标。

政府采购政策的实施具体包括制定采购需求标准、预留采购份额、价格评审优惠、优先采购等。

一、制定采购需求标准

制定采购需求标准是采购政策实施中最常见也是最直接的措施，就是通过对采购产品或服务的技术标准或质量标准的规定，实现节能环保，鼓励技术创新，支持本国产品等政府采购政策目标。采购人在确定采购需求标准时，必须综合考虑采购目的、产业政策及预算约束等因素，除国家统一采购政策规定要求外，不得擅自提高需求标准，特别是对进口产品的采购，人为提高需求标准将抑制国内产业的发展，也不利于产品长期使用成本的降低。

二、预留采购份额

预留采购份额，是指采购人在某一采购项目或者全部采购项目中预留出一定的份额，专门面向特定供应商开展采购，以支持、促进该类型企业通过政府采购市场获得更好的发展。对于预留的项目，采购人或者采购代理机构在组织采购活动时应当在采购文件中注明该项目专门面向该类企业。

采购人应当积极通过预留采购份额支持监狱企业。有制服采购项目的部门，应当加强对政府采购预算和计划编制工作的统筹，预留本部门制服采购项目预算总额的30%以上，专门面向监狱企业采购。省级以上政府部门组织的公务员考试、招生考试、等级考试、资格考试的试卷印刷项目原则上应当在符合有关资质的监狱企业范围内采购。各地在免费教科书政府采购工作中，应当根据符合教科书印制资质的监狱企业情况，提出由监狱企业印刷的比例要求。各地区可以结合本地区实际，对监狱企业生产的办公用品、家具用具、车辆维修和提供的保养服务、消防设备等，提出预留份额等政府采购支持措施，加大对监狱企业产品的采购力度。

负有编制部门预算职责的各部门，应当加强政府采购计划的编制工作，制定向中小企业采购的具体方案，统筹确定本部门面向中小企业采购的项目。在满足机构自身运转和提供公共服务基本需求的前提下，应当预留本部门年度政府采购项目预算总额的30%以上，专门面向中小企业采购，其中，预留给小型和微型企业的比例不低于60%。采购人或者采购代理机构在组织采购活动时，应当在采购文件中注明该项目专门面向中小企业或小型、微型企业采购。

三、价格评审优惠

价格评审优惠是指在价格作为评审因素的政府采购评审过程中，对某类特定供应商的报价给予一定比例的价格扣除优惠，用扣除后的价格作为其参与评审的价格。

《关于印发〈政府采购促进中小企业发展暂行办法〉的通知》（财库〔2011〕181号）第五条规定，对于非专门面向中小企业的项目，采购人或者采购代理机构应当在招标文件或者谈判文件、询价文件中作出规定，对小型和微型企业产品的价格给予6%～10%的扣除，用扣除后的价格参与评审，具体扣除比例由采购人或者采购代理机构确定。第六条规定，鼓励大中型企业和其他自然人、法人或者其他组织与小型、微型企业组成联合体共同参加非专门面向中小企业的政府采购活动。联合协议中约定，小型、微型企业的协议合同金额占到联合体协议合同总金额30%以上的，可给予联合体2%～3%的价格扣除。

在政府采购活动中，监狱企业和残疾人福利性单位视同小型、微型企业，享受预留份额、评审中价格扣除等政府采购促进中小企业发展的政府采购政策。采购人向监狱企业和残疾人福利性单位采购的金额，计入面向中小企业采购的统计数据。

四、优先采购

优先采购是指在政府采购过程中，优先采购某类特定供应商的货物、工程或者服务，使得该类供应商获得更多的政府采购市场份额，帮助其持续发展。

采购人应当优先采购节能产品和环境标志产品，依据品目清单和认证证书实施政府优先采购和强制采购。采购人拟采购的产品属于品目清单范围的，采购人及其委托的采购代理机构应当依据国家确定的认证机构出具的、处于有效期之内的节能产品、环境标志产品认证证书，对获得证书的产品实施政府优先采购或强制采购。

采购人和采购代理机构在采购进口产品的采购文件中应当载明优先采购向我国企业转让技术、与我国企业签订消化吸收再创新方案的供应商的进口产品。

第二章 政府采购当事人

《政府采购法》第十四条规定，政府采购当事人是指在政府采购活动中享有权利和承担义务的各类主体，法律明确规定的当事人包括采购人、供应商和采购代理机构等，但广义上的当事人应当还包括评审专家、政府采购的监督管理部门、行政复议机关、社会公众等。本书将着重介绍采购人、供应商、采购代理机构和评审专家的政府采购工作实务。

第一节 采 购 人

《政府采购法》第十五条规定，采购人是指依法进行政府采购的国家机关、事业单位、团体组织。

一、国家机关

国家机关是指行使国家权力、管理国家事务的机关，包括国家权力机关、国家行政机关、国家审判机关、国家检察机关、军事机关等。

二、事业单位

事业单位是指政府为实现特定目的而批准设立的事业法人。

三、团体组织

团体组织是指各党派及政府批准的社会团体。

采购人在政府采购活动中应当维护国家利益和社会公共利益，公正廉洁，诚实守信，执行政府采购政策，建立政府采购内部管理制度，厉行节约，科学合理确定采购需求。

第二节 采购代理机构

《政府采购法实施条例》第十二条规定，政府采购法所称采购代理机构，是指集中采购机构和集中采购机构以外的采购代理机构。

集中采购机构是设区的市级以上人民政府依法设立的非营利事业法人，是代理集中采购项目的执行机构。集中采购机构应当根据采购人委托制定集中采购项目的实施方案，明确采购规程，组织政府采购活动，不得将集中采购项目转委托。集中采购机构以外的采购代理机构，是从事采购代理业务的社会中介机构。

一、集中采购机构

1. 集中采购机构的设立

设区的市、自治州以上人民政府根据本级政府采购项目组织集中采购的需要设立集中采购机构。

各地政府采购中心即为政府集中采购机构，也有些地方将政府采购中心和公共资源交易中心机构合并，合署办公，但政府采购项目仍依据政府采购法及相关规定执行，项目执行仍需接受财政部门监管。

2. 集中采购机构的性质

集中采购机构是采购代理机构，它只能根据采购人的委托，以代理人的身份办理政府采购事宜。集中采购机构是为向采购人提供采购服务而设立的；集中采购机构不是政府机关，而是非营利性的事业法人。

集中采购机构组织政府采购活动,应当符合采购价格低于市场平均价格、采购效率更高、采购质量优良和服务良好的要求。

3. 集中采购目录

集中采购机构的业务范围有强制性业务和非强制性业务之分。强制性业务是代理集中采购目录范围内的项目,非强制性业务是代理集中采购目录范围外、采购限额标准以上的项目。

各级政府集中采购目录及限额标准中对集中采购机构必须承担的项目类别做了详细的规定,以《国务院办公厅关于印发中央预算单位政府集中采购目录及标准(2020年版)的通知》为例,政府集中采购目录包含了通用设备(包括台式计算机、便携式计算机、计算机软件、服务器、计算机网络设备、复印机、视频会议系统及会议室音频系统、多功能一体机、打印设备、扫描仪、投影仪、复印纸、打印用通用耗材、乘用车、客车、电梯、空调机和办公家具)、一般工程(包括限额内工程,与建筑物、构筑物新建、改建、扩建无关的限额以上的装修工程、拆除工程、修缮工程)和常规服务(包括车辆维修保养及加油服务、机动车保险服务、限额以上的印刷服务、工程造价咨询服务、工程监理服务、物业管理服务、云计算服务、互联网接入服务)。

各地政府集中采购目录的确定一般参考上级政府集中采购目录,即省级集中采购目录参考中央集中采购目录,各市州集中采购目录参考中央及省级集中采购目录。上级集中采购目录对下级集中采购目录有着指导和参考的作用。

政府集中采购目录可一年一制定,也可以两年一制定,但一般不超过三年。如国务院办公厅于2016年12月21日颁布了《国务院办公厅关于印发中央预算单位2017—2018年政府集中采购目录及标准的通知》,适用期限为2017年度和2018年度。财政部在2019年1月7日下发的《财政部关于中央预算单位政府集中采购目录及标准有关问题的通知》(财库〔2019〕2号)中又规定:"经国务院同意,中央预算单位2019年政府集中采购目录、分散采购限额标准及公开招标数额标准,暂仍按《国务院办公厅关于印发中央预算单位2017—2018年政府集中采购目录及标准的通知》(国办发〔2016〕96号)执行",将目录沿用一年,即一共使用了三年。

4. 政府集中采购项目的实施

政府集中采购目录内的项目必须委托集中采购机构代理采购,按照各级政府采购目录及限额标准要求，公开招标限额以上的政府采购项目需按照公开招标方式进行采购。未达到公开招标限额标准的项目，则可根据项目实际情况选择其他采购方式。在全国范围内，很多集中采购机构引入电子商城模式，大大提高了采购效率，降低了采购成本。如武汉市政府采购电子商城，将计算机设备，打印设备，复印机设备，办公设备，生活用电器，车辆保险、维修、保养和加油服务，印刷服务等采购纳入电子商城采购范围，并引入电商直购模式，既提高了效率，又节约了成本。

政府集中采购目录内的采购项目如采购人自行采购或委托社会代理机构采购则属违规行为。

> 在财政部指导性案例5"××网络建设工程项目"投诉案中，采购人A委托代理机构B就该单位"××网络建设工程项目"进行公开招标。该项目采购的产品涉及网络交换机、网络存储设备、网络安全产品等，以上产品均在集中采购目录范围内，而该项目代理机构B是非集中采购机构。财政部在监督检查中发现此违规行为，认为本项目采购的产品涉及集中采购目录范围内的品目，根据《政府采购法》第七条第三款："纳入集中采购目录的政府采购项目，应当实行集中采购"、第十八条第一款："采购人采购纳入集中采购目录的政府采购项目，必须委托集中采购机构代理采购"的规定，而本项目委托非集中采购机构代理采购，违反了上述两条规定。根据《政府采购法》第七十四条"采购人对应当实行集中采购的政府采购项目，不委托集中采购机构实行集中采购的，由政府采购监督管理部门责令改正；拒不改正的，停止按预算向其支付资金，由其上级行政主管部门或者有关机关依法给予其直接负责的主管人员和其他直接责任人员处分"的规定，责令采购人A和代理机构B限期改正。

中央全面深化改革委员会第五次会议审议通过了《深化政府采购制度改革方案》，文中强调，要建立集中采购机构的竞争机制。当前，我国省级及以下集中采购机构普遍存在一级集中采购机构只负责一级财政的集中采购目录内的采购事宜，而每一个省和设区的市政府基本上又只设立一家集中采购机构，各级集中采购机构彼此之间没有业务上的联系，因而不可能产生工作上的竞争，久而久之，影响政府采购工作效率的提升。

二、社会代理机构

集中采购机构以外、受采购人委托从事政府采购代理业务的社会中介机构称为社会代理机构，一般直接称为采购代理机构。

1. 社会代理机构的性质

社会代理机构是营利性机构，根据采购代理委托协议的约定收取招标代理费。当前招标代理费的收取已经打破了"政府指导价"的限制，原国家计委《招标代理服务收费管理暂行办法》（计价格〔2002〕1980号）对招标代理机构的收费标准做了详细要求，但在国家发展改革委《关于进一步放开建设项目专业服务价格的通知》（发改价格〔2015〕299号）中规定，全面放开实行政府指导价管理的建设项目专业服务价格，实行市场调节价，其中就包括招标代理费。实行市场调节价后，经营者应严格遵守《中华人民共和国价格法》《关于商品和服务实行明码标价的规定》等法律法规规定，告知委托人有关服务项目、服务内容、服务质量，以及服务价格等，并在委托代理协议中约定。

实行市场调节价，并不意味着乱收费，采购人和采购代理机构在签署政府采购代理协议时，应在协议中明确收费方式及收费比例或金额等。收费比例或金额不能脱离市场实际，采购代理机构提供的服务应当符合国家和行业有关标准规范，满足委托代理协议约定的服务内容和质量标准等要求。采购代理机构不得违反标准、规范、规定或协议约定，通过降低服务质量、减少服务内容等手段进行恶性竞争，扰乱市场秩序。

除招标代理费外，采购代理机构能够收取的费用还有采购文件的费用。有些地区政府采购项目已实现电子化招投标，不需要向供应商发售纸质版的采购文件，直接网络下载即可，此类项目的采购文件则不宜收取任何费用。可收取采购文件费的项目，费用应当限于补偿印刷、邮寄的成本支出，不得以营利为目的，更不得以采购预算规模为依据来确定采购文件的售价。

2. 社会代理机构从业条件

社会代理机构代理政府采购业务应当具备以下条件：

（一）具有独立承担民事责任的能力；

（二）建立完善的政府采购内部监督管理制度；

（三）拥有不少于 5 名熟悉政府采购法律法规、具备编制采购文件和组织采购活动等相应能力的专职从业人员；

（四）具备独立办公场所和代理政府采购业务所必需的办公条件；

（五）在自有场所组织评审工作的，应当具备必要的评审场地和录音录像等监控设备设施并符合省级人民政府规定的标准。

3. 社会代理机构名录登记

按照《财政部关于印发〈政府采购代理机构管理暂行办法〉的通知》（财库〔2018〕2 号）要求，社会代理机构实行名录登记管理，完成名录登记方可从业。

省级财政部门依托中国政府采购网省级分网建立政府采购代理机构名录，名录信息全国共享并向社会公开。

代理机构应当通过工商登记注册地省级分网填报以下信息申请进入名录，并承诺对信息真实性负责：

（一）代理机构名称、统一社会信用代码、办公场所地址、联系电话等机构信息；

（二）法定代表人及专职从业人员有效身份证明等个人信息；

（三）内部监督管理制度；

（四）在自有场所组织评审工作的，应当提供评审场所地址、监控设备设施情况；

（五）省级财政部门要求提供的其他材料。

4. 社会代理机构信息查询

完成名录登记的代理机构，可在中国政府采购网或省级政府采购网上政府采购代理机构名录登记栏中查询详细信息，包括代理机构基本资料、主要业绩、异地评审场所和变更历史等内容。基本资料包括代理机构工商注册信息、评审场地情况、擅长领域及专职人员信息等，以方便采购人根据需要自行选择代理机构。

二、集中采购机构与社会代理机构

集中采购机构为设区的市、自治州以上人民政府根据本级政府采购项目组织集中采购的需要而设立，其性质为事业单位，为全额财政拨款的非营利性机构，无须登记备案。

社会代理机构为营利性质的机构，须在政府采购网登记备案方可从业。

两者的共同点在于，一是均需按照政府采购相关规定执行政府采购政策法规，二是项目执行均须获得采购人的委托，三是均须接受政府采购监督管理部门的监管。

第三节 供 应 商

一、供应商的定义及分类

《政府采购法》第二十一条规定，供应商是指向采购人提供货物、工程或者服务的法人、其他组织或者自然人。从供应商的基本属性来分，可以将其划分为法人供应商、其他组织供应商和自然人供应商。

1. 法人供应商

法人供应商包括企业法人、机关法人、事业单位法人和社会团体法人。企业法人应具有其在工商部门注册的有效"企业法人营业执照"或"营业执照"，如供应商是事业单位，应具有有效的"事业单位法人证书"。

2. 其他组织供应商

其他组织主要包括合伙企业、非企业专业服务机构、个体工商户、农村承包经营户。供应商是个体工商户，应具有有效的"个体工商户营业执照"。

3. 自然人供应商

自然人是指《中华人民共和国民法通则》规定的具有完全民事行为能力、能够承担民事责任和义务的公民。供应商是自然人的，应具有有效的自然人身份证明。

二、供应商应具备的条件

《政府采购法》第二十二条规定，供应商参加政府采购活动应当具备下列条件：

（一）具有独立承担民事责任的能力；

（二）具有良好的商业信誉和健全的财务会计制度；

（三）具有履行合同所必需的设备和专业技术能力；

（四）有依法缴纳税收和社会保障资金的良好记录；

（五）参加政府采购活动前三年内，在经营活动中没有重大违法记录；

（六）法律、行政法规规定的其他条件。

采购人可以根据采购项目的特殊要求，规定供应商的特定条件，但不得以不合理的条件对供应商实行差别待遇或者歧视待遇。

《政府采购法》第二十四条规定，两个以上的自然人、法人或者其他组织可以组成一个联合体，以一个供应商的身份共同参加政府采购。

以联合体形式进行政府采购的，参加联合体的供应商均应当具备《政府采购法》第二十二条规定的条件，并应当向采购人提交联合协议，载明联合体各方承担的工作和义务。联合体各方应当共同与采购人签订采购合同，就采购合同约定的事项对采购人承担连带责任。

第三章
政府采购项目属性及采购方式

第一节　政府采购项目属性

政府采购项目分为货物、工程及服务三个大类。采购人应按照品目分类目录来确定项目属性，不同的项目属性选择的采购方式可能不同，对采购文件的要求也可能不同。

在《财政部关于印发〈政府采购品目分类目录〉的通知》（"白皮书"）中，货物类代码为"A"开头，工程类代码为"B"开头，服务类代码为"C"开头。例如"A02"代表"通用设备"，逐层分级，"A0201"代表"计算机设备及软件"，细分下去，"A020101"代表"计算机设备"，"A02010103"代表"小型计算机"……

一、货物类

《政府采购法》所称货物，是指各种形态和种类的物品，包括原材料、燃料、设备、产品等。

二、服务类

《政府采购法》所称服务，是指除货物和工程以外的其他政府采购对象。

《政府采购法实施条例》规定，政府采购服务包括政府自身需要的服务和政府向社会公众提供的公共服务。

三、工程类

《政府采购法》中规定，本法所指工程是指建设工程，包括建筑物和构筑物的新建、改建、扩建、装修、拆除、修缮等。

《政府采购法实施条例》进一步规定，政府采购工程是指建设工程，包括建筑物和构筑物的新建、改建、扩建及其相关的装修、拆除、修缮等；所称与工程建设有关的货物，是指构成工程不可分割的组成部分，且为实现工程基本功能所必需的设备、材料等；所称与工程建设有关的服务，是指为完成工程所需的勘察、设计、监理等服务。

《政府采购法》规定，政府采购工程进行招标投标的，适用招标投标法。因此，必须招标的工程以及与工程建设有关的货物和服务，应采用招标方式进行采购。除此之外的，应适用政府采购法及相关规定，结合项目需求特点，采用竞争性谈判、竞争性磋商、单一来源采购方式采购。

如果一个项目是既有货物又有服务的混合项目，如何确定项目属性呢？《政府采购货物和服务招标投标管理办法》第七条规定，采购人应当按照财政部制定的《财政部关于印发〈政府采购品目分类目录〉的通知》确定采购项目属性。按照《财政部关于印发〈政府采购品目分类目录〉的通知》无法确定的，按照有利于采购项目实施的原则确定。

例如：高校实验室建设项目，内容包含设备采购、成品软件采购、软件开发及系统集成服务等。我们来分析一下该项目如何确定属性。首先，毋庸置疑，设备采购应属货物类。其次，成品软件采购和软件开发虽然同为软件，但在分类上是不同的。成品软件是不再需要开发的，如《财政部关于印发〈政府采购品目分类目录〉的通知》中"A02010801"的"基础软件"，其已经为成熟产品，仅需要购置安装即可，那么就应该划归为货物类，而一些需要根据实际需要开发的软件，比如中标后需针对高校某项课程而开发的特殊软件，在分类时应划归到软件开发服务类别，即服务类。最后，系统集成可能涉及综合布线等相关工程，但在这个项目里，应该也归为集成类服务。也就是说，这个实验室建设项目既包含了设备采购和成品软件采购的货物部分，也包括了软件开发和系统集成服务部分。为使项目顺利进行，采购人不希望由多个供应商完成这个项目，不愿意分包，而是要求一个集成商做"交钥匙工程"，那么项目就必须确定一种项目属性。在这种情况下,我们首先来看货物和服务在本项目中各占的比例。如果货物采购占较重的比例,软件开发和系统集成服务仅作为辅助部分,那么建议本项目按货物类执行;如果项目以新系统开发为主,设备仅占很小的一部分,那么就建议归为服务类。最终,还是要按照有利于采购项目实施的原则来具体问题具体分析,不能一刀切。

第二节 政府采购方式

一、政府采购方式

《政府采购法》第二十六条规定,政府采购采用以下方式:

(一)公开招标;

(二)邀请招标;

(三)竞争性谈判;

(四)单一来源采购;

(五)询价;

(六)国务院政府采购监督管理部门认定的其他采购方式。

为了深化政府采购制度改革,适应推进政府购买服务、推广政府和社会资本合作(PPP)模式等工作需要,2014年12月31日,财政部《政府采购竞争性磋商采购方式管理暂行办法》(财库〔2014〕214号)施行,除法定五种采购方式外,还增加了竞争性磋商的采购方式。

六种采购方式可以分为招标和非招标两大类。公开招标和邀请招标为招标类采购方式;竞争性谈判、竞争性磋商、询价采购和单一来源采购为非招标类采购方式。

二、政府采购方式的适用

《政府采购法》《政府采购法实施条例》《政府采购货物和服务招标投标管理办法》《政府采购非招标采购方式管理办法》和《政府采购竞争性磋商采购方式管理暂行办法》对六种采购方式的适用情形做了具体规定。

1. 公开招标

(1) 按照公开招标数额标准执行,达到公开招标数额标准的,应当采用公开招标方式。

(2) 达到公开招标数额标准的政府采购项目,因特殊情况需要采用公开招标以外的采购方式的,应当在采购活动开始前获得设区的市、自治州以上人民政府采购监督管理部门的批准。

2. 邀请招标

(1) 具有特殊性,只能从有限范围的供应商处采购的。

(2) 采用公开招标方式的费用占政府采购项目总价值的比例过大的。

3. 竞争性谈判

(1) 招标后没有供应商投标或者没有合格标的或者重新招标未能成立的。

(2) 技术复杂或者性质特殊,不能确定详细规格或者具体要求的。

(3) 非采购人所能预见的原因或者非采购人拖延造成招标采购所需时间不能满足用户紧急需要的。

(4) 因艺术品采购、专利、专有技术或者服务的时间、数量事先不能确定等原因而不能事先计算出价格总额的。

4. 询价采购

(1) 采购的货物规格、标准统一。

(2) 货源充足且价格变化幅度小。

5. 单一来源采购

(1) 只能从唯一供应商处采购的。这是指因货物或者服务使用不可替代的专利、专有技术,或者公共服务项目具有特殊要求,导致只能从某一特定供应商处采购。

(2) 发生了不可预见的紧急情况不能从其他供应商处采购的。

(3) 必须保证原有采购项目一致性或者服务配套的要求,需要继续从原供应商处添购,添购总额不超过原合同采购金额百分之十的。

6. 竞争性磋商

(1) 政府购买服务项目。

（2）技术复杂或者性质特殊，不能确定详细规格或者具体要求的。

（3）因艺术品采购、专利、专有技术或者服务的时间、数量事先不能确定等原因而不能事先计算出价格总额的。

（4）市场竞争不充分的科研项目，以及需要扶持的科技成果转化项目。

（5）按照《中华人民共和国招标投标法》及《中华人民共和国招标投标法实施条例》，必须进行招标的工程建设项目以外的工程建设项目。

采购人采购货物或者服务应当采用公开招标方式的，其具体数额标准，属于中央预算的政府采购项目，由国务院规定；属于地方预算的政府采购项目，由省、自治区、直辖市人民政府规定；因特殊情况需要采用公开招标以外的采购方式的，应当在采购活动开始前获得设区的市、自治州以上人民政府采购监督管理部门的批准。采购人不得将应当以公开招标方式采购的货物或者服务化整为零或者以其他任何方式规避公开招标采购。

请看下面的案例。

某学校在一个财政年度内，一个预算项目下，就同一品目的办公家具分别采用询价和竞争性谈判采购方式分三次进行了采购，预算金额分别为180万元、80万元和70万元，总计330万元。监管部门认为，该校办公家具采购预算总额超过了该地区公开招标数额300万元的标准，没有按照公开招标的方式进行采购，所以将该采购人的行为定性为《政府采购法实施条例》第六十七条第二项所规定的情形，即"将应当进行公开招标的项目化整为零或者以其他方式规避公开招标"，给予通报处理。

什么是化整为零规避公开招标采购行为呢？《政府采购法实施条例》第二十八条规定，在一个财政年度内，采购人将一个预算项目下的同一品目或者类别的货物、服务采用公开招标以外的方式多次采购，累计资金数额超过公开招标数额标准的，属于以化整为零方式规避公开招标。也就是采购人把达到公开招标数额标准的政府采购项目分割为数个小项目，使得每个项目的预算金额都未达到法定公开招标数额标准，以此规避公开招标。

《政府采购法》第七十一条规定，采购人将应当采用公开招标方式而擅自采用其他方式采购的，监管部门将责令其限期改正，给予警告，可以并处罚款，对直接负责的主管人员和其他直接责任人员，由其行政主管部门或者有关机关给予处分，并予通报。

本书所称的"采购文件"，是指招标项目中的招标文件，非招标项目中的磋商文件、谈判文件、询价通知书等。

本书所称的"投标（响应）文件"，是指招标项目中的投标文件，非招标项目中的响应文件。

招标项目中的投标人和非招标项目中的供应商，非单独介绍招标项目时，本书统称为"供应商"；谈判小组、磋商小组及询价小组，本书中统称为"评审小组"。

第三节 政府采购流程

一、公开招标

公开招标，是指采购人依法以招标公告的方式邀请非特定的供应商参加投标的采购方式。

公开招标的具体流程如下。

1. 编制招标文件

（1）投标邀请；

（2）供应商须知（包括投标文件的密封、签署、盖章要求等）；

（3）供应商应当提交的资格、资信证明文件；

（4）为落实政府采购政策，采购标的需满足的要求，以及供应商须提供的证明材料；

（5）投标文件编制要求、投标报价要求和投标保证金交纳、退还方式以及不予退还投标保证金的情形；

（6）采购项目预算金额，设定最高限价的，还应当公开最高限价；

（7）采购项目的技术规格、数量、服务标准、验收等要求，包括附件、图纸等；

(8) 拟签订的合同文本;

(9) 货物、服务提供的时间、地点、方式;

(10) 采购资金的支付方式、时间、条件;

(11) 评标方法、评标标准和投标无效情形;

(12) 投标有效期;

(13) 投标截止时间、开标时间及地点;

(14) 采购代理机构代理费用的收取标准和方式;

(15) 供应商信用信息查询渠道及截止时点、信用信息查询记录和证据留存的具体方式、信用信息的使用规则等;

(16) 省级以上财政部门规定的其他事项。

对于不允许偏离的实质性要求和条件,采购人或者采购代理机构应当在招标文件中规定,并以醒目的方式标明。

2. 发布招标公告

采购人或采购代理机构在财政部门指定的政府采购信息发布媒体上发布招标公告。招标公告期限为5个工作日。公告内容应当以省级以上财政部门指定媒体发布的公告为准。公告期限自省级以上财政部门指定媒体最先发布公告之日起算。

中央预算单位的政府采购信息应当在财政部指定的媒体上公开,地方预算单位的政府采购信息应当在省级(含计划单列市)财政部门指定的媒体上公开。财政部指定的政府采购信息发布媒体包括中国政府采购网(www.ccgp.gov.cn)、中国财经报(中国政府采购报)、中国政府采购杂志、中国财政杂志等。省级财政部门应当将中国政府采购网地方分网作为本地区指定的政府采购信息发布媒体之一。

为了便于政府采购当事人获取信息,在其他政府采购信息发布媒体公开的政府采购信息应当同时在中国政府采购网发布。对于预算金额在500万元以上的地方采购项目信息,中国政府采购网各地方分网应当通过数据接口同时推送至中央主网发布。政府采购违法失信行为信息记录应当在中国政府采购网中央主网发布。

招标公告应当包括以下主要内容:

(1) 采购人及其委托的采购代理机构的名称、地址和联系方法;

(2) 采购项目的名称、预算金额,设定最高限价的,还应当公开最高限价;

(3) 采购人的采购需求;

（4）供应商的资格要求；

（5）获取招标文件的时间期限、地点、方式及采购文件售价；

（6）公告期限；

（7）投标截止时间、开标时间及地点；

（8）采购项目联系人姓名和电话。

采购人或者采购代理机构应当根据采购项目的实施要求，在招标公告中载明是否接受联合体投标。如未载明，不得拒绝联合体投标。

招 标 公 告

> 项目概况
>
> （采购标的）招标项目的潜在供应商应在（地址）获取招标文件，并于　　年　　月　　日　　点　　分（北京时间）前递交投标文件。

一、项目基本情况

项目编号（或招标编号、政府采购计划编号、采购计划备案文号等，如有）：

项目名称：

预算金额：

最高限价（如有）：

采购需求：（包括但不限于标的的名称、数量、简要技术需求或服务要求等）

合同履行期限：

本项目（是/否）接受联合体投标。

二、申请人的资格要求

1. 满足《中华人民共和国政府采购法》第二十二条规定。

2. 落实政府采购政策需满足的资格要求：（如属于专门面向中小企业采购的项目，供应商应为中小微企业、监狱企业、残疾人福利性单位）

3. 本项目的特定资格要求：（如项目接受联合体投标，对联合体应提出相关资格要求；如属于特定行业项目，供应商应当具备特定行业法定准入要求。）

三、获取招标文件

时间：_____年___月___日至_____年___月___日（提供期限自本公告发布之日起不得少于5个工作日），每天上午____至____，下午____至____（北京时间，法定节假日除外）

地点：

方式：

售价：

四、提交投标文件截止时间、开标时间和地点

_____年___月___日___点___分（北京时间）（自招标文件开始发出之日起至供应商提交投标文件截止之日止，不得少于20日）

地点：

五、公告期限

自本公告发布之日起5个工作日。

六、其他补充事宜

_____

七、对本次招标提出询问，请按以下方式联系

1. 采购人信息

名　　称：_____

地　　址：_____

联系方式：_____

2. 采购代理机构信息（如有）

名　　称：_____

地　　址：_____

联系方式：_____

3. 项目联系方式

项目联系人：（组织本项目采购活动的具体工作人员姓名）

电　　话：_____

选自财政部办公厅《关于印发〈政府采购公告和公示信息格式规范（2020年版）〉的通知》（财办库〔2020〕50号）

3. 发出招标文件

采购人或者采购代理机构应当按照招标公告或者投标邀请书规定的时间、地点提供招标文件或者资格预审文件,提供期限自招标公告、资格预审公告发布之日起计算不得少于5个工作日。提供期限届满后,获取招标文件或者资格预审文件的潜在供应商不足3家的,可以顺延提供期限,并予公告。

招标文件开始发出之日起至供应商提交投标文件截止之日止,不得少于20天。

公开招标进行资格预审的,招标公告和资格预审公告可以合并发布,招标文件应当向所有通过资格预审的供应商提供。

4. 答疑、招标文件澄清及修改

采购人或采购代理机构根据招标项目的具体情况,在招标文件提供期限截止后,组织现场考察或召开答疑会的,应当在招标文件中载明,或者在招标文件提供期限截止后以书面形式通知所有获取招标文件的潜在投标人,组织已获取招标文件的潜在投标人现场考察或者召开开标前答疑会。

采购人或采购代理机构对已发出的招标文件进行必要澄清或者修改的,澄清或者修改的内容可能影响投标文件编制的,采购人或者采购代理机构应当在投标截止时间至少15日前,以书面形式通知所有获取招标文件的潜在供应商;不足15日的,采购人或者采购代理机构应当顺延提交投标文件的截止时间。

5. 投标

供应商应当在招标文件要求提交投标文件的截止时间前,将投标文件密封送达投标地点。采购人或者采购代理机构收到投标文件后,应当如实记载投标文件的送达时间和密封情况,签收保存,并向供应商出具签收回执。任何单位和个人不得在开标前开启投标文件。

供应商在投标截止时间前,可以对所递交的投标文件进行补充、修改或者撤回,并书面通知采购人或者采购代理机构。补充、修改的内容应当按照招标文件要求签署、盖章、密封后,作为投标文件的组成部分。

6. 开标

开标应当在招标文件确定的提交投标文件截止时间的同一时间进行。开标地点应当为招标文件中预先确定的地点。开标时，应当由供应商或者其推选的代表检查投标文件的密封情况；经确认无误后，由采购人或者采购代理机构工作人员当众拆封，宣布供应商名称、投标价格和采购文件规定的需要宣布的其他内容。

供应商不足 3 家的，不得开标。

开标过程应当由采购人或者采购代理机构负责记录，由参加开标的各供应商代表和相关工作人员签字确认后随采购文件一并存档。

供应商代表对开标过程和开标记录有疑义，以及认为采购人、采购代理机构相关工作人员有需要回避的情形的，应当场提出询问或者回避申请。采购人、采购代理机构对供应商代表提出的询问或者回避申请应当及时处理。

供应商未派代表参加开标的，视同认可开标结果。

7. 组建评标委员会

评标委员会由采购人代表和评审专家组成，成员人数应当为 5 人以上单数，其中评审专家不得少于成员总数的三分之二。对于预算金额 1000 万元以上、技术复杂、社会影响大的项目，评标委员会成员人数应当为 7 人以上单数。采购人或代理机构应当从省级以上财政部门设立的政府采购评审专家库中通过随机抽取方式抽取评审专家。对技术复杂、专业性强的采购项目，通过随机方式难以确定合适评审专家的，经主管预算单位同意，采购人可以自行选定相应专业领域的评审专家。依法组建评标委员会，评审专家抽取的开始时间原则上不得早于评审活动开始前 2 个工作日。

评标委员会成员名单在评标结果公告前应当保密。

8. 资格审查

公开招标项目开标结束后，采购人或者采购代理机构应当依法对供应商的资格进行审查。合格供应商不足 3 家的，不得评标。

9. 评标

采购人或者采购代理机构负责组织评标工作。在评审前，先核对评审专家身份和采购人代表授权函；宣布评标纪律，公布供应商名单，告知评审专家应当回避的情形；组织评标委员会推选评标组长（采购人代表不得担任组长）；在评标期间采取必要的通讯管理措施，保证评标活动不受外界干扰。

评标委员会应当对符合资格的供应商的投标文件进行符合性检查,以确定其是否满足招标文件的实质性要求,对招标文件作实质响应的供应商不足三家的,应予废标。废标后,采购人应当将废标理由通知所有供应商,除采购任务取消情形外,应当重新组织招标;需要采取其他方式采购的,应当在采购活动开始前获得设区的市、自治州以上人民政府采购监督管理部门或者政府有关部门批准。

对于投标文件中含义不明确、同类问题表述不一致或者有明显文字和计算错误的内容,评标委员会应当以书面形式要求供应商作出必要的澄清、说明或者补正。

供应商的澄清、说明或者补正应当采用书面形式,并加盖公章,或者由法定代表人或其授权的代表签字。供应商的澄清、说明或者补正不得超出投标文件的范围或者改变投标文件的实质性内容。

评标委员会应当按照招标文件中规定的评标方法和标准,对符合性检查合格的投标文件进行商务和技术评估,综合比较与评价。

评标方法分为最低评标价法和综合评分法。

采用最低评标价法的,评标结果按投标报价由低到高顺序排列。投标报价相同的并列。投标文件满足招标文件全部实质性要求且投标报价最低的供应商为排名第一的中标候选人。

采用综合评分法的,评标结果按评审后得分由高到低顺序排列。得分相同的,按投标报价由低到高顺序排列。得分且投标报价相同的并列。投标文件满足采购文件全部实质性要求,且按照评审因素的量化指标评审得分最高的供应商为排名第一的中标候选人。

10. 定标

采购代理机构应当在评标结束后 2 个工作日内将评标报告送采购人。

采购人应当自收到评标报告之日起 5 个工作日内,在评标报告确定的中标候选人名单中按顺序确定中标人。中标候选人并列的,由采购人或者采购人委托评标委员会按照招标文件规定的方式确定中标人;招标文件未规定的,采取随机抽取的方式确定。

采购人自行组织招标的，应当在评标结束后5个工作日内确定中标人。

采购人在收到评标报告5个工作日内未按评标报告推荐的中标候选人顺序确定中标人，又不能说明合法理由的，视同按评标报告推荐的顺序确定排名第一的中标候选人为中标人。

11. 发布中标公告、发出中标通知书

采购人或者采购代理机构应当自中标人确定之日起2个工作日内，在省级以上财政部门指定的媒体上公告中标结果，招标文件应当随中标结果同时公告。中标公告期限为1个工作日。

在公告中标结果的同时，采购人或者采购代理机构应当向中标人发出中标通知书；对未通过资格审查的供应商，应当告知其未通过的原因；采用综合评分法评审的，还应当告知未中标人本人的评审得分与排序。

中标通知书发出后，采购人不得违法改变中标结果，中标人无正当理由不得放弃中标。

12. 合同签订

采购人应当自中标通知书发出之日起30日内，按照招标文件和中标人投标文件的规定，与中标人签订书面合同。所签订的合同不得对招标文件确定的事项和中标人投标文件作实质性修改。

13. 合同履约及验收

采购人与中标人应当根据合同的约定依法履行合同义务。采购人应当及时对采购项目进行验收。采购人可以邀请参加本项目的其他供应商或者第三方机构参与验收。参与验收的供应商或者第三方机构的意见作为验收书的参考资料一并存档。

14. 采购资金支付

采购人应当加强对中标人的履约管理，并按照采购合同约定，及时向中标人支付采购资金。对于中标人违反采购合同约定的行为，采购人应当及时处理，依法追究其违约责任。

公开招标流程如图3.1所示。

第三章 政府采购项目属性及采购方式

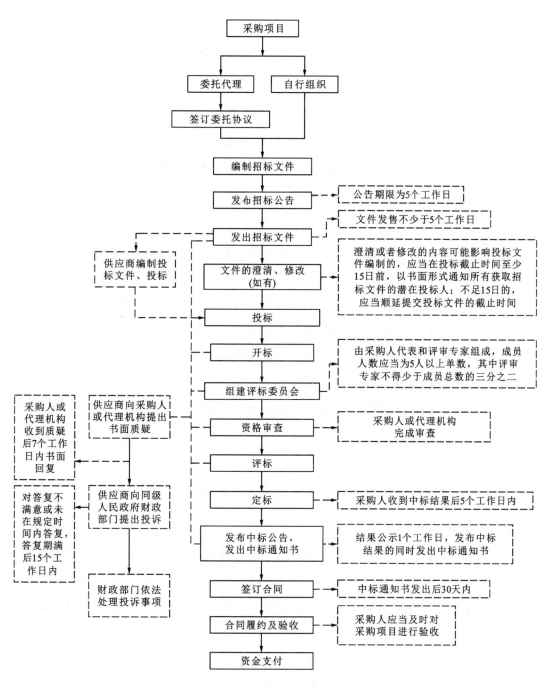

图 3.1 公开招标流程图

二、邀请招标

邀请招标，是指采购人依法从符合相应资格条件的供应商中随机抽取 3 家以上供应商，并以投标邀请书的方式邀请其参加投标的采购方式。

1. 供应商的产生

采用邀请招标方式的，采购人或者采购代理机构应当通过以下方式产生符合资格条件的供应商名单，并从中随机抽取 3 家以上供应商向其发出投标邀请书：

（1）发布资格预审公告征集；

（2）从省级以上人民政府财政部门建立的供应商库中选取；

（3）采购人书面推荐。

采用第一种方式产生符合资格条件供应商名单的，采购人或者采购代理机构应当按照资格预审文件载明的标准和方法，对潜在供应商进行资格预审。

采用第二种或第三种方式产生符合资格条件供应商名单的，备选的符合资格条件供应商总数不得少于拟随机抽取供应商总数的两倍。

随机抽取是指通过抽签等能够保证所有符合资格条件供应商机会均等的方式选定供应商。随机抽取供应商时，应当有不少于两名采购人工作人员在场监督，并形成书面记录，随采购文件一并存档。

投标邀请书应当同时向所有受邀请的供应商发出。

2. 发布资格预审公告

采购人或采购代理机构在财政部门指定的政府采购信息发布媒体上发布资格预审公告，公告期限为 5 个工作日。公告内容应当以省级以上财政部门指定媒体发布的公告为准。公告期限自省级以上财政部门指定媒体最先发布公告之日起算。

资格预审公告应当包括以下主要内容：

（1）采购人及其委托的采购代理机构的名称、地址和联系方法；

（2）采购项目的名称、预算金额，设定最高限价的，还应当公开最高限价；

（3）采购人的采购需求；

(4) 供应商的资格要求；

(5) 获取资格预审文件的时间期限、地点、方式；

(6) 公告期限；

(7) 提交资格预审申请文件的截止时间、地点及资格预审日期；

(8) 采购项目联系人姓名和电话。

采购人或者采购代理机构应当根据采购项目的实施要求，在资格预审公告或者投标邀请书中载明是否接受联合体投标。如未载明，不得拒绝联合体投标。

资格预审公告

> 项目概况
>
> （采购标的）招标项目的潜在资格预审申请人应在（地址）领取资格预审文件，并于＿＿＿年＿＿月＿＿日＿＿点＿＿分（北京时间）前提交申请文件。

一、项目基本情况

项目编号（或招标编号、政府采购计划编号、采购计划备案文号等，如有）：

项目名称：

采购方式：□公开招标　□邀请招标

预算金额：

最高限价（如有）：

采购需求：（包括但不限于标的的名称、数量、简要技术需求或服务要求等）

合同履行期限：

本项目（是/否）接受联合体投标。

二、申请人的资格要求

1. 满足《中华人民共和国政府采购法》第二十二条规定。

2. 落实政府采购政策需满足的资格要求：（如属于专门面向中小企业采购的项目，供应商应为中小微企业、监狱企业、残疾人福利性单位）。

3. 本项目的特定资格要求：（如项目接受联合体投标，对联合体应提出相关资格要求；如属于特定行业项目，供应商应当具备特定行业法定准入要求。）

三、领取资格预审文件

时间：＿＿年＿＿月＿＿日至＿＿年＿＿月＿＿日（提供期限自本公告发布之日起不得少于5个工作日），每天上午＿＿至＿＿，下午＿＿至＿＿（北京时间，法定节假日除外）

地点：

方式：

四、资格预审申请文件的组成及格式

（可详见附件）

五、资格预审的审查标准及方法

＿＿＿＿＿＿＿＿＿＿＿＿＿＿＿＿＿＿＿＿＿＿＿＿＿＿

六、拟邀请参加投标的供应商数量

□ 采用随机抽取的方式邀请＿＿家供应商参加投标。如通过资格预审供应商数量少于拟邀请供应商数量，采用下列方式（□ 1 或 □ 2）。（适用于邀请招标）

1. 如通过资格预审供应商数量少于拟邀请供应商数量，但不少于三家则邀请全部通过资格预审供应商参加投标。

2. 如通过资格预审供应商数量少于拟邀请供应商数量，则重新组织招标活动。

□ 邀请全部通过资格预审供应商参加投标。（适用于公开招标）

七、申请文件提交

应在＿＿年＿＿月＿＿日＿＿点＿＿分（北京时间）前，将申请文件提交至＿＿。

八、资格预审日期

资格预审日期为申请文件提交截止时间至＿＿年＿＿月＿＿日前。

九、公告期限

自本公告发布之日起5个工作日。

十、其他补充事宜

_____

十一、凡对本次资格预审提出询问，请按以下方式联系

1. 采购人信息

名　　称：_____

地　　址：_____

联系方式：_____

2. 采购代理机构信息（如有）

名　　称：_____

地　　址：_____

联系方式：_____

3. 项目联系方式

项目联系人：（组织本项目采购活动的具体工作人员姓名）

电　　话：_____

（说明：1. 采用竞争性谈判、竞争性磋商、询价等非招标方式采购过程中，如需要使用资格预审的，可参照上述格式发布公告。2. 格式规范文本中标注斜体的部分是对文件相关内容提示或说明，下同。）

选自财政部办公厅《关于印发〈政府采购公告和公示信息格式规范（2020年版）〉的通知》（财办库〔2020〕50号）

3. 发出资格预审文件

采购人或者采购代理机构应当根据采购项目的特点和采购需求编制资格预审文件。资格预审文件应当包括以下主要内容：

（1）资格预审邀请；

（2）申请人须知；

（3）申请人的资格要求；

（4）资格审核标准和方法；

（5）申请人应当提供的资格预审申请文件的内容和格式；

（6）提交资格预审申请文件的方式、截止时间、地点及资格审核日期；

（7）申请人信用信息查询渠道及截止时点、信用信息查询记录和证据留存的具体方式、信用信息的使用规则等内容；

(8) 省级以上财政部门规定的其他事项。

采购人或者采购代理机构应当按照资格预审公告或者投标邀请书规定的时间、地点提供资格预审文件，提供期限自资格预审公告发布之日起计算不得少于 5 个工作日。提供期限届满后，获取资格预审文件的潜在供应商不足 3 家的，可以顺延提供期限，并予公告。

4. 资格预审、邀请合格供应商

获取资格预审文件的供应商应当按照资格预审公告规定的时间、地点提交资格预审申请文件。按照资格预审公告和采购文件规定的程序、方法和标准进行资格预审，向通过资格预审的合格供应商发出投标邀请。

5. 编制和发出招标文件

采购人或者采购代理机构应当根据采购项目的特点和采购需求编制招标文件。招标文件开始发出之日起至供应商提交投标文件截止之日，不得少于 20 天。

6. 答疑、招标文件澄清及修改

采购人或采购代理机构根据招标项目的具体情况，在招标文件提供期限截止后，组织现场考察或召开答疑会的，应当在招标文件中载明，或者在招标文件提供期限截止后以书面形式通知所有获取招标文件的潜在投标人，组织已获取招标文件的潜在投标人现场考察或者召开开标前答疑会。

采购人或采购代理机构对已发出的招标文件进行必要澄清或者修改的，澄清或者修改的内容可能影响投标文件编制的，采购人或者采购代理机构应当在投标截止时间至少 15 日前，以书面形式通知所有获取招标文件的潜在供应商；不足 15 日的，采购人或者采购代理机构应当顺延提交投标文件的截止时间。

7. 投标

供应商应当在招标文件要求提交投标文件的截止时间前，将投标文件密封送达投标地点。采购人或者采购代理机构收到投标文件后，应当如实记载投标文件的送达时间和密封情况，签收保存，并向供应商出具签收回执。任何单位和个人不得在开标前开启投标文件。

供应商在投标截止时间前，可以对所递交的投标文件进行补充、修改或者撤回，并书面通知采购人或者采购代理机构。补充、修改的内容应当按照招标文件要求签署、盖章、密封后，作为投标文件的组成部分。

8. 开标

开标应当在招标文件确定的提交投标文件截止时间的同一时间进行。开标地点应当为招标文件中预先确定的地点。开标时，应当由供应商或者其推选的代表检查投标文件的密封情况；经确认无误后，由采购人或者采购代理机构工作人员当众拆封，宣布供应商名称、投标价格和采购文件规定的需要宣布的其他内容。

供应商不足3家的，不得开标。

开标过程应当由采购人或者采购代理机构负责记录，由参加开标的各供应商代表和相关工作人员签字确认后随采购文件一并存档。

供应商代表对开标过程和开标记录有疑义，以及认为采购人、采购代理机构相关工作人员有需要回避的情形的，应当场提出询问或者回避申请。采购人、采购代理机构对供应商代表提出的询问或者回避申请应当及时处理。

供应商未派代表参加开标的，视同认可开标结果。

9. 组建评标委员会

评标委员会由采购人代表和评审专家组成，成员人数应当为5人以上单数，其中评审专家不得少于成员总数的三分之二。对于预算金额1000万元以上、技术复杂、社会影响大的项目，评标委员会成员人数应当为7人以上单数。采购人或代理机构应当从省级以上财政部门设立的政府采购评审专家库中通过随机抽取方式抽取评审专家。对技术复杂、专业性强的采购项目，通过随机方式难以确定合适评审专家的，经主管预算单位同意，采购人可以自行选定相应专业领域的评审专家。依法组建评标委员会，评审专家抽取的开始时间原则上不得早于评审活动开始前2个工作日。

评标委员会成员名单在评标结果公告前应当保密。

10. 评标

采购人或者采购代理机构负责组织评标工作。在评审前，先核对评审专家身份和采购人代表授权函；宣布评标纪律，公布供应商名单，告知评审专家应当回避的情形；组织评标委员会推选评标组长（采购人代表不得担任组长）；在评标期间采取必要的通讯管理措施，保证评标活动不受外界干扰。

评标委员会应当对符合资格的供应商的投标文件进行符合性检查，以确定其是否满足招标文件的实质性要求，对招标文件作实质响应的供应商不足三家的，应予废标。废标后，采购人应当将废标理由通知所有供应商，除采购任务取消情形外，应当重新组织招标；需要采取其他方式采购的，应当在采购活动开始前获得设区的市、自治州以上人民政府采购监督管理部门或者政府有关部门批准。

对于投标文件中含义不明确、同类问题表述不一致或者有明显文字和计算错误的内容，评标委员会应当以书面形式要求供应商作出必要的澄清、说明或者补正。

供应商的澄清、说明或者补正应当采用书面形式，并加盖公章，或者由法定代表人或其授权的代表签字。供应商的澄清、说明或者补正不得超出投标文件的范围或者改变投标文件的实质性内容。

评标委员会应当按照招标文件中规定的评标方法和标准，对符合性检查合格的投标文件进行商务和技术评估，综合比较与评价。

评标方法分为最低评标价法和综合评分法。

采用最低评标价法的，评标结果按投标报价由低到高顺序排列。投标报价相同的并列。投标文件满足招标文件全部实质性要求且投标报价最低的供应商为排名第一的中标候选人。

采用综合评分法的，评标结果按评审后得分由高到低顺序排列。得分相同的，按投标报价由低到高顺序排列。得分且投标报价相同的并列。投标文件满足采购文件全部实质性要求，且按照评审因素的量化指标评审得分最高的供应商为排名第一的中标候选人。

11. 定标

采购代理机构应当在评标结束后 2 个工作日内将评标报告送采购人。

采购人应当自收到评标报告之日起 5 个工作日内，在评标报告确定的中标候选人名单中按顺序确定中标人。中标候选人并列的，由采购人或者采购人委托评标委员会按照招标文件规定的方式确定中标人；招标文件未规定的，采取随机抽取的方式确定。

采购人自行组织招标的，应当在评标结束后 5 个工作日内确定中标人。

采购人在收到评标报告 5 个工作日内未按评标报告推荐的中标候选人顺序确定中标人，又不能说明合法理由的，视同按评标报告推荐的顺序确定排名第一的中标候选人为中标人。

12. 发布中标公告、发出中标通知书

采购人或者采购代理机构应当自中标人确定之日起 2 个工作日内，在省级以上财政部门指定的媒体上公告中标结果，招标文件应当随中标结果同时公告。中标公告期限为 1 个工作日。

在公告中标结果的同时，采购人或者采购代理机构应当向中标人发出中标通知书；对未通过资格审查的供应商，应当告知其未通过的原因；采用综合评分法评审的，还应当告知未中标人本人的评审得分与排序。

中标通知书发出后，采购人不得违法改变中标结果，中标人无正当理由不得放弃中标。

13. 合同签订

采购人应当自中标通知书发出之日起 30 日内，按照招标文件和中标人投标文件的规定，与中标人签订书面合同。所签订的合同不得对招标文件确定的事项和中标人投标文件作实质性修改。

14. 合同履约及验收

采购人与中标人应当根据合同的约定依法履行合同义务。采购人应当及时对采购项目进行验收。采购人可以邀请参加本项目的其他供应商或者第三方机构参与验收。参与验收的供应商或者第三方机构的意见作为验收书的参考资料一并存档。

15. 采购资金支付

采购人应当加强对中标人的履约管理，并按照采购合同约定，及时向中标人支付采购资金。对于中标人违反采购合同约定的行为，采购人应当及时处理，依法追究其违约责任。

邀请招标流程如图 3.2 所示。

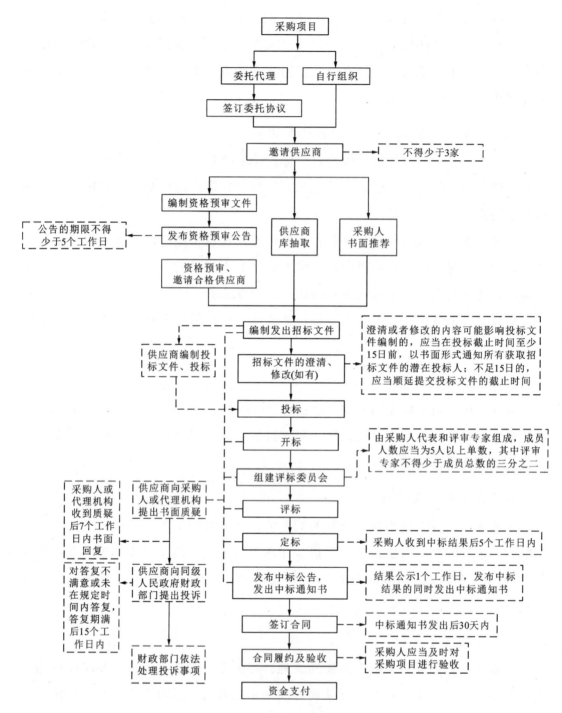

图 3.2 邀请招标流程图

三、竞争性磋商

竞争性磋商采购方式,是指采购人、采购代理机构通过组建竞争性磋商小组与符合条件的供应商就采购货物、工程和服务事宜进行磋商,供应商按照磋商文件的要求提交响应文件和报价,采购人从磋商小组评审后提出的候选供应商名单中确定成交供应商的采购方式。

1. 编制磋商文件

磋商文件应当根据采购项目的特点和采购人的实际需求制定,并经采购人书面同意。采购人应当以满足实际需求为原则,不得擅自提高经费预算和资产配置等采购标准。

磋商文件不得要求或者标明供应商名称或者特定货物的品牌,不得含有指向特定供应商的技术、服务等条件。

2. 邀请参加磋商的供应商

采购人、采购代理机构应当通过发布公告、从省级以上财政部门建立的供应商库中随机抽取或者采购人和评审专家分别书面推荐的方式邀请不少于3家符合相应资格条件的供应商参与竞争性磋商采购活动。

符合《政府采购法》第二十二条第一款规定条件的供应商可以在采购活动开始前加入供应商库。财政部门不得对供应商申请入库收取任何费用,不得利用供应商库进行地区和行业封锁。

采取采购人和评审专家书面推荐方式选择供应商的,采购人和评审专家应当各自出具书面推荐意见。采购人推荐供应商的比例不得高于推荐供应商总数的50%。

采用公告方式邀请供应商的,采购人、采购代理机构应当在省级以上人民政府财政部门指定的政府采购信息发布媒体发布竞争性磋商公告。竞争性磋商公告应当包括以下主要内容:

(1) 采购人、采购代理机构的名称、地点和联系方法;

(2) 采购项目的名称、数量、简要规格描述或项目基本概况介绍;

(3) 采购项目的预算;

(4）供应商资格条件；

(5）获取磋商文件的时间、地点、方式及磋商文件售价；

(6）响应文件提交的截止时间、开启时间及地点；

(7）采购项目联系人姓名和电话。

从磋商文件发出之日起至供应商提交首次响应文件截止之日止不得少于10日。磋商文件的发售期限自开始之日起不得少于5个工作日。

提交首次响应文件截止之日前，采购人、采购代理机构或者磋商小组可以对已发出的磋商文件进行必要的澄清或者修改，澄清或者修改的内容作为磋商文件的组成部分。澄清或者修改的内容可能影响响应文件编制的，采购人、采购代理机构应当在提交首次响应文件截止时间至少5日前，以书面形式通知所有获取磋商文件的供应商；不足5日的，采购人、采购代理机构应当顺延提交首次响应文件截止时间。

竞争性磋商采购公告

> 项目概况
>
> （采购标的）采购项目的潜在供应商应在（地址）获取采购文件，并于　　年　　月　　日　　点　　分（北京时间）前提交响应文件。

一、项目基本情况

项目编号（或招标编号、政府采购计划编号、采购计划备案文号等，如有）：

项目名称：

采购方式：竞争性磋商

预算金额：

最高限价（如有）：

采购需求：（包括但不限于标的的名称、数量、简要技术需求或服务要求等）

合同履行期限：

本项目（是/否）接受联合体。

二、申请人的资格要求

1. 满足《中华人民共和国政府采购法》第二十二条规定；

2. 落实政府采购政策需满足的资格要求：（如属于专门面向中小企业采购的项目，供应商应为中小微企业、监狱企业、残疾人福利性单位）

3. 本项目的特定资格要求：（如项目接受联合体投标，对联合体应提出相关资格要求；如属于特定行业项目，供应商应当具备特定行业法定准入要求。）

三、获取采购文件

时间：____年____月____日____点____分至____年____月____日（磋商文件的发售期限自开始之日起不得少于5个工作日），每天上午____至____，下午____至____（北京时间，法定节假日除外）

地点：

方式：

售价：

四、响应文件提交

截止时间：____年____月____日____点____分（北京时间）（从磋商文件开始发出之日起至供应商提交首次响应文件截止之日止不得少于10日）

地点：

五、开启（竞争性磋商方式必须填写）

时间：____年____月____日____点____分（北京时间）

地点：

六、公告期限

自本公告发布之日起3个工作日。

七、其他补充事宜

_____

八、凡对本次采购提出询问，请按以下方式联系

1. 采购人信息

名　　称：_____

地　　址：_____

联系方式：_____

2. 采购代理机构信息（如有）

名　　称：_____

地　　址：_____

联系方式：_____

3. 项目联系方式

项目联系人：（组织本项目采购活动的具体工作人员姓名）

电　　话：_____

选自财政部办公厅《关于印发〈政府采购公告和公示信息格式规范（2020年版）〉的通知》（财办库〔2020〕50号）

3. 发出磋商文件

磋商文件的发售期限自开始之日起不得少于5个工作日。提交首次响应文件截止之日前，采购人、采购代理机构或者磋商小组可以对已发出的磋商文件进行必要的澄清或者修改，澄清或者修改的内容作为磋商文件的组成部分。澄清或者修改的内容可能影响响应文件编制的，采购人、采购代理机构应当在提交首次响应文件截止时间至少5日前，以书面形式通知所有获取磋商文件的供应商；不足5日的，采购人、采购代理机构应当顺延提交首次响应文件截止时间。

4. 递交响应文件

供应商应当在磋商文件要求的截止时间前，将响应文件密封送达指定地点。在截止时间后送达的响应文件为无效文件，采购人、采购代理机构或者磋商小组应当拒收。

供应商在提交响应文件截止时间前，可以对所提交的响应文件进行补充、修改或者撤回，并书面通知采购人、采购代理机构。补充、修改的内容作为响应文件的组成部分。补充、修改的内容与响应文件不一致的，以补充、修改的内容为准。

5. 成立磋商小组

磋商小组由采购人代表和评审专家共3人以上单数组成，其中评审专家人数不得少于磋商小组成员总数的三分之二。采购人代表不得以评审专家身份参加本部门或本单位采购项目的评审。采购代理机构人员不得参加本机构代理的采购项目的评审。

采用竞争性磋商方式的政府采购项目，评审专家应当从政府采购评审专家库内相关专业的专家名单中随机抽取。市场竞争不充分的科研项目，以及需要扶持的科技成果转化项目，以及情况特殊、通过随机方式难以确定合适的评审专家的项目，经主管预算单位同意，可以自行选定评审专家。技术复杂、专业性强的采购项目，评审专家中应当包含1名法律专家。

6. 磋商、评审及推荐成交候选人

磋商小组成员应当按照客观、公正、审慎的原则，根据磋商文件规定的评审程序、评审方法和评审标准进行独立评审。未实质性响应磋商文件的响应文件按无效响应处理，磋商小组应当告知提交响应文件的供应商。

磋商小组在对响应文件的有效性、完整性和响应程度进行审查时，可以要求供应商对响应文件中含义不明确、同类问题表述不一致或者有明显文字和计算错误的内容等作出必要的澄清、说明或者更正。供应商的澄清、说明或者更正不得超出响应文件的范围或者改变响应文件的实质性内容。

磋商小组要求供应商应当以书面形式作出澄清、说明或者更正响应文件。供应商的澄清、说明或者更正应当由法定代表人或其授权代表签字或者加盖公章。由授权代表签字的，应当附法定代表人授权书。供应商为自然人的，应当由本人签字并附身份证明。

磋商小组所有成员应当集中与单一供应商分别进行磋商，并给予所有参加磋商的供应商平等的磋商机会。

在磋商过程中，磋商小组可以根据磋商文件和磋商情况实质性变动采购需求中的技术、服务要求以及合同草案条款，但不得变动磋商文件中的其他内容。实质性变动的内容，须经采购人代表确认。

对磋商文件作出的实质性变动是磋商文件的有效组成部分，磋商小组应当及时以书面形式同时通知所有参加磋商的供应商。

供应商应当按照磋商文件的变动情况和磋商小组的要求重新提交响应文件，并由其法定代表人或授权代表签字或者加盖公章。由授权代表签字的，应当附法定代表人授权书。供应商为自然人的，应当由本人签字并附身份证明。

磋商文件能够详细列明采购标的的技术、服务要求的，磋商结束后，磋商小组应当要求所有实质性响应的供应商在规定时间内提交最后报价，提交最后报价的供应商不得少于3家。

磋商文件不能详细列明采购标的的技术、服务要求，需经磋商由供应商提供最终设计方案或解决方案的，磋商结束后，磋商小组应当按照少数服从多数的原则投票推荐3家以上供应商的设计方案或者解决方案，并要求其在规定时间内提交最后报价。

最后报价是供应商响应文件的有效组成部分。市场竞争不充分的科研项目，以及需要扶持的科技成果转化项目，提交最后报价的供应商可以为2家。

采用竞争性磋商采购方式采购的政府购买服务项目（含政府和社会资本合作项目），在采购过程中符合要求的供应商（社会资本）只有2家的，竞争性磋商采购活动可以继续进行。采购过程中符合要求的供应商（社会资本）只有1家的，采购人（项目实施机构）或者采购代理机构应当终止竞争性磋商采购活动，发布项目终止公告并说明原因，重新开展采购活动。

经磋商确定最终采购需求和提交最后报价的供应商后，由磋商小组采用综合评分法对提交最后报价的供应商的响应文件和最后报价进行综合评分。

综合评分法，是指响应文件满足磋商文件全部实质性要求且按评审因素的量化指标评审得分最高的供应商为成交候选供应商的评审方法。

综合评分法评审标准中的分值设置应当与评审因素的量化指标相对应。磋商文件中没有规定的评审标准不得作为评审依据。

磋商小组应当根据综合评分情况，按照评审得分由高到低顺序推荐3家以上成交候选供应商，并编写评审报告。市场竞争不充分的科研项目，以及需要扶持的科技成果转化项目，提交最后报价的供应商为2家的，可以推荐2家成交候选供应商。评审得分相同的，按照最后报价由低到高的顺序推荐。评审得分且最后报价相同的，按照技术指标优劣顺序推荐。

7. 确定成交供应商

采购代理机构应当在评审结束后2个工作日内将评审报告送采购人确认。

采购人应当在收到评审报告后5个工作日内，从评审报告提出的成交候选供应商中，按照排序由高到低的原则确定成交供应商，也可以书面授权磋商小组直接确定成交供应商。采购人逾期未确定成交供应商且不提出异议的,视为确定评审报告提出的排序第一的供应商为成交供应商。

8. 发布成交结果公告、发出成交通知书

采购人或者采购代理机构应当在成交供应商确定后 2 个工作日内,在省级以上财政部门指定的政府采购信息发布媒体上公告成交结果,同时向成交供应商发出成交通知书,并将磋商文件随成交结果同时公告,公告期为 1 个工作日。

采用书面推荐供应商参加采购活动的,还应当公告采购人和评审专家的推荐意见。

9. 合同签订

采购人与成交供应商应当在成交通知书发出之日起 30 日内,按照磋商文件确定的合同文本以及采购标的、规格型号、采购金额、采购数量、技术和服务要求等事项签订政府采购合同。

采购人不得向成交供应商提出超出磋商文件以外的任何要求作为签订合同的条件,不得与成交供应商订立背离磋商文件确定的合同文本以及采购标的、规格型号、采购金额、采购数量、技术和服务要求等实质性内容的协议。

成交供应商拒绝签订政府采购合同的,采购人可以按照从评审报告提出的成交候选供应商中,按照排序由高到低的原则确定其他供应商作为成交供应商并签订政府采购合同,也可以重新开展采购活动。拒绝签订政府采购合同的成交供应商不得参加对该项目重新开展的采购活动。

10. 合同履约及验收

采购人与成交供应商应当根据合同的约定依法履行合同义务。采购人应当及对采购项目进行验收。采购人可以邀请参加本项目的其他供应商或者第三方机构参与验收。参与验收的供应商或者第三方机构的意见作为验收书的参考资料一并存档。

11. 采购资金支付

采购人应当加强对成交供应商的履约管理,并按照采购合同约定,及时向成交供应商支付采购资金。对于成交供应商违反采购合同约定的行为,采购人应当及时处理,依法追究其违约责任。

竞争性磋商采购流程如图3.3所示。

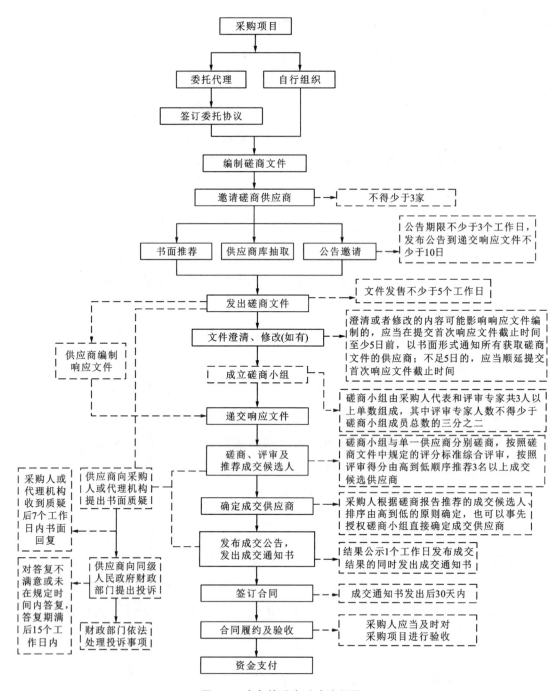

图 3.3 竞争性磋商采购流程图

四、竞争性谈判

竞争性谈判是指谈判小组与符合资格条件的供应商就采购货物、工程和服务事宜进行谈判，供应商按照谈判文件的要求提交响应文件和最后报价，采购人从谈判小组提出的成交候选人中确定成交供应商的采购方式。

采用竞争性谈判方式采购的，应当遵循下列程序：

1. 成立谈判小组

谈判小组由采购人的代表和有关专家共三人以上的单数组成，其中专家的人数不得少于成员总数的三分之二。

竞争性谈判小组由采购人代表和评审专家共3人以上单数组成，其中评审专家人数不得少于竞争性谈判小组成员总数的三分之二。采购人不得以评审专家身份参加本部门或本单位采购项目的评审。采购代理机构人员不得参加本机构代理的采购项目的评审。达到公开招标数额标准的货物或者服务采购项目，或者达到招标规模标准的政府采购工程，竞争性谈判小组应当由5人以上单数组成。

采用竞争性谈判采购的政府采购项目，评审专家应当从政府采购评审专家库内相关专业的专家名单中随机抽取。技术复杂、专业性强的竞争性谈判采购项目，通过随机方式难以确定合适的评审专家的，经主管预算单位同意，可以自行选定评审专家。技术复杂、专业性强的竞争性谈判采购项目，评审专家中应当包含1名法律专家。

2. 制定谈判文件

谈判文件应当包括供应商资格条件、采购邀请、采购方式、采购预算、采购需求、采购程序、价格构成或者报价要求、响应文件编制要求、提交响应文件截止时间及地点、保证金交纳数额和形式、评定成交的标准等。

谈判文件还应当明确谈判小组根据与供应商谈判情况可能实质性变动的内容，包括采购需求中的技术、服务要求以及合同草案条款。

谈判文件不得要求或者标明供应商名称或者特定货物的品牌，不得含有指向特定供应商的技术、服务等条件。

3. 确定邀请参加谈判的供应商名单

采购人、采购代理机构应当通过发布公告、从省级以上财政部门建立的供应商库中随机抽取或者采购人和评审专家分别书面推荐的方式邀请不少于 3 家符合相应资格条件的供应商参与竞争性谈判采购活动。

符合《政府采购法》第二十二条第一款规定条件的供应商可以在采购活动开始前加入供应商库。财政部门不得对供应商申请入库收取任何费用，不得利用供应商库进行地区和行业封锁。

采取采购人和评审专家书面推荐方式选择供应商的，采购人和评审专家应当各自出具书面推荐意见。采购人推荐供应商的比例不得高于推荐供应商总数的 50%。

谈判小组从符合相应资格条件的供应商名单中确定不少于三家的供应商参加谈判，并向其提供谈判文件。

竞争性谈判采购公告

> 项目概况
> （采购标的）采购项目的潜在供应商应在（地址）获取采购文件，并于　　年　　月　　日　　点　　分（北京时间）前提交响应文件。

一、项目基本情况

项目编号（或招标编号、政府采购计划编号、采购计划备案文号等，如有）：

项目名称：

采购方式：竞争性谈判

预算金额：

最高限价（如有）：

采购需求：（包括但不限于标的的名称、数量、简要技术需求或服务要求等）

合同履行期限：

本项目（是/否）接受联合体。

二、申请人的资格要求

1. 满足《中华人民共和国政府采购法》第二十二条规定；

2. 落实政府采购政策需满足的资格要求：（如属于专门面向中小企业采购的项目，供应商应为中小微企业、监狱企业、残疾人福利性单位）

3. 本项目的特定资格要求：（如项目接受联合体投标，对联合体应提出相关资格要求；如属于特定行业项目，供应商应当具备特定行业法定准入要求。）

三、获取采购文件

时间：_____年_____月_____日_____点_____分至_____年_____月_____日，每天上午____至____，下午____至____（北京时间，法定节假日除外）

地点：

方式：

售价：

四、响应文件提交

截止时间：_____年_____月_____日_____点_____分（北京时间）（从谈判文件开始发出之日起至供应商提交首次响应文件截止之日止不得少于3个工作日）

地点：

五、开启

时间：_____年_____月_____日_____点_____分（北京时间）

地点：

六、公告期限

自本公告发布之日起3个工作日。

七、其他补充事宜

_____

八、凡对本次采购提出询问，请按以下方式联系。

1. 采购人信息

名　　称：_____

地　　址：_____

联系方式：_____

2. 采购代理机构信息（如有）

名　　称：_____

地　　址：＿＿＿＿＿＿＿＿＿＿＿＿＿＿＿

联系方式：＿＿＿＿＿＿＿＿＿＿＿＿＿＿＿

3. 项目联系方式

项目联系人：（组织本项目采购活动的具体工作人员姓名）

电　　话：＿＿＿＿＿＿＿＿＿＿＿＿＿＿＿

选自财政部办公厅《关于印发〈政府采购公告和公示信息格式规范（2020年版）〉的通知》（财办库〔2020〕50号）

4. 发出谈判文件

从谈判文件发出之日起至供应商提交首次响应文件截止之日不得少于3个工作日。提交首次响应文件截止之日前，采购人、采购代理机构或者谈判小组可以对已发出的谈判文件进行必要的澄清或者修改，澄清或者修改的内容作为谈判文件的组成部分。澄清或者修改的内容可能影响响应文件编制的，采购人、采购代理机构或者谈判小组应当在提交首次响应文件截止之日3个工作日前，以书面形式通知所有接收谈判文件的供应商，不足3个工作日的，应当顺延提交首次响应文件截止之日。

5. 递交响应文件

供应商应当在谈判文件要求的截止时间前，将响应文件密封送达指定地点。在截止时间后送达的响应文件为无效文件，采购人、采购代理机构或者谈判小组应当拒收。

供应商在提交响应文件截止时间前，可以对所提交的响应文件进行补充、修改或者撤回，并书面通知采购人、采购代理机构。补充、修改的内容作为响应文件的组成部分。补充、修改的内容与响应文件不一致的，以补充、修改的内容为准。

6. 谈判、评审及推荐成交候选人

供应商应当按照谈判文件的要求编制响应文件，并对其提交的响应文件的真实性、合法性承担法律责任。

谈判小组在对响应文件的有效性、完整性和响应程度进行审查时，可以要求供应商对响应文件中含义不明确、同类问题表述不一致或者有明显文字和计算错误的内容等作出必要的澄清、说明或者更正。供应商的澄清、说明或者更正不得超出响应文件的范围或者改变响应文件的实质性内容。

谈判小组要求供应商应当以书面形式作出澄清、说明或者更正响应文件。供应商的澄清、说明或者更正应当由法定代表人或其授权代表签字或者加盖公章。由授权代表签字的，应当附法定代表人授权书。供应商为自然人的，应当由本人签字并附身份证明。

谈判小组所有成员应当集中与单一供应商分别进行谈判，并给予所有参加谈判的供应商平等的谈判机会。在谈判中，谈判的任何一方不得透露与谈判有关的其他供应商的技术资料、价格和其他信息。谈判文件有实质性变动的，谈判小组应当以书面形式通知所有参加谈判的供应商。

谈判小组应当对响应文件进行评审，并根据谈判文件规定的程序、评定成交的标准等事项与实质性响应谈判文件要求的供应商进行谈判。未实质性响应谈判文件的响应文件按无效处理，谈判小组应当告知有关供应商。

在谈判过程中，谈判小组可以根据谈判文件和谈判情况实质性变动采购需求中的技术、服务要求以及合同草案条款，但不得变动谈判文件中的其他内容。实质性变动的内容，须经采购人代表确认。

对谈判文件作出的实质性变动是谈判文件的有效组成部分，谈判小组应当及时以书面形式同时通知所有参加谈判的供应商。

供应商应当按照谈判文件的变动情况和谈判小组的要求重新提交响应文件，并由其法定代表人或授权代表签字或者加盖公章。由授权代表签字的，应当附法定代表人授权书。供应商为自然人的，应当由本人签字并附身份证明。

谈判文件能够详细列明采购标的的技术、服务要求的，谈判结束后，谈判小组应当要求所有继续参加谈判的供应商在规定时间内提交最后报价，提交最后报价的供应商不得少于3家。

谈判文件不能详细列明采购标的的技术、服务要求，需经谈判由供应商提供最终设计方案或解决方案的，谈判结束后，谈判小组应当按照少数服从多数的原则投票推荐3家以上供应商的设计方案或者解决方案，并要求其在规定时间内提交最后报价。

最后报价是供应商响应文件的有效组成部分。

公开招标的货物、服务采购项目，招标过程中提交投标（响应）文件或者经评审实质性响应采购文件要求的供应商只有两家时，采购人、采购代理机构经本级财政部门批准后可以与该两家供应商进行竞争性谈判采购。

谈判小组应当从质量和服务均能满足采购文件实质性响应要求的供应商中，按照最后报价由低到高的顺序提出3家以上成交候选人，并编写评审报告。

7. 确定成交供应商

采购代理机构应当在评审结束后2个工作日内将评审报告送采购人确认。采购人应当在收到评审报告后5个工作日内，从评审报告提出的成交候选人中，根据质量和服务均能满足采购文件实质性响应要求且最后报价最低的原则确定成交供应商，也可以书面授权谈判小组直接确定成交供应商。采购人逾期未确定成交供应商且不提出异议的，视为确定评审报告提出的最后报价最低的供应商为成交供应商。

8. 发布成交结果公告、发出成交通知书

采购人或者采购代理机构应当在成交供应商确定后2个工作日内，在省级以上财政部门指定的媒体上公告成交结果，同时向成交供应商发出成交通知书，并将竞争性谈判文件随成交结果同时公告。

采用书面推荐供应商参加采购活动的，还应当公告采购人和评审专家的推荐意见。

除不可抗力等因素外，成交通知书发出后，采购人改变成交结果，或者成交供应商拒绝签订政府采购合同的，应当承担相应的法律责任。

9. 合同签订

采购人与成交供应商应当在成交通知书发出之日起30日内，按照采购文件确定的合同文本以及采购标的、规格型号、采购金额、采购数量、技术和服务要求等事项签订政府采购合同。采购人不得向成交供应商提出超出采购文件以外的任何要求作为签订合同的条件，不得与成交供应商订立背离采购文件确定的合同文本以及采购标的、规格型号、采购金额、采购数量、技术和服务要求等实质性内容的协议。

成交供应商拒绝签订政府采购合同的，采购人可以按照从评审报告提出的成交候选供应商中，按照排序由高到低的原则确定其他供应商作为成交供应商并签订政府采购合同，也可以重新开展采购活动。拒绝签订政府采购合同的成交供应商不得参加对该项目重新开展的采购活动。

10. 合同履约及验收

采购人与成交供应商应当根据合同的约定依法履行合同义务。采购人应当及时对采购项目进行验收。采购人可以邀请参加本项目的其他供应商或者第三方机构参与验收。参与验收的供应商或者第三方机构的意见作为验收书的参考资料一并存档。

11. 采购资金支付

采购人应当加强对成交供应商的履约管理，并按照采购合同约定，及时向成交供应商支付采购资金。对于成交供应商违反采购合同约定的行为，采购人应当及时处理，依法追究其违约责任。

竞争性谈判采购流程如图 3.4 所示。

五、询价

1. 成立询价小组

询价小组由采购人代表和评审专家共 3 人以上单数组成，其中评审专家人数不得少于询价小组成员总数的 2/3。采购人不得以评审专家身份参加本部门或本单位采购项目的评审。采购代理机构人员不得参加本机构代理的采购项目的评审。

达到公开招标数额标准的货物采购项目，询价小组应当由 5 人以上单数组成。

2. 编制询价通知书

询价通知书应当根据采购项目的特点和采购人的实际需求制定，并经采购人书面同意。采购人应当以满足实际需求为原则，不得擅自提高经费预算和资产配置等采购标准。

询价通知书不得要求或者标明供应商名称或者特定货物的品牌，不得含有指向特定供应商的技术、服务等条件。询价通知书应当包括供应商资格条件、采购邀请、采购方式、采购预算、采购需求、采购程序、价格构成或者报价要求、响应文件编制要求、提交响应文件截止时间及地点、保证金交纳数额和形式、评定成交的标准等。

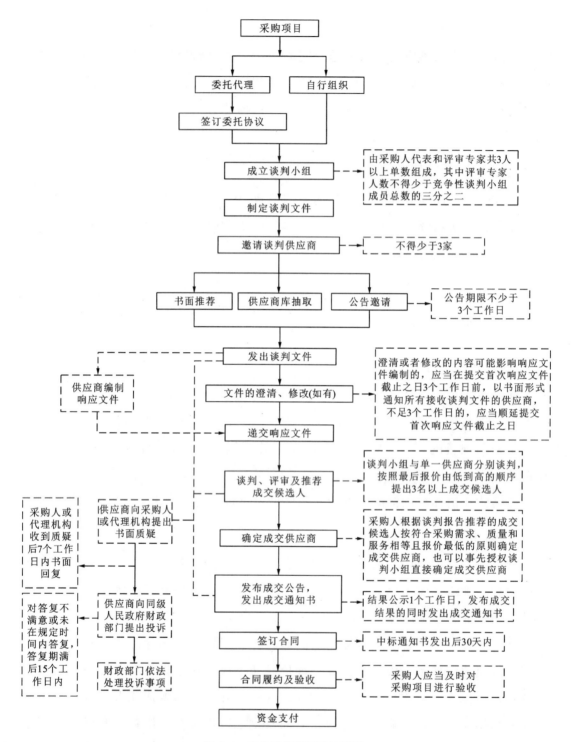

图 3.4 竞争性谈判采购流程图

3. 确定被询价的供应商名单

采购人、采购代理机构应当通过发布公告、从省级以上财政部门建立的供应商库中随机抽取或者采购人和评审专家分别书面推荐的方式邀请不少于3家符合相应资格条件的供应商参与询价采购活动。

采取采购人和评审专家书面推荐方式选择供应商的,采购人和评审专家应当各自出具书面推荐意见。采购人推荐供应商的比例不得高于推荐供应商总数的50%。

询价小组根据采购需求,从符合相应资格条件的供应商名单中确定不少于三家的供应商,并向其发出询价通知书。

询价采购公告

> 项目概况
> (采购标的)采购项目的潜在供应商应在(地址)获取采购文件,并于＿＿年＿＿月＿＿日＿＿点＿＿分(北京时间)前提交响应文件。

一、项目基本情况

项目编号(或招标编号、政府采购计划编号、采购计划备案文号等,如有):

项目名称:

采购方式:询价

预算金额:

最高限价(如有):

采购需求:(包括但不限于标的的名称、数量、简要技术需求或服务要求等)

合同履行期限:

本项目(是/否)接受联合体。

二、申请人的资格要求

1. 满足《中华人民共和国政府采购法》第二十二条规定;

2. 落实政府采购政策需满足的资格要求:(如属于专门面向中小企

业采购的项目,供应商应为中小微企业、监狱企业、残疾人福利性单位)

3. 本项目的特定资格要求:(如项目接受联合体投标,对联合体应提出相关资格要求;如属于特定行业项目,供应商应当具备特定行业法定准入要求。)

三、获取采购文件

时间:_____年_____月_____日_____点_____分至_____年_____月_____日,每天上午_____至_____,下午_____至_____(北京时间,法定节假日除外)

地点:

方式:

售价:

四、响应文件提交

截止时间:_____年_____月_____日_____点_____分(北京时间)(从询价通知书开始发出之日起至供应商提交响应文件截止之日止不得少于3个工作日)

地点:

五、开启

时间:_____年_____月_____日_____点_____分(北京时间)

地点:

六、公告期限

自本公告发布之日起3个工作日。

七、其他补充事宜

_____

八、凡对本次采购提出询问,请按以下方式联系

1. 采购人信息

名　　称:_____

地　　址:_____

联系方式:_____

2. 采购代理机构信息(如有)

名　　称:_____

地　　址：_____

联系方式：_____

3. 项目联系方式

项目联系人：（组织本项目采购活动的具体工作人员姓名）

电　　话：_____

_{选自财政部办公厅《关于印发〈政府采购公告和公示信息格式规范（2020年版）〉的通知》（财办库〔2020〕50号）}

4. 发出询价通知书

从询价通知书发出之日起至供应商提交响应文件截止之日止不得少于3个工作日。

提交响应文件截止之日前，采购人、采购代理机构或者询价小组可以对已发出的询价通知书进行必要的澄清或者修改，澄清或者修改的内容作为询价通知书的组成部分。澄清或者修改的内容可能影响响应文件编制的，采购人、采购代理机构或者询价小组应当在提交响应文件截止之日3个工作日前，以书面形式通知所有接收询价通知书的供应商，不足3个工作日的，应当顺延提交响应文件截止之日。

5. 询价、推荐成交候选人

供应商应当按照询价通知书的要求编制响应文件，并对其提交的响应文件的真实性、合法性承担法律责任。

参加询价采购活动的供应商，应当按照询价通知书的规定一次报出不得更改的价格。

询价小组应当从质量和服务均能满足采购文件实质性响应要求的供应商中，按照报价由低到高的顺序提出3名以上成交候选人，并编写评审报告。

6. 确定成交供应商

采购代理机构应当在评审结束后2个工作日内将评审报告送采购人确认。采购人应当在收到评审报告后5个工作日内，从评审报告提出的成交候选人中，根据质量和服务均能满足采购文件实质性响应要求且报价最低的原则确定成交供应商，也可以书面授权询价小组直接确定成交供应商。采购人逾期未确定成交供应商且不提出异议的，视为确定评审报告提出的最后报价最低的供应商为成交供应商。

7. 发布成交结果公告、发出成交通知书

采购人或者采购代理机构应当在成交供应商确定后 2 个工作日内，在省级以上财政部门指定的媒体上公告成交结果，同时向成交供应商发出成交通知书，并将询价通知书随成交结果同时公告。

采用书面推荐供应商参加采购活动的，还应当公告采购人和评审专家的推荐意见。

除不可抗力等因素外，成交通知书发出后，采购人改变成交结果，或者成交供应商拒绝签订政府采购合同的，应当承担相应的法律责任。

8. 合同签订

采购人应当自成交通知书发出之日起 30 日内，按照询价文件和成交供应商相应文件的规定，与成交供应商签订书面合同。所签订的合同不得对询价文件确定的事项和成交供应商响应文件作实质性修改。

采购人不得向成交供应商提出任何不合理的要求作为签订合同的条件。

政府采购合同应当包括采购人与成交供应商的名称和住所、标的、数量、质量、价款或者报酬、履行期限及地点和方式、验收要求、违约责任、解决争议的方法等内容。

9. 合同履约及验收

采购人与成交供应商应当根据合同的约定依法履行合同义务。采购人应当及时对采购项目进行验收。采购人可以邀请参加本项目的其他供应商或者第三方机构参与验收。参与验收的供应商或者第三方机构的意见作为验收书的参考资料一并存档。

10. 采购资金支付

采购人应当加强对成交供应商的履约管理，并按照采购合同约定，及时向成交供应商支付采购资金。对于成交供应商违反采购合同约定的行为，采购人应当及时处理，依法追究其违约责任。

询价采购流程如图 3.5 所示。

第三章 政府采购项目属性及采购方式

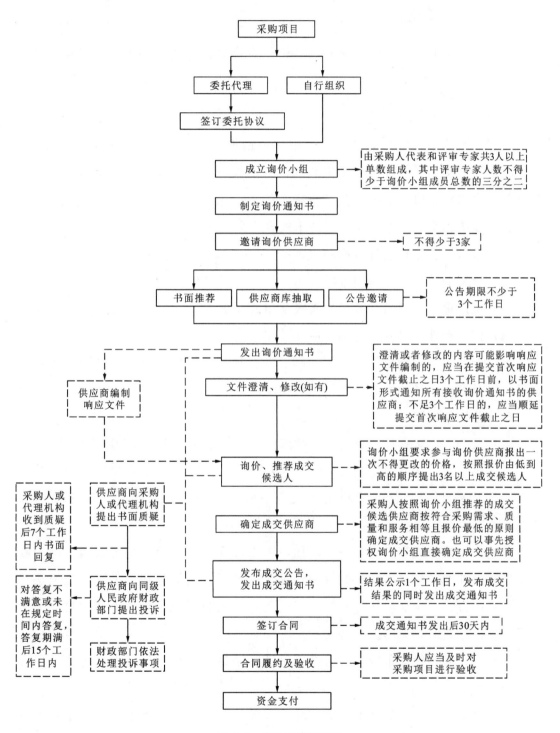

图 3.5 询价采购流程图

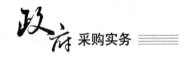

六、单一来源

单一来源采购是指采购人从某一特定供应商处采购货物、工程和服务的采购方式。

1. 单一来源采购方式的确定

属于《政府采购法》第三十一条第一项情形，且达到公开招标数额的货物、服务项目，拟采用单一来源采购方式的，采购人、采购代理机构在报财政部门批准之前，应当在省级以上财政部门指定媒体上公示，并将公示情况一并报财政部门。公示期不得少于5个工作日，公示内容应当包括：

（1）采购人、采购项目名称和内容；

（2）拟采购的货物或者服务的说明；

（3）采用单一来源采购方式的原因及相关说明；

（4）拟定的唯一供应商名称、地址；

（5）专业人员对相关供应商因专利、专有技术等原因具有唯一性的具体论证意见，以及专业人员的姓名、工作单位和职称；

（6）公示的期限；

（7）采购人、采购代理机构、财政部门的联系地址、联系人和联系电话。

任何供应商、单位或者个人对采用单一来源采购方式公示有异议的，可以在公示期内将书面意见反馈给采购人、采购代理机构，并同时抄送相关财政部门。

采购人、采购代理机构收到对采用单一来源采购方式公示的异议后，应当在公示期满后5个工作日内，组织补充论证，论证后认为异议成立的，应当依法采取其他采购方式；论证后认为异议不成立的，应当将异议意见、论证意见与公示情况一并报相关财政部门。

采购人、采购代理机构应当将补充论证的结论告知提出异议的供应商、单位或者个人。

未达到公开招标数额标准符合《政府采购法》第三十一条第一项规定情形只能从唯一供应商处采购的政府采购项目，可以依法采用单一来源采购方式。此类项目在采购活动开始前，无需获得设区的市、自治州以上人民政府采购监督管理部门的批准,也不用按照《政府采购法实施条例》第三十八条的规定在省级以上财政部门指定媒体上公示。

单一来源采购公示

一、项目信息

采购人:＿＿＿＿＿＿＿＿＿＿＿＿＿＿＿＿＿＿＿＿＿＿

项目名称:＿＿＿＿＿＿＿＿＿＿＿＿＿＿＿＿＿＿＿＿＿

拟采购的货物或服务的说明:＿＿＿＿＿＿＿＿＿＿＿＿＿

拟采购的货物或服务的预算金额:＿＿＿＿＿＿＿＿＿＿＿

采用单一来源采购方式的原因及说明:＿＿＿＿＿＿＿＿＿

二、拟定供应商信息

名称:＿＿＿＿＿＿＿＿＿＿＿＿＿＿＿＿

地址:＿＿＿＿＿＿＿＿＿＿＿＿＿＿＿＿

三、公示期限

＿＿＿年＿＿月＿＿日至＿＿＿年＿＿月＿＿日(公示期限不得少于5个工作日)

四、其他补充事宜

＿＿＿＿＿＿＿＿＿＿＿＿＿＿＿＿＿＿＿＿＿＿＿＿＿＿

五、联系方式

1. 采购人

联 系 人:＿＿＿＿＿＿＿＿＿＿＿＿＿＿＿

联系地址:＿＿＿＿＿＿＿＿＿＿＿＿＿＿＿

联系电话:＿＿＿＿＿＿＿＿＿＿＿＿＿＿＿

2. 财政部门

联 系 人:＿＿＿＿＿＿＿＿＿＿＿＿＿＿＿

联系地址:＿＿＿＿＿＿＿＿＿＿＿＿＿＿＿

联系电话:＿＿＿＿＿＿＿＿＿＿＿＿＿＿＿

3. 采购代理机构(如有)

联 系 人:＿＿＿＿＿＿＿＿＿＿＿＿＿＿＿

联系地址：_____

联系电话：_____

六、附件

专业人员论证意见（格式见表3.1）。

表 3.1　单一来源采购方式专业人员论证意见

专业人员信息	姓名：
	职称：
	工作单位：
项目信息	项目名称：
	供应商名称：
专业人员论证意见	（专业人员论证意见应当完整、清晰和明确的表达从唯一供应商处采购的理由）
专业人员签字	日期：　　年　　月　　日

注：表格中专业人员论证意见由专业人员手工填写。

选自财政部办公厅《关于印发〈政府采购公告和公示信息格式规范（2020年版）〉的通知》（财办库〔2020〕50号）

2. 单一来源协商

采用单一来源采购方式采购的，采购人、采购代理机构应当组织具有相关经验的专业人员与供应商商定合理的成交价格并保证采购项目质量。

单一来源采购人员应当编写协商情况记录，主要内容包括以下几方面：

（1）依法进行公示的，公示情况说明；

（2）协商日期和地点，采购人员名单；

（3）供应商提供的采购标的成本、同类项目合同价格以及相关专利、专有技术等情况说明；

（4）合同主要条款及价格商定情况。

协商情况记录应当由采购全体人员签字认可。对记录有异议的采购人员，应当签署不同意见并说明理由。采购人员拒绝在记录上签字又不书面说明其不同意见和理由的，视为同意。

3. 发布成交结果公告、发出成交通知书

采购人或者采购代理机构应当在省级以上财政部门指定的媒体上公告成交结果，同时向成交供应商发出成交通知书，并将采购文件随成交结果同时公告。

除不可抗力等因素外，成交通知书发出后，采购人改变成交结果，或者成交供应商拒绝签订政府采购合同的，应当承担相应的法律责任。

4. 合同签订

采购人应当自成交通知书发出之日起 30 日内，按照单一来源文件和成交供应商相应文件的规定，与成交供应商签订书面合同。所签订的合同不得对单一来源文件确定的事项和成交供应商响应文件作实质性修改。

采购人不得向成交供应商提出任何不合理的要求作为签订合同的条件。

政府采购合同应当包括采购人与成交供应商的名称和住所、标的、数量、质量、价款或者报酬、履行期限及地点和方式、验收要求、违约责任、解决争议的方法等内容。

5. 合同履约及验收

采购人与成交供应商应当根据合同的约定依法履行合同义务。采购人应当及时对采购项目进行验收。采购人可以邀请第三方机构参与验收，参与验收的第三方机构的意见作为验收书的参考资料一并存档。

6. 采购资金支付

采购人应当加强对成交供应商的履约管理，并按照采购合同约定，及时向成交供应商支付采购资金。对于成交供应商违反采购合同约定的行为，采购人应当及时处理，依法追究其违约责任。

单一来源采购流程如图 3.6 所示。

六种政府采购方式的对比如表 3.2 所示。

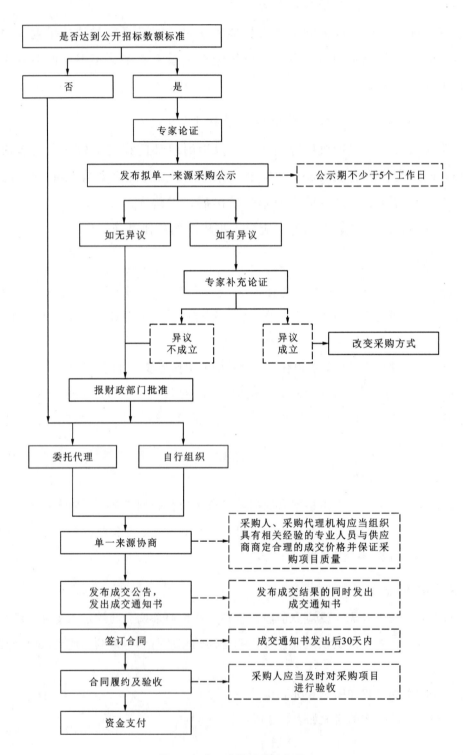

图 3.6 单一来源采购流程图

第三章 政府采购项目属性及采购方式

表 3.2 六种政府采购方式的对比

采购方式 比较因素	公开招标	邀请招标	竞争性磋商	竞争性谈判	询价采购	单一来源采购
是否需要批准	不需要批准	需经政府采购监督管理部门批准	未达到公开招标数额标准的，不需要批准，直接申报；达到公开招标数额标准的，需经政府采购监督管理部门批准			
供应商产生的方式	以招标公告的方式邀请不特定的供应商	采购人、采购代理机构通过发布资格预审公告征集、从省级以上人民政府财政部门建立的供应商库中选取或者采购人书面推荐的方式，随机抽取3家以上供应商向其发出投标邀请书	采购人、采购代理机构应当通过发布公告、从省级以上财政部门建立的供应商库中随机抽取或者采购人和评审专家分别书面推荐的方式邀请不少于3家符合相应资格条件的供应商参与竞争性磋商/竞争性谈判/询价采购活动			特定供应商
发出采购文件至投标（响应）文件提交截止的时间	自招标文件开始发出之日起至供应商提交投标文件截止之日，不得少于20日。 招标文件的提供期限自开始发出之日起不得少于5个工作日		从磋商文件发出之日起至供应商提交首次响应文件截止之日不得少于10日。 磋商文件的提供期限自开始发出之日起不得少于5个工作日	从谈判文件/询价通知书发出之日起至供应商提交首次响应文件截止之日不得少于3个工作日		—

续表

采购方式 比较因素	公开招标	邀请招标	竞争性磋商	竞争性谈判	询价采购	单一来源采购
采购文件修改的时间及要求	对已发出的招标文件、资格预审文件、投标邀请书进行必要澄清或者修改的，应当以书面形式通知所有获取招标文件的潜在供应商，澄清或修改应当在原公告发布媒体上发布澄清公告，澄清或修改的内容可能影响投标文件编制的，应当在投标截止时间至少15日前，以书面形式通知所有获取招标文件的潜在供应商，不足15日的，应当顺延提交投标文件的截止时间。 澄清或者修改的内容可能影响资格预审申请文件编制的，应当在提交资格预审申请文件截止时间至少3日前，以书面形式通知所有获取资格预审文件的潜在供应商；不足3日的，应当顺延提交资格预审申请文件的截止时间		澄清或者修改的内容可能影响响应文件编制的，采购人、采购代理机构应当在提交首次响应文件截止时间至少5日前，以书面形式通知所有获取磋商文件的供应商；不足5日的，采购人、采购代理机构应当顺延提交首次响应文件截止时间	澄清或者修改的内容可能影响响应文件编制的，采购人、采购代理机构或者谈判/询价小组应当在提交首次响应文件截止之日3个工作日前，以书面形式通知所有接收谈判/询价文件的供应商，不足3个工作日的，应当顺延提交首次响应文件截止之日		—
评标委员会或评审小组组成	评标委员会由采购人代表和评审专家组成，成员人数应当为5人以上单数，其中评标专家不得少于成员总数的三分之二。 采购项目符合下列情形之一的，评标委员会成员人数应当为7人以上单数：(1) 采购预算金额在1000万元以上；(2) 技术复杂；(3) 社会影响较大		评审小组由采购人代表和评审专家共3人以上单数组成，其中评审专家人数不得少于评审小组成员总数的三分之二。达到公开招标数额标准的货物或者服务采购项目，或者达到招标规模标准的政府采购工程，评审小组应当由5人以上单数组成			组织具有相关经验的专业人员与供应商商定合理的成交价格并保证采购项目质量

续表

采购方式 比较因素	公开招标	邀请招标	竞争性磋商	竞争性谈判	询价采购	单一来源采购
供应商的报价	供应商一次报出不得更改的价格，必须公开唱标		供应商在规定时间内提交最后报价。在提交最后报价之前可根据磋商/谈判情况退出磋商/谈判		供应商一次报出不得更改的价格	商定合理的成交价格
评审办法	综合评分法、最低评标价法		综合评分法	根据符合采购需求、质量和服务相等且报价最低的原则确定成交供应商		保证采购质量，商定合理价格
确定中标（成交）供应商并发布结果公告	采购代理机构应当在评审结束后2个工作日内将评审报告送采购人。采购人应当自收到评审报告之日起5个工作日内，在评审报告确定的中标（成交）候选人名单中按顺序确定中标（成交）供应商。采购人或者采购代理机构应当自中标（成交）供应商确定之日起2个工作日内，在省级以上财政部门指定的媒体上公告中标（成交）结果					—
公告期限	1个工作日					

第四节　电子化采购的创新及应用

政府倡导要尽快在各行业领域全面推广电子招投标，全面推行异地投标、开标，积极推广电子评标和远程异地评标，这无疑对电子化采购的推广打了一针强心剂。如今市面上已有多套电子化采购系统上线运营。

一、中央政府采购电子化平台

国采中心电子招投标系统实现了货物和服务类公开招标项目的网上委托、受理、编标、投标、开标、评标的全流程电子化。

二、全国公共资源交易平台

全国公共资源交易平台贯彻落实《国务院办公厅关于印发整合建立统一的公共资源交易平台工作方案的通知》(国办发〔2015〕63号)的要求,汇集全国公共资源交易、主体、专家、信用、监管信息,依法依规对公共资源交易信息进行公开,并为市场主体和社会公众提供形式丰富的信息服务。

全国公共资源交易平台下设各省、市、自治区公共资源交易平台,各平台结合本地特色,开发利用了各种电子采购交易系统。例如,湖北省公共资源交易中心平台利用湖北公共资源交易电子服务系统,供应商可线上进行报名、标书制作、投标、开标等活动,并可同步支持远程评标功能;河南省公共资源交易服务平台利用河南省电子招标投标公共服务平台,实现招标投标活动的电子化;湖南省公共资源交易服务平台则开发了湖南省远程异地评标综合调度系统,从而使远程异地评标更为便捷;上海市公共资源交易服务平台积极推进公共资源交易全流程电子化,推广在线投标、开标,电子保函替代现金保证金,实现在线提交、在线查核,开展基于网络协同的专家分散评标,着力消除全流程电子化的盲点、断点、堵点,推动公共资源交易从依托有形市场向线上交易转变,提高交易的便利性和透明度。

三、电子化采购支持平台

为推进工程招标、政府采购的电子化,一些政府采购代理机构开发了电子化招标采购平台,为电子化招标采购提供相应的技术支持。

政府采购代理机构可以线上发布公告、发售标书、组织开标与评标及发出结果通知书等;潜在供应商可通过平台完成线上报名、下载采购文件、递交投标(响应)文件、线上参与开标会议等投标活动;评审专家可通过平台在线完成项目评审工作;采购人可以通过平台对项目进行全程监控。

四、企业内部电子招标采购交易平台

许多大型企业都上线了内部电子招标采购交易平台,如中国一汽电子招标采购交易平台、中国铁路电子招标采购交易系统、东风招投标电子交易平台等,这些交易平台已基本实现了在线报名、投标,部分实现了线上开标、评标等功能。

目前为止，虽然大多数还是企业内部、行业内部的一个交易平台，但这无疑都是对电子化采购推进的有利探索，有助于推进政府采购的电子化进程。

如今，政府采购项目全流程电子化采购已在加速推进，电子化采购有着传统采购方式无可比拟的优点：线上报名方式的应用，简化了操作流程，提高了供应商、代理机构的效率，同时为供应商节省了项目成本，在一定程度上激发了市场活力；无纸化投标则节省了项目资金，节约了社会资源，有利于环境保护；线上开标、评标则为供应商、评审专家提供了便利，也能够节约成本。

第四章 政府采购法律体系

第一节 政府采购法律体系

我国的法律位阶从高到低依次为宪法、基本法、法律、行政法规、地方性法规和部门规章、省级规章、行政规范性文件。具体到政府采购领域,则可分为法律、行政法规、地方性法规和部门规章、行政规范性文件。

一、法律

政府采购法律法规体系核心为《政府采购法》,该法于 2002 年 6 月 29 日通过,并于 2003 年 1 月 1 日起施行,为第一层级法律。

二、行政法规

在法律层面之下,在 2014 年 12 月通过、于 2015 年 3 月 1 日实施的《政府采购法实施条例》位于第二层级,是对《政府采购法》的解释与补充。

三、地方性法规和部门规章

地方性法规如《广东省实施〈中华人民共和国政府采购法〉办法》,它由广东省第十一届人民代表大会常务委员会第十四次会议于 2009 年 11 月 26 日通过,自 2010 年 3 月 1 日起施行。

部门规章即财政部颁布的规章,主要有《政府采购货物和服务招标投标管理办法》(财政部令第 87 号,2017 年 10 月 1 日起施行)、《政府采购信息发布管理办法》(财政部令第101号，2020年3月1日起施行)、《政府采购质疑和投诉办法》(财政部令第94号，2018年3月1日起施行)、《政府采购非招标采购方式管理办法》(财政部令第74号，2014年2月1日起施行)、《政府购买服务管理办法》(财政部令第102号，2020年3月1日起施行)与《关于公布废止和失效的财政规章和规范性文件目录（第十三批）的决定》(财政部令第103号，2020年1月13日起施行)等。

四、行政规范性文件

如财政部发布的补充性通知：《政府采购竞争性磋商采购方式管理暂行办法》（财库〔2014〕214号）、《政府采购评审专家管理办法》（财库〔2016〕198号）及《政府采购代理机构管理暂行办法》（财库〔2018〕2号）等。

第二节 《政府采购法》与《招标投标法》

《政府采购法》第二条规定，政府采购包括货物、工程和服务；第四条规定，政府采购工程进行招标投标的，适用招标投标法。

一、两法的不同点

1. 规范的主体不同

《政府采购法》规范的主体是各级国家机关、事业单位和团体组织。

《中华人民共和国招标投标法》（以下简称《招标投标法》）第二条规定，在中华人民共和国境内进行招标投标活动，适用本法。但《招标投标法》对依法必须进行招标的项目进行了约定，包括：（一）大型基础设施、公用事业等关系社会公共利益、公众安全的项目；（二）全部或者部分使用国有资金投资或者国家融资的项目；（三）使用国际组织或者外国政府贷款、援助资金的项目。以上项目的具体范围和规模标准，由国务院发展计划部门会同国务院有关部门制订。

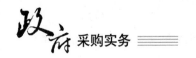

采购人和采购代理机构在判断采购项目是适用《政府采购法》还是《招标投标法》时，一定要对两部法律的适用范围有全面的了解才不至于出错。

请看下面的案例。

S医院手术室数字化管理系统采购项目举报案

1. 基本案情

2018年11月27日，财政部收到举报材料。举报人反映：本项目为政府采购货物和服务，资金性质为财政性资金。采购人S医院、代理机构L公司规避政府采购程序，在中国国际招标网发布招标公告。《机电产品国际招标投标实施办法（试行）》（商务部令2014年第1号）上位法为《中华人民共和国招标投标法》，不属于政府采购法律体系，本项目适用法律错误。

财政部依法启动监督检查程序，并向相关当事人调取证据材料。

采购人S医院、代理机构L公司称：（1）本项目采购标的包含腹腔镜系统，属于《机电产品国际招标投标实施办法（试行）》（商务部令2014年第1号）规定的机电产品，应采用国际招标方式进行采购；（2）其于12月6日收到调证通知后，至今未发布中标结果公示，也未发出中标通知书，未签订政府采购合同。

经查，采购文件"第六章投标资料表"显示，"本表关于要采购货物的具体资料是对2014年版机电产品国际招标标准采购文件（第一册）供应商须知相应条款的具体补充和修改"。本项目招标采购的货物为"包1：手术室数字化显示传输系统及高清腹腔镜系统；包2：高清腹腔镜系统及超高清腹腔镜系统"，资金性质为"财政资金"，预算金额为2800万元人民币。"2.2合法来源国/地区：除非另有规定，凡是来自中华人民共和国或是与中华人民共和国有正常贸易往来的国家或地区的法人或其他组织均可投标"。"8投标语言：中文。同时有中文、英文时，如有冲突以中文为准"。"23.1评标方法：综合评价法"。

"评标报告"显示，包1共有7家潜在供应商购买采购文件，包2共有6家潜在供应商购买采购文件，均为国内企业。

本项目从中国国际招标网抽取评审专家4人。

中国国际招标网显示,代理机构L公司于2018年10月29日发布首次招标公告,11月6日发布重新招标公告,12月3日发布评标结果公示,显示T公司为包1中标候选人、M公司为包2中标候选人,公示开始时间为"2018-12-03 18:56",评标公示截止时间为"2018-12-06 23:59"。未查询到中标结果公示信息。

2. 处理理由

关于举报人反映本项目适用法律错误的问题。经审查,本项目是事业单位使用财政性资金向国内代理商购买货物,属于政府采购项目。根据《中华人民共和国政府采购法》第二条的规定,采购方式和采购程序均应按照《中华人民共和国政府采购法》及其相关规定执行。本项目未按照上述规定执行,违反了《中华人民共和国政府采购法》第二条和第六十四条第一款的规定。

3. 处理结果

根据《中华人民共和国政府采购法》第三十六条第一款第(二)项的规定,责令采购人S医院废标。

根据《中华人民共和国政府采购法》第七十一条和《中华人民共和国政府采购法实施条例》第六十八条第一项的规定,责令采购人S医院、代理机构L公司限期改正,并分别给予警告的行政处罚。

本项目包1中标候选人T公司不服处理决定提起行政诉讼。法院认为T公司不是中标供应商,不具备针对处理决定提起诉讼的原告主体资格。T公司提起的诉讼不符合法定起诉条件,裁定驳回起诉。

4. 其他注意事项

因采购人、代理机构适用法律和采购程序错误给供应商造成损失的,供应商可以向采购人、代理机构提起民事诉讼。

(选自财政部第30号指导性案例)

2. 采购方式不同

《政府采购法》中规范的采购方式,不仅包括公开招标和邀请招标两种招标采购方式,还包括询价采购、竞争性谈判采购、单一来源采购等非招标方式。除此之外，2014 年出台的《政府采购竞争性磋商采购方式管理暂行办法》在原有的五种政府采购方式之外新增了一种采购方式。

而《招标投标法》仅规定了公开招标和邀请招标两种招标形式。

即使同是公开招标方式，在《政府采购法》和《招标投标法》中的程序和要求也有很大不同，对比如表 4.1 所示。

表 4.1 《政府采购法》和《招标投标法》的适用对比

适用法律对比项	《政府采购法》体系	《招标投标法》体系
发布公告媒体	省级以上财政部门指定媒体	国务院发展改革部门依法指定的媒介
招标公告期限	5 个工作日	/
提供采购文件期限	不少于 5 个工作日	不少于 5 日
投标保证金	不得超过采购项目预算金额的 2%	不得超过招标项目估算价的 2%
专家库	财政部门组建专家库	省级人民政府和国务院有关部门应当组建综合评审专家库
评审因素要求不同	评审因素应当细化和量化，且与相应的商务条件和采购需求对应。商务条件和采购需求指标有区间规定的，评审因素应当量化到相应区间，并设置各区间对应的不同分值	未做要求
	综合评分法中价格评审采用低价优先法，货物项目的价格分值占总分值的比重不得低于 30%；服务项目的价格分值占总分值的比重不得低于 10%。执行国家统一定价标准和采用固定价格采购的项目，其价格不列为评审因素	未做要求

续表

适用法律对比项	政府采购法体系	招标投标法体系
定标及结果公布	采购代理机构应当在评标结束后2个工作日内将评标报告送采购人。 采购人应当自收到评标报告之日起5个工作日内，在评标报告确定的中标候选人名单中按顺序确定中标人。 采购人自行组织招标的，应当在评标结束后5个工作日内确定中标人。 采购人在收到评标报告5个工作日内未按评标报告推荐的中标候选人顺序确定中标人，又不能说明合法理由的，视同按评标报告推荐的顺序确定排名第一的中标候选人为中标人。 采购人或者采购代理机构应当自中标人确定之日起2个工作日内，在省级以上财政部门指定的媒体上公告中标结果，采购文件应当随中标结果同时公告。中标公告期限为1个工作日。在公告中标结果的同时，采购人或者采购代理机构应当向中标人发出中标通知书；对未通过资格审查的供应商，应当告知其未通过的原因；采用综合评分法评审的，还应当告知未中标人本人的评审得分与排序	评标完成后，评标委员会应当向招标人提交书面评标报告和中标候选人名单。依法必须进行招标的项目，招标人应当自收到评标报告之日起3日内公示中标候选人，公示期不得少于3日

续表

适用法律对比项	政府采购法体系	招标投标法体系
救济方式	供应商认为采购文件、采购过程、中标或者成交结果使自己的权益受到损害的，可以在知道或者应知其权益受到损害之日起7个工作日内，以书面形式向采购人、采购代理机构提出质疑。质疑供应商对采购人、采购代理机构的答复不满意，或者采购人、采购代理机构未在规定时间内作出答复的，可以在答复期满后15个工作日内向《政府采购法》第六条规定的财政部门提起投诉	潜在投标人或者其他利害关系人对资格预审文件有异议的，应当在提交资格预审申请文件截止时间2日前提出；对招标文件有异议的，应当在投标截止时间10日前提出。招标人应当自收到异议之日起3日内作出答复；作出答复前，应当暂停招标投标活动。投标人或者其他利害关系人对依法必须进行招标的项目的评标结果有异议的，应当在中标候选人公示期间提出。招标人应当自收到异议之日起3日内作出答复；作出答复前，应当暂停招标投标活动。投标人或者其他利害关系人认为招标投标活动不符合法律、行政法规规定的，可以自知道或者应当知道之日起10日内向有关行政监督部门投诉。投诉应当有明确的请求和必要的证明材料。就《招标投标法实施条例》第二十二条、第四十四条、第五十四条规定事项投诉的，应当先向招标人提出异议，异议答复期间不计算在提起投诉的有效期限内

《政府采购法》有关采购文件编制、评标方法和评标标准制定、招标信息发布、评审专家抽取、中标信息发布等方面的规定均不同于《招标投标法》。在政府采购活动中，《招标投标法》及其实施条例，主要适用于通过招标方式采购的政府采购工程以及与工程建设相关的货物、服务。政府采购工程及与工程建设相关的货物、服务通过招标方式以外的方式采购的，以及与工程建设不相关的货物、服务的采购，都应适用《政府采购法》及其实施条例、《政府采购货物和服务招标投标管理办法》等规定。与工程建设不相关的货物和服务的采购未依照前述规定执

行,而依据《招标投标法》执行的,属于适用法律错误,违反了《政府采购法》第二条第一款和第六十四条第一款的规定。

3. 管理体制不同

政府采购是实行财政部门监管,监察、审计和行政主管部门分工监督的体制。

招标投标是实行发改委协调指导,各行业(行政)主管部门归口监督的体制。

在《政府采购法》颁布实施以前,《关于国务院有关部门实施招标投标活动行政监督的职责分工的意见》(国办发〔2000〕34号)中规定,按职责分工,分别由有关行政主管部门负责并受理供应商和其他利害关系人的投诉。按照这一原则,工业(含内贸)、水利、交通、铁道、民航、信息产业等行业和产业项目的招投标活动的监督执法,分别由经贸、水利、交通、铁道、民航、信息产业等行政主管部门负责。在当时的环境下,交通、水利等部门各自按照《招标投标法》有关要求,出台了一系列招投标管理办法,如案例中提到的《水运工程机电设备招标投标管理办法》(交通部令2004年第9号)等,一定时期内对行业内的招投标活动起着指导作用。随着《政府采购法》及其实施条例的颁布实施,政府采购制度日趋完善,两套法律体系之间的交叉和互相影响情况日益显现。下面就是在特殊时期出现的一个特殊又典型的案例。

2011年,某隶属于交通运输部的中央在汉事业单位A中心委托我公司就应急移动通信平台设备购置项目进行公开招标,该项目由交通运输部以交规划发〔2009〕×××号批准建设,建设资金来自交通部专项资金。

根据《水运工程机电设备招标投标管理办法》(交通部令2004年第9号)"第五条 水运工程机电设备招标投标活动的监督管理实行统一领导、分级管理。交通部负责全国水运工程机电设备招标投标活动的监督管理。"本项目在招标过程中,依照管理规定,招标文件在交通运输部备案,并得到交通部的审核确认,招标公告在中国采购与招标网、交通运输部官网及《中国水运报》上同时发布,6家单位参与投标。按照当时交通运输部的要求,招标人代表在纪检监察人员的监督下从交通部水运专家库中随机抽取了5位评审专家,与招标人推荐的2位专家组成了评标委员会。整个招标、评标过程很顺利,评标委员会根据招标文件要求和投标文件情况完成了评审，并推荐了中标候选人。

按照当时的要求，项目评标结果须在交通运输部备案，且交通运输部已审核通过了该项目的中标结果公示。本项目在中标结果公示后，有关当事人就法律适用问题向财政部门递交了投诉函，并得到受理。财政部门的处理意见是：本项目为政府采购项目，应适用于《政府采购法》，责令A中心重新招标。

因A中心为中央在汉单位，依照政府采购有关规定，项目由财政部监管，且该项目为政府集中采购目录内项目，由A中心委托中央国家机关政府采购中心重新进行公开招标。从2011年7月项目首次发布招标公告，到2012年10月完成项目，发布中标结果公告，该项目完成整个招标程序历时15个月。

处理理由

关于投诉人反映本项目适用法律错误的问题。经财政部门审查，本项目是事业单位使用财政性资金购买货物，属于政府采购项目。根据《政府采购法》第二条的规定，采购方式和采购程序均应按照《政府采购法》及其相关规定执行。本项目未按照上述规定执行，违反了《政府采购法》第二条的规定。

二、两法的衔接

《政府采购法》第四条规定，政府采购工程进行招标投标的，适用招标投标法。第二条规定，本法所称工程，是指建设工程，包括建筑物和构筑物的新建、改建、扩建、装修、拆除、修缮等。也就是说，即使采购主体是各级国家机关、事业单位和团体组织，使用财政性资金，当对政府采购工程项目进行公开招标或邀请招标时，则不再适用《政府采购法》，而是适用《招标投标法》。

按照国家发改委《必须招标的工程项目规定》（发改委〔2018〕第16号，2018年6月1日起施行）要求，对规定范围内的项目，其勘察、设计、施工、监理以及与工程建设有关的重要设备、材料等的采购达到限额标准的，必须招标。

一是全部或者部分使用国有资金投资或者国家融资的项目，包括以下两类：

（一）使用预算资金200万元人民币以上，并且该资金占投资额10%以上的项目；

（二）使用国有企业事业单位资金，并且该资金占控股或者主导地位的项目。

二是使用国际组织或者外国政府贷款、援助资金的项目，包括以下两类：

（一）使用世界银行、亚洲开发银行等国际组织贷款、援助资金的项目；

（二）使用外国政府及其机构贷款、援助资金的项目。

三是不属于上述情形的大型基础设施、公用事业等关系社会公共利益、公众安全的项目，必须招标的具体范围由国务院发展改革部门会同国务院有关部门按照确有必要、严格限定的原则制订，报国务院批准。

规定范围内的项目，其勘察、设计、施工、监理以及与工程建设有关的重要设备、材料等的采购达到下列标准之一的，必须招标：

（一）施工单项合同估算价在400万元人民币以上；

（二）重要设备、材料等货物的采购，单项合同估算价在200万元人民币以上；

（三）勘察、设计、监理等服务的采购，单项合同估算价在100万元人民币以上。

同一项目中可以合并进行的勘察、设计、施工、监理以及与工程建设有关的重要设备、材料等的采购，合同估算价合计达到前款规定标准的，必须招标。

根据《财政部关于印发〈政府采购品目分类目录〉的通知》来看，政府采购工程类包含了B01建筑物施工、B02构筑物施工、B03工程准备、B04预制构件组装和装配、B05专业施工、B06建筑安装工程、B07装修工程、B08修缮工程、B09工程设备租赁（带操作员）和B99其他建筑工程。从分类情况来看，并非所有的政府采购工程都属于建筑物和构筑物的新建、改建、扩建、装修、拆除、修缮工程。按照中央预算单位政府集中采购目录及标准，分散采购限额以上的，适用于《招标投标法》的建设工程项目以外的以及与建筑物、构筑物新建、改建、扩建无关的装修、拆除和修缮工程仍然执行政府采购程序。

不适用于《招标投标法》的政府采购工程，还可选择采用非招标的方式进行采购。如竞争性谈判、竞争性磋商、单一来源采购等。值得注意的是，询价采购方式不适用工程类项目。

第二部分 采购人实务

C AI
GouRenShiWu

E R

第五章 政府采购内部控制管理

财政部发布的《行政事业单位内部控制规范（试行）》中，内部控制是指单位为实现控制目标，通过制定制度、实施措施和执行程序，对经济活动的风险进行防范和管控。结合内部控制的定义，可以做如下表述：政府采购内部控制制度是指根据国家政府采购法律、法规、规章、制度的规定，结合政府采购业务管理的特点和要求而制定的，旨在规范政府采购管理活动、体现政府采购"公开、公平、公正、诚信原则"的制度和办法。

政府采购内部控制制度的职能不仅包括政府采购的管理，也包括核算、审核、分析各种信息资料及报告的程序与步骤，还包括对政府采购活动进行综合计划、控制和评价而制定或设置的各项规章制度。因此，建立健全行政事业单位政府采购内部控制制度，是国家政府采购法律、条例、规章的必要补充，是贯彻落实国家政府采购法律、条例、规章，保障政府采购工作有序进行的重要措施和基础，是加强行政事业单位政府采购管理的重要手段。

第一节 政府采购内控原则

内部控制原则是各级国家机关、事业单位和团体组织在建立和实施内部控制过程中需要遵循的基本要求。政府采购内部控制的原则包括以下几条。

一、合法性原则

政府采购必须严格执行法律、法规和国家统一的政府采购法律制度的规定。依法依规是制定政府采购内部控制制度的首要原则。因此，政府采购内部控制制度建设应当符合《政府采购法》等法律的规定。

二、全面性原则

将政府采购内部控制管理贯穿于政府采购执行与监管的全流程、各环节，全面控制，重在预防。抓住关键环节、重要岗位和重大风险事项，从严管理，重点防控。

三、适应性原则

政府采购内部控制制度应该符合政府采购的特点和要求，不能脱离工作实际。同时，内控制度的建立也不是一劳永逸的，需要随着国家对政府采购工作法律法规的变化、单位内部管理制度及人员的调整和管理要求的提高，而不断地进行修订和完善。

四、制衡性原则

政府采购内部控制应当在采购单位内部的部门管理、职责分工、业务流程等方面形成相互制约和相互监督。制衡性原则要求政府采购活动的决策、执行、监督相互分离，确保不相容岗位相互分离和制约，确保单位内部各有关部门或岗位之间加强沟通协调和实行相互监督，确保履行内部监督检查职能的部门能够独立、客观公正地开展监督检查工作。

五、科学性原则

一是科学合理的可操作性。政府采购的各项内部控制制度的执行应有明确的程序，在各控制关键点或风险区域时段，要明确与该控制点相关的操作步骤、各步骤涉及的部门或岗位所应履行的职责权限。

二是利于控制的相互牵制性。在横向关系上，一项工作至少要由彼此独立的两个部门或人员办理，以使该部门或人员的工作接受另一部门或人员的检查和制约；在纵向关系上，一项工作至少要经过不隶属的两个或两个以上的岗位和环节相互监督。严禁一个部门既管审批又管执行。

三是便于检查的标准性。即制定一套可以参照的、定性和定量相结合的，具有客观性和可比性的内部控制标准和指标体系。每个流程根据内部控制的要求，建立针对各个环节的标准。

四是内外结合，完善监督。为了保证政府采购的健康运行，在内部控制制度作用弱化或无法发挥作用的环节，运用外部控制手段进行监督，同时还应根据执行情况和管理需要不断完善，以保证政府采购内部控制制度更加适应管理需求。

第二节 政府采购内控管理任务

一、落实主体责任

采购人应当做好政府采购业务的内部归口管理和所属单位管理，明确内部工作机制，重点加强对采购需求、政策落实、信息公开、履约验收、结果评价等方面的管理。

强化采购人主体责任要围绕"编制采购预算计划、确定采购需求、落实政府采购政策导向、组织或协助组织采购活动、履约验收支付、答复询问质疑、配合投诉处理及监督检查"等政府采购活动进行。要健全采购人内部采购规章制度，完善采购内控机制和细化采购流程。

二、明确重点任务

1. 严防廉政风险

针对政府采购岗位设置、流程设计、主体责任、与市场主体交往等重点问题，细化廉政规范、明确纪律规矩，形成严密、有效的约束机制。

2. 控制法律风险

切实提升采购人的法治观念，依法依规组织开展政府采购活动，提高监管水平，切实防控政府采购执行中的法律风险。

3. 落实政策功能

准确把握政府采购领域政策功能落实要求，严格执行政策规定，切实发挥政府采购在实现国家经济和社会发展政策目标中的作用。

4. 提升履职效能

落实精简、统一、效能的要求，科学确定事权归属、岗位责任、流程控制和授权关系，推进政府采购流程优化、执行顺畅，提升政府采购整体效率、效果和效益。

第三节 政府采购内控管理措施

一、明晰事权

采购人应当根据法定职责开展工作，既不能失职不作为，也不得越权乱作为。

1. 实施归口管理

采购人应当明确内部归口管理部门，具体负责本单位、本系统的政府采购执行管理。归口管理部门应当牵头建立本单位政府采购内部控制制度，明确本单位相关部门在政府采购工作中的职责与分工，建立政府采购与预算、财务（资金）、资产、使用等业务机构或岗位之间沟通协调的工作机制，共同做好编制政府采购预算和实施计划、确定采购需求、组织采购活动、履约验收、答复询问质疑、配合投诉处理及监督检查等工作。

2. 明确委托代理权利义务

委托采购代理机构采购的，采购人应当和采购代理机构依法签订政府采购委托代理协议，明确代理采购的范围、权限和期限等具体事项。采购代理机构应当严格按照委托代理协议开展采购活动，不得超越代理权限。

3. 强化内部监督

采购人应当发挥内部审计、纪检监察等机构的监督作用，加强对采购执行和监管工作的常规审计和专项审计。畅通问题反馈和受理渠道，通过检查、考核、设置监督电话或信箱等多种途径查找和发现问题，有效分析、预判、管理、处置风险事项。

二、合理设岗

合理设置岗位，明确岗位职责、权限和责任主体，细化各流程、各环节的工作要求和执行标准。

1. 界定岗位职责

采购人应当结合自身特点，对照政府采购法律、法规、规章及制度规定，认真梳理不同业务、环节、岗位需要重点控制的风险事项，划分风险等级，建立制度规则、风险事项等台账，合理确定岗位职责。

2. 不相容岗位分离

采购人应当建立岗位间的制衡机制，采购需求制定与内部审核、采购文件编制与复核、合同签订与验收等岗位原则上应当分开设置。

3. 相关业务多人参与

项目评审、单一来源协商等采购人应至少委派1名采购人代表参与其中；对于合同签订、履约验收等相关业务，应当由2人以上共同办理，并明确主要负责人员。

4. 实施定期轮岗

采购人应当按规定建立轮岗交流制度，按照政府采购岗位风险等级设定轮岗周期，风险等级高的岗位原则上应当缩短轮岗年限。不具备轮岗条件的应当定期采取专项审计等控制措施。建立健全政府采购在岗监督、离岗审查和项目责任追溯制度。

三、分级授权

明确不同级别的决策权限和责任归属，按照分级授权的决策模式，建立与组织机构、采购业务相适应的内部授权管理体系。

1. 加强所属单位管理

主管预算单位应当明确与所属预算单位在政府采购管理、执行等方面的职责

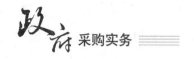

范围和权限划分,细化业务流程和工作要求,加强对所属预算单位的采购执行管理,强化对政府采购政策落实的指导。

2. 完善决策机制

采购人应当建立健全内部政府采购事项集体研究、合法性审查和内部会签相结合的议事决策机制。对于涉及民生、社会影响较大的项目,采购人在制定采购需求时,还应当进行法律、技术咨询或者公开征求意见。决策过程要形成完整记录,任何个人不得单独决策或者擅自改变集体决策。

3. 完善内部审核制度

采购人确定采购方式、组织采购活动等,应当依据法律制度和有关政策要求细化内部审核的各项要素、审核标准、审核权限和工作要求,实行办理、复核、审定的内部审核机制,对照要求逐层把关。

四、优化流程

加强对采购活动的流程控制,突出重点环节,确保政府采购项目的规范运行。

1. 增强采购计划性

采购人应当提高编报与执行政府采购预算、实施计划的系统性、准确性、及时性和严肃性,制定政府采购实施计划的执行时间表和项目进度表,有序安排采购活动。

2. 加强关键环节控制

采购人应当按照有关法律法规及业务流程规定,明确政府采购重点环节的控制措施。未编制采购预算和实施计划的不得组织采购,无委托代理协议不得开展采购代理活动,对属于政府采购范围未执行政府采购规定、采购方式或程序不符合规定的及时予以纠正。

3. 明确时限要求

采购人应当提高政府采购效率,对信息公告、合同签订、变更采购方式、采购进口产品、答复询问质疑、投诉处理以及其他有时间要求的事项,要细化各个节点的工作时限,确保在规定时间内完成。

4. 强化利益冲突管理

采购人应当理清利益冲突的主要对象、具体内容和表现形式，明确与供应商等政府采购市场主体、评审专家交往的基本原则和界限，细化处理原则、处理方式和解决方案。采购人员及相关人员与供应商有利害关系的，应当严格执行回避制度。

5. 健全档案管理

采购人应当加强政府采购记录控制，按照规定妥善保管与政府采购管理、执行相关的各类文件。

第四节 政府采购内控制度建设

当前，为提高预算执行效率，采购人采购自主权进一步扩大，这就意味着，采购人的采购责任也随之增大。这种环境下，采购人更应当明确内部归口管理部门，强化主管预算单位职责，加强政府采购内控管理，科学设定岗位，明确岗位职责。梳理和评估本单位政府采购执行中存在的风险，加强对本系统及所属单位政府采购重点环节的审核把关，着重加强采购需求确定、落实政府采购政策功能、采购方式选择、信息公开、查询及使用信用记录、质疑处理和履约验收管理等重点环节的管理，严格依法依规，落实政府采购主体责任。实际工作中，采购人可根据本单位的实际情况建立合适的内控制度。

《政府采购货物和服务招标投标管理办法》第六条规定，采购人应当按照行政事业单位内部控制规范要求，建立健全本单位政府采购内部控制制度，在编制政府采购预算和实施计划、确定采购需求、组织采购活动、履约验收、答复询问质疑、配合投诉处理及监督检查等重点环节加强内部控制管理。那么政府采购内控制度建设至少应包含以下内容。

一、明确部门职责分工

政府采购项目执行涉及预算、采购、合同管理、付款、验收等多个环节。采购人的内控制度必须明确政府采购负责部门的职能职责，建立采购负责部门与采购需求部门、纪检审计部门以及财务部门等相关部门之间相互沟通、相互配合、相互监督、相互制约的工作机制。

以高校为例，其政府采购工作同时涉及多个部门，如招标采购管理部门、财务部门、审计部门、资产管理部门等，各个部门之间的相互监督和协调十分重要，完善的内控制度体系，不仅可以使责任更加明确，采购效率也大大提高。

二、规范采购工作流程

政府采购活动从编制采购预算到签订采购合同及履约验收，都有着严格的程序规定和时限要求，且不同的采购方式对应的采购流程和时间节点也各不相同，所以采购人就应当根据自身的部门设置以及人员安排对不同采购方式的政府采购活动建立明确的流程控制。

一般政府采购项目流程为：编制采购预算→采购计划备案→确定采购需求→委托采购代理机构→确认采购文件→委派采购人代表参与项目评审→确定采购结果→签订、公告及备案采购合同→履约验收→采购资料归档。如果涉及变更采购方式和采购进口产品的，还需明确采购方式变更依据、进口产品的论证和决策制度。特殊情况下，还有对项目询问、质疑进行答复以及配合财政部门处理投诉及监督检查等事项。

集中采购目录内和限额标准以上的项目为政府采购项目，但对于未纳入政府采购范围的项目，不适用《政府采购法》及相关法规。采购人在采购此类项目时，由于缺乏相关法律法规的约束，反而增加了法律风险和廉政风险。以湖北省为例，《关于印发湖北省2019—2020年政府集中采购目录及标准的通知》（鄂政办发〔2018〕33号）中规定，未列入政府集中采购目录，预算单位批量采购金额达到100万元（含）以上的货物、工程和服务项目应按《政府采购法》和《招标投标法》有关规定执行，实行分散采购。政府集中采购目录以外、限额标准以下的采购项目，不适用政府采购法律法规规定。这种情况下，采购人应当根据自身情况和所在地区的经济发展水平，并结合所在省份的集中采购目录和采购限额标准，参照政府采购的制度对非政府采购的采购项目建立规范及流程制度。比如可以对分散采购项目再细分，达到一定限额标准的项目委托代理机构采购，限额以下的项目自行采购，既兼顾了效率又避免了风险。

因此采购人在建立政府采购内控制度体系时，政府采购内控管理制度和非政府采购内控管理制度一并建立是有必要的。

请看下面某高校采购工作流程的案例。

1. 采购预算编制环节

××大学政府采购预算实施分类编制，归口管理。货物、工程、服务类采购计划分别由资产与设备管理处、基建维修处、采购与招标管理办公室（以下简称采招办）集中汇总、审核，按照《××省年度政府采购目录及标准》的要求，形成该校年度政府采购计划。财务处会同采招办、资产与设备管理处、基建维修处进行资金安排，落实预算编制并上报。

2. 采购文件编制环节

政府采购组织形式分为委托代理机构采购和学校组织采购，其采购文件编制前期工作及流程如表 5.1 所示。

表 5.1 委托代理机构和学校组织的采购文件编制前期工作及流程

组织形式	项目类别	采购文件编制前期工作	采购文件编制流程
委托代理机构采购	项目采购	校内承办单位提交项目采购申请，采招办确定代理机构、确定采购方式、办理政采计划网上备案，采招办向学校办公室汇报项目采购方案	代理机构完成采购文件初稿，校内相关单位（承办单位、采招办、审计处等）完成采购文件审核和定稿，采招办出具采购文件确认函
学校组织采购	项目采购	校内承办单位提交项目采购申请，采招办确定采购方式、办理政采计划网上备案	采招办完成采购文件初稿，与校内承办单位共同完成采购文件审核和定稿
	协议采购	校内承办单位提交项目采购申请，采招办办理政采计划网上备案	采招办与校内承办单位一起审定采购需求

3. 采购程序执行环节

政府采购程序的执行如表 5.2 所示。

表 5.2 政府采购程序的执行

组织形式	项目类别	开标与评审（政采商城议价）	公告与质疑处理
委托代理机构采购	项目采购	采招办组织抽选采购人代表，派人监督、传递评审资料，组织评审结果确认（签署定标意见），完成结果确认。代理机构负责抽取评审专家，组织开标与评审全部工作	代理机构在政府采购网发布采购公告、成交结果公告，组织处理供应商对采购文件、采购程序、采购结果的质疑
学校组织采购	项目采购	采招办负责组织评审专家及开标与评审全部工作	采招办在政府采购网发布采购公告、成交结果公告，组织处理供应商对采购文件、采购程序、采购结果的质疑
	协议采购	采招办与校内承办单位共同完成政采商城议价并生成交易单、政府采购合同及验收单	成交结果公告链接到政府采购网发布，组织处理供应商对采购需求、采购程序、采购结果的质疑

4. 合同管理环节

政府采购的合同管理如表 5.3 所示。

表 5.3 政府采购的合同管理

组织形式	项目类别	合同签订	合同公示、备案
委托代理机构采购	项目采购	代理机构发布成交结果公告，向成交供应商发中标（成交）通知书。采招办发《合同签订注意事项告知单》，督促校内承办单位按期签订政府采购合同	采招办及时收集并完成政府采购合同公示及备案

续表

组织形式	项目类别	合同签订	合同公示、备案
学校组织采购	项目采购	采招办发布成交结果公告，督促校内承办单位按期签订政府采购合同	采招办及时收集并完成政府采购合同公示及备案
	协议采购	网上商城交易完成即生成政府采购合同，由采招办负责组织合同签订	

5. 履约验收环节

学校资产、基建、采招等管理部门按照分工参与履约验收。成立履约验收小组、由校内承办单位和主管部门负责履约验收的各项资料留存归档备查；验收中如发现货物、工程和服务存在质量等问题，由校内承办单位会同相关部门查明原因，向供应商提出整改意见，并督促整改，直至验收合格，出具验收书。

6. 资金支付环节

政府采购项目结算与支付由校内承办单位根据学校签章生效的政府采购合同、验收书和发票等办理结算付款手续。

三、建立特殊环节的工作机制

政府采购项目执行过程中，几个特殊的环节，比如采购需求设置、项目履约验收等都尤为重要。采购人还应建立健全内部政府采购事项集体研究、合法性审查和内部会签相结合的议事决策机制。对于涉及民生或社会影响较大的采购项目和采购预算编制、采购需求设置、采购代理机构选择、采购方式变更、进口产品采购、采购合同签订履约验收等重点环节，建立集体决策制度，必要时还应当进行法律、技术咨询或者公开征求意见，决策过程要形成完整记录，不得单独决策或者擅自改变集体决策。

除一般意义上的政府采购内控制度外，采购人可对重点项目制定有针对性的内控管理制度，以确保重点项目的政府采购活动顺利执行，尤其是针对采购需求具有相对固定性、延续性的重点项目，制定项目内控管理办法或实施细则就很有必要。

第六章 政府采购预算编制及意向公开

政府采购立项与预算编制是政府采购实施的前提,《政府采购法》第六条规定,政府采购应当严格按照批准的预算执行。政府采购预算编制是否合理将直接影响政府采购实施的效率和效果。

第一节 政府采购预算编制依据及程序

一、编制依据

各级预算单位政府采购预算编制的依据是本级年度《政府采购目录和限额标准》。其中:

(1) 属于本级年度《政府采购目录和限额标准》中,集中采购目录以内的或者采购限额标准以上的货物、工程和服务,需纳入政府采购,编制政府采购预算;

(2) 纳入政府采购的项目中,属于政府集中采购目录以内的实行政府集中采购,属于部门集中采购目录以内的实行部门集中采购,其余项目实行分散采购;

(3) 纳入政府采购的项目中,属于本级年度《政府采购目录和限额标准》中公开招标数额标准以上的,按照公开招标方式组织采购活动。

二、编制程序

1. "一上"阶段

本级政府公布年度《政府采购目录和限额标准》后,各预算单位应以其作为政府采购预算编制的依据。

2. "二上"阶段

各预算单位在编制预算文本过程中:

(1) 属于本级年度《政府采购目录和限额标准》中集中采购目录以内的或者采购限额标准以上的货物、工程和服务项目,应全部编入政府采购预算,纳入政府采购管理;

(2) 属于政府购买服务的购买主体的预算单位,应当单独编列政府购买服务预算,按要求填报购买服务项目表,并将列入集中采购目录或采购限额标准以上的政府购买服务项目同时反映在政府采购预算中,与部门预算一并报送财政部门审核。

第二节 政府采购预算调整

一、调整的原则

根据《中华人民共和国预算法》(以下简称《预算法》)确立的"无预算、不支出"的基本原则,部门预算经过审查批准和依法批复后,具有刚性约束,不能随意调整变动。政府采购预算作为部门预算的一部分,除有关法律政策、本级党委政府有明确规定,以及涉及抢险救灾、社会稳定等工作需要外,在年度预算执行中不得随意调增或调减。

(1) 强化约束原则。部门预算(含政府采购预算)经财政部门批复后,各预算单位必须严格执行,未经批准不得随意调整。

(2) 严格控制原则。预算单位新增项目支出,应首先从部门预算不可预见费中安排或通过调整预算支出结构解决,其他各类调整也应从严控制;通过以上资金渠道可以解决的，财政部门不办理追加支出预算。

（3）规范办理原则。部门预算调整事项由预算单位直接向本级财政部门提出书面申请。

（4）审核权限。预算执行中确属法律、政策规定或者工作需要，必须追加支出的事项，由财政部门按规定审核提出意见，按照本级财政资金审批规程报经本级政府审批后办理；其他部门预算调整事项，由财政部门按规定审核办理，其中政策性强的重大事项，由财政部门报本级政府审批。依照法律规定需向本级人大常委会报告的部门预算调整事项，由财政部门列入本级预算调整方案。

二、调整的范围

（1）因部门预算增减导致政府采购预算变化。具体包括部门预算支出增加（新增项目等）、部门预算支出减少（取消项目等）导致政府采购项目增加或减少，从而需要对政府采购预算进行调整的情况。

（2）因部门预算内项目调整导致政府采购预算变化。主要为部门预算内的调整，不涉及部门预算增减，具体包括：调整支出指标类型、调整预算支出级次、项目支出细化和单位间项目间调整、变更政府采购或资产配置预算指标、调整使用不可预见费等。

第三节　政府采购预算编制的注意事项

政府采购应当严格按照批准的预算执行，负有编制部门预算职责的部门在编制下一财政年度部门预算时，应当将该财政年度政府采购的项目及资金预算列出，报本级财政部门汇总。部门预算的审批，按预算管理权限和程序进行；政府采购应当依法完整编制采购预算，严格执行经费预算和资产配置标准。在编制政府采购预算时，应注意以下几个方面的问题。

一、建立管理制度

各级预算单位在编制政府采购预算时应在内部管理制度的约束内进行，统筹安排、协调合作、按岗司责,将政府采购预算编制工作程序化、制度化,避免因个别环节、个别部门或个人导致政府采购预算编制的混乱。

二、科学编制预算

某些单位在编制政府采购预算时,对市场技术或者服务水平、供应、价格等情况调查不充分,价格测算偏离市场,导致政府采购预算不准确的情况时有发生。因此,在政府采购预算编制时,应当根据市场调查、分析情况,科学合理地编制政府采购预算。

三、合理安排资金

各预算单位应根据本年度实际工作需求,罗列应该编入政府采购预算的项目。在此基础上,应考虑到后期政府采购实施的效率和效果,加强部门的沟通协调,统筹安排,对于内容相同或用途一致的项目应该分类整合,一次性采购,避免政府采购实施过程中的重复工作,提高政府采购的执行效率,节约采购成本。

四、重视预算调整

因政府采购预算编制未能完全考虑到市场情况,或因市场本身的竞争机制导致政府采购资金结余较大,为提高政府采购资金的使用效益,采购人应当及时调整政府采购预算及执行计划。

五、确保政策落实

《关于印发〈政府采购促进中小企业发展暂行办法〉的通知》(财库〔2011〕181号,2012年1月1日起施行)第四条规定,负有编制部门预算职责的各部门,应当加强政府采购计划的编制工作,制定向中小企业采购的具体方案,统筹确定本部门(含所属各单位)面向中小企业采购的项目。在满足机构自身运转和提供公共服务基本需求的前提下,应当预留本部门年度政府采购项目预算总额的30%以上,专门面向中小企业采购,其中,预留给小型和微型企业的比例不低于60%。

在政府采购活动中,监狱企业和残疾人福利性单位视同小型、微型企业,享受预留份额、评审中价格扣除等政府采购促进中小企业发展的政府采购政策。采

购人向监狱企业和残疾人福利性单位采购的金额，计入面向中小企业采购的统计数据。采购人在编制政府采购预算时应确保政府采购政策落实到位。

第四节 采购需求意向公开

根据《关于开展政府采购意向公开工作的通知》（财库〔2020〕10号），为提高政府采购透明度，方便供应商提前了解政府采购信息，保障各类市场主体平等参与政府采购活动，提升采购绩效，防范抑制腐败，应认真做好采购意向公开工作。

一、公开的主体和渠道

采购意向由预算单位负责公开。中央预算单位的采购意向在中国政府采购网中央主网公开，地方预算单位的采购意向在中国政府采购网地方分网公开，采购意向也可在省级以上财政部门指定的其他媒体同步公开。主管预算单位可汇总本部门、本系统所属预算单位的采购意向集中公开，有条件的部门可在其部门门户网站同步公开本部门、本系统的采购意向。

二、公开的依据

采购意向由预算单位定期或者不定期公开。部门预算批复前公开的采购意向，以部门预算"二上"内容为依据；部门预算批复后公开的采购意向，以部门预算为依据。预算执行中新增采购项目应当及时公开采购意向。采购意向公开时间应当尽量提前，原则上不得晚于采购活动开始前30日公开采购意向。因预算单位不可预见的原因急需开展的采购项目，可不公开采购意向。

做好采购意向公开，不仅使政府采购项目更加公开透明，有利于供应商及时了解项目采购信息，也有助于采购需求的编制，为供应商准备项目投标工作提供了时间的指导方向，进而为提高项目质量提供了先决条件。

三、公开的内容

采购意向按采购项目公开。除以协议供货、定点采购方式实施的小额零星采购和由集中采购机构统一组织的批量集中采购外,按项目实施的集中采购目录以内或者采购限额标准以上的货物、工程、服务采购均应当公开采购意向。

采购意向公开的内容应当包括采购项目名称、采购需求概况、预算金额、预计采购时间等,政府采购意向公告参考文本见下文。其中,采购需求概况应当包括采购标的名称,采购标的需实现的主要功能或者目标,采购标的数量,以及采购标的需满足的质量、服务、安全、时限等要求。采购意向应当尽可能地清晰完整,便于供应商提前做好参与采购活动的准备。采购意向仅作为供应商了解各单位初步采购安排的参考,采购项目实际采购需求、预算金额和执行时间以预算单位最终发布的采购公告和采购文件为准。

请看下面的政府采购意向公告。

政府采购意向公告

(单位名称)＿＿＿＿年(至)＿＿＿＿月政府采购意向

为便于供应商及时了解政府采购信息,根据《财政部关于开展政府采购意向公开工作的通知》(财库〔2020〕10号)等有关规定,现将(单位名称)＿＿＿＿年(至)＿＿＿＿月采购意向公开如下表所示。

序号	采购项目名称	采购需求概况	预算金额/万元	预计采购时间(填写到月)	备注
	(填写具体采购项目的名称)	(填写采购标的名称,采购标的需实现的主要功能或者目标,采购标的数量,以及采购标的需满足的质量、服务、安全、时限等要求)	(精确到万元)	(填写到月)	(其他需要说明的情况)
	……				
	……				

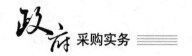

　　本次公开的采购意向是本单位政府采购工作的初步安排,具体采购项目情况以相关采购公告和采购文件为准。

(单位名称)

年　月　日

选自财政部办公厅《关于印发〈政府采购公告和公示信息格式规范(2020年版)〉的通知》(财办库〔2020〕50号)

第七章 政府采购需求的编制

《政府采购货物和服务招标投标管理办法》第十条规定，采购人应当对采购标的的市场技术或者服务水平、供应、价格等情况进行市场调查，根据调查情况、资产配置标准等科学、合理地确定采购需求，进行价格测算。

科学合理确定采购需求是加强政府采购源头管理的重要内容，是执行政府采购预算、实现采购政策功能、落实公平竞争交易规则的重要抓手，在采购活动整体流程中具有承上启下的重要作用。

第一节 采购需求编制的方法

一、自行编制

采购人是采购需求编制的责任主体，必须保证采购需求的准确性和完整性。

采购人应当根据年度工作计划、项目评审及预算资金安排等情况，协调单位内部相关部门，确定本年度内需要采购的货物、服务和工程项目，并明确具体采购标的。采购人自行编制采购需求的，可采用以下几种方式。

1. 进行必要的市场调研

采购人在采购需求编制的过程中，应当深入地进行市场调查，明确标的物的市场价格、技术参数、验收标准等内容。市场调查的形式多种多样，可以选择网上查询、第三方论证、咨询行业供应商、实地考察、借鉴同类项目经验等方法。

选择网上查询通常针对通用货物，如办公用品、办公设备等。采购人可以根据自身需求，直接网上查询该产品的生产商、经销商的官方网站，或查询各大电商平台展示的同类产品，综合分析编制采购需求。

引入第三方机构和专家进行论证，针对专业性高的设备，例如高校采购实验室专业设备，采购人可根据采购计划，编制初步的采购需求，邀请第三方机构或行业专家进行采购需求论证。

咨询供应商或进行实地考察是最接近产品的调查方式。因为在政府采购的当事人中，供应商是最熟悉产品技术参数和价格的当事人，所以可以充分利用供应商资源进行电询或实地考察。当然，在电询供应商和实地考察过程中，应把握分寸，尽量保持公平、公正的态度。如若考察，建议至少选择3家供应商，以避免采购需求编制的倾向性或评审偏颇。

2. 采购需求预公示

采购需求初稿确定后，采购人可将采购需求进行预公示，广泛征求各方意见或建议，这种做法将带来三方面的积极效应：一是有利于严把需求审核关，使最终的采购标的切实贴合采购人的使用和管理需求，实现物有所值；二是有利于筛查和排除倾向性条款，通过相关潜在供应商的意见、建议，不断优化修正采购需求，使之更为客观、合理，避免后期的质疑、投诉；三是有利于加大政府采购信息公开力度，进一步提升政府采购的社会公信力。

3. 征求专家意见

政府采购评审专家的作用不应仅限于项目评审环节，采购人还可就采购需求征求行业内专家的意见，从专业性、客观性、合理性角度完善采购需求。

将专家的作用前移和后延是充分、有效发挥评审专家作用最直接的做法。前移，是指专家参与到项目实施可行性论证、需求论证等工作中；后延，是指专家参与到项目后期合同签订中各种事项的协商，以及履约验收时的把关。

各地专家需求论证的实践中，不同地区有不同的做法，有的是采购人确定需求时直接向专家进行咨询，有的是采购代理机构相关人员为采购人提供咨询服务，还有的是采购代理机构协助采购人，邀请专家对需求进行论证，方式具有多样性。

二、委托编制

采购人可委托第三方机构编制采购需求,采购代理机构专门从事采购工作,对同类采购项目需求特点有所研究,积累了大量同类项目采购需求大数据,拥有较完善的信息资源库,对于了解同类产品参数,能起到重要的参考作用。因此,采购人如委托第三方机构编制采购需求,可优先选择具备专业咨询服务能力的采购代理机构。

采购人委托采购代理机构编制采购需求的,应当在采购活动开始前对采购需求进行书面确认,不得因委托而转移采购需求确定的主体责任。采购代理机构可以根据采购人委托,参与采购需求编制工作,协助组织专家论证,帮助完善技术标准等需求指标,并依据采购需求编制采购文件,依法组织政府采购活动。采购代理机构在协助采购人制定采购需求中,必须符合国家法律法规以及政府采购政策规定的技术、服务、安全等要求,促进供应商依法合规生产,发挥政府采购导向作用,维护国家利益和社会公共利益。

第二节 采购需求编制的内容及要求

一、采购需求内容

《政府采购货物和服务招标投标管理办法》第十一条规定,采购需求应当完整、明确,包括以下内容:

(一)采购标的需实现的功能或者目标,以及为落实政府采购政策需满足的要求;

(二)采购标的需执行的国家相关标准、行业标准、地方标准或者其他标准、规范;

(三)采购标的需满足的质量、安全、技术规格、物理特性等要求;

(四)采购标的的数量、采购项目交付或者实施的时间和地点;

(五)采购标的需满足的服务标准、期限、效率等要求;

（六）采购标的的验收标准；

（七）采购标的的其他技术、服务等要求。

二、采购需求编制要求

1. 责任明确

《政府采购法实施条例》第十五条规定，采购人、采购代理机构应当根据政府采购政策、采购预算、采购需求编制采购文件。采购人是编制采购需求的主体，采购人或其委托的代理机构负责制定采购需求和编制政府采购文件。

2. 需求合法

采购需求应当符合国家法律法规规定，执行国家相关标准、行业标准、地方标准等标准规范，不得擅自提高采购标准和资产配置标准。

3. 符合政策功能要求

采购需求应符合政府采购的政策功能要求。政府采购的政策功能要求主要包括：节能环保、扶持不发达地区和少数民族地区、促进中小企业发展、支持自主创新等。

4. 采购需求切合实际

除因技术复杂或性质特殊不能确定详细规格或者具体要求外，采购需求应当完整、明确，不能模棱两可。不得设置过高的技术配置标准，造成资源的浪费；也不得设置过低的技术配置标准，达不到采购预期目标。

三、禁止事项

采购人在编制采购需求时，不得出现以下情形。

1. 提高采购需求标准

提高采购需求标准的具体表现为：超预算采购，超资产配置标准和技术、服务标准采购和超出办公需要采购服务等。

2. 以不合理的条件对供应商实行差别待遇或者歧视待遇

以不合理的条件对供应商实行差别待遇或者歧视待遇的情况包括：设定的技术、商务条件与采购项目的具体特点和实际需要不相适应或者与合同履行无关；

采购需求中的技术、服务等要求指向特定供应商、特定产品；将特定行政区域或者特定行业的业绩、奖项，特定金额的业绩或代理商的业绩作为实质性要求；限定或者指定特定的专利、商标、品牌或者供应商；将供应商的所有制形式、组织形式或者所在地作为实质性要求。

3. 以其他不合理条件限制或者排斥潜在供应商

以其他不合理条件限制或者排斥潜在供应商的情况包含：设定最低限价；要求提供赠品、回扣或者与采购无关的其他商品、服务的；将国务院已明令取消的或国家行政机关非强制的资质、资格、认证、目录等作为实质性要求等。

第八章 政府采购代理机构的选择和委托

《政府采购法实施条例》第四条规定,所称分散采购,是指采购人将采购限额标准以上的未列入集中采购目录的项目自行采购或者委托采购代理机构代理采购的行为。

本书第二章我们讲到,政府采购代理机构分集中采购机构和社会代理机构。根据《关于印发〈政府采购代理机构管理暂行办法〉的通知》(财库〔2018〕2号)规定,政府采购代理机构是指集中采购机构以外、受采购人委托从事政府采购代理业务的社会中介机构。本章中所提政府采购代理机构一般为社会代理机构。

采购代理机构必须具备独立承担民事责任能力,必须建立完善的内部监督管理制度,必须有一定数量的专业人员,必须配备必要的硬件设施。因此,采购人在法律规定的范围内,委托采购代理机构代理完成政府采购项目,可弥补采购人人员及设备的不足,防范法律风险。

第一节 采购代理机构的选择

《政府采购法》第十九条规定,采购人有权自行选择采购代理机构,任何单位和个人不得以任何方式为采购人指定采购代理机构。

《关于印发〈政府采购代理机构管理暂行办法〉的通知》(财库〔2018〕2号)

第十二条规定,采购人应当根据项目特点、代理机构专业领域和综合信用评价结果,从名录中自主择优选择代理机构。任何单位和个人不得以摇号、抽签、遴选等方式干预采购人自行选择代理机构。

由此可见,选择代理机构是采购人的自主行为,采购人可以根据需求、择优选择使用代理机构。目前,选择代理机构的普遍方法有直接指定、市场调查确定、遴选确定等。

一、直接指定

该方法程序简单,即根据代理机构专业领域、综合信用评价结果、代理经验等因素,直接指定采购代理机构。

二、市场调查确定

该方法是指通过组建调查小组,在初步筛选甄别确定采购代理机构的调查名单后,逐一进行现场调查。调查的内容可以包括采购代理机构的场地规模、设施设备、人员情况及服务水平、类似经验等。经调查后,如实编制市场调查报告,召开会议集体决策,选择采购代理机构。

在选择确定采购代理机构时,采购人可以根据单位项目的数量,择优选择一家或几家采购代理机构。如果单位项目的数量较多,可选择两家及以上的采购代理机构。这样做的好处在于,可提高项目采购的执行效率,同时能引入竞争机制,提高采购代理机构的服务水平。

三、遴选确定

该方法是指参考招投标的相关程序,通过公开发布遴选公告接受社会代理机构广泛报名,发出遴选文件,接受响应文件,组织评审的方式,确定采购代理机构。近年来,这种确定方式较为普遍。

遴选的优点是既符合了公开透明的政策,又能顾及社会的公平公正,给所有具备资格的采购代理机构机会,体现了政府的公信力。通过遴选的方式选择代理机构,可以按年度遴选也可以单个项目遴选,具体根据采购人的需求来确定。

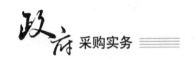

第二节 采购代理机构的委托

一、委托采购代理服务

采购人应委托代理机构的基本事项包括以下几方面：
(1) 编制采购文件；
(2) 发布信息公告；
(3) 协助采购人组建评审委员会；
(4) 组织开标、评标；
(5) 发出中标（成交）通知书；
(6) 协助采购人处理质疑、投诉事宜。

二、增值服务

传统意义上的政府采购代理服务仅限于完成采购程序，工作内容从编制采购文件开始到发出中标或成交通知书结束。其实，代理机构可凭借自己的专业，发挥特长为采购人提供更多的增值服务。

专业化的采购代理机构应当具备较高的专业化服务水平，根据采购人委托为采购人提供咨询服务，在规定的时间内及时组织采购人与中标或者成交供应商签订政府采购合同，及时协助采购人对采购项目进行验收，协助采购人建立政府采购内控制度等。

1. 项目前期咨询服务

除采购需求的编制外，采购代理机构还可以为采购人提供政策和程序上的咨询服务。如：采购方式的选择、项目属性的确定等，采购人如有疑问，都可以寻求代理机构的帮助。

2. 组织签订政府采购合同

《政府采购法实施条例》中要求采购代理机构要具备拟定合同文本的能力。采购文件应当包括采购项目拟签订的合同文本。因此，采购代理机构和采购人在编制采购文件的同时，其实已经对采购项目拟签订的合同有了详细的规划。采购代理机构可将桥梁作用延伸下去，组织采购人与中标或者成交供应商签订政府采购合同。

3. 协助履约验收

《政府采购法实施条例》第四十五条规定，采购人或者采购代理机构应当按照政府采购合同规定的技术、服务、安全标准组织对供应商履约情况进行验收，并出具验收书。验收书应当包括每一项技术、服务、安全标准的履约情况。条例中规定，采购代理机构与采购人有同样的权利，可组织对供应商的履约情况进行验收。但是，《政府采购货物和服务招标投标管理办法》中则指出"采购人应当及时对采购项目进行验收"。《财政部关于加强政府采购活动内部控制管理的指导意见》（财库〔2016〕99号）也明确了采购人应当做好采购项目履约验收的管理，进一步明确了验收的责任主体为采购人。

在财政部《关于进一步加强政府采购需求和履约验收管理的指导意见》（财库〔2016〕205号）中规定，采购人应当依法组织履约验收工作，采购人应当根据采购项目的具体情况，自行组织项目验收或者委托采购代理机构验收。采购代理机构可以第三方机构的身份参与到项目的履约验收工作中，发挥专长，提供此项延伸服务。

请看下面的案例。

代理机构S代理完成动物疫苗采购项目公开招标，同时按照委托协议的要求，协助采购人完成项目的履约验收工作。

该项目合同中有如下约定：

（1）厂县直达，乙方应使用疫苗专用冷藏车运输疫苗，每2小时做一次温度记录；疫苗专用冷藏车要配备先进的温控系统与PRO系列记录仪，进行全程监控记录，并通过短信报警提醒温控温度，确保运输过程中车厢内温度控制在疫苗储存要求温度指标内，PRO记录仪应打印图谱温度记录数据。

（2）产品验收：乙方送达的每批次疫苗必须附有中国兽药监察所出具的批签发质量检验报告复印件；送达的产品应无破损、油水分层（油乳剂灭火苗）等现象；产品应粘贴标签，产品外包装、瓶签应符合国家法定标准；包装箱（盒）上应有使用说明，应有运输和保管过程中的注意事项，如防晒、防冻、防破碎等标志；核查疫苗运输的设备、时间、温度记录等，核查疫苗品种、剂型、数量、规格、批号、有效期、备注、包装、标签等内容。验收不符合标准的，使用方有权拒收，并报告甲方。

（3）产品抽检：甲方可根据需要，对乙方提供的产品随机抽取样品，并委托第三方机构进行盲样检验，若供应的产品经检验存在含量不足等质量问题、效力等未达到投标承诺的，乙方应立即整改、兑现承诺，并承担因此造成的损失；甲方有权拒绝支付该批次货款。

由此可见，该项目验收要求很高，且根据动物防疫的特殊要求，供应商需在3月份和9月份两次供货，每次供货时间均在接到甲方调拨单后一周内全部完成。供应商供货压力大，采购人验收的压力也很大，代理机构在接到协助验收的任务后，迅速成立专班和工作小组，奔赴各供货点，从检查产品的包装、温控记录、疫苗剩余有效期及批签发报告等方面严把产品接收关。除供货验收外，代理机构还协助甲方随机对产品进行抽样，送第三方机构进行检测。

代理机构S在执行该项目政府采购代理工作时，对采购文件要求和中标供应商的响应情况有了比较深入的了解，具有良好的组织履约验收活动的基础。采购人委托该项目的采购代理机构组织验收，有效地弥补了自身人员和精力的不足，也使得整个履约验收活动更加专业、高效。

4. 协助建立内控制度

内控制度的建立和完善是采购人理顺政府采购内部管理的首要基础工作。近年来，财政部门将采购人建立完善的政府采购内控制度提高到一个新的高度。

《政府采购法实施条例》第十一条规定，采购人应当建立政府采购内部管理制度，而《政府采购货物和服务招标投标管理办法》第六条明确了采购人建立政府采购内部控制的重点环节，要求采购人在编制政府采购预算和实施计划、确定采购需求、组织采购活动、履约验收、答复询问质疑、配合投诉处理及监督检查等七个重点环节加强内部控制管理。

财政部于2016年6月印发了《财政部关于加强政府采购活动内部控制管理的

指导意见》（财库〔2016〕99号），明确了政府采购内部控制制度的责任主体，内部控制制度建设的基本原则、主要目标、任务和措施。

采购人应当按照"分事行权、分岗设权、分级授权"的原则，建立政府采购内控管理制度，加强对本部门、本单位政府采购活动的管理。

在加强内部控制管理的七个重点环节中，采购代理机构一般参与组织采购活动、答复询问质疑、配合投诉处理及监督检查等工作，还可选择参与编制政府采购预算和实施计划、确定采购需求及履约验收等工作，代理机构对政府采购项目的全流程有深入的了解，在协助采购人建立政府采购内控管理制度方面具有良好的基础，采购人可委托采购代理机构协助其完成该项工作。

协助采购人建立和完善政府采购内控制度，可以分两种情况：一是针对采购人年度采购项目多、采购内容繁杂的情况，比如高等院校，此类单位须针对所有政府采购项目建立统一的内控管理制度，除上述七项内容外，还可对未达到政府采购限额的项目即非政府采购项目和自行采购项目进行内控管理，建立相应的制度。二是可对重点项目进行内控制度管理。依然可从七个方面入手，除此之外，还可以进一步明确组织设置及分工、采购资金测算及计划管理、采购代理机构的选择、合同签订、档案管理等内容。

采购人与采购代理机构可单独签署咨询服务协议，也可以在政府采购代理协议中增加增值服务内容，无论哪种方式，在双方的协议中均应明确增值服务的收费方式及收费标准，以及双方的权利义务等内容。

第三节 采购人与采购代理机构的相互监督

采购人将项目采购的相关事项委托采购代理机构，并不代表采购人将项目采购主体责任委托出去了，采购人依然承担项目采购的主体责任。采购人发现采购代理机构有违法行为的，应当要求其改正。采购代理机构拒不改正的，采购人应当向本级人民政府财政部门报告，财政部门应当依法处理。

采购代理机构发现采购人的采购需求存在以不合理条件对供应商实行差别待遇、歧视待遇或者其他不符合法律、法规和政府采购政策规定内容的，或者发现采购人有其他违法行为的，应当建议其改正。采购人拒不改正的，采购代理机构应当向采购人的本级人民政府财政部门报告，财政部门应当依法处理。

一、建立沟通机制

采购人内部应有专门的政府采购工作归口部门，并设置专门的政府采购联络员。同时，在与采购代理机构签订合同时，应明确要求采购代理机构针对采购人建立工作专班，固定一个人作为项目的联络人。采购人和采购代理机构的联系应主要以双方的联络人为主，避免信息不对称，影响采购项目的实施。

二、建立保密机制

采购人和采购代理机构可在委托代理协议中明确甲乙双方对政府采购项目执行过程中获取的应当保密的内容负有保密责任，并制定相应的违约处罚条款。

三、签订廉洁协议

采购人在采购代理机构签订采购代理委托协议时，可同时签订廉洁协议书，敦促甲乙双方在政府采购项目执行过程中廉洁自律，公开、公平、公正地实施政府采购活动。

第九章 政府采购项目的执行

第一节 政府采购预算执行计划备案

政府采购预算执行计划是指采购人依据本单位的政府采购预算，按采购目录或采购品目要求，编制的具体的政府采购项目实施计划。《政府采购法实施条例》第二十九条规定，采购人应当根据集中采购目录、采购限额标准和已批复的部门预算编制政府采购实施计划，报本级人民政府财政部门备案。

政府采购预算执行计划应包括计划编制单位、采购项目名称、采购预算、组织形式、采购方式、品目类别、采购代理机构、项目清单等内容。采购人应根据工作需要和资金的安排情况，合理确定实施进度，提出采购申请，做好预算执行计划备案。在实际工作中，政府采购预算执行计划的表现形式可能不尽相同，但是包含的要素和要求一般差异不大。

一、确定组织形式

《政府采购法》规定，采购人采购纳入集中采购目录的政府采购项目，必须委托集中采购代理机构采购；按照政府集中采购目录要求，未列入政府集中采购目录，预算单位批量采购金额达到限额以上的货物、工程和服务项目应按《政府采购法》和《招标投标法》有关规定执行，实行分散采购。采购未纳入集中采购目录的政府采购项目，可以自行采购，也可以委托代理机构在委托的范围内代理采购。

政府集中采购目录以外、限额标准以下的采购项目，不适用政府采购法律法规规定，不需要进行政府采购预算执行计划备案。

二、确定项目类别

项目类别的确定应依据《政府采购品目分类目录》。在填报政府采购计划时，必须确定项目类别，即项目是货物类、服务类还是工程类。不同类别的项目适用不同的法律法规，可能采用的采购方式不同，评审办法也不相同。例如，一个系统集成类的项目，内容包含软件开发和硬件采购。如果项目定性为货物类，在采用综合评分法时，价格部分权重不得低于30%；如果项目定性为服务类，则价格部分权重不低于10%。再比如，工程为主，设备采购为辅，如定性为工程类，超出了依法必须进行招标的限额标准，适用《招标投标法》，价格计算公式采用中间值法较多；如定性为货物类，则适用于《政府采购法》，则必须采用低价优先法。因此，项目类别的选择决定了项目法规的适用和采购程序。

三、确定采购方式

在政府采购预算执行计划备案时，必须确定一种采购方式。为了规范采购程序，提高采购效率，采购人选择合适的政府采购方式至关重要。选择合适的采购方式应从以下两个方面入手。

1. 依据政府采购公开招标数额标准

《政府采购法》规定，采购金额达到公开招标数额标准的应当实行公开招标，没有达到公开招标数额标准或因特殊情况需要的，可以依法采用非招标采购方式。非招标采购方式包括：竞争性谈判采购、询价采购、单一来源采购和竞争性磋商采购。

例如：《湖北省2019—2020年政府集中采购目录及标准》规定，政府采购货物或服务项目，省级单项或批量采购达到300万元（含）以上、市州级200万元（含）以上、县级100万元（含）以上的必须采用公开招标方式，其中武汉市市本级执行省级公开招标数额标准。政府采购工程项目以及与工程建设有关的货物、服务采用招标方式的，公开招标数额标准按照国家有关规定执行。

2. 依据政府采购方式的适用条件

采购人应按照法律法规规定，根据项目特点和采购需求准确选择和把握采购方式，这是政府采购法赋予采购人的权利和责任。

在确定采购方式时，采购人需注意：一是采购人不得将应当以公开招标方式采购的货物或者服务化整为零或者以其他任何方式规避公开招标；二是采购人必须按照《政府采购法》规定的采购方式和采购程序进行采购，任何单位和个人不得违反《政府采购法》规定，要求采购人或者采购工作人员向其指定的供应商进行采购；三是在一个财政年度内，采购人将一个预算项目下的同一品目或者类别的货物、服务采用公开招标以外的方式多次采购，累计资金数额超过公开招标数额标准的，属于以化整为零方式规避公开招标，但项目预算调整或者经批准采用公开招标以外方式采购除外；四是因特殊情况需要采用公开招标以外的采购方式的，应当在采购活动开始前获得设区的市、自治州以上人民政府采购监督管理部门的批准。采购人采购公开招标数额标准以上的货物或者服务，符合《政府采购法》第二十九条、第三十条、第三十一条、第三十二条规定情形或者有需要执行政府采购政策等特殊情况的，经设区的市级以上人民政府财政部门批准，可以依法采用公开招标以外的采购方式。

四、确定采购内容

采购内容是政府采购计划中的核心组成部分。在采购计划中，一般会附采购项目清单，其内容包含采购的货物、服务及工程品目名、数量、单价、预算总价，以及是否适用进口、节能、环保产品等政府采购政策。

值得注意的是，《财政部关于印发〈政府采购进口产品管理办法〉的通知》（财库〔2007〕119号）中规定，政府采购应当采购本国产品，确需采购进口产品的，实行审核管理。也就是说，采购人确需采购进口产品，在申报政府采购计划前应获得设区的市、自治州以上人民政府财政部门的核准。

以湖北省省级政府采购为例，政府采购预算执行计划模板如表9.1所示。

表 9.1　政府采购预算执行计划

鄂采计【20××】—×××××号

采购单位			主管部门		
采购单位经办人		移动电话	固定电话		E-mail
采购项目			项目分类		
项目联系人		移动电话	固定电话		
政府采购资金来源					
指标编号	指标分类	资金性质	经济分类	预算项目	申请金额（元）资金支付方式
资金来源合计					
填报方式			组织形式		
采购方式			采购代理机构		
采购项目需求					
序号	采购品目名称	采购类别	采购数量	计量单位	参考单价	采购金额	是否进口	节能	环保
采购金额合计									
备注									

抄送财政主管处（业务处）、主管单位、省政府采购中心或采购代理机构

20××-××-××

第二节　采购文件的确认

现实工作中，分散采购限额标准以上的项目，采购人一般采用委托代理机构的方式代理采购。委托代理采购，一般由代理机构编制采购文件、完成采购程序。采购文件应当根据采购项目的特点和采购人的实际需求制定，为保证采购人和代理机构信息的平衡和有效性，采购人应当对采购文件进行确认。

采购人对采购文件的审核确认应注意把握以下几个要点。

一、资格条件的合法性

供应商资格条件的设置必须符合《政府采购法》及相关要求。不得非法限定供应商的所有制形式、组织形式、股权结构或者所在地；不得将供应商规模条件设置为资格条件；不得设定与采购项目的具体特点和实际需要不相适应或者与合同履行无关的资格条件；不得对供应商采取不同的资格审查标准；不得以其他不合理条件限制或者排斥潜在供应商。

二、评审因素的合规性

采购文件不得将资格条件作为评审因素；不得将规模条件作为评审因素；采用综合评分法的，评审标准中的分值设置与评审因素的量化指标应该相对应；不得以不合理的条件对供应商实行差别待遇或者歧视待遇。

三、采购文件的完整性

采购文件应至少包含投标邀请、供应商须知、采购需求、评审办法及标准、拟签订的合同文本、投标（响应）文件的格式等部分。

采购文件专业用语、法律用语要具有准确性、专业性和权威性，对技术要求的描述要精心提炼语言，高度概括词句，切忌含糊不清，避免产生歧义。更不能前后不一或前后矛盾，要体现一致性。

第三节　采购人代表的委派

一、采购人代表的条件

采购人代表不一定必须具备专家的资质，比如职称要求等，但采购人代表参与项目评审，需要具有独立评审的能力和熟悉项目情况、了解采购需求的基本条件。采购人代表具备以上素质，获得采购单位授权，即可参加项目评审。

除此之外，采购人代表还要遵循以下要求。

1. 公正廉洁要求

采购人代表在政府采购活动中应当维护国家利益和社会公共利益，公正廉洁，诚实守信。

2. 禁止影响公正评审

采购人代表不得向评标委员会（评审小组）的评审专家作倾向性、误导性的解释或者说明。

采购人代表不得泄露评审情况以及评审过程中获悉的国家秘密、商业秘密。

采购人代表不得与政府采购其他当事人相互串通，损害国家利益、社会公共利益和其他当事人的合法权益；不得以任何手段排斥其他供应商参与竞争。

二、采购人代表的数量

《政府采购货物和服务招标投标管理办法》第四十七条规定，评标委员会由采购人代表和评审专家组成，成员人数应当为 5 人以上单数，其中评审专家不得少于成员总数的三分之二；《政府采购非招标采购方式管理办法》第七条规定，竞争性谈判小组或者询价小组由采购人代表和评审专家共 3 人以上单数组成，其中评审专家人数不得少于竞争性谈判小组或者询价小组成员总数的三分之二；《政府采购竞争性磋商采购方式管理暂行办法》第十四条规定，磋商小组由采购人代表和评审专家共 3 人以上单数组成，其中评审专家人数不得少于磋商小组成员总数的三分之二。

采购人代表不得以评审专家身份参加本部门或本单位采购项目的评审。

分包采购项目采购人可以派出多名代表参加评标吗？

某高校采购一批科研仪器设备，采购总预算为 550 万元，分别为学校的四个院（系）购置仪器设备。采购代理机构按照属性分类，将该项目分成 IT 设备、仪器仪表、空调设备、冷藏设备等 4 个分包，并允许供应商多包投标。

投标截止后，参加投标的供应商符合法定数量。采购代理机构按照规定抽取 4 名评审专家，采购人单位出具的采购人代表评委的授权书时，其授权书上写着张×、王×、李×、刘×四个人的名字，并表示 4 名采购人代表分别参与评审4个包。

那么，采购项目分包，社会专家可否不变，采购人派出多名代表分别参加各包的评标呢？

在政府采购实践中，有的政府采购项目存在分成多包的情况，采购人为了充分体现所谓的"民主"，要求派多位代表参加项目每个分包的评审。这种情况看似合理，但不合规。

《政府采购货物和服务招标投标管理办法》第四十七条规定，评标委员会由采购人代表和评审专家组成，成员人数应当为5人以上单数，其中评审专家不得少于成员总数的三分之二。本项目评标委员会成员中评审专家4个人，那么采购人代表只能是1名，4个人轮流做采购人代表，那么实际上评标委员会成员数量发生了变化，是不符合要求的。

三、采购人代表的职责

1. 资格审查职责

《政府采购货物和服务招标投标管理办法》第四十四条规定，公开招标采购项目开标结束后，采购人或者采购代理机构应当依法对供应商的资格进行审查。供应商的资格审查可以由采购人或采购代理机构单独完成，也可以由双方共同完成。一般建议由采购人或采购代理机构组成至少3人以上单数的评审小组，负责公开招标项目的供应商资格审查工作。

值得注意的是，即使是在电子化招标中，也必须依照规定由采购人或采购代理机构完成资格审查工作，此项工作不能转交给评标委员会。

对政府采购其他采购方式，如竞争性谈判、竞争性磋商、询价采购、单一来源等，供应商资格审查则仍由评审小组负责完成。

2. 项目评审职责

采购人代表与评审专家一样，独立履行评审职责。但采购人代表与评审专家的身份是不同的。评审工作完成后，应按照规定向评审专家支付劳务报酬和异地评审差旅费，但不得向评审专家以外的其他人员支付评审劳务报酬，这其中也包含参与评审的采购人代表。

此外，采购人代表不得担任评标委员会或评审小组组长。

《政府采购货物和服务招标投标管理办法》规定，采购人可以在评标前说明项目背景和采购需求，说明内容不得含有歧视性、倾向性意见，不得超出采购文件所述范围。说明应当提交书面材料，并随采购文件一并存档。

在项目评审过程中，如碰到有评审专家向采购人代表征询，以期获得倾向性意见，这种做法是违反评标纪律的，应该及时制止。

第四节 采购结果的确认

一、确认采购结果的时间要求

《政府采购法实施条例》第四十三条规定，采购代理机构应当自评审结束之日起2个工作日内将评审报告送交采购人。采购人应当自收到评审报告之日起5个工作日内在评审报告推荐的中标或者成交候选人中按顺序确定中标或者成交供应商。中标或成交候选人并列的，由采购人或者采购人委托评标委员会按照采购文件规定的方式确定中标人，采购文件未规定的，采取随机抽取的方式确定。采购人自行组织采购的，应当在评审结束后5个工作日内确定中标或成交供应商。

采购人应当自收到评审报告之日起5个工作日内确认结果。采购人在收到评标报告5个工作日内未按评标报告推荐的中标（成交）候选人顺序确定中标（成交）供应商，又不能说明合法理由的，视同按评审报告推荐的顺序确定排名第一的中标（成交）候选人为中标（成交）供应商。采购代理机构可直接发布中标或成交结果公告，并同时发出中标或成交通知书。

除项目有质疑、投诉情况，且正在处理阶段等特殊情况外，采购人不得以其他理由延期确认。《政府采购法实施条例》第六十七条第三项规定，采购人未按照规定在评标委员会、竞争性谈判小组或者询价小组推荐的中标或者成交候选人中确定中标或者成交供应商，由财政部门责令其限期改正，给予警告，对直接负责的主管人员和其他直接责任人员依法给予处分，并予以通报。

二、必须依序确定中标（成交）供应商

采购人从评审报告提出的中标（成交）候选供应商中，按顺序确定中标（成交）供应商。

中标（成交）供应商拒绝与采购人签订合同的，采购人可以按照评审报告推荐的中标或者成交候选人名单排序，确定下一候选人为中标或者成交供应商，也可以重新开展政府采购活动。

三、不得以对样品检测、对供应商考察等方式改变评审结果

《政府采购法实施条例》第六十八条第九项规定，采购人、采购代理机构通过对样品进行检测、对供应商进行考察等方式改变评审结果的，将依照政府采购法的规定追究法律责任。

请看下面的案例。

某税务局网点终端设备采购项目

A 税务局委托 X 代理机构对其网点终端设备进行公开招标。项目评审结束后，代理机构向 A 税务局报送了评标报告。5 个工作日后，采购人依然未对结果进行确认。代理机构电话询问时，被告知，采购人在收到评标报告后的第二天，通知排序在前七名的供应商进行样品检测。经检测，三名中标候选人的样品均无法与系统进行对接，采购人要求项目作废标处理，并拒不确认采购结果。对此，第一中标候选人 C 公司向采购人和代理机构提出了质疑。

经查，所有供应商均按照招标文件要求，在投标文件中承诺，如中标则保证设备与原系统能够兼容。评标委员会依据招标文件要求和投标文件响应情况进行了评审，并推荐了中标候选人。采购人在对样品进行测试过程中，仅简单地通过 USB 接口的对接就直接认定产品与系统无法对接，并没有给供应商调试设备和系统的机会。C 公司认为，采购人人为操纵了样品检测。

A 税务局在接到质疑后，及时纠正了错误，认定样品检测结果无效，并依法确认了评审结果。

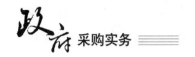

四、不得无故组织重新评审

除分值汇总计算错误、分项评分超出评分标准范围、客观分评分不一致、经评标委员会或评审小组一致认定评分畸高、畸低的情形外，采购人、采购代理机构不得以任何理由组织重新评审。采购人、采购代理机构按照国务院财政部门的规定组织重新评审的，应当书面报告本级人民政府财政部门。

《政府采购质疑和投诉办法》中规定了供应商质疑和投诉行为，同时规定了采购人是质疑答复主体，财政部门负责供应商投诉的处理，并未规定采购人如对采购结果不满意如何质疑。那么，采购人对采购结果有异议，发现权益受到损害怎么办？

《政府采购法》第七十条规定，任何单位和个人对政府采购活动中的违法行为，有权控告和检举，有关部门、机关应当依照各自职责及时处理。因此，采购人如发现采购代理机构或供应商在政府采购活动中有违法行为，可以向有关部门和机关控告和检举。

五、项目终止

《政府采购货物和服务招标投标管理办法》第二十九条规定，采购人、采购代理机构在发布招标公告、资格预审公告或者发出投标邀请书后，除因重大变故采购任务取消情况外，不得擅自终止招标活动。《政府采购非招标采购方式管理办法》第二十三条规定，在采购活动中因重大变故，采购任务取消的，采购人或者采购代理机构应当终止采购活动，通知所有参加采购活动的供应商，并将项目实施情况和采购任务取消原因报送本级财政部门。

采购项目终止的，采购人或者采购代理机构应当及时在原公告发布媒体上发布终止公告，以书面形式通知已经获取采购文件、资格预审文件或者被邀请的潜在供应商，并将项目实施情况和采购任务取消原因报告本级财政部门。已经收取采购文件费用或者投标保证金的，采购人或者采购代理机构应当在终止采购活动后5个工作日内，退还所收取的采购文件费用和所收取的投标保证金及其在银行产生的孳息。

擅自终止招标活动的，由财政部门责令限期改正，情节严重的，给予警告，对直接负责的主管人员和其他直接责任人员，由其行政主管部门或者有关机关给予处分，并予通报。

依法需要终止招标、竞争性谈判、竞争性磋商、询价、单一来源采购活动的，采购人或者采购代理机构应当发布项目终止公告并说明原因。

终 止 公 告

一、项目基本情况

采购项目编号（或招标编号、政府采购计划编号、采购计划备案文号等，如有）：＿＿＿＿＿＿＿＿＿＿＿＿＿＿

采购项目名称：＿＿＿＿＿＿＿＿＿＿

二、项目终止的原因

三、其他补充事宜

四、凡对本次公告内容提出询问，请按以下方式联系

1. 采购人信息

名　　称：＿＿＿＿＿＿＿＿

地　　址：＿＿＿＿＿＿＿＿

联系方式：＿＿＿＿＿＿＿＿

2. 采购代理机构信息（如有）

名　　称：＿＿＿＿＿＿＿＿

地　　址：＿＿＿＿＿＿＿＿

联系方式：＿＿＿＿＿＿＿＿

3. 项目联系方式

项目联系人：（组织本项目采购活动的具体工作人员姓名）

电　　话：＿＿＿＿＿＿＿＿

选自财政部办公厅《关于印发〈政府采购公告和公示信息格式规范（2020年版）〉的通知》（财办库〔2020〕50号）

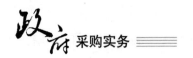

第五节 询问、质疑的答复和配合投诉处理

一、询问答复

《政府采购法》第五十一条规定,供应商对政府采购活动事项有疑问的,可以向采购人提出询问,采购人应当及时作出答复,但答复的内容不得涉及商业秘密。

《政府采购法实施条例》第五十二条规定,采购人或者采购代理机构应当在3个工作日内对供应商依法提出的询问作出答复。供应商提出的询问或者质疑超出采购人对采购代理机构委托授权范围的,采购代理机构应当告知供应商向采购人提出。政府采购评审专家应当配合采购人或者采购代理机构答复供应商的询问和质疑。

《政府采购法实施条例》第六十八条规定,采购人、采购代理机构对供应商的询问、质疑逾期未作处理的,依照《政府采购法》第七十一条、第七十八条的规定追究法律责任。

二、质疑答复

《政府采购质疑和投诉办法》第五条规定,采购人负责供应商质疑答复。采购人委托采购代理机构采购的,采购代理机构在委托授权范围内作出答复。第十三条规定,采购人、采购代理机构不得拒收质疑供应商在法定质疑期内发出的质疑函,应当在收到质疑函后7个工作日内作出答复,并以书面形式通知质疑供应商和其他有关供应商。

采购人、采购代理机构应当在采购文件中载明接受质疑函的方式、联系部门、联系电话和通信地址等信息。

采购人、采购代理机构认为供应商质疑不成立,或者成立但未对中标、成交结果构成影响的,继续开展采购活动;认为供应商质疑成立且影响或者可能影响中标、成交结果的,按照下列情况处理:

(1) 对采购文件提出的质疑,依法通过澄清或者修改可以继续开展采购活动的，澄清或者修改采购文件后继续开展采购活动；否则应当修改采购文件后重新开展采购活动。

（2）对采购过程、中标或者成交结果提出的质疑，合格供应商符合法定数量时，可以从合格的中标或者成交候选人中另行确定中标、成交供应商的，应当依法另行确定中标、成交供应商；否则应当重新开展采购活动。质疑答复导致中标、成交结果改变的，采购人或者采购代理机构应当将有关情况书面报告本级财政部门。

三、配合投诉处理

财政部门在处理投诉事项期间，可以视具体情况书面通知采购人和采购代理机构暂停采购活动，暂停采购活动时间最长不得超过 30 日。采购人和采购代理机构收到暂停采购活动通知后应当立即中止采购活动，在法定的暂停期限结束前或者财政部门发出恢复采购活动通知前，不得进行该项采购活动。

财政部门依法进行调查取证时，投诉人、被投诉人以及与投诉事项有关的单位及人员应当如实反映情况，并提供财政部门所需要的相关材料。

被投诉人和其他与投诉事项有关的当事人应当在收到投诉答复通知书及投诉书副本之日起 5 个工作日内，以书面形式向财政部门作出说明，并提交相关证据、依据和其他有关材料。

第十章 政府采购合同的签订

第一节 政府采购合同签订的要求

政府采购合同是采购人与供应商之间设立、变更、中止或者终止政府采购权利和义务关系的协议。

一、签订的依据

1. 法律依据

根据《政府采购法》第四十三条规定，政府采购合同适用合同法。采购人和供应商之间的权利和义务，应当按照平等、自愿的原则以合同方式约定。采购人可以委托采购代理机构代表其与供应商签订政府采购合同。由采购代理机构以采购人名义签订合同的，应当提交采购人的授权委托书，作为合同附件。

政府采购合同属民事合同，但又不完全等同于一般民事合同，因此既要适用《中华人民共和国合同法》（以下简称《合同法》），也要适用《政府采购法》。采购人与供应商在政府采购合同的订立、效力、履行、变更、中止或终止、违约责任等方面，必须按《合同法》规定执行。

采购人与供应商享有自愿订立和签订合同的权利，但不等于完全具有随意性。政府采购合同的拟定必须要以采购文件为蓝本，不能脱离采购文件的基本原则与范围。

政府采购合同既有民事合同的属性，又具有行政合同的属性，它是指行政主体为了实现行政管理目的，而与公民、法人或其他组织就相互间的权利义务所达成的协议,它的一方为政府相关部门,其目的是政府各级及其所属机构为了开展日常政务活动或为公众提供公共服务的需要所进行的采购。

政府采购合同属于双务、有偿合同,即指当事人双方相互之间存在对待给付义务,且当事人一方取得权利必须支付相应代价的合同。这个代价一般是指支付报酬或酬金,报酬或酬金属于财政性资金。

2. 文件依据

《政府采购货物和服务招标投标管理办法》第七十一条规定,采购人应当自中标通知书发出之日起30日内,按照招标文件和中标人投标文件的规定,与中标人签订书面合同。所签订的合同不得对招标文件确定的事项和中标人投标文件作实质性修改。采购人不得向中标人提出任何不合理的要求作为签订合同的条件。

请看下面的案例。

签订合同时中标产品已停产供应商可用新型号替代吗?某采购代理机构受采购人的委托,对其医疗设备进行采购,预算300万元。经评标委员会评审,A公司的总分最高,成为第一中标候选人。中标公告发出后,报价最低的B公司提出质疑。代理机构收到质疑后,在法定期限内做出答复,维持中标结果不变。B公司对答复不满,又在法定期限内向监管部门提起投诉,最终监管部门意见是维持原评审结果不变,在法定起诉期限内B公司也没有向法院提出行政诉讼。

因该项目遇质疑投诉,A公司和采购人的合同延期了近三个月才签订,由于该医疗设备更新迭代速度较快,A公司在签合同时提出该设备型号已经不生产了,不能提供原型号的产品,需要用其他新型号的产品代替。遇到这种情形,应该怎样处理比较妥当?

在签订政府采购合同时,相关法规禁止随意修改采购文件和中标人的投标(响应)文件。产品更新迭代很正常,尤其是高科技的电子设备,有专家认为如果新型号各项性能指标均优于原投标型号,在保持价格不变的情况下,采购人从有利于项目执行考虑,应该接受。但是,采购人也应该考虑合同变更带来的风险,需要确认产品型号的更新代替是否对采购文件和投标(响应)文件的内容进行了实质性修改或变更,变更需谨慎。

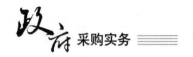

二、合同形式

政府采购活动具有很强的公共性，加之政府采购合同具有不完全等同于一般民事合同的因素，因此《政府采购法》对政府采购合同的形式作出了特别限定，要求采用书面形式，合同签订后应当将合同副本报政府采购监督管理部门和有关部门备案。书面形式合同是指合同书、信件和数据电文（包括电报、传真、电子数据交换、电子邮件）等可以有形表现所载内容的形式。

三、合同内容

《政府采购法》第四十五条对政府采购合同的必备条款作出了特别规定，即国务院政府采购监督管理部门应当会同国务院有关部门，规定政府采购合同必须具备的条款。一般来说，合同由当事人自愿签订，合同内容一般也应当由当事人约定。

按《合同法》规定，合同内容一般包括当事人名称或姓名和住所，以及标的、数量、质量、价款或报酬、履行期限、地点方式、违约责任、解决争议方法等。

四、合同签订期限

《政府采购法》第四十六条规定，采购人与中标、成交供应商应当在中标、成交通知书发出之日起三十日内，按照采购文件确定的事项签订政府采购合同。

五、合同法律效力

采购人与中标、成交供应商必须按照采购文件确定的事项签订政府采购合同。中标、成交通知书对采购人和中标、成交供应商均具有法律效力。中标、成交通知书发出后，采购人改变中标、成交结果的，或供应商放弃中标、成交的，应当依法承担法律责任。中标、成交供应商一旦确定，采购人就必须按照中标、成交结果，与中标、成交供应商签订政府采购合同，否则要承担相应法律责任。

六、合同公告

《政府采购法实施条例》第五十条规定，采购人应当自政府采购合同签订之日起 2 个工作日内,将政府采购合同在省级以上人民政府财政部门指定的媒体上公告,但政府采购合同中涉及国家秘密、商业秘密的内容除外。

合 同 公 告

一、合同编号:_____

二、合同名称:_____

三、项目编号(或招标编号、政府采购计划编号、采购计划备案文号等,如有):_____

四、项目名称:_____

五、合同主体

采购人(甲方):_____

地址:_____

联系方式:_____

供应商(乙方):_____

地址:_____

联系方式:_____

六、合同主要信息

主要标的名称:_____

规格型号(或服务要求):_____

主要标的数量:_____

主要标的单价:_____

合同金额:_____

履约期限、地点等简要信息:_____

采购方式:(如公开招标、竞争性磋商、单一来源采购等)

七、合同签订日期:_____

八、合同公告日期:_____

九、其他补充事宜:_____

附件:上传合同(采购人应当按照《政府采购法实施条例》有关要求,将政府采购合同中涉及国家秘密、商业秘密的内容删除后予以公开)

选自财政部办公厅《关于印发〈政府采购公告和公示信息格式规范(2020年版)〉的通知》(财办库〔2020〕50 号)

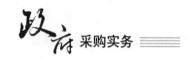

第二节 政府采购合同的分包、补充、变更

一、合同的分包履行

《政府采购法》第四十八条规定，经采购人同意，中标、成交供应商可以依法采取分包方式履行合同。政府采购合同分包履行的，中标、成交供应商就采购项目和分包项目向采购人负责，分包供应商就分包项目承担责任。

中标、成交供应商按照合同约定或者经采购人同意，可以将中标、成交项目的部分非主体、非关键性工作分包给他人完成。接受分包的供应商应当具备相应的资格条件，并不得再次分包。

中标、成交供应应当就分包项目向采购人负责，接受分包的供应商就分包项目承担连带责任。

未经采购人的同意，中标、成交供应商不得擅自采用分包方式履行合同。政府采购合同分包履行不等于政府采购合同全部转让，而只是允许其中部分转让。

二、合同的补充和追加

政府采购合同在履行中，采购人需追加与合同标的相同的货物、工程或服务的，在不改变合同其他条款的前提下，可以与供应商协商签订补充合同。采购人需要追加与合同标的相同的货物、工程或者服务的，可以与供应商协商签订补充合同；但是，前提条件是政府采购合同正在履行，如果已经履行完毕，采购人就不能再与供应商签订补充合同。

补充合同的标的必须与原合同的标的相同，除了数量和金额条款改变以外，不得改变原合同的其他条款。要把握所有补充合同的采购金额不得超过原合同采购金额的百分之十的限度，否则不可签订补充合同。

在实践中，如若出现了采购人与中标、成交供应商多次签订补充合同的情况，要把握无论签订多少次补充合同，其所有补充合同的累计采购金额均不得超过原合同采购金额的百分之十的尺度。

合同追加与"从原供应商处添购"是不同的。《政府采购法》第三十一条规定,符合下列情形之一的货物或者服务,可以依照本法采用单一来源方式采购:(三)必须保证原有采购项目一致性或者服务配套的要求,需要继续从原供应商处添购,且添购资金总额不超过原合同采购金额百分之十的。添购既可以在原合同履行过程中进行,也可以在合同履行完毕之后进行;添购不要求合同标的保持一致,但有百分之十的金额限制。添购实际上属于一个全新的采购行为,供应商不变,标的物变了;而追加采购则是供应商不变,标的物也没变。

请看下面的案例。

采购人可否"跟标"采购?近期,某区A小学拟采购一批课桌椅,采购人在市场调研时了解到,同区B小学刚刚完成同样的课桌椅的公开招标,且中标单价也比他们前期编制的预算单价低不少。于是,A小学向当地财政部门提出:能否跟标B小学,按照B小学的中标价格与中标人C公司直接签订合同?理由如下:一是两所学校课桌椅规格要求一样;二是A小学此次采购的量未超过B小学公开招标总量的10%;三是他们采购的数量较少,若另行组织招标,很难招到与B小学相同的低价。从效率上和经济上考虑,"跟标"采购既经济又实惠。且经与C公司电话沟通,C公司也表示愿意与该采购人直接签订合同。

财政部门认为A小学"跟标"采购不符合要求,A小学只好委托集中采购机构组织了询价采购,成交价格比B小学公开招标价格略高。

《政府采购法》第三十一条明确了可以采用单一来源方式采购的三种情形是:只能从唯一供应商处采购的;发生了不可预见的紧急情况不能从其他供应商处采购的;必须保证原有采购项目一致性或者服务配套的要求,需要继续从原供应商处添购,且添购资金总额不超过原合同采购金额百分之十的。本案例中的采购与该条规定的第一、二种情形明显不符,与第三种情形相比,也只是部分符合,添购资金总额虽然未超过原合同采购金额的百分之十,但并非是必须保证原有采购项目一致性的情况。因此,不能采用单一来源采购方式实施采购。

《政府采购法》第四十九条规定,政府采购合同履行中,采购人需追加与合同标的相同的货物、工程或者服务的,在不改变合同其他条款的前提下,可以与供应商协商签订补充合同,但所有补充合同的累计采购金额不得超过原合同采购金额的百分之十。尽管案例中的 A 小学与 B 小学采购的货物一样,数量和金额也没有超过 B 小学合同的 10%,但需要注意的是,追加采购有个前提,即"不改变合同其他条款"。一般来说,追加采购的补充合同,数量条款、总价条款可以变,但其他条款都不能变。如果该采购人"跟标"实施追加采购,与 A 公司签订采购合同的甲方、付款方式、交货地点等都会发生变化,显然不符合《政府采购法》追加采购的规定。

三、合同的变更、中止或终止

《政府采购法》第五十条规定,政府采购合同的双方当事人不得擅自变更、中止或者终止合同。政府采购合同继续履行将损害国家利益和社会公共利益的,双方当事人应当变更、中止或者终止合同。有过错的一方应当承担赔偿责任,双方都有过错的,各自承担相应的责任。

造成政府采购合同继续履行将损害国家利益和社会公共利益的原因,既可出自采购人,也可能出自供应商,无论出自哪一方,只要因合同的变更、中止或者终止而给双方造成损失的,就应当承担相应的责任。因继续履行将损害国家利益和社会公共利益而变更、中止或终止政府采购合同的,采购人与供应商应协商确定,任何一方不得自行决定。

# 第十一章
政府采购合同的履约验收及支付

根据《政府采购法》第四十一条，采购人或者其委托的采购代理机构应当组织对供应商履约的验收。大型或者复杂的政府采购项目，应当邀请国家认可的质量检测机构参加验收工作。验收方成员应当在验收书上签字，并承担相应的法律责任。

政府采购履约验收是保证采购质量的关键一步。严格规范开展履约验收是加强政府采购结果管理的重要举措，是保证采购质量、开展绩效评价、形成闭环管理的重要环节，对实现采购与预算、资产及财务等管理工作协调联动具有重要意义。

第一节 履约验收的要求

根据《关于进一步加强政府采购需求和履约验收管理的指导意见》（财库〔2016〕205号）相关规定，采购人应充分认识政府采购履约验收管理的重要性和必要性，切实加强政府采购活动的结果管理。

一、履约验收的责任主体

采购人是政府采购履约验收工作的责任主体。对技术复杂、专业性强或者采购人履约验收能力不能满足工作需要的项目，采购人可以委托采购代理机构组织项目验收。委托事项应当在委托代理协议中予以明确，但不得因委托而转移或者免除采购人项目验收的主体责任。尽管履约验收并非完全属于采购人的责任，但无论采购代理机构是否参与项目验收，采购人都是政府采购项目的责任主体。而采购代理机构在政府采购项目履约验收中的角色是协助和协调。

二、验收方案的编制

采购人或其委托的采购代理机构应当根据项目特点制定验收方案，明确履约验收的时间、方式、程序等内容。技术复杂、社会影响较大的货物类项目，可以根据需要设置出厂检验、到货检验、安装调试检验、配套服务检验等多重验收环节；服务类项目，可根据项目特点对服务期内的服务实施情况进行分期考核，结合考核情况和服务效果进行验收；工程类项目应当按照行业管理部门规定的标准、方法和内容进行验收。

对于采购人和使用人分离的采购项目，应当邀请实际使用人参与验收。采购人、采购代理机构可以邀请参加本项目的其他供应商或第三方专业机构及专家参与验收，相关验收意见作为验收书的参考资料。政府向社会公众提供的公共服务项目，验收时应当邀请服务对象参与并出具意见，验收结果应当向社会公告。

三、履约验收的依据

采购人或者采购代理机构应当成立验收小组，按照采购合同的约定对供应商履约情况进行验收。验收时，应当按照采购合同的约定对每一项技术、服务、安全标准的履约情况进行确认。验收结束后，应当出具验收书，列明各项标准的验收情况及项目总体评价，由验收双方共同签署。验收结果应当与采购合同约定的资金支付及履约保证金返还条件挂钩。履约验收的各项资料应当存档备查。

四、履约验收的责任

验收合格的项目，采购人应当根据采购合同的约定及时向供应商支付采购资金、退还履约保证金。验收不合格的项目，采购人应当依法及时处理。采购合同的履行、违约责任和解决争议的方式等适用《合同法》。供应商在履约过程中有政府采购法律法规规定的违法违规情形的，采购人应当及时报告本级财政部门。

第十一章　政府采购合同的履约验收及支付

加大依法采购、依法验收宣传力度，转变采购人对政府采购的一些误区，强化采购人是政府采购合同履约验收工作的责任主体，进一步理清采购人、供应商、代理机构等各方履约验收的职责，切实承担起依法验收的责任。

第二节　履约验收的流程

合同履行达到验收条件时，供应商向采购人发出项目验收申请。采购人应当收到申请后启动项目验收，并通知供应商。政府采购项目主要验收流程如下。

一、成立验收小组

采购人在执行政府采购项目履约验收时，首先应当成立政府采购项目验收小组，负责项目验收具体工作，出具验收意见，并对验收意见负责。验收小组可由使用部门、审计部门、财务部门、资产管理部门等单位内部人员，或其他专业技术人员等组成。验收小组成员由采购人自行选择，可以从本单位指定，也可以从同领域其他单位或者第三方专业机构等邀请。

验收小组应当认真履行项目验收职责，确保项目验收意见客观真实反映合同履行情况。

二、制定验收方案

采购人应当在实施验收前根据项目验收清单和标准、招标（采购）文件对项目的技术规定和要求、供应商的投标（响应）承诺情况、合同明确约定的要求等，制定具体详细的项目验收方案。验收方案制定的质量、完善程度，是验收工作的关键所在，是后续开展验收工作能否顺利、高效进行的前提条件。

请看下面的案例。

某动物防疫物资采购验收工作方案

根据《财政部关于进一步加强政府采购需求和履约验收管理的指导意见》（财库〔2016〕205号）相关规定，结合动物防疫工作情况，编制动物疫苗验收工作方案。

一、验收依据

1.《中华人民共和国政府采购法》及《政府采购法实施条例》；

2. 本项目政府采购合同；

3. 本项目采购文件；

4. 中标供应商的投标文件；

5. 政府采购合同履行过程中的往来文件等。

二、验收内容

1. 产品供货品种、数量是否按照调拨单执行；

2. 产品供货过程中相关记录是否规范、完整，相关材料是否客观真实可追溯；

3. 中标供应商提供的疫苗技术指标是否按照投标文件中响应的技术参数执行；

4. 中标供应商增值服务承诺履行情况；

5. 服务对象的反馈意见。

三、验收方式

1. 现场验收。由第三方机构组织验收小组，在疫苗调拨期间开展货物接收现场验收。

2. 企业自查。中标供应商开展合同履约自查工作。

3. 管理部门审查。管理部门根据合同要求、疫苗调拨通知单、疫苗供应过程中的相关记录、中标供应商的自查报告等，对各中标供应商的合同履约情况进行审查。

4. 使用部门评价。根据"采购人和使用人分离的采购项目应当邀请实际使用人参与验收"的规定，各使用单位对供货企业项目履约情况作出评价，对产品使用效果给予评估意见或出具检测报告。

5. 专家集中验收。在秋防结束后，适时组织有关专家对防疫物资采购项目在合同签订、合同履约、产品验收、疫苗质量和售后服务等方面综合评价，及时发现问题，做好与供货企业的沟通，在后续的供货和服务中加以改进和完善。

四、组织形式

根据采购人的委托，疫苗验收工作由第三方机构 X 公司来组织进行，采购人全程参与,具体安排如下。

1. 省内各地动物防疫部门依据采购文件上的技术规格要求和国家有关质量标准对疫苗及标识产品质量进行货物接收验收。

2. 各地疫苗及标识产品接收单位按要求办理交货入库手续、负责交货验收工作。

3. ×公司会同采购人组织疫苗供货情况现场验收专家小组,具体开展现场验收工作,验收小组成员原则上要有疫苗使用方所在地的市县动物疫病预防控制中心的专家参加。

4. 各地疫苗接收单位和使用单位就中标供应商提供的产品进行综合评价(如疫苗免疫效果评估)。

5. 组织部分疫苗及标识产品接收单位和使用单位召开座谈会,对企业供货、产品使用及售后服务等有关问题征询意见和建议。

6. 在秋防结束后,适时组织有关专家对防疫物资采购项目在合同签订、合同履约、产品验收、疫苗质量和售后服务等方面集中综合评审,并给予验收意见。

五、现场验收时间

疫苗现场验收时间定于××××年××月××日—××××年××月××日。

六、现场验收人员安排

验收小组人员安排:每组采购人代表1人、使用部门1人,第三方机构1人,社会专家2人。

七、验收工作要求

1. 疫苗验收工作应当严格按照政府采购相关法律、法规进行。

2. 各验收工作小组应当严格按照疫苗验收工作方案开展验收工作。

3. 验收过程中,各验收小组应当根据实际情况如实填写各项表格,相关签字确认手续完备,对关键时间节点、关键证据采取拍照、录像等方式进行留存,作为验收结论依据。

三、开展验收工作

验收小组应当根据事先拟定的验收工作方案,对供应商提供的货物、工程或

者服务按照招标（采购）文件、投标（响应）文件、封存样品、政府采购合同进行逐一核对、验收，并做好验收记录。验收工作由采购人组织，验收小组负责，供应商配合。验收工作应完整完善、公开合理，必要时应抽样并送交具备资质的第三方检测机构进行检验。

四、出具验收书

验收工作完成后，应当以书面形式作出结论性意见，由验收小组成员及供应商签字后，报告采购人。分段、分项或分期验收的，应当根据采购合同和项目特点进行分段验收并出具分段验收意见。《政府采购法实施条例》第四十五条规定，政府向社会公众提供的公共服务项目，验收时应当邀请服务对象参与并出具意见，验收结果也应当向社会公告。

公共服务项目验收结果公告

一、合同编号：_____

二、合同名称：_____

三、项目编号（或招标编号、政府采购计划编号、采购计划备案文号等，如有）：_____

四、项目名称：_____

五、合同主体

采购人（甲方）：_____

地址：_____

联系方式：_____

供应商（乙方）：_____

地址：_____

联系方式：_____

六、合同主要信息

服务内容：_____

服务要求：_____

服务期限：_____

服务地点：_____

七、验收日期：_____

八、验收组成员（应当邀请服务对象参与）：_____

九、验收意见：_____

十、其他补充事宜：_____

选自财政部办公厅《关于印发〈政府采购公告和公示信息格式规范（2020年版）〉的通知》（财办库〔2020〕50号）

五、资料整理与存档

验收完成，应当整理验收申请、验收方案、采购资料及合同、验收记录、检测报告、验收书等材料，各项资料应当存档备查。

第三节 履约验收的监管及责任追究

一、履约验收的监管

财政部门是采购人履约验收的监管部门，财政部门应当强化采购人的履约验收监管，将以下内容纳入监督检查：是否制定政府采购项目履约验收内部控制管理制度，是否履行了项目验收义务，项目验收工作是否规范，验收方对于验收过程中发现的问题是否及时报告并妥善处理等。

对采购结果出现质疑、投诉、举报的采购项目，采购人根据工作需要，可以在项目验收前告知提出质疑、投诉、举报的供应商或者个人对履约验收情况进行监督。对于采购人和实际使用人或者受益者分离的采购项目，采购人应当通知实际使用人或者受益者对履约验收情况进行监督。

采购人、采购代理机构、供应商应当全面配合监管部门的监督检查和集中采购机构的履约评价，不得阻挠、欺骗或者消极应付。

采购人、采购代理机构、供应商应当签署保密承诺，严格保守项目验收中获悉的国家和商业秘密。

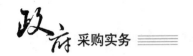

二、履约验收的责任追究

项目验收中发现供应商违约情形的,采购人应当按照合同的约定追究供应商的违约责任,情节严重或者拒不整改的,应当报财政部门,由财政部门依法处理。

采购人、采购代理机构、供应商在项目验收过程中,存在违法违规行为的,依据《政府采购法》及实施条例等有关法律法规的规定进行处理。给他人造成损失的,应当赔偿相应损失;构成犯罪的,依法移送司法机关处理。

第四节 政府采购资金支付及采购文件的保存

一、政府采购资金支付

采购人应当按照政府采购合同规定,及时向中标、成交供应商支付采购资金。政府采购项目资金支付程序,按照国家有关财政资金支付管理的规定执行。

二、采购文件的保存

《政府采购法》第四十二条规定,采购人、采购代理机构对政府采购项目每项采购活动的采购文件应当妥善保存,不得伪造、变造、隐匿或者销毁。采购文件的保存期限为从采购结束之日起至少保存十五年。采购文件包括采购活动记录、采购预算、采购文件、投标(响应)文件、评标标准、评估报告、定标文件、合同文本、验收证明、质疑答复、投诉处理决定及其他有关文件、资料。

《政府采购法》第七十六条规定,采购人、采购代理机构违反本法规定隐匿、销毁应当保存的采购文件或者伪造、变造采购文件的,由政府采购监督管理部门处以二万元以上十万元以下的罚款,对其直接负责的主管人员和其他直接责任人员依法给予处分;构成犯罪的,依法追究刑事责任。

第十一章　政府采购合同的履约验收及支付

《政府采购货物和服务招标投标管理办法》第七十八条规定，采购人、采购代理机构有下列情形之一的，由财政部门责令限期改正，情节严重的，给予警告，对直接负责的主管人员和其他直接责任人员，由其行政主管部门或者有关机关给予处分，并予通报：（五）未按规定对开标、评标活动进行全程录音录像的；（十一）未妥善保存采购文件的。

第十二章 监督检查及法律责任

第一节 对采购人的监督检查

政府采购项目执行过程中，为维护政府采购公平竞争市场秩序、优化政府采购营商环境，应加强组织领导，明确工作责任，周密安排部署，强化监督检查，确保各项要求落实到位。采购人作为政府向社会力量购买服务组织实施的责任主体，是整个政府采购项目中的决策者与执行者。政府采购监督管理部门对采购人的监督检查尤为重要。

一、监督检查的特点

1. 全覆盖

《政府采购法》明确了政府采购监督管理部门应当加强集中采购机构的监督检查，并不是指只能对集中采购机构进行监督检查，而是对其他政府采购当事人包括采购人在内的全覆盖的监督检查。

2. 全方位

政府采购监督检查是对政府采购活动进行全方位的监督检查。凡是涉及政府采购活动的，政府采购监督管理部门都必须加强监督检查，及时发现问题，解决问题，并对违法行为依法进行处理。

3. 多层次

政府采购监督管理部门在实施监督检查中，主要关注有关政府采购的法律、行政法规和规章的执行情况，采购范围、采购方式和采购程序的执行情况，政府采购人员的职业素质和专业技能，同时还要对政府采购活动中的其他情况进行监督检查。政府采购监督检查是多层次的。

二、监督检查的主要内容

政府采购监督管理部门应当对政府采购项目的采购活动进行检查，政府采购当事人应当如实反映情况，提供有关材料。审计机关应当对政府采购进行审计监督。政府采购监督管理部门、政府采购各当事人有关政府采购活动，应当接受审计机关的审计监督。监察机关应当加强对参与政府采购活动的单位和个人实施监督。监督检查的主要内容包括以下三方面。

1. 政府采购的法律、行政法规和规章的执行情况

政府采购法是规范政府采购行为的基本法律，围绕政府采购法的贯彻实施，国务院制定了有关实施办法，财政部以及地方人大、政府也制定了一系列的地方性法规、规章和其他具体办法。在政府采购实施过程中，还需要适用合同管理等方面的法律、行政法规和规章。所有与政府采购有关的法律制度是否得到全面、正确执行，都会对政府采购活动产生直接影响。因此政府采购监督检查须包含政府采购的法律、行政法规和规章的执行情况。

2. 政府采购范围、采购方式和采购程序的执行情况

按照法律规定的采购范围、采购方式和采购程序实施采购，是贯彻政府采购公平、公开、公正原则的重要基础。基于目前的现实情况，不按照规定的采购范围、采购方式和采购程序实施采购的现象依然不同程度地存在。比如采购人对纳入集中采购目录的政府采购项目不委托集中采购机构实行集中采购，对应当实行公开招标方式采购的项目擅自采用其他方式采购，在政府采购程序中不完全遵循法定程序等，严重影响了政府采购的严肃性、公正性，损害了国家利益、社会公共利益和供应商的合法权益。

3. 政府采购人员的职业素质和专业技能

采购人员具备良好的职业素质和较高的专业技能，是有效遏制采购中的腐败行为、提高政府采购的质量和效益、保证政府采购活动顺利进行的基础和关键。采购人、采购代理机构应对采购人员加强教育和培训，不断提高其职业素质和专业技能。

第二节 采购人法律责任

一、民事法律责任

依据《政府采购法》的规定,采购人需承担民事责任的违法行为主要有以下几方面:

(1) 采购人在应当采用公开招标方式而擅自采用其他方式采购的;

(2) 擅自提高采购标准的;

(3) 委托不具备政府采购业务代理资格的机构办理采购事务的;

(4) 以不合理的条件对供应商实行差别待遇或者歧视待遇的;

(5) 在招标采购过程中与投标人进行协商谈判的;

(6) 中标、成交通知书发出后不与中标、成交供应商签订采购合同的;

(7) 采购人对应当实行集中采购的项目,不委托集中采购机构实行集中采购的。

二、行政法律责任

采购人的行政责任是指采购人在政府采购过程中因违法律、法规、部门规章的行政规定进行政府而应承担的法律责任。根据《政府采购法》的规定,采购人需承担行政责任的违法行为主要有以下几方面:

(1) 采购人在应当采用公开招标方式而擅自采用其他方式采购的;

(2) 擅自提高采购标准的;委托不具备政府采购业务代理资格的机构办理采购事务的;

(3) 以不合理的条件对供应商实行差别待遇或者歧视待遇的;

(4) 在招标采购过程中与投标人进行协商谈判的;

(5) 中标、成交通知书发出后不与中标、成交供应商签订采购合同的;

(6) 拒绝有关部门依法实施监督检查的;

(7) 采购人在政府采购过程中与供应商或者采购代理机构恶意串通的;

(8) 在采购过程中接受贿赂或者获取其他不正当利益的；

(9) 在有关部门依法实施的监督检查中提供虚假情况的；

(10) 开标前泄露标底的或者有隐匿、销毁应当保存的采购文件或者伪造、变造采购文件的；

(11) 采购人对应当实行集中采购的政府采购项目，不委托集中采购机构实行集中采购的；

(12) 采购人未依法公布政府采购项目的采购标准和采购结果的。

三、刑事法律责任

根据《政府采购法》等相关法律法规的规定，采购人承担的刑事责任主要有以下方面：

(1) 采购人在政府采购中与供应商或者采购代理机构恶意串通，构成串通投标罪的；

(2) 采购人中直接负责人员和其他负责人员利用职务上的便利，接受贿赂的，构成受贿罪的；

(3) 采购人在开标前泄露标底的，情节严重的构成侵犯商业秘密罪的；

(4) 采购人伪造、变造采购文件，构成伪造国家机关公文罪的；

(5) 采购人隐匿、销毁应当保存的采购文件，构成毁灭国家机关公文罪的。

第三部分 采购代理机构实务

CAI
GouDaiLiJiGouShiWu

SAN

第十三章 委托代理协议的签订

第一节 签订委托代理协议的必要性

委托代理协议是采购人与采购代理机构在开展政府采购活动中履行各自权利和义务的依据。实践中，采购人干预委托事项或违反政府采购法律制度规定的情况时有发生，采购代理机构超越代理权限行事的现象也层出不穷。因此，签订采购代理协议，约定双方的权利和义务非常必要。

一、维护委托行为的严肃性

委托代理协议作为双方签署的具有效力的法律性文件，适用《合同法》，对当事人具有法律约束力，当事人应当按照约定履行自己的义务，不得擅自变动或者解除合同，依法成立的合同受法律保护。

二、贯彻落实诚实信用原则

《合同法》第六条规定，当事人行使权力、履行义务应当遵循诚实信用原则。诚实信用原则要求当事人在订立、履行合同，以及合同终止后的全过程中，都要诚实，讲信用，相互协作。

三、保护当事人合法权益

《合同法》第五条规定，当事人应当遵循公平原则确定各方的权利和义务。委托代理协议即是在双方当事人平等自愿的情况下，按照公平原则确定双方的权利

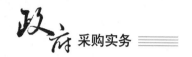

和义务，双方的合法权益受到法律保护。

四、避免法律纠纷

口头委托的弊端在于没有凭证，发生争议后，难以取证，不易分清责任。而书面形式明确肯定，有据可查，对于防止争议和解决纠纷有积极意义。所以，在政府采购项目委托过程中，应当尽量避免采用口头委托的形式委托项目。

第二节　委托代理协议的分类及内容

《政府采购法》第二十条规定，采购人依法委托采购代理机构办理采购事宜的，应当由采购人与采购代理机构签订委托代理协议，依法确定委托代理的事项，约定双方的权利义务。采购代理机构应当严格按照委托代理协议开展采购活动，不得超越代理权限。无委托代理协议不得开展采购代理活动。

一、委托代理协议的分类

1. 根据签订对象的不同划分

根据签订对象的不同，政府采购委托代理协议分为政府集中采购委托代理协议和一般采购委托代理协议。政府集中采购委托代理协议是采购人与集中采购机构签订的委托代理协议，委托的事项为政府集中采购目录内的项目采购。一般委托代理协议是采购人与社会采购代理机构签订的委托代理协议。

2. 根据委托期限的不同划分

根据委托期限的不同，采购人和采购代理机构之间可以签订长期协议也可以就单个项目签订委托协议。

在政府采购实际工作中，长期协议越来越受到采购人和采购代理机构的青睐。年度预算金额大、采购量大、设置有专门的采购管理部门的采购人更适宜签订长期委托协议，如高校、处室较多的机关单位等，采用签订年度委托的方式更为合适。

与单个项目签订委托协议相比，长期协议具有以下几个优势：一是有利于加深采购人和采购代理机构之间的了解,特别是有利于采购代理机构对采购人预算规模、项目性质、内控制度的熟悉,提高工作效率;二是长期协议下,代理机构可以为采购人提供可持续的咨询服务,服务更精准;三是有利于采购代理机构提高自身专业化服务水平,在确定采购需求、编制采购文件、协助采购人签订政府采购合同和履约验收等方面使采购人受益。

就单个项目选择代理机构签订委托协议,则可以根据项目情况选择更为适合的机构和团队,也可以针对不同的项目拟定不同的协议条款。

二、委托代理协议的内容

《政府采购法实施条例》第十六条规定,委托代理协议应当明确代理采购的范围、权限和期限等具体事项。采购人和采购代理机构应当按照委托代理协议履行各自义务,采购代理机构不得超越代理权限。

采购人与采购代理机构签订的委托代理协议适用《合同法》。《合同法》第十二条规定,合同的内容一般包括以下条款:(一)当事人的名称或者姓名和住所;(二)标的;(三)数量;(四)质量;(五)价款或者报酬;(六)履行期限、地点和方式;(七)违约责任;(八)解决争议的方法。

政府采购委托代理协议应尽可能完整,以避免发生纠纷,注意事项包含以下几个方面:

(1) 签订委托代理协议,首先要明确双方的权利和义务;

(2) 代理协议的期限要明确(包括代理工作的开始、完成、变更和终止时间等);

(3) 代理协议应明确采购人委托范围内的全部工作内容、范围和权限;

(4) 代理机构在委托范围内办理采购事宜,必须遵守政府采购法律法规、制度规范以及采购人的相关规定;

(5) 代理协议应确定代理机构服务的团队人员、人员更换约定;

(6) 代理协议应确定服务费用的标准和支付(支付时间、支付货币、支付方式),同时应当明确代理服务中发生的各项相关费用的承担者和支付方式;

(7) 代理协议的变更、解除、违约责任以及合同履行期间发生争议的解决(争议的友好协商、仲裁)方法。

第十四章 采购方案的编制

第一节　采购方案编制原则

采购代理机构接受项目委托后,通过与采购人积极沟通,针对采购项目实际情况,制订采购计划及方案,既可以协助采购人快速系统地了解政府采购流程,同时又能大大提高政府采购效率。

一、指导性原则

一项工作首先要有计划,才会有后续的组织和控制。采购方案应包含采购方式、采购进度安排、采购文件要点和采购程序等内容,对采购全流程都有指导性的作用。

二、可行性原则

采购方案的制定应立足于项目的具体情况,不可脱离项目实际,应科学合理,切实可行。

三、预见性原则

采购代理机构应对即将执行的项目有精准的定位和了解,能够为采购人提出合理化建议,能够对采购过程中可能出现的特殊情况作出预判,并拟定应对措施。

四、兼顾原则性与灵活性

采购计划及方案的制订应首先遵循政府采购相关法律法规的规定。同时，针对不同的项目，也应考虑方案的灵活性，具体问题需具体分析，找到最佳的执行方案。

第二节　采购方案的内容

采购方案的编制可以在签订委托协议前，也可以在签订委托协议后，总之，应尽可能地从有利于项目执行的角度出发。采购方案的主要内容一般包括以下几方面。

一、项目概况

项目概况一般包括：项目名称、项目地点、采购预算、采购方式等。

二、项目进度安排

根据采购方式的不同，合理拟定进度安排。

三、采购文件编制要点

采购文件编制要点主要包括供应商资格条件的设置、采购需求、分包情况、合同主要条款设置、评审方法及标准等。

四、合理化建议

除常规的采购程序和要点外，代理机构还应该发挥自身的专业优势，主要包括采购过程中的技术指导、合同签署及备案的注意事项等。如果采购方案在委托协议签订和采购计划申报之前拟定，合理化建议还可以包含对采购人申报政府采购计划的指导，如采购方式的选择、采购类别的确定等内容，具体因"事"而异。

第十五章 采购文件的编制

第一节 邀请函

政府采购项目中,采购文件第一部分一般为邀请函,其内容基本等同于采购公告的内容。邀请函一般包括项目基本情况、供应商资格要求、获取采购文件的时间与地点及方式、提交投标(响应)文件的时间和地点、公告期限、其他补充事项和联系方式等内容。

一、项目基本情况

在项目基本情况中,采购人或采购代理机构应向潜在供应商告知项目的基本信息,包含项目编号、项目名称、项目预算金额、最高限价(如有)、项目采购需求(包含但不限于标的名称、数量、简要技术需求或服务要求)、合同履行期限等要素。下面分别对货物类、服务类和工程类项目进行举例说明。

(一)货物类采购项目

对单项货物采购而言,项目基本情况一般包含采购货物名称、数量、基本参数要求、交货期要求、是否接受进口产品、预算金额等内容;对多项货物采购而言,则还应考虑分包以及核心产品的设置等问题。

1. 单项货物采购

单项货物采购,如某医院单台CT设备的采购需求描述如表15.1所示。

表 15.1　某医院单台 CT 设备的采购需求描述

货物名称	数量	基本参数要求	交货期要求	质保期要求	是否接受进口产品	预算金额	最高限价
CT 机	1套	××	××	××	是/否	××万元	××万元

2. 未分包的非单一产品采购

招标项目中，非单一产品采购项目，采购人应当根据采购项目技术构成、产品价格比重等合理确定核心产品，并在招标文件中载明。核心产品一般仅设置一项产品。如某单位办公设备采购项目的采购需求描述如表 15.2 所示。

表 15.2　某单位办公设备采购项目的采购需求描述

序号	货物名称	基本参数要求	数量	是否接受进口产品	是否为核心产品	交货期要求	质保期要求	预算金额
1	笔记本电脑	××	××台	否	是	××	××	××万元
2	LED 屏	××	×台	否	否			
3	液晶显示器	××	×台	否	否			
4	打印机	××	×台	否	否			
5	台式计算机	××	×台	否	否			

3. 分包但单包内单一产品采购

单包内单一产品采购，不涉及核心产品的指定问题。对于多包采购，还须约定参与多包投标的规则。如某单位动物疫苗采购项目的采购需求描述如表 15.3 所示。

表 15.3　某单位动物疫苗采购项目的采购需求描述

包号	货物名称	基本参数要求	采购数量	是否接受进口产品	交货期要求	质保期要求	预算/最高限价	参与多包投标的规定
1	禽流感疫苗	××	××万毫升	否	××	××	××万元	供应商可参与一包或者多包的投标，但不得对同一包内货物进行拆分投标。本项目将以"包"为单位进行评审并确定中标人
2	猪流感疫苗	××	××万毫升	否	××	××	××万元	
3	牛口蹄疫疫苗	××	××万毫升	否	××	××	××万元	

4. 分包且单包内非单一产品采购

此类采购既要考虑多包投标的规定,又要兼顾考虑核心产品的设置,若每一包均为非单一产品采购,那么必须以包为单位设置核心产品。如Z环境总站设备采购项目的采购需求描述如表15.4所示。

表15.4 Z环境总站设备采购项目的采购需求描述

包号	序号	采购内容	基本参数要求	数量	是否接受进口产品	是否为核心产品	交货期要求	预算金额
1	1	图形工作站	××	×台	否	是	××	××万元
1	2	移动工作站	××	×台	否	否	××	××万元
1	3	胶装机	××	×台	否	否	××	××万元
1	4	数据采集器	××	×台	否	否	××	××万元
2	1	发电机组	××	×台	否	是	××	××万元
2	2	井用潜水电泵	××	×台	否	否	××	××万元
2	3	地下水荧光示踪仪	××	×个	否	否	××	××万元
2	4	手持式激光测距仪		×个	否	否	××	××万元
2	5	水位计		×个	否	否	××	××万元
2	6	地下水采样器		×台	否	否	××	××万元

请看下面的案例。

Z环境总站委托代理机构H公司对一批设备进行公开招标,该项目采购的设备属于非单一产品,包含的内容比较繁杂,采购人委托要求作为一个包采购。

和采购人沟通时,H公司依据财政部令第87号的规定,对非单一产品,要求采购人必须明确核心产品,并在招标文件中载明。采购人考虑到图形工作站和发电机组预算相当,而且都非常重要,对于是设置图形工作站为核心产品,还是设置发电机组为核心产品难以抉择。如果一个包设置两个核心产品,则操作起来又会相当麻烦。H公司建议采购人根据产品类别将项目分为两个包招标,第一个包包括图形工作站、移动工作站、胶装机和数据采集器,核心产品是图形工作站。第二个包包括发电机组、井用潜水电泵、地下水荧光示踪仪、手持式激光测距仪、水位计和地下水采样器，核心产品是发电机组，这样就解决了采购人的问题，采购人采纳了该建议。

本案例涉及以下几个要点。

一、对于非单一产品采购，必须设置核心产品

《政府采购货物和服务招标投标管理办法》（财政部令第87号）第三十一条规定，非单一产品采购项目，采购人应当根据采购项目技术构成、产品价格比重等合理确定核心产品，并在招标文件中载明。

对于非单一产品采购项目，在编制采购文件时务必载明核心产品。如果没有载明核心产品，在评审中则无法处理同品牌投标的问题。

依据财政部令第87号第三十一条规定，使用综合评分法的采购项目，提供相同品牌产品且通过资格审查、符合性检查的不同供应商参加同一合同项下投标的，按一家供应商计算，评审后得分最高的同品牌供应商获得中标人推荐资格；评审得分相同的，由采购人或者采购人委托评标委员会按照招标文件规定的方式确定一个供应商获得中标人推荐资格，招标文件未规定的采取随机抽取方式确定，其他同品牌供应商不作为中标候选人。在采用综合评分法进行评审的项目中，所有通过资格审查和符合性检查的供应商均有资格参与评标，同品牌不同供应商评审得分最高者获得中标候选人资格，其他同品牌供应商不能参与最后排序和不能作为中标候选人。因此，对非单一产品采购项目，只有明确核心产品，才能处理同品牌投标的问题。

二、单包采购能否设定多个核心产品

如果该项目合并为一个包进行采购，并将图形工作站和发电机组均设为核心产品，在评审过程中将会遇到难题。

按照规定，提供相同品牌产品且通过资格审查、符合性检查的不同供应商参加同一合同项下投标的，按一家供应商计算，多家供应商提供的核心产品品牌相同的，也按照此种方式处理。也就是说，参与有效投标的核心产品必须有至少三个品牌，如果核心产品设置两个及以上，不科学也不具备可操作性。

有一种情况例外，即在招标文件中设定多个产品必须为同一品牌，并将同一品牌的产品一并设置为核心产品，则是可行的。例如单包设

备中同时采购计算机和打印机，招标文件可要求供应商提供的计算机和打印机必须为同一品牌，那么这两项产品便可以同时被设置为核心产品了。

三、多包采购必须分别设定核心产品

对于本案例而言，采用分包的方式便可解决采购人的问题。既然是分包采购，投标、评标和定标均以包为单位进行，想要满足采购人设置多个核心产品的要求，每一个包确定一个核心产品是必须的。

(二) 服务类采购项目

因为不涉及核心产品的问题，所以服务类采购项目可在采购需求中描述清楚服务内容、服务期、采购预算或最高限价等内容。关于参与多包投标的要求，与货物类采购项目的要求是一样的。

值得注意的是，针对分包采购项目，采购人或采购代理机构不应限制供应商参与投标包的数量和包号，但可以在采购文件中约定供应商可中标包的数量。在采购文件中可以要求供应商在投标（响应）文件中自行确定多包投标时的包号优选顺序，推荐中标（成交）候选人时，根据其综合得分排名和包号优选顺序进行推荐排序。

例如，某项目在招标文件中约定，该项目分三个包，供应商可选择一个包或多个包进行投标，但仅允许中一个包。该供应商如在两个包中综合得分排名均为第一，则根据其包号优选顺序，推荐其中标候选人资格。

(三) 工程类采购项目

对政府采购工程类项目而言，在项目基本情况中应介绍工程建设的地址、规模、工期、预算金额等内容。

二、供应商资格要求

1. 法定资格条件

根据《政府采购法》第二十二条规定，供应商参加政府采购活动应当具备下列条件：

（一）具有独立承担民事责任的能力；

（二）具有良好的商业信誉和健全的财务会计制度；

（三）具有履行合同所必需的设备和专业技术能力；

（四）有依法缴纳税收和社会保障资金的良好记录；

（五）参加政府采购活动前三年内，在经营活动中没有重大违法记录；

（六）法律、行政法规规定的其他条件。

2. 信用记录查询及使用要求

供应商未被列入"信用中国"（www.creditchina.gov.cn）网站失信被执行人、重大税收违法案件当事人、政府采购严重违法失信行为记录名单和"中国政府采购网"（www.ccgp.gov.cn）网站政府采购严重违法失信行为记录名单。一般在采购文件中约定，以投标（递交响应文件）截至当日查询结果为准。

3. 落实政府采购政策需满足的资格要求

如属于专门面向中小企业采购的项目，供应商应为中小微企业；如属于专门面向监狱企业采购的项目，供应商应为监狱企业。

4. 特定资格条件

采购人可根据项目特殊要求，设置特定的资格条件。但特定资格条件的设置必须与项目情况相适应。如对特种设备要求或者特殊专业人才要求等，属于特定行业项目的，还应要求该行业的准入要求。如项目接受联合体投标，对联合体应提出相应的资格要求。

特定资格条件的设置必须与项目情况相适应，不得有如下情形：

（1）非法限定供应商的所有制形式、组织形式、股权结构或者所在地。具体表现在限定供应商所有制形式，如：国有、独资、合资等；限定企业法人，将事业法人、其他组织和自然人排除；限定注册地（总部）在某行政区域内，或要求在某行政区域内有分公司等。

（2）将供应商规模条件设置为资格条件。如设置注册资本、资产总额、营业收入、从业人员、利润、纳税额等规模条件。

请看下面的案例。

某政府采购代理机构代理的一个云平台建设项目中，某供应商对采购文件提出质疑，认为该项目采购文件要求具有信息系统集成三级（含）以上资质或信息系统集成服务三级（含）以上资质，存在排斥潜在供应商，实行差别待遇或者歧视待遇的情形。

以上两项资质均为"协会认证资质"，可否作为政府采购项目供应商特定条件呢？

《政府采购法》第二十二条规定，采购人可以根据采购项目的特殊要求，规定供应商的特定条件，但不得以不合理的条件对供应商实行差别待遇或者歧视待遇。政府采购相关法律法规并未明确"协会认证资质"不可以作为政府采购项目供应商特定条件。

中国电子信息行业联合会《关于发布〈信息系统集成资质等级评定条件（暂行）〉的通知》（中电联字〔2015〕2号）三级资质的评定条件中的具体要求如下：

（一）综合条件，企业注册资本和实收资本均不少于200万元，或所有者权益合计不少于200万元。（二）财务状况，企业近三年的系统集成收入总额不少于5000万元，或不少于4000万元且近三年完成的系统集成项目总额中软件和信息技术服务费总额所占比例不低于70%，财务数据真实可信，须经在中华人民共和国境内登记的会计师事务所审计。（四）业绩：1. 近三年完成的系统集成项目总额不少于5000万元，或不少于4000万元且近三年完成的系统集成项目总额中软件和信息技术服务费总额所占比例不低于70%。这些项目已通过验收。2. 近三年至少完成1个合同额不少于300万元的系统集成项目，或所完成合同额不少于100万元的系统集成项目总额不少于300万元，或所完成合同额不少于50万元的纯软件和信息技术服务项目总额不少于150万元。3. 近三年完成的系统集成项目总额中软件和信息技术服务费总额所占比例不低于30%，或软件和信息技术服务费总额不少于1500万元，或软件开发费总额不少于800万元。（七）人才实力：1. 从事软件开发与系统集成技术工作的人员不少于50人。2. 经过登记的信息系统集成项目管理人员人数不少于5名，其中高级项目经理人数不少于1名。

《信息系统集成资质等级评定条件（暂行）》将注册资本金、营业收入、从业人员作为信息系统集成资质评定等级的条件，采购文件实际已经构成以不合理的条件对供应商实行差别待遇或者歧视待遇。

（3）设定与采购项目的具体特点和实际需要不相适应或者与合同履行无关的资格条件。主要包括：限定特定行政区域或者特定行业的业绩、奖项；设定特定金额的业绩或对代理商提出业绩要求；设置的资格条件与项目履行无关或过高、明显不合理，如非涉密或不存在敏感信息的采购项目，要求供应商有从事涉密业务的资格等。

（4）对供应商采取不同的资格审查标准。如对本地区和外地的供应商、本行业和其他行业的供应商、合作过的供应商和新参与竞争的供应商、协议（定点）和非协议（定点）供应商、国有企业和民营企业、内资企业和外资企业等采用不同的资格审查标准。

（5）以其他不合理条件限制或者排斥潜在供应商。主要有：要求供应商在政府采购活动前进行不必要的登记、注册；要求供应商购买指定软件，作为参加电子化政府采购活动的资格条件；没有法律法规依据，通过入围方式设置项目库、名录库、备选库、资格库等作为资格条件；非法限定营业执照经营范围内的具体名称或设置经营年限、成立年限等限制条款；将除进口货物以外生产厂家授权、承诺、证明、背书等作为资格要求；将国务院已明令取消的或国家行政机关非强制的资质、资格、认证、目录等作为资格条件；限定或者指定特定的专利、商标、品牌或者供应商等。

需要注意的是，供应商的资格条件不得列为评分因素。也就是说，写进资格要求的条款不得在评分标准中再设置分值，资格条件为"一票否决"制，任一项不满足均被认定为不合格供应商。

根据《政府采购法》第二十二条规定，供应商须具有良好的商业信誉和健全的财务会计制度，在《政府采购法实施条例释义》中，健全的财务制度考核的依据是供应商出具的财务报告等证明材料。采购文件中对此条款一般要求："供应商提供近×年经审计的财务报告或基本开户银行出具的资信证明文件；专业担保机构对供应商进行资信审查后出具投标担保函的，可以不用提供经审计的财务报告和银行资信证明文件。"因此，对财务报表在评分表中再进行打分，实际上是对供应商资格条件进行评分，这是不合适的。

三、采购文件的获取

1. 评审阶段审查的因素不得前置到采购文件获取阶段

有的政府采购项目采购公告中,将本应在评审阶段审查的因素作为供应商获取采购文件的条件,属于将应当在评审阶段审查的因素前置到采购文件获取阶段进行,违反了法定程序,构成《政府采购法》第七十一条第三项规定的"以不合理的条件对供应商实行差别待遇或者歧视待遇的"情形。

一般仅要求供应商在获取采购文件时出具证明文件,以确定不出现采购文件冒领的情况即可。法定代表人自己领取的,提供法定代表人身份证明书及法定代表人身份证明;法定代表人委托他人领取的,提供法定代表人授权书及受托人身份证明。

2. 采购文件售价应该合理

《政府采购货物和服务招标投标管理办法》第二十四条规定,招标文件售价应当按照弥补制作、邮寄成本的原则确定,不得以营利为目的,不得以招标采购金额作为确定招标文件售价的依据。

3. 采购文件获取的时间不少于法定期限

《政府采购货物和服务招标投标管理办法》第十六条规定,招标公告、资格预审公告的公告期限为5个工作日。公告内容应当以省级以上财政部门指定媒体发布的公告为准。公告期限自省级以上财政部门指定媒体最先发布公告之日起算。

《政府采购非招标采购方式管理办法》规定,从谈判文件发出之日起至供应商提交首次响应文件截止之日止不得少于3个工作日。从询价通知书发出之日起至供应商提交响应文件截止之日止不得少于3个工作日。

《政府采购竞争性磋商采购方式管理暂行办法》规定,磋商文件的发售期限自开始之日起不得少于5个工作日。

我们来看以下案例——××××项目招标公告。

××××项目招标公告

X公司受Y厅的委托,对××××项目进行公开招标采购,欢迎符合资格条件的潜在供应商报名参加。

一、项目概况

1. 项目编号：××××

2. 项目名称：××××

3. 资金来源：财政资金

4. 采购预算：×××万元

5. 采购内容：××××项目所需服务

6. 服务期限：合同签订之日起至合同委托工作全部结束，预计服务期1年，具体以实际工作时间为准

7. 采购需求：详见招标文件第三章

二、供应商资格条件

1. 供应商应满足《中华人民共和国政府采购法》第二十二条规定的条件：

1) 具有独立承担民事责任的能力；

2) 具有良好的商业信誉和健全的财务会计制度；

3) 具有履行合同所必需的设备和专业技术能力；

4) 有依法缴纳税收和社会保障资金的良好记录；

5) 参加政府采购活动前三年内，在经营活动中没有重大违法记录；

6) 法律、行政法规规定的其他条件。

2. 供应商须是中国境内依法注册的独立企业法人，并持有有效的营业执照，且具有相应的经营范围；

3. 供应商须具有履行合同所必需的人员和专业技术能力；

4. 供应商未被列入"信用中国"（www.creditchina.gov.cn）网站失信被执行人、企业经营异常名录、重大税收违法案件当事人名单；"中国政府采购网"（www.ccgp.gov.cn）网站上有关于企业不良行为记录的供应商，将被拒绝参加本次投标；

5. 供应商提供近三个月依法纳税及社保缴纳证明材料。

6. 供应商需财务状况良好（提供2017年度、2018年度、2019年度经会计师事务所审计的财务报告，成立不足三年的可从成立之日起算）。

7. 本项目不接受联合体投标。

三、资格审查方法

本次招标采用资格后审。

四、招标文件的获取

购买时间：2020年××月××日起至2020年××月××日每天上午8：30～12：00时、下午14：30～17：30时（节假日除外）。

购买地点：××××。

文件售价：人民币400元/本，售后不退。

供应商购买文件须携带资料：①供应商法定代表人凭法定代表人身份证明书（原件）或委托代理人凭法定代表人授权书（原件）、本人身份证（原件）；②"二、供应商资格要求"所需证明材料加盖公章的复印件；③开票资料（含①开票单位名称、②纳税人识别号（或统一社会信用代码）、③营业执照或税务登记证地址、④单位联系电话、⑤开户行及账号）。

五、投标文件送达地点及截止时间

送达地点：××××

送达截止时间：2020年××月××日9：30（北京时间）

逾期送达指定地点或者不按照招标文件要求密封的投标文件，招标人和招标采购代理机构不予受理。

六、开标地点及时间

地点：××××

开标时间：2020年××月××日9：30（北京时间）

参加要求：投标的授权代表须携带本人二代身份证原件及投标文件出席开标会议

七、发布公告的媒介

本次招标公告在××省政府采购网发布。

八、联系方式

采购人：Y厅

采购代理机构：X公司

地址：××××

联系人：×××

电话：××××××××××

2020 年××月××日

上述公告中有几处不合理。

(1) 项目需求不明确，公告中要求"具体采购需求详见招标文件第三章。"供应商电话要求查询招标文件采购需求时，采购代理机构答复必须报名购买文件，不接受查询，实际上是设置了报名障碍。

(2) 资格条件中设置"供应商须是中国境内依法注册的独立企业法人，并持有有效的营业执照，且具有相应的经营范围"，该条款对供应商经营范围进行要求，构成了事实上的歧视，属于"非法限定营业执照经营范围内的具体名称或设置经营年限、成立年限等限制条款"。

(3) 资格条件中"5. 供应商提供近三个月依法纳税及社保缴纳证明材料。6. 供应商需财务状况良好（提供 2017 年度、2018 年度、2019 年度经会计师事务所审计的财务报告，成立不足三年的可从成立之日起算）。"是对"1. 供应商应满足《中华人民共和国政府采购法》第二十二条规定的条件：2) 具有良好的商业信誉和健全的财务会计制度；等等；4) 有依法缴纳税收和社会保障资金的良好记录；"的具体要求，无须单独再设置。

(4) "供应商购买文件须携带资料：② '二、供应商资格要求'所需证明材料加盖公章的复印件"是资格审查前置。原则上所有潜在供应商都有权购买招标文件。代理机构对领取招标文件的潜在供应商进行资格限定，属于以不合理的要求限制或排斥潜在供应商。

(5) 是否参加开标会议，应由供应商自行决定，公告中要求投标的授权代表必须出席开标会议，不合理。

(6) 联系方式中采购人信息公示不全。

四、投标（响应）文件的提交和开标

1. 投标（响应）文件递交时间必须符合法定要求

《政府采购法》第三十五条规定，货物和服务项目实行招标方式采购的，自招标文件开始发出之日起至投标人提交投标文件截止之日止，不得少于 20 日。

《政府采购非招标采购方式管理办法》规定，采用竞争性谈判、询价方式的项目，从谈判文件、询价通知书发出之日起至供应商首次提交相应文件截止之日止，不得少于 3 个工作日。

《政府采购竞争性磋商采购方式管理暂行办法》规定，从磋商文件发出之日起至供应商提交首次响应文件截止之日止不得少于 10 日。

2. 提交投标文件截止时间与开标时间应该一致

《政府采购货物和服务招标投标管理办法》第三十三条规定，投标人应当在招标文件要求提交投标文件的截止时间前，将投标文件密封送达投标地点。采购人或者采购代理机构收到投标文件后，应当如实记载投标文件的送达时间和密封情况，签收保存，并向投标人出具签收回执。任何单位和个人不得在开标前开启投标文件。

逾期送达或者未按照招标文件要求密封的投标文件，采购人、采购代理机构应当拒收。

《政府采购货物和服务招标投标管理办法》第三十四条规定，投标人在投标截止时间前，可以对所递交的投标文件进行补充、修改或者撤回，并书面通知采购人或者采购代理机构。补充、修改的内容应当按照招标文件要求签署、盖章、密封后，作为投标文件的组成部分。

《政府采购货物和服务招标投标管理办法》第三十九条规定，开标应当在招标文件确定的提交投标文件截止时间的同一时间进行。

3. 开标地点应当为招标文件预先确定的地点

《政府采购货物和服务招标投标管理办法》第三十九条规定，开标地点应当为招标文件中预先确定的地点。采购人或采购代理机构变更开标地点，应提前书面告知所有领取采购文件的供应商，以免引起不必要的纠纷。

五、公告期限

《关于做好政府采购信息公开工作的通知》规定，招标公告、资格预审公告的公告期限为 5 个工作日；竞争性谈判公告、竞争性磋商公告和询价公告的公告期限为 3 个工作日。

在政府采购实际工作中，经常会因为政府采购信息公告的公告期限的问题引发质疑投诉，应当引起政府采购代理机构的高度重视，不得在公告期限上"动歪脑筋""打折扣"。公告期限不得少于规定的时限，按照《政府采购货物和服务招标投标管理办法》第八十五条的规定，按日计算期间的，开始当天不计入，从次日开始计算。期限的最后一日是国家法定节假日的，顺延到节假日后的次日为期限的最后一日。

第二节 供应商须知及采购需求

一、供应商须知

供应商须知是对政府采购活动相关细节进行约定，其中包含了项目基本信息、预算金额（含最高限价）、投标（响应）文件编制要求、投标报价要求、投标保证金交纳、退还方式以及不予退还投标保证金的情形、推荐中标（成交）候选人及定标原则、投标文件的密封、签署、盖章要求、政府采购政策落实、供应商质疑、投诉方式等相关条款，是供应商参与项目投标的操作指南。

为避免因供应商须知正文篇幅过长而错漏了重要信息，采购代理机构一般会在采购文件中设置供应商须知前附表，将供应商须知的重要内容单独罗列，以起到特别提醒的作用。供应商须知前附表的条款号、条款名称及内容必须与供应商须知正文内容保持一致。如某评审服务项目公开招标供应商须知前附表内容如表 15.5 所示。

表 15.5 某评审服务项目公开招标供应商须知前附表内容

条款号	条款名称	内容
×××	采购人	A 局
	采购代理机构	B 公司
	监督管理部门	H 市财政局
	项目名称	××××年度评审服务采购项目
	项目地点	采购人指定地点

续表

条款号	条款名称	内容
	项目内容	××××年度项目评审等相关服务内容
	资金来源	财政性资金
	资金落实情况	已落实
	服务期限	××××
	付款方式	××××
	供应商资质条件、能力和信誉	××××
	是否接受联合体投标	不接受
	供应商不得存在的其他情形	（1）单位负责人为同一人或者存在直接控股、管理关系的不同供应商，不得参加同一合同项下的政府采购活动； （2）为本项目提供整体设计、规范编制或者项目管理、监理、检测等服务的
	踏勘现场	××××
	投标预备会	××××
	中标后分包	××××
政府采购政策	是否接受进口产品	××××
	支持中小企业政策	××××
	采购节能产品政策	××××
	采购环保产品政策	××××
	供应商确认收到招标文件澄清或者修改的时间	在收到相应澄清文件后××小时内
	投标有效期	投标截止日期后××日历日
	投标保证金	××××
	是否允许递交备选投标方案	××××
	投标文件份数	×套
	装订要求	××××
	封套上写明	××××
	投标截止时间	××××
	递交投标文件地点	××××

续表

条款号	条款名称	内容
	开标时间和地点	××××
	评标委员会的组建	评标委员会由采购人代表和有关技术、经济等方面的专家组成，成员人数应当为五人以上单数。其中，技术、经济等方面的专家不得少于成员总数的三分之二
	评审办法	××××
	推荐中标候选人	评标委员会按评审后得分由高到低顺序排列。得分相同的，按投标报价由低到高顺序排列；得分且投标报价相同的，按技术指标优劣顺序排列
	定标原则	××××
	中标结果公告	公告媒介：中国政府采购网和H省政府采购网 公告期限：1个工作日
	中标通知书领取	中标结果公告发布后，中标人即可前往采购代理机构处领取中标通知书，并于30日内按照招标文件要求和投标文件承诺与采购人签订政府采购合同
	质疑期	供应商认为招标文件、招标过程和中标结果使自己的权益受到损害的，可以在知道或者应知其权益受到损害之日起7个工作日内，以书面形式向采购人或采购代理机构提出质疑
	质疑答复	采购人或采购代理机构应当在收到供应商的书面质疑后7个工作日内作出答复，并以书面形式通知质疑供应商和其他有关供应商，但答复的内容不得涉及商业秘密

二、采购需求

采购文件中采购需求一般由采购人提供，但采购代理机构有义务对采购人制定的采购需求提出合理化建议。合格的采购代理机构应该运用其对政府采购法律法规、采购程序等方面的专业知识，为采购人提供优质的代理服务，对采购需求中不符合法规、政策等内容及时提出修改意见。

采购文件的需求主要包括采购项目的技术规格、数量、服务标准、验收等要求，工程量清单、图纸等附件也可作为采购需求的一部分。

具体要求在采购人操作实务中已经详细介绍，这里不再赘述。

在一些政府采购项目中，仅凭投标（响应）文件无法准确衡量和评价投标供应商所提供产品的真实水平，采购人在采购文件中可要求供应商提供样品，作为投标（响应）文件的组成部分。

《政府采购货物和服务招标投标管理办法》第二十二条规定，采购人、采购代理机构一般不得要求供应商提供样品，仅凭书面方式不能准确描述采购需求或者需要对样品进行主观判断以确认是否满足采购需求等特殊情况除外。要求供应商提供样品的，应当在采购文件中明确规定样品制作的标准和要求、是否需要随样品提交相关检测报告、样品的评审方法以及评审标准。需要随样品提交检测报告的，还应当规定检测机构的要求、检测内容等。

采购文件在要求供应商提供样品的品种和数量时，应把握以下原则。

一是要求提供的样品具有代表性，即供应商需要提供的样品在采购项目中的数量或价值占整个项目的绝对比重大，保证政府采购项目的质量。

二是在保证评标的基础上，兼顾供应商的投标成本。如某高校宿舍家具采购项目，要求供应商提供一套家具样品，其中包含公寓床一张和公寓柜一套。实际评审时，评委仅从材质小样就能够区别样品的差异，若要求供应商按照实际产品尺寸制作和提供样品，则大大增加了投标成本，也无必要。

样品可以作为项目评审的重要因素。

2017年××局快检设备项目公开招标，因快检设备并非市场上的成熟产品，采购文件中要求供应商提供投标产品的样品，并在采购文件中约定对样品进行检测。具体方案如下。

快检设备样品测评方案

一、测评依据

根据《××总局关于规范××快速检测方法使用管理的意见》中规定：各省（区、市）、计划单列市、副省级省会城市××监管部门要求按照××总局制定发布的《××快速检测方法评价技术规范》和相应快检方法等要求，通过盲样测试、平行送实验室检验等方式对正在使用和拟采购的快检产品进行评价。评价结果显示不符合国家相应要求的，要立即停止使用或者不得采购。

二、测评目的

确保快检设备检得快、检得准,保证招标采购质量。

三、具体实施方案

1. 测评方案

序号	测评设备	接收时间	测评时间(含发样时间)	送达地点	接收人	联系方式
1	设备A	××××	××××	××号会议室	××	×××××××××××

2. 盲样

2.1 样品制备。采购人委托有关检测技术机构制备盲样,并与该技术机构签署保密协议。技术机构应确保样品的一致性、稳定性。技术机构将盲样编号,对应赋值表用档案袋封装,加贴封条并盖章。由技术机构送达测评现场,交公证人员。

2.2 样品的再编号和分发:在公证人员的公证下,工作人员对样品进行再编号,供应商抽签决定各自的盲样。

2.3 测评实验结束后,由公证人员现场开启赋值表,公布数据。

3. 项目表

序号	设备	测评时间	项目	样品数
1	设备A	3小时	氯霉素(蜂蜜)	8
			孔雀石绿(鱼肉)	8
			罗丹明B(辣椒制品)	8
			敌敌畏(果蔬汁)	8

4. 现场测评人员及相关事项

现场测评完全由供应商人员操作,测评人员控制在2人以内。

现场所需的一切试剂、耗材,由供应商自行准备。供应商可携带本标书所包含的前处理设备,不得使用被测评的方法所未包含的仪器、试剂等。

5. 测评规则

测评记录:测评人员完成实验后,需填写现场测评记录表。凡设备技术参数中要求有打印原始数据功能的设备,需打印原始数据,并附于记录表后。原始数据必须与记录表中的结果一致，否则判为无效数据。

判定规则：评审专家收到测评记录表后，与盲样赋值表中的结论比较，结论一致判定为正确。

6. 测评过程

测评过程全程录像。

7. 现场测评提供的耗材

现场测评时供应商提供的试剂盒、试剂条等耗材均要求提供双份，必须明示生产商和检出限，所有试剂盒、试剂条等均为现场开封，并留存一份做合同验收对比使用。现场主要检测设备及需留存的试剂盒、试剂条由采购代理机构封存，未中标单位的设备及试剂盒、试剂条在中标结果公告发出后立即退还，中标单位的设备、试剂盒、试剂条则交由××局留存，在合同验收对比时使用。

四、测评打分

设备	项目	样品数	正确结果数	测评成绩
设备A	氯霉素（蜂蜜）	8	X_1	$100 \times (X_1 + X_2 + X_3 + X_4) \div 32$
	孔雀石绿（鱼肉）	8	X_2	
	罗丹明B（辣椒制品）	8	X_3	
	敌敌畏（果蔬汁）	8	X_4	

各供应商测评成绩×24%汇总至"评分标准"相应部分。

第三节　评审办法及标准

一、评审方法

1. 综合评分法

综合评分法一般用于公开招标、邀请招标和竞争性磋商三种采购方式中。综合评分法一般为百分制，即在最大限度地满足采购文件实质性要求的前提下，按照采购文件规定的各项因素进行综合评审后,以得分高低依次排序。

《政府采购法实施条例》第三十四条规定,综合评分法,是指投标文件满足招标文件全部实质性要求且按照评审因素的量化指标评审得分最高的供应商为中标候选人的评标方法。

《政府采购竞争性磋商采购方式管理暂行办法》第二十三条规定,经磋商确定最终采购需求和提交最后报价的供应商后,由磋商小组采用综合评分法对提交最后报价的供应商的响应文件和最后报价进行综合评分。综合评分法,是指响应文件满足磋商文件全部实质性要求且按评审因素的量化指标评审得分最高的供应商为成交候选供应商的评审方法。

招标项目中,大多选择使用综合评分法。采用综合评分法的,评审标准中的分值设置应当与评审因素的量化指标相对应。招标文件中没有规定的评标标准不得作为评审的依据。

《政府采购货物和服务招标投标管理办法》三十一条规定,使用综合评分法的采购项目,提供相同品牌产品且通过资格审查、符合性检查的不同投标人参加同一合同项下投标的,按一家投标人计算,评审后得分最高的同品牌投标人获得中标人推荐资格;评审得分相同的,由采购人或者采购人委托评标委员会按照招标文件规定的方式确定一个投标人获得中标人推荐资格,招标文件未规定的采取随机抽取方式确定,其他同品牌投标人不作为中标候选人。

非单一产品采购项目,采购人应当根据采购项目技术构成、产品价格比重等合理确定核心产品,并在招标文件中载明。多家投标人提供的核心产品品牌相同的,按前款规定处理。

《政府采购货物和服务招标投标管理办法》第五十五条规定,评审因素的设定应当与投标人所提供货物服务的质量相关,包括投标报价、技术或者服务水平、履约能力、售后服务等。资格条件不得作为评审因素。评审因素应当在招标文件中规定。

评审因素应当细化和量化,且与相应的商务条件和采购需求对应。商务条件和采购需求指标有区间规定的,评审因素应当量化到相应区间,并设置各区间对应的不同分值。

评标时,评标委员会各成员应当独立对每个投标人的投标文件进行评价,并汇总每个投标人的得分。

《政府采购货物和服务招标投标管理办法》第五十七条规定，采用综合评分法的，评标结果按评审后得分由高到低顺序排列。得分相同的，按投标报价由低到高顺序排列。得分且投标报价相同的并列。投标文件满足招标文件全部实质性要求，且按照评审因素的量化指标评审得分最高的投标人为排名第一的中标候选人。

采用综合评分法时，不得采用以平均报价为基础的方式计算价格分或启动"低价澄清"程序。请看下面的案例。

A 单位 2017 年度 8.28 万人份 HLA 分型检测服务采购项目投诉案

一、基本案情

采购人 A 单位委托采购代理机构 Z 公司就"A 单位 2017 年度 8.28 万人份 HLA 分型检测服务采购项目"进行公开招标。2017 年 12 月 4 日，采购代理机构 Z 公司发布招标公告。12 月 12 日，N 公司提出质疑。12 月 13 日，采购代理机构 Z 公司发布更正公告。12 月 20 日，采购代理机构 Z 公司答复质疑。12 月 25 日，采购代理机构 Z 公司组织了开标、评标工作。12 月 26 日，采购代理机构 Z 公司发布中标公告。

2017 年 12 月 22 日，N 公司向财政部提起投诉，投诉事项为：招标文件规定投标人投标报价低于其他通过符合性检查投标人平均报价的 20% 的，评标委员会可以要求投标人证明其报价合理性，该规定缺乏法律依据。

财政部依法受理本案，并向相关当事人调取证据材料。

采购人 A 单位称：本项目招标文件要求"投标人报价低于其他通过符合性检查投标人平均报价的 20%"是对《政府采购货物和服务招标投标管理办法》（财政部令第 87 号）第六十条中"明显低于"的具体范围和幅度的细化，有利于开展评标工作，也是其行使权利的体现。

采购代理机构 Z 公司称：本项目招标文件要求投标人报价在低于其他通过符合性检查投标人平均报价的 20% 时，投标人进行必要的解释和说明，并不是作无效投标处理。如果投标人能证明其报价合理性，仍可以进入详细评标阶段。此外，投诉人 N 公司的报价并未低于其他通过符合性检查投标人平均报价的 20%，为有效投标。

经查，本项目招标文件"第八章评标方法和标准"要求，"7. 投标人投标报价低于其他通过符合性检查投标人平均报价的20％，有可能影响产品质量或者不能诚信履约的，评标委员会可以要求其在规定的时间内提供书面说明，必要时提交相关证明材料；投标人不能证明其报价合理性的，评标委员会将其作为无效投标处理。"

二、处理理由

招标文件将"明显低于"规定为"低于其他通过符合性检查投标人平均报价的20％"，未限制投标人的投标权与中标权，也未限制评标委员会认定投标人投标无效的权利。但是，该规定以平均报价为基础进行核算，可能导致投标人串通报价，从而规避《政府采购货物和服务招标投标管理办法》（财政部令第87号）第六十条的规定。因此，投诉事项成立。但从投标情况及评标过程看，该规定未对本项目产生实质性影响，责令采购人A单位和采购代理机构Z公司限期改正。

（选自财政部指导性案例19）

2. 最低评标价法

《政府采购法实施条例》第三十四条规定，最低评标价法，是指投标文件满足招标文件全部实质性要求且投标报价最低的供应商为中标候选人的评标方法。技术、服务等标准统一的货物和服务项目，应当采用最低评标价法。

《政府采购法》和《政府采购非招标采购方式管理办法》中均规定，竞争性谈判和询价采购方式的成交原则为：根据质量和服务均能满足采购文件实质性响应要求且报价最低的原则确定成交供应商。

《政府采购货物和服务招标投标管理办法》第三十一条规定，采用最低评标价法的采购项目，提供相同品牌产品的不同投标人参加同一合同项下投标的，以其中通过资格审查、符合性检查且报价最低的参加评标；报价相同的，由采购人或者采购人委托评标委员会按照招标文件规定的方式确定一个参加评标的投标人，招标文件未规定的采取随机抽取方式确定，其他投标无效。

《政府采购货物和服务招标投标管理办法》第五十四条规定，采用最低评标价法评标时，除了算术修正和落实政府采购政策需进行的价格扣除外，不能对投标人的投标价格进行任何调整。

《政府采购货物和服务招标投标管理办法》第五十六条规定，采用最低评标价法的,评标结果按投标报价由低到高顺序排列。投标报价相同的并列。投标文件满足招标文件全部实质性要求且投标报价最低的投标人为排名第一的中标候选人。

二、评审标准

评审标准指的是综合评分法中设定的评审因素。招标方式可选择采用综合评分法,竞争性磋商方式则必须采用综合评分法,而综合评分法中的价格计算必须采用低价优先法。

1. 价格评审

采用综合评分法的招标项目,货物项目的价格分值占总分值的比重不得低于30%;服务项目的价格分值占总分值的比重不得低于10%。执行国家统一定价标准和采用固定价格采购的项目,其价格不列为评审因素。

价格分应当采用低价优先法计算,即满足招标文件要求且投标价格最低的投标报价为评标基准价,其价格分为满分。其他投标人的价格分统一按照下列公式计算:投标报价得分=(评标基准价/投标报价)×价格权重×100。评标过程中,不得去掉报价中的最高报价和最低报价。

竞争性磋商采购项目中,货物项目的价格分值占总分值的比重为30%~60%,服务项目的价格分值占总分值的比重为10%~30%。采购项目中含不同采购对象的,以占项目资金比例最高的采购对象确定其项目属性。符合"因艺术品采购、专利、专有技术或者服务的时间、数量事先不能确定等原因不能事先计算出价格总额的"情形和执行统一价格标准的项目,其价格不列为评分因素。有特殊情况需要在上述规定范围外设定价格分权重的,应当经本级人民政府财政部门审核同意。

综合评分法中的价格分统一采用低价优先法计算,即满足磋商文件要求且最后报价最低的供应商的价格为磋商基准价,其价格分为满分。其他供应商的价格分统一按照下列公式计算:磋商报价得分=(磋商基准价/最后磋商报价)×价格权值×100。项目评审过程中,不得去掉最后报价中的最高报价和最低报价。

因落实政府采购政策进行价格调整的,以调整后的价格计算评标(磋商)基准价和投标(磋商)报价。

2. 商务评审

商务评审一般包括供应商履约能力、信誉、业绩等评审因素。在商务评审因素设定时要特别注意以下几个问题：

（1）供应商资格条件不能设定为评审因素；

（2）类似业绩不能限定特定金额、特殊行业、特定区域等；

（3）商务评审不能设定供应商规模条件（注册资本金、资产总额、营业收入、从业人员、利润、纳税额等）为评审因素；也不能将企业成立年限作为评审因素；

（4）评审因素应当细化和量化，且与相应的商务条件相对应。商务条件和采购需求指标有区间规定的，评审因素应当量化到相应区间，并设置各区间对应的不同分值。

3. 技术评审

技术评审一般包括技术响应情况、项目实施方案、售后服务方案等评审因素。在技术评审因素设定时要特别注意以下几个问题：

（1）评审因素的设定要与采购需求中技术部分相对应；

（2）评审因素应当细化和量化，采购需求指标有区间规定的，评审因素应当量化到相应区间，并设置各区间对应的不同分值；

（3）可以要求供应商提交样品，在技术评审中要设置样品评审办法和标准；

（4）对于要求供应商进行现场演示的项目，在技术评审中应当设置相应的评审因素。

在政府采购评审中采取综合评分法的，评审标准中的分值设置应当与评审因素的量化指标相对应。一方面，评审因素的指标应当是可以量化的，不能量化的指标不能作为评审因素。评审因素在细化和量化时，一般不宜使用"优""良""中""一般"等没有明确判断标准、容易引起歧义的表述。另一方面，评审标准的分值也应当量化，评审因素的指标量化为区间的，评审标准的分值也必须量化到区间。请看以下案例。

××仓库资格招标项目投诉案

采购人B委托采购代理机构A就该单位"××仓库资格招标项目"进行公开招标。2017年3月22日，采购代理机构A发布招标公告，后组织了开标、评标工作。经评审，评标委员会推荐D公司为第一中标候选人。2017年4月12日，采购代理机构A发布中标公告。2017年4月18日，C公司向采购代理机构A提出质疑。2017年5月19日，C公司向财政部提起投诉。C公司称，本项目评分标准设置不合法，对供应商实行差别待遇或者歧视待遇。

财政部查明，招标文件技术评审表"3.投标人室内仓库情况"的评分细则要求："根据投标人室内仓库（仓库配套有室内仓储场地不少于7000平方米、高台仓、有监控摄像、存放货物在1楼）横向比较：优得35～45分，中得20～34分，一般得0～19分（以仓库产权证明或租赁合同为准）"，单项分数/权重为45分。招标文件商务评审表"6.投标人室外仓库情况"的评分细则要求："根据投标人室外仓库场地（仓库配套有室外仓储场地不少于3000平方米、有围墙进行物理隔离、有监控摄像、有保安巡逻）的情况横向比较：优得35～40分，中得20～34分，一般得0～19分（以仓库产权证明或租赁合同为准）"，单项分数/权重为40分。本项目已签订政府采购合同，但尚未履行。

针对本项目评审标准中的分值设置与评审因素的量化指标不对应的问题，根据《中华人民共和国政府采购法》第七十一条和《中华人民共和国政府采购法实施条例》第六十八条的规定，财政部门责令采购人B和采购代理机构A限期改正，并对采购代理机构A作出警告的行政处罚。

财政部认为，本项目招标文件评审标准设置有"优得35～45分，中得20～34分，一般得0～19分"等，存在分值设置未与评审因素的量化指标相对应的问题，违反了《中华人民共和国政府采购法实施条例》第三十四条第四款的规定。

（选自财政部指导性案例9）

采用综合评分法的,评审标准中的分值设置应当与评审因素的量化指标相对应,也不应采用横向比较等方式进行评审。采购文件的编制应当有利于绩效评价。请看以下案例。

M中心防吸附气体采样袋及附件采购项目投诉案

采购人M中心委托采购代理机构Z公司就"M中心防吸附气体采样袋及附件采购项目"进行公开招标。

供应商B公司向财政部提起投诉,其中有一项投诉事项为:招标文件的评分项"安全措施""样品"和"售后服务"均采用各供应商横向比较,但是没有给出比较的项目及可量化指标,评标委员会无法客观量化打分。财政部依法受理本案,并向相关当事人调取证据材料。

采购人M中心称:评分设置应能发挥评标委员会的作用,依靠专家的专业经验,给专家评审自由裁量的空间。采购代理机构Z公司称:各供应商的综合得分由评标委员会根据投标文件应答情况进行横向比较,评审客观、公正。

经查,评分细则为"采样袋能确保在防爆环境中安全使用,配备相应消除静电等安全措施。各投标人横向比较,最高得10分,每降低一个排序降3分,最低得0分",分值为10分。"样品"评分细则变更为"根据样品的外观、材质、焊缝的平整度、操作方便性等进行判断,各投标人横向比较,最高得5分,每降低一个排序降2分,最低得0分",分值为5分。"售后服务"的评分细则变更为"审查供应商售后服务的技术力量,服务承诺响应情况,有完善的售后服务体系及保证措施,具有丰富的售后服务经验,出现不合格品处理方案可操作性强,保障措施有力,响应迅速等。各投标人横向比较,最高得5分,每降低一个排序降2分,最低得0分",分值为5分。

财政部门认为,采用综合评分法时,除价格以外的评审因素均应按照投标文件对招标文件的响应情况打分,而非通过投标文件之间的比较进行打分。本项目评审因素"安全措施""样品"和"售后服务"采用横向比较各投标文件的方式进行打分,属于《中华人民共和国政府采购法实施条例》第六十八条第七项规定的"采用综合评分法时评审标准中的分值设置未与评审因素的量化指标相对应"的情形。

处理结果如下：

根据《政府采购质疑和投诉办法》（财政部令第94号）第三十一条的规定，投诉事项成立。鉴于本项目政府采购合同已经履行，根据《中华人民共和国政府采购法》第七十一条、《中华人民共和国政府采购法实施条例》第六十八条第七项的规定，责令采购代理机构Z公司就招标文件评审标准中的分值设置未与评审因素的量化指标相对应的问题限期整改。

（选自财政部指导性案例27）

相关部门、行业对市场主体的信用评价与经营年限、经营规模、经营范围等因素存在直接关联，采购人、采购代理机构将相关信用记录、信用名单作为政府采购的资格条件或评审因素，与优化营商环境、促进中小企业发展的相关法规不符。

除《政府采购法》第二十二条规定的条件外，采购人、采购代理机构不得将具有特定等级的信用记录、信用名单作为资格条件或评审因素，影响政府采购的公平竞争。

采购人、采购代理机构不得通过限定或者指定特定的品牌、专利等方式，对供应商实行差别待遇或者歧视待遇。请看以下案例。

C大学游泳馆泳池设备采购项目投诉案

采购人C大学委托采购代理机构G公司就"C大学游泳馆泳池设备采购项目"进行公开招标。2019年4月10日，采购代理机构G公司发布招标公告。4月15日，供应商N公司提出质疑。4月19日，采购代理机构G公司答复质疑。

2019年5月17日，供应商N公司向财政部提起投诉，投诉事项包含：（1）招标文件要求供应商按照"货物采购清单"中的品牌等进行报价，指定特定品牌，属于"以不合理的条件对供应商实行差别待遇或者歧视待遇"的情形。（2）招标文件将"投标人具有'信用中国'守信红名单"作为评审因素，属于"以不合理的条件对供应商实行差别待遇或者歧视待遇"的情形。

财政部依法受理本案，经查，招标文件评审项目"企业综合能力"的评审细则为"（1）投标人具有'信用中国'守信红名单，有一个得2分，最多得4分（提供网站彩色截图）"。"第四章　招标技术规格及要求"中注释显示，"（3）投标人须按附件中招标货物清单的技术要求、数量及品牌进行报价"。"第五章　货物采购清单"中关于各具体设备的"品牌"栏均列明三种不同品牌，如"德高、雷帝、汉高""爱克、喜活、美人鱼"等。

财政部门认为，本项目招标文件"货物采购清单"中列明了75种设备，每种设备均指定三种品牌，并要求投标人按照所列品牌进行报价。上述行为属于《中华人民共和国政府采购法实施条例》第二十条第六项规定的"限定或指定特定的专利、商标、品牌或者供应商"的情形，违反了《中华人民共和国政府采购法》第二十二条第二款的规定。将"信用中国"守信红名单作为评审因素没有相关法律法规依据，且名单中包含纳税信用A级纳税人等相关信息，与供应商经营年限及经营范围等挂钩，与《中华人民共和国中小企业促进法》第四十条第三款、《中华人民共和国政府采购法》第二十二条第二款的规定不符。

根据《政府采购质疑和投诉办法》（财政部令第94号）第三十一条第一项的规定，投诉事项成立，责令重新开展采购活动。

（选自财政部指导性案例22）

第四节　合同文本

《政府采购货物和服务招标投标管理办法》规定，招标文件应该包括拟签订的合同文本。《政府采购非招标采购方式管理办法》和《政府采购竞争性磋商采购方式管理暂行办法》也明确：竞争性谈判、竞争性磋商、询价和单一来源采购，采购人与成交供应商应当按照采购文件确定的合同文本以及采购标的、规格型号、采购金额、采购数量、技术和服务要求等事项签订政府采购合同。采购人不得向成交供应商提出超出采购文件以外的任何要求作为签订合同的条件，不得与成交供应商订立背离采购文件确定的合同文本以及采购标的、规格型号、采购金额、采购数量、技术和服务要求等实质性内容的协议。因此，采购人与供应商拟签订的合同文本需在采购文件中予以确定。

一、特殊要求

政府采购合同必须具备的条款，除了《合同法》所规定的、合同一般需要具备的基本条款外，更重要的应该是区别于普通民事合同，凸显政府采购管理要求的有关条款：

（1）有关政府采购项目预算管理要求的条款；

（2）资金支付条款（例如：政府采购项目的合同款项要实行国库集中支付）；

（3）政策性要求条款（例如：节能环保、促进中小企业发展等）；

（4）有关预防腐败要求的条款（例如：在合同标的物之外，供应商不得提供、采购人不得接受赠品的要求）；

（5）履约验收条款（例如：政府采购招标项目邀请项目未中标供应商、项目评审专家等参与合同验收，大型或者复杂的政府采购项目应当邀请国家认可的质量检测机构参加验收工作，以强化履约监督）；

（6）有关维护国家利益、公共利益及国家安全要求的条款；合同强制备案条款等。

二、合同文本

《政府采购法实施条例》第四十七条规定，国务院财政部门应当会同国务院有关部门制定政府采购合同标准文本。合同示范文本与合同标准文本的最大区别在于其法律效力不同。合同示范文本是示范性的，由合同当事人根据需要自主选用。当事人可以参照各类合同的示范文本订立合同。而合同标准文本是强制性的，相关合同当事人必须依法使用。

《政府采购法实施条例》第三十二条规定，采购人或者采购代理机构应当按照国务院财政部门制定的招标文件标准文本编制招标文件。招标文件应当包括采购项目的商务条件、采购需求、投标人的资格条件、投标报价要求、评标方法、评标标准以及拟签订合同的合同文本等。因此，政府采购合同标准文本与招标文件标准文本一样具有强制性。

政府采购合同标准文本制定发布后，采购人或采购代理机构与供应商应当依法按照政府采购合同标准文本签订政府采购合同；否则，双方所签订的合同无效。

第五节 投标（响应）文件格式

一、投标（响应）文件格式内容

投标（响应）文件一般包含有四个部分：投标函、报价文件、商务文件和技术文件。

投标函是指供应商按照采购文件的条件和要求，向采购人提交的有关报价、质量目标等承诺和说明的函件，是供应商为响应采购文件相关要求所做的概括性说明和承诺的函件，一般位于投标（响应）文件的首要部分，其格式、内容必须符合采购文件的规定。

报价文件应明确报价方式与货币形式，报价文件的格式需要根据采购项目具体情况而进行设定，对容易产生歧义的部分要进行解释说明，必要时进行举例说明。如：要求供应商填报下浮率或者折扣率时，应对合同价款如何结算进行解释说明，避免供应商理解偏差、错误报价。

请看以下案例。

某采购代理机构代理某学校造价服务公开招标项目，招标文件中要求供应商折扣报价，但未对报价格式做具体说明。A、B、C、D、E五家单位参与投标。A公司报价为80％，B公司报价为七折，C公司报价为20％，D公司报价为下浮10％，E公司报价为0。根据开标现场各供应商的解释，A公司报价为标准收费的80％，B公司为70％，C公司为80％，D公司为90％，E公司则为100％。

《政府采购货物和服务招标投标管理办法》第五十一条规定，对于投标文件中含义不明确、同类问题表述不一致或者有明显文字和计算错误的内容，评标委员会应当以书面形式要求投标人作出必要的澄清、说明或者补正。投标人的澄清、说明或者补正应当采用书面形式，并加盖公章，或者由法定代表人或其授权的代表签字。投标人的澄清、说明或者补正不得超出投标文件的范围或者改变投标文件的实质性内容。投标报价是投标文件的实质性内容，不在可澄清、说明或补正的范围内。

其实，报价格式中只需要增加一句说明即可解决歧义问题，如"折扣率（％）＝1－下浮率（％）"，甚至可以在报价说明中举例说明，如"投标人如报价为8折，则报价填写为80％，即标准收费下浮20％"，这样问题就解决了。

采购代理机构在设置资格和商务文件格式时，一定要根据采购项目具体情况，特别是资格条件要求，明确提出供应商应该提供哪些证明材料，以证明其符合供应商资格条件要求，避免出现废标的情形。商务文件格式一般包含供应商基本情况、履约能力证明文件等，格式应相应提供。

技术文件一般技术响应文件、项目实施方案、售后服务方案等评审因素。采购代理机构在设置技术文件格式时，要结合评分办法中对技术部分评分因素的设定来设置合理的技术文件格式，让供应商有针对性地提供技术文件，既方便供应商投标，也便于评审专家评审。

二、格式设置的注意事项

1. 要避免"文不对题"

政府采购项目类型繁多，需求各有不同，采购人或采购代理机构提供投标（响应）文件的格式时，应与项目采购需求和评审要求相对应，避免"文不对题"，造成供应商的困惑。也不可大而概之，如在投标（响应）文件技术部分，要求供应商全部"自行填写"，导致供应商编制投标（响应）文件"无从下手"，评委评审时"找不到方向"。

2. 注重使用"导航表"和"偏离表"

在投标（响应）文件中可设置"导航表"，主要包括资格审查导航表和评审导航表。导航表可以包含两项功能：一是供应商投标（响应）文件对采购文件的响应情况描述；二是标记出响应内容在投标（响应）文件中对应的页码，以方便评委评审。如W法院立案大厅信息化建设项目设置的导航表分别如表15.6、表15.7、表15.8所示。

表 15.6 资格部分导航表

序号	资格要求	响应情况	投标文件中对应的页码
1	具有独立承担民事责任的能力		
2	具有良好的商业信誉和健全的财务会计制度		
3	具有履行合同所必需的设备和专业技术能力		
4	有依法缴纳税收和社会保障资金的良好记录		
5	参加政府采购活动前三年内,在经营活动中没有重大违法记录		
6	法律、行政法规规定的其他条件		
7	投标人未被列入"信用中国"(www.creditchina.gov.cn)网站失信被执行人、重大税收违法案件当事人、政府采购严重违法失信行为记录名单和"中国政府采购网"(www.ccgp.gov.cn)政府采购严重违法失信行为记录名单(以投标截至当日查询结果为准)		

表 15.7 商务部分导航表

评审因素	评分标准	响应情况	投标文件中对应的页码
项目团队	投标人拟派本项目的项目经理为本单位正式在册人员,需同时具备高级项目经理证书、信息系统项目管理师(高级)证书,完全满足得 2 分,否则不得分(提供上述人员与本单位签订的劳务合同和证书,彩色影印件并加盖投标人公章)		
	投标人拟派本项目的项目组成员为本单位正式在册人员,具有高级工程师证书、高级项目经理证书、信息系统项目管理师(高级)证书、IT 服务项目经理证书、CISP(注册信息安全专业人员)证书,完全满足得 2 分,任意满足 4 个得 1 分,否则不得分(提供上述人员与本单位签订的劳务合同和证书,彩色影印件并加盖投标人公章)		

续表

评审因素	评分标准	响应情况	投标文件中对应的页码
相关业绩	投标人 2016 年以来,有独立承担类似项目的业绩,每个得 1 分,最高得 5 分(以合同首页、签字盖章页、合同金额所在页彩色影印件加盖投标人公章为准)		

表 15.8 技术部分导航表

评审因素	评分标准	响应情况	投标文件中对应的页码
快速数字道闸	投标人所投产品起落杆速度 0.9～6S 可调,满足得 2 分,否则不得分(提供加盖投标人公章的第三方检测机构出具的型式检验报告彩色影印件)		
高清半球网络摄像机	投标人所投产品应支持同一静止场景相同图像质量下,设备在 H.265 编码方式时,开启智能编码功能和不开启智能编码相比,码率节约 80%,满足得 3 分,否则不得分(提供加盖投标人公章的第三方检测机构出具的检验报告彩色影印件)		
人脸抓拍摄像机	投标人所投产品最低照度彩色≤0.0002 lx,黑白≤0.0001 lx,满足得 3 分,否则不得分(提供加盖投标人公章的第三方检测机构出具的检验报告彩色影印件)		
大厅内展示大屏	投标人所投 LED 产品屏体平整度≤0.1 mm,模组间间隙≤0.1 mm,水平及垂直视角≥170°,亮度≥800 cd/m²,对比度≥6000∶1,满足得 3 分,否则不得分(提供加盖制造商公章的具有 CAL、CAM、CNAS 认证标识的检测报告彩色影印件)		
……	……		

需要说明的是,导航(自查)表的作用是方便评审,并不是投标(响应)文件的必要组成部分。导航表的内容与正文部分的内容不一致时,应以正文内容为准,并应在采购文件中作出约定。

3. 偏离表的运用

投标(响应)文件中偏离表包括商务条款偏离表和技术条款偏离表。

供应商投标（响应）文件和采购文件在商务条款中有差异的地方应在商务偏离表中指出（见表15.9），如交货期和付款时间等。技术规格偏离表的本意是列出和采购文件的要求不符合的条款（见表15.10）。供应商的优势，即正偏离部分在这里也要强调。根据采购文件的不同要求，商务条款的偏离可能会直接造成废标，也可能导致评标价格的调整，所以应尽可能地减少负偏离，满足或优于采购文件的所有要求。

表 15.9 商务偏离表的格式

序号	招标文件商务要求条款的序号及内容	投标响应内容对应的简述	偏离说明	投标文件中对应的页码
1				
2				
3				
4				
5				
……				

表 15.10 技术偏离表的格式

序号	招标文件技术要求条款的序号及内容	投标响应内容对应的简述	偏离说明	投标文件中对应的页码
1				
2				
3				
4				
5				
6				
……				

第十六章 采购公告发布及采购文件发出

第一节 采购公告的发布

一、发布媒体

《政府采购信息发布管理办法》第八条规定，中央预算单位政府采购信息应当在中国政府采购网发布，地方预算单位政府采购信息应当在所在行政区域的中国政府采购网省级分网发布。

除中国政府采购网及其省级分网以外，政府采购信息可以在省级以上财政部门指定的其他媒体同步发布。

发布主体应当确保其与在不同媒体发布的同一政府采购信息内容一致。在不同媒体发布的同一政府采购信息内容、时间不一致的，以在中国政府采购网或者其省级分网发布的信息为准。同时在中国政府采购网和省级分网发布的，以在中国政府采购网上发布的信息为准。

二、发布内容

采购公告标题应包含采购人名称、项目名称、采购方式等内容。如"××省××厅××××项目公开招标公告""××大学××××项目竞争性磋商公告""××市××局××××项目竞争性谈判公告"等。标题内容完整，一是可引起供应商的关注，二是方便项目公告的查找。比如在中国政府采购网主页，搜索项目关键词很容易找到相关项目的公告信息，方便快捷。

采购公告的内容一般与采购文件中邀请函的内容一致。在编写采购公告的内容时，特别要注意采购需求描述后尽量详细、准确。有些采购公告中，在采购需求部分一笔带过，如详见"招标文件第三章"，除招标文件可同步下载情况外，供应商从公告中根本无法了解"招标文件第三章"的内容，因此，这样描述是不合适的。还有如"××××服务一项"的描述，从公告中，供应商无从获得更多的项目信息，有可能便与项目"失之交臂"了。

三、发布时间

《政府采购货物和服务招标投标管理办法》规定，按日计算期间的，开始当天不计入，从次日开始计算。期限的最后一日是国家法定节假日的，顺延到节假日后的次日为期限的最后一日。比如周日发布采购公告，公告时间应从次日（周一）开始计算，发售招标文件的时间为5个工作日的，那么就计算为周一至周五；如周一发布采购公告，计算5个工作日，则为周二至下一个周一，依此类推。

采购代理机构应当对其发布的政府采购信息的真实性、准确性、合法性负责。发布政府采购信息不得有虚假和误导性陈述，不得遗漏依法必须公开的事项。

第二节 采购文件的提供

一、提供期限

《政府采购货物和服务招标投标管理办法》第十八条规定，采购人或者采购代理机构应当按照招标公告、资格预审公告或者投标邀请书规定的时间、地点提供招标文件或者资格预审文件，提供期限自招标公告、资格预审公告发布之日起计算不得少于5个工作日。提供期限届满后，获取招标文件或者资格预审文件的潜在投标人不足3家的，可以顺延提供期限，并予公告。

《政府采购非招标采购方式管理办法》第二十九条规定，从谈判文件发出之日起至供应商提交首次响应文件截止之日止不得少于3个工作日。第四十五条规定，从询价通知书发出之日起至供应商提交响应文件截止之日止不得少于 3 个工作日。

《政府采购竞争性磋商采购方式管理暂行办法》第十条规定，磋商文件的发售期限自开始之日起不得少于 5 个工作日。

二、提供方式

采购文件的提供方式可以多样化，一般采取网络下载、供应商现场报名提供或其他方式。需要注意的是，如果需要供应商通过报名获取采购文件，采购代理机构应做好供应商信息的登记工作，并须对采购文件的发出情况保密。

第三节 采购文件的澄清、修改

一、澄清、修改时间

《政府采购法实施条例》三十一条规定，采购人或者采购代理机构可以对已发出的招标文件进行必要的澄清或者修改。澄清或者修改的内容可能影响投标文件编制的，采购人或者采购代理机构应当在投标截止时间至少 15 日前，以书面形式通知所有获取招标文件的潜在投标人；不足 15 日的，采购人或者采购代理机构应当顺延提交投标文件的截止时间。

《政府采购货物和服务招标投标管理办法》第二十七条规定，澄清或者修改的内容可能影响投标文件编制的，采购人或者采购代理机构应当在投标截止时间至少 15 日前，以书面形式通知所有获取招标文件的潜在投标人；不足 15 日的，采购人或者采购代理机构应当顺延提交投标文件的截止时间。澄清或者修改的内容可能影响资格预审申请文件编制的，采购人或者采购代理机构应当在提交资格预审申请文件截止时间至少 3 日前，以书面形式通知所有获取资格预审文件的潜在投标人；不足 3 日的，采购人或者采购代理机构应当顺延提交资格预审申请文件的截止时间。

《政府采购非招标采购方式管理办法》规定，竞争性谈判项目，提交首次响应文件截止之日前，采购人、采购代理机构或者谈判小组可以对已发出的谈判文件进行必要的澄清或者修改，澄清或者修改的内容作为谈判文件的组成部分。澄清或者修改的内容可能影响响应文件编制的，采购人、采购代理机构或者谈判小组应当在提交首次响应文件截止之日 3 个工作日前，以书面形式通知所有接收谈判文件的供应商，不足 3 个工作日的，应当顺延提交首次响应文件截止之日。

询价采购项目，提交响应文件截止之日前，采购人、采购代理机构或者询价小组可以对已发出的询价通知书进行必要的澄清或者修改，澄清或者修改的内容作为询价通知书的组成部分。澄清或者修改的内容可能影响响应文件编制的，采购人、采购代理机构或者询价小组应当在提交响应文件截止之日 3 个工作日前，以书面形式通知所有接收询价通知书的供应商，不足 3 个工作日的，应当顺延提交响应文件截止之日。

《政府采购竞争性磋商采购方式管理暂行办法》规定，提交首次响应文件截止之日前，采购人、采购代理机构或者磋商小组可以对已发出的磋商文件进行必要的澄清或者修改，澄清或者修改的内容作为磋商文件的组成部分。澄清或者修改的内容可能影响响应文件编制的，采购人、采购代理机构应当在提交首次响应文件截止时间至少 5 日前，以书面形式通知所有获取磋商文件的供应商；不足 5 日的，采购人、采购代理机构应当顺延提交首次响应文件截止时间。

二、澄清、修改内容

《政府采购货物和服务招标投标管理办法》第二十七条规定，采购人或者采购代理机构可以对已发出的招标文件、资格预审文件、投标邀请书进行必要的澄清或者修改，但不得改变采购标的和资格条件。对投标人资格条件的修改是招标文件修改的一个特例。当放宽投标人的资格条件时，属于新的要约邀请，相应地要将投标截止时间延长至满 20 日，这样才符合《政府采购法》自招标文件开始发出之日起至投标人提交投标文件截止之日止，不得少于 20 日的规定，同时还要延长招标文件的提供期限不少于 5 个工作日。

澄清或者修改应当在原公告发布媒体上发布澄清公告。澄清或者修改的内容为采购文件的组成部分。

更 正 公 告

一、项目基本情况

原公告的采购项目编号（或招标编号、政府采购计划编号、采购计划备案文号等，如有）：_____

原公告的采购项目名称：_____

首次公告日期：_____

二、更正信息

更正事项：☐ 采购公告　☐ 采购文件　☐ 采购结果

更正内容：（采购结果更正，还需同时在附件中公告变更后的中标（成交）供应商的相关信息）

更正日期：_____

三、其他补充事宜

四、凡对本次公告内容提出询问，请按以下方式联系

1. 采购人信息

名　　称：_____

地　　址：_____

联系方式：_____

2. 采购代理机构信息（如有）

名　　称：_____

地　　址：_____

联系方式：_____

3. 项目联系方式

项目联系人：（组织本项目采购活动的具体工作人员姓名）

电　　话：_____

五、附件（适用于更正中标、成交供应商）

1. 中标、成交供应商为中小企业的，应公告其《中小企业声明函》。

2. 中标、成交供应商为残疾人福利性单位的，应公告其《残疾人福利性单位声明函》。

3. 中标、成交供应商为注册地在国家级贫困县域内物业公司的，应公告注册所在县扶贫部门出具的聘用建档立卡贫困人员具体数量的证明。

<small>选自财政部办公厅《关于印发〈政府采购公告和公示信息格式规范（2020年版）〉的通知》（财办库〔2020〕50号）</small>

澄清或者修改的内容可能影响投标（响应）文件编制的，需顺延提交投标（响应）文件的截止时间。澄清、修改内容是否影响投标（响应）文件的编制该如何认定呢？

一般情况下，可能影响投标（响应）文件编制的澄清或修改的情形有以下方面：

（1）对采购需求的澄清修改；

（2）对合同条款的澄清修改；

（3）对工期或交货期的澄清修改；

（4）澄清修改了投标文件格式；

（5）增加了投标文件需要提交的资料；

（6）调整了评审标准；

（7）其他可能影响投标（响应）文件编制的情形。

澄清或者修改的发出时间到投标截止时间少于法定时间的，投标截止时间应当顺延。但如果减少投标（响应）文件材料，或者对投标开标时间、地点的微小调整则不会影响编制投标文件，无须对投标截止时间进行顺延。

准确判断是否影响投标（响应）文件的编制不容易，而且也没有严格的衡量标准。"采购文件的修改会不会影响投标（响应）文件的编制"谁说了算呢？招标文件的修改会不会影响投标文件的编制，需要采购人和采购代理机构承担判别的责任，要认真判断什么样的内容可能影响投标（响应）文件的编制。必要时，应当征求供应商的意见，供应商是编制投标（响应）文件的主体，是否会影响编制，供应商应该最有话语权。

此类问题采购人和采购代理机构需要对具体情况进行具体分析，要充分考虑到供应商的实际情况，做到公平、公正。

请看下面的案例。

采购代理机构C公司受J单位的委托，组织某实验室系统建设项目公开招标，该项目定于20××年4月20日开标。4月14日，根据采购人的要求，C公司对招标文件中的评审细则做了修改，将"具有省级或以上计算机信息系统安全服务等级证书一级（服务范围：安全方案设计、安全集成、安全服务、安全评估、安全咨询、等保技术支持），提供得2分，不提供不得分"修改成为"具有省级或以上信息安全服务类等级证书一级（服务范围：安全方案设计、安全集成、安全服务、安全评估、安全咨询、等保技术支持），提供得2分，不提供不得分"。采购代理机构认为，修改的内容只是换了一个等级证书而已，不影响投标文件的编制，并未顺延投标截止时间。

X公司在收到招标文件的澄清通知后向采购代理机构提出了质疑，X公司表示，公司的信息安全服务类等级证书正在办理中，预计在4月25日可拿到证书，采购人突然变更评审内容，影响了其投标文件的编制，X公司要求推迟项目开标时间。采购代理机构则根据供应商提出的要求，将投标截止时间延长至4月30日。

采购人或者采购代理机构在修改招标文件后如何向投标人了解会不会影响其编制投标文件呢？只能等供应商提出质疑吗？

《政府采购法实施条例》和《政府采购货物和服务招标投标管理办法》均要求，澄清或者修改的内容可能影响投标文件编制的，应当以书面形式通知所有获取招标文件的潜在投标人。以书面形式通知潜在投标人时，为了避免引起不必要的质疑和投诉，应当要求潜在投标人发回签收回执。在该签收回执中，就可以针对采购文件的修改给出"有影响"和"无影响"两个选项，并要求潜在投标人在发回签收回执前，在"有影响"和"无影响"中勾选其一。如果所有潜在投标人发回的签收回执均是"无影响"，就可以不延期，否则就需要延期。

第十七章 开标、评审及结果发布

第一节　投标（响应）文件的接收、开标

一、接收投标（响应）文件

采购代理机构应当在采购文件规定的地点、规定的投标（递交响应文件）截止时间前接收供应商提交的投标（响应）文件，并如实记载投标（响应）文件的送达时间和密封情况，签收保存，向供应商出具签收回执，并确保所接收的投标（响应）文件在开标前不被开启。

对于投标（响应）文件的接收，应注意以下几个问题：

（1）投标（响应）文件的提交截止时间。采购文件中通常会明确规定投标（响应）文件提交的截止时间，只有在采购文件规定的投标截止时间之前送达的投标（响应）文件，采购代理机构才能接收。

（2）投标（响应）文件的送达方式。供应商递送投标（响应）文件的方式可以是直接送达，即供应商派授权代表直接将投标（响应）文件按照规定的时间和地点送达，也可以通过邮寄方式送达。但需要注意的是，邮寄方式送达应以采购人或采购代理机构实际收到的时间为准，而不是以邮戳为准。

（3）投标（响应）文件的送达地点。采购代理机构不能随意变更投标（响应）文件的送达地点，如需变更，应提前书面告知供应商，供应商应严格按照采购文件规定的地址送达，特别是采用邮寄送达方式，应提前做好沟通，以避免纠纷。供应商因为递交地点发生错误而逾期送达投标（响应）文件的，采购代理机构应

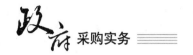

拒绝接收。

(4) 投标（响应）文件的签收和保管。《政府采购货物和服务招标投标管理办法》第三十三条规定，投标人应当在招标文件要求提交投标文件的截止时间前，将投标文件密封送达投标地点。采购人或者采购代理机构收到投标文件后，应当如实记载投标文件的送达时间和密封情况，签收保存，并向投标人出具签收回执。任何单位和个人不得在开标前开启投标文件。

逾期送达或者未按照招标文件要求密封的投标文件，采购人、采购代理机构应当拒收。

代理机构在签收投标（响应）文件后即对投标（响应）文件负有保管义务，双方在交接时应核实文件件数，一般以外信封个数为准。一般情况下，完整的投标（响应）文件包括正本、副本、开标一览表和电子文件等，具体要求应在采购文件中约定清晰，供应商按照采购文件要求密封和包装投标（响应）文件，代理机构接收时做好清点，然后由供应商授权代表签字认可，代理机构向供应商出具签收回执。

(5) 投标（响应）文件的拒收。以下两种投标（响应）文件采购代理机构应当拒收：在投标（递交响应文件）截止时间以后送达的投标（响应）文件和未按照采购文件要求进行密封的投标（响应）文件。

请看下面的案例。

代理机构S组织图书采购项目公开招标，原定9：30投标截止，因当日大雪，供应商D公司赶至开标现场时已是9：33分，D公司向代理机构S说明了迟到的原因，代理机构考虑到当日按时递交投标文件的单位只有A公司和B公司两家，如果拒收D公司的投标文件，该项目不足三家投标，只能重新招标。考虑再三，代理机构S决定征求采购人及A、B两家公司的意见，再做决定。采购人表示不想再"折腾"一次，迟到3分钟只是小错误，可以"谅解"。A、B两家公司也不愿意因"他人"的失误，再投一次标，于是现场口头表示同意D公司递交投标文件。该项目如期开标、评标，经评标委员会评审，推荐D公司为第一中标候选人。

结果公告发布以后，A公司向代理机构S递交了质疑函，质疑代理机构S未按法规要求拒收D公司迟到的投标文件，招标程序不合法。代理机构S回复质疑称现场征求了A公司的意见，A公司授权代表现场同意代理机构接收D公司的投标文件。A公司表示授权代表个人口头行为不代表公司意见，坚持向监管部门进行投诉。

监管部门认定代理机构未拒收投标截止时间后送达的投标文件，违反了《政府采购货物和服务招标投标管理办法》第三十三条第二款"逾期送达或者未按照招标文件要求密封的投标文件，采购人、采购代理机构应当拒收"的规定，原中标结果无效，责令代理机构依法对该项目进行重新招标。

供应商在投标截止时间前，可以对所递交的投标文件进行补充、修改或者撤回，并书面通知采购人或者采购代理机构。补充、修改的内容应当按照招标文件要求签署、盖章、密封后，作为投标文件的组成部分。但在投标截止时间后，供应商所有投标及与投标有关的资料均为无效投标文件，采购代理机构应当拒绝。

供应商在投标截止时间前撤回已提交的投标文件的，采购代理机构应当自收到供应商书面撤回通知之日起5个工作日内，退还已收取的投标保证金，但因供应商自身原因导致无法及时退还的除外。

二、开标

开标是指在供应商提交投标文件后，采购人依据采购文件规定的时间和地点，开启供应商提交的投标文件，公开宣布供应商的名称、投标价格及其他主要内容的行为。只有公开招标和邀请招标方式才有开标、唱标程序。

开标既然是公开进行的，就应当有相关人员参加，这样才能做到公开性，让投标人的投标为各供应商及有关方面所共知。一般情况下，开标由采购人或其委托的采购代理机构主持。主持人按照规定的程序负责开标的全过程，其他开标工作人员办理开标作业及制作记录等事项。邀请所有的供应商或其代表出席开标，可以使供应商得以了解开标是否依法进行；同时，也可以使供应商了解其他供应商的投标情况，做到知己知彼。

但开标现场并非一定要求供应商代表到现场，采用电子标方式的，供应商在线提交投标文件即可，不需到现场参加开标会议。采购人或采购代理机构可通过网络在线的方式向供应商公开开标及唱标的内容，形式并不固定。但以下几点需要注意：

（1）开标时间和地点。开标应当在采购文件确定的提交投标文件截止时间的同一时间进行。开标地点应当为采购文件中预先确定的地点。供应商不足 3 家的，不得开标。

（2）开标程序。开标由采购人或者采购代理机构主持，邀请供应商参加，供应商未参加开标的，视同认可开标结果。评标委员会成员不得参加开标活动，采购代理机构应当特别提醒采购人代表，即拟参加评标的采购人单位人员不得参加开标活动。

开标时，采购代理机构应当组织供应商或者其推选的代表检查投标文件的密封情况；经确认无误后，采购人或采购代理机构工作人员应当当众拆封，宣布供应商名称、投标价格和采购文件规定的需要宣布的其他内容。

开标过程应当由采购人或者采购代理机构负责记录，由参加开标的各供应商代表和相关工作人员签字确认后随采购文件一并存档。供应商代表对开标过程和开标记录有疑义，以及认为采购人、采购代理机构相关工作人员有需要回避的情形的，应当场提出询问或者回避申请。采购人、采购代理机构对供应商代表提出的询问或者回避申请应当及时处理。

采购代理机构应当对开标活动进行全程录音录像。录音录像应当清晰可辨，音像资料作为采购文件一并存档。

（3）特殊事项的处理。投标文件中开标一览表（报价表）内容与投标文件中明细表内容不一致的，以开标一览表（报价表）为准；投标文件的大写金额和小写金额不一致的，以大写金额为准；总价金额与按单价汇总金额不一致的，以单价金额计算结果为准；单价金额小数点有明显错位的，应以总价为准，并修改单价；对不同文字文本投标文件的解释发生异议的，以中文文本为准。

以上是对开标的基本过程及内容的规定，包括密封性检查、投标文件的开启、唱标的内容及要点等。投标价格、价格折扣和招标文件允许提供的备选投标方案等实质内容在开标时必须唱标，否则在评标时不予承认。开标过程应当记录，并存档备查。对大型或复杂项目的开标会议，可根据情况邀请公证机构对开标过程予以公证。

第二节 项目评审

政府采购项目评审程序一般分为资格性审查、符合性检查及详细评审三个阶段。

一、资格审查

资格审查是指对供应商的经营资格、专业资质、财务状况、技术能力、管理能力、业绩、信誉等方面评估审查，以判定其是否具有参与项目投标和履行合同的资格及能力的活动。资格审查是必要程序，它对于保障采购人和供应商的利益具有重要作用。

1. 资格审查主体

公开招标项目资格审查主体是采购人或采购代理机构。《政府采购货物和服务招标投标管理办法》第四十四条规定，公开招标采购项目开标结束后，采购人或者采购代理机构应当依法对供应商的资格进行审查。公开招标项目中，资格审查不在评标委员会的工作范围内，因此，严格意义上讲，公开招标项目中资格审查并不属于评标内容。

非招标项目资格审查主体是评审小组。政府采购其他采购方式，如竞争性谈判、竞争性磋商、询价采购、单一来源等，供应商资格审查则由评审小组负责。

2. 资格审查的节点

根据《政府采购货物和服务招标投标管理办法》第四十四条规定，公开招标采购项目对供应商的资格进行审查应该在开标结束后，评标委员会评审之前进行，因此这里的资格审查也称"资格后审"。合格供应商不足3家的，不得评标。

3. 资格审查的重点和难点

（1）何为"重大违法记录"？

供应商参加政府采购项目都必须符合《政府采购法》第二十二条中的要求，

其中重难点在"参加政府采购活动前三年内，在经营活动中没有重大违法记录"的认定上。政府采购活动中的"重大违法记录"是指，供应商因违法经营受到刑事处罚或者责令停产停业、吊销许可证或者执照、较大数额罚款等行政处罚。刑事处罚或者责令停产停业、吊销许可证或者执照都容易理解，但什么是"较大数额罚款"呢？

较大数额罚款的判断标准因各地区、各行业有所不同，并没有全国统一的标准。根据各省经济水平的不同，"重大数额罚款"标准也不同，如《广东省人民政府关于废止和修改部分省政府规章的决定》（2018年1月20日）规定"较大数额罚款，是指对公民的违法行为处以5000元以上罚款，对法人或者其他组织的违法行为处以10万元以上罚款。"而《湖北省行政处罚听证规则》规定"对非经营活动中的违法行为处以1000元以上的罚款；对经营活动中的违法行为，有非法所得的处以30000元以上、没有违法所得的处以10000元以上的罚款。"

行业和垂直管理的部门标准也不尽相同。如《环境行政处罚办法》（环境保护部令第8号，2010年3月1日起施行）第七十八条规定，"较大数额罚款的界定　本办法第四十八条所称'较大数额'罚款和没收，对公民是指人民币（或者等值物品价值）5000元以上、对法人或者其他组织是指人民币（或者等值物品价值）50000元以上。地方性法规、地方政府规章对'较大数额'罚款和没收的限额另有规定的，从其规定。"《安全生产违法行为行政处罚办法》（国家安全生产监督管理总局令第15号，2015年5月1日起施行）第三十三条第二款"前款所称较大数额罚款，为省、自治区、直辖市人大常委会或者人民政府规定的数额；没有规定数额的，其数额对个人罚款为2万元以上，对生产经营单位罚款为5万元以上。"

（2）如何使用"信用查询"结果？

《财政部关于在政府采购活动中查询及使用信用记录有关问题的通知》（财库〔2016〕125号）规定："（二）信用记录查询渠道。各级财政部门、采购人、采购代理机构应当通过'信用中国'（www.creditchina.gov.cn）网站、中国政府采购网（www.ccgp.gov.cn）等渠道查询相关主体信用记录，并采取必要方式做好信用信息查询记录和证据留存，信用信息查询记录及相关证据应当与其他采购文件一并保存。（三）信用记录的使用。采购人或者采购代理机构应当在采购文件中明确信用信息查询的查询渠道及截止时点、信用信息查询记录和证据留存的具体方式、信用信息的使用规则等内容。采购人或者采购代理机构应当对供应商信用记录进行甄别，对列入失信被执行人、重大税收违法案件当事人名单、政府采购严重违法失信行为记录名单及其他不符合《中华人民共和国政府采购法》第二十二条规定条件的供应商，应当拒绝其参与政府采购活动。两个以上的自然人、法人或者其他组织组成一个联合体，以一个供应商的身份共同参加政府采购活动的，应当对所有联合体成员进行信用记录查询，联合体成员存在不良信用记录的，视同联合体存在不良信用记录。"

重大违法记录主要是基于对供应商违法行为的刑事、行政处罚而产生的，在没有刑事、行政处罚的情况下，任何单位不得以信用记录等形式限制供应商参与政府采购活动。

请看下面的案例。

××无线网络系统扩容采购项目举报案

采购人D就该单位"××无线网络系统扩容采购项目"进行公开招标。2017年5月19日，采购人D发布招标公告，并组织了开标、评标工作。2017年6月23日，采购人D发布中标公告，经评审，评标委员会推荐J公司为中标供应商。

2017年7月3日，供应商B公司向财政部提交举报材料，认为中标供应商J公司此前因未按竞价规则履约，被列入采购代理机构A失信名单，不符合《中华人民共和国政府采购法》第二十二条的规定。

经查，招标文件规定："截至开标之日，经'信用中国'网站、'信用辽宁'网站失信黑名单、'信用大连'大连市重大税收违法案件信息公示平台、'中国政府采购网'网站政府采购严重违法失信行为信息记录，被列入失信被执行人、重大税收违法案件当事人名单、政府采购严重违法失信行为记录名单的不得参加本采购项目。评标委员会以评审现场查询记录为准"。另查明，采购代理机构A于2017年6月9日发布的"关于暂停J公司参与网上竞价资格的公告"记载："J公司在××××服务器及配件采购项目中报价时间截止后，未按竞价规则履约。根据《采购代理机构A网上竞价管理办法》有关规定，自本公告发布之时起暂停J公司网上竞价资格六个月"。

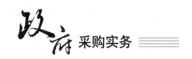

财政部作出监督检查处理决定：举报事项缺乏事实依据。财政部认为：经调查，截至开标之日，未发现J公司存在重大违法记录，符合招标文件要求。

（选自财政部指导性案例7）

资格审查的相关信息有可能会涉及投标供应商的机密或权益，对未通过资格审查的供应商，应当告知其未通过的原因。所以资格审查的相关信息，除本供应商外应当保密。

二、符合性检查

符合性检查是指依据采购文件的规定，从投标（响应）文件的有效性、完整性和对采购文件的响应程度进行审查，以确定是否对采购文件的实质性要求作出响应。符合性检查是一种形式审查，主要审查投标（响应）文件的完整性、投标（响应）文件签署、投标有效期、投标保证金、投标报价等是否符合采购文件的要求。符合性检查也是"一票否决"制，即任一项不满足，均为无效投标（响应）。

《政府采购货物和服务招标投标管理办法》第五十条的规定，符合性检查由评标委员会进行审查，评标委员会依据本招标文件的实质性要求，对符合资格的投标文件进行审查，以确定其是否满足本招标文件的实质性要求。因此，在招标项目中，符合性检查的主体是评标委员会。

符合性检查条款设置的注意事项主要包括以下两方面：

（1）符合性检查条款设置不能超出法定要求的范围。例如：某项目采购文件符合性检查条款中约定："投标报价不得低于其他通过符合性检查供应商平均报价的20%"。《政府采购货物和服务招标投标管理办法》第十二条规定，采购人根据价格测算情况，可以在采购预算额度内合理设定最高限价，但不得设定最低限价。设置"报价不得低于平均价的20%"实质上是设置了最低限价。

（2）符合性检查条款设置要与项目要求相适应。如技术参数中可设置"★"条款，作为符合性检查的内容之一，对关键需求进行把关。

三、详细评审

通过资格审查和符合性检查的供应商进入详细评审阶段。

1. 政府采购政策的落实

(1) 促进中小企业发展。

对于非专门面向中小企业的项目,采购人或者采购代理机构应当在采购文件中作出规定,对小型和微型企业产品的价格给予6%～10%的扣除,用扣除后的价格参与评审,具体扣除比例由采购人或者采购代理机构确定。

采购文件中应向供应商提供《中小企业声明函》,参加政府采购活动的中小企业应当按照格式提供声明函,否则不予价格扣除。

中小企业声明函

本公司郑重声明,根据《政府采购促进中小企业发展暂行办法》(财库〔2011〕181号)的规定,本公司为_____(请填写:中型、小型、微型)企业。即本公司同时满足以下条件:

(1) 根据《工业和信息化部、国家统计局、国家发展和改革委员会、财政部关于印发中小企业划型标准规定的通知》(工信部联企业〔2011〕300号)规定的划分标准,本公司为_____(请填写:中型、小型、微型)企业。

(2) 本公司参加_____单位的_____项目采购活动提供本企业制造的货物,由本企业承担工程、提供服务,或者提供其他_____(请填写:中型、小型、微型)企业制造的货物。本条所称货物不包括使用大型企业注册商标的货物。

本公司对上述声明的真实性负责。如有虚假,将依法承担相应责任。

企业名称(盖章):

日期:

鼓励大中型企业和其他自然人、法人或者其他组织与小型、微型企业组成联合体共同参加非专门面向中小企业的政府采购活动。联合协议中约定,小型、微型企业的协议合同金额占到联合体协议合同总金额30%以上的,可给予联合体2%～3%的价格扣除。

联合体各方均为小型、微型企业的,联合体视同为小型、微型企业享受扶持政策。

组成联合体的大中型企业和其他自然人、法人或者其他组织,与小型、微型企业之间不得存在投资关系。

(2) 促进残疾人就业。

在政府采购活动中,残疾人福利性单位视同小型、微型企业,享受预留份额、评审中价格扣除等促进中小企业发展的政府采购政策。向残疾人福利性单位采购的金额,计入面向中小企业采购的统计数据。

(3) 支持监狱企业发展。

在政府采购活动中,监狱企业视同小型、微型企业,享受预留份额、评审中价格扣除等政府采购促进中小企业发展的政府采购政策。向监狱企业采购的金额,计入面向中小企业采购的统计数据。监狱企业属于小型、微型企业的,不重复享受政策。

(4) 节能产品、环境标志产品采购政策。

依据品目清单和认证证书实施政府优先采购和强制采购。采购人拟采购的产品属于品目清单范围的,采购人及其委托的采购代理机构应当依据国家确定的认证机构出具的、处于有效期之内的节能产品、环境标志产品认证证书,对获得证书的产品实施政府优先采购或强制采购。

2. 价格评审

政府采购评审办法分综合评分法和最低评标价法。

招标项目中,采用最低评标价法的,提供相同品牌产品的不同投标人参加同一合同项下投标的,以其中通过资格审查、符合性检查且报价最低的参加评标;报价相同的,由采购人或者采购人委托评标委员会按照招标文件规定的方式确定一个参加评标的投标人,采购文件未规定的采取随机抽取方式确定,其他投标无效。非招标项目中,采用最低评标价法的,评审小组根据符合采购需求、质量和服务相等且报价最低的原则确定成交供应商。但无论是哪种评审办法,都须根据政府采购政策,完成价格扣减之后再进行价格评审。

某单位视频会议设备竞争性谈判项目,采购文件中约定小微企业价格扣除6%,具体如下表所示。

序号	供应商	最终报价/万元	供应商企业类型	评标价/万元
1	A公司	61.8	小型	58.1

续表

序号	供应商	最终报价/万元	供应商企业类型	评标价/万元
2	B公司	54.9	中型	54.9
3	C公司	56.63	微型	53.23

从上表看，B公司最终报价最低，但A公司声明是小型企业，C公司声明为微型企业，A公司和C公司均可享受小微企业价格扣除6%的政策，价格扣除后，原来报价最低的B公司则不再有优势，C公司价格核减后评标价最低，按照"符合采购需求、质量和服务相等且报价最低的原则确定成交供应商"，C公司被推荐为该项目的第一成交候选人。

需要注意的是，价格核减只是将小型、微型企业的报价核减后参与评审，并非是对最终的合同价格进行核减。C公司最终为成交供应商，但是合同签署的价格仍然应恢复为56.63万元。

3. 商务、技术评审

评标委员会（评审小组）应当按照采购文件规定的评审方法和标准，对所有投标（响应）文件逐一进行评审和比较，对供应商的价格分等客观评分项的评分应当一致，对其他需要借助专业知识评判的主观评分项，应当严格按照评分细则公正评分。

代理机构应该维护评标秩序，监督评标委员会（评审小组）依照采购文件规定的评审程序、方法和标准进行独立评审，及时制止和纠正采购人代表、评审专家的倾向性言论或者违法违规行为。

代理机构还有核对评审结果的义务，在评审报告签署前，经检查发现有以下情形之一的，代理机构应要求评标委员会（评审小组）复核或者书面说明理由，评标委员会（评审小组）拒绝的，代理机构应予记录并向本级财政部门报告：（一）分值汇总计算错误的；（二）分项评分超出评分标准范围的；（三）评标委员会成员对客观评审因素评分不一致的；（四）经评标委员会认定评分畸高、畸低的。评审报告签署后，发现存在以上情形之一的，代理机构应当组织原评标委员会（评审小组）进行重新评审。重新评审改变评审结果的，书面报告本级财政部门。

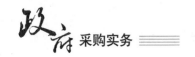

第三节 采购方式变更

一、变更的条件

《政府采购货物和服务招标投标管理办法》第四十三条规定，公开招标数额标准以上的采购项目，投标截止后投标人不足 3 家或者通过资格审查或符合性审查的投标人不足 3 家的，除采购任务取消情形外，按照以下方式处理：（一）招标文件存在不合理条款或者招标程序不符合规定的，采购人、采购代理机构改正后依法重新招标；（二）招标文件没有不合理条款、招标程序符合规定，需要采用其他采购方式采购的，采购人应当依法报财政部门批准。

根据以上要求，投标截止后采购方式的变更需满足以下几个条件：

（1）投标截止后，供应商不足 3 家，或者通过资格审查或符合性检查的供应商不足 3 家的客观事实存在；

（2）采购任务取消除外；

（3）采购文件无不合理条款。此情形一般需要通过专家论证，由专家做出采购文件是否有不合理条款的判断。如果采购文件存在不合理或歧视性条款，则应该修改采购文件后重新招标；

（4）招标程序符合规定。采购人或采购代理机构不能人为设置障碍限制供应商参与投标，从而造成供应商不足 3 家的情形；

（5）采购方式变更须获得财政部门批准。

二、变更申请

以上表明，采购方式变更首先应该由采购人提出申请，其次要满足公开招标数额标准以上的货物、服务项目在报名截止后不足 3 家的先决条件（采购任务取消除外），在采购文件条款合理、程序合法的基础上，经财政部门批准才可以变更采购方式。

采购方式的选用需谨慎，根据《政府采购法》第七十一条规定，采购人、采购代理机构应当采用公开招标方式,而擅自采用其他方式采购的,责令其限期改正,给予警告,可以并处罚款,对直接负责的主管人员和其他直接责任人员,由其行政主管部门或者有关机关给予处分,并予通报。(一)应当采用公开招标方式而擅自采用其他方式采购的。

多次采购失败是否可以直接申请变更为单一来源采购方式,取决于是否符合单一来源采购情形。即:(一)只能从唯一供应商处采购的;(二)发生了不可预见的紧急情况不能从其他供应商处采购的;(三)必须保证原有采购项目一致性或者服务配套的要求,需要继续从原供应商处添购,且添购资金总额不超过原合同采购金额百分之十的。

请看下面的案例。

> H省兽药采购项目,由X局委托S代理机构组织公开招标。项目共分12个包,其中第3包两家单位报名,第10包仅一家单位报名。代理机构于是发布公告将报名时间延长5个工作日,报名情况维持不变。截至投标截止时间,除第3包和第10包之外,其余10个包均有三家以上递交了投标(响应)文件,这10个包均正常完成了开标评标。代理机构于是组织专家小组对采购文件进行了审查,专家出具意见如下。(1)采购文件包括资格条件的设置、项目需求、评标办法等内容均不存在歧视性和倾向性条款。(2)采购文件规定的各项技术要求均符合国家强制标准;采购文件无要求或者标明特定的供应商或产品的内容;采购文件不存在排斥潜在供应商的其他内容。(3)该项目政府采购程序符合《政府采购法》及《政府采购货物和服务招标投标管理办法》的相关规定。(4)建议采购人按照政府采购相关规定申请变更采购方式进行政府采购活动。
>
> X局和S代理机构根据专家组建议,依据《政府采购非招标采购方式管理办法》第三十八条的规定,在H省政府采购网上发布了《拟选择采用单一来源采购方式公示》,在公示期间(5个工作日),未收到任何异议。经中华人民共和国农业农村部"国家兽药基础信息查询系统"查询,第10包采购产品在国内仅一家公司生产。经查,第3包产品也仅W和T两家公司生产。根据此情况,采购人依法向H省财政厅申请对第3

包实施竞争性谈判采购、对第 10 包实施单一来源采购。

H 省财政厅在收到 X 局的变更采购方式申请后，作出批复如下：按照《政府采购法》第三十一条"符合下列情形之一的货物或者服务，可以依照本法采用单一来源方式采购：（一）只能从唯一供应商处采购的……"、《政府采购货物和服务招标投标管理办法》第四十三条"公开招标数额标准以上的采购项目，投标截止后投标人不足 3 家……招标文件没有不合理条款、招标程序符合规定，需要采用其他采购方式采购的，采购人应当依法报财政部门批准"及《政府采购非招标采购方式管理办法》第二十七条"……公开招标的货物、服务采购项目，招标过程中提交投标文件或者经评审实质性响应采购文件要求的供应商只有两家时，采购人、采购代理机构按照本办法第四条经本级财政部门批准后可以与该两家供应商进行竞争性谈判采购"的相关规定，同意该项目变更采购方式的申请，请你单位依法组织采购活动，严格执行政府采购程序。

第四节　中标（成交）结果的发布

一、发布结果公告

《政府采购法实施条例》第四十三条规定，采购人或者采购代理机构应当自中标、成交供应商确定之日起 2 个工作日内，发出中标、成交通知书，并在省级以上人民政府财政部门指定的媒体上公告中标、成交结果，招标文件、竞争性谈判文件、询价通知书随中标、成交结果同时公告。中标、成交结果公告内容应当包括采购人和采购代理机构的名称、地址、联系方式，项目名称和项目编号，中标或者成交供应商名称、地址和中标或者成交金额，主要中标或者成交标的的名称、规格型号、数量、单价、服务要求以及评审专家名单。

采购人采用书面推荐方式产生符合资格条件的潜在供应商的，还应当将所有被推荐供应商名单和推荐理由随中标（成交）结果同时公告。

《政府采购评审专家管理办法》第二十条规定，评审专家名单在评审结果公告前应当保密。评审活动完成后，采购人或者采购代理机构应当随中标、成交结果一并公告评审专家名单，并对自行选定的评审专家做出标注。

中标公告期限为1个工作日。

中标（成交）结果公告

一、项目编号（或招标编号、政府采购计划编号、采购计划备案文号等，如有）

二、项目名称

三、中标（成交）信息

供应商名称：

供应商地址：

中标（成交）金额：（可填写下浮率、折扣率或费率）

四、主要标的信息

货物类	服务类	工程类
名称： 品牌（如有）： 规格型号： 数量： 单价：	名称： 服务范围： 服务要求： 服务时间： 服务标准：	名称： 施工范围： 施工工期： 项目经理： 执业证书信息：

五、评审专家（单一来源采购人员）名单

六、代理服务收费标准及金额

七、公告期限

自本公告发布之日起1个工作日。

八、其他补充事宜

———————————————————————————————

九、凡对本次公告内容提出询问，请按以下方式联系

1. 采购人信息

名　　称：_____

地　　址：_____

联系方式：_____

2. 采购代理机构信息（如有）

名　　称：_____

地　　址：_____

联系方式：_____

3. 项目联系方式

项目联系人：（组织本项目采购活动的具体工作人员姓名）

电　　话：_____

十、附件

1. 采购文件（已公告的可不重复公告）

2. 被推荐供应商名单和推荐理由（适用于邀请招标、竞争性谈判、询价、竞争性磋商采用书面推荐方式产生符合资格条件的潜在供应商）

3. 中标、成交供应商为中小企业的，应公告其《中小企业声明函》

4. 中标、成交供应商为残疾人福利性单位的，应公告其《残疾人福利性单位声明函》

5. 中标、成交供应商为注册地在国家级贫困县域内物业公司的，应公告注册所在县扶贫部门出具的聘用建档立卡贫困人员具体数量的证明。

选自财政部办公厅《关于印发〈政府采购公告和公示信息格式规范（2020年版）〉的通知》（财办库〔2020〕50号）

二、发出中标（成交）通知书

在公告中标（成交）结果的同时，采购人或者采购代理机构应当向中标（成交）供应商发出中标（成交）通知书；《政府采购货物和服务招标投标管理办法》中还规定，对未通过资格审查的供应商，应当告知其未通过的原因；采用综合评分法评审的，还应当告知未中标供应商本人的评审得分与排序。这与《招标投标法》中规定的程序是不同的，必须注意。

如规定了项目须递交投标保证金，采购人或者采购代理机构应当自中标通知书发出之日起5个工作日内退还未中标人的投标保证金，自采购合同签订之日起5个工作日内退还中标人的投标保证金或者转为中标人的履约保证金。采购人或者采购代理机构逾期退还投标保证金的，除应当退还投标保证金本金外，还应当按中国人民银行同期贷款基准利率上浮20%后的利率支付超期资金占用费，但因供应商自身原因导致无法及时退还的除外。

第十八章 质疑、投诉的应对及处理

第一节 质疑的受理和处理

一、质疑的受理

采购人、采购代理机构应当在采购文件中载明接收质疑函的方式、联系部门、联系电话和通信地址等信息。采购人负责供应商质疑答复。采购人委托采购代理机构采购的，采购代理机构在委托授权范围内作出答复。供应商提出的质疑超出采购人对采购代理机构委托授权范围的，采购代理机构应当告知供应商向采购人提出。

质疑是供应商自我维权的一种方式，虽然供应商投入大量的精力参与政府采购活动，但大多数情况下，中标（成交）供应商只有一个，质疑是不可避免的。

递交投标（响应）文件前，供应商通过质疑的方式想要获得更为公平的竞争环境，从而提高自己的竞争力；评标结束后，供应商通过质疑的方式可以了解评审过程是不是有不公；通过质疑，供应商也可以知晓自身的不足，质疑也是提高其投标技巧的一种方式。因此，质疑是政府采购活动中的正常环节，大可不必谈"质疑"色变。

采购人、采购代理机构受到质疑后，首先要甄别是否为有效质疑。

一是看质疑的主体是否有效，提出质疑的供应商应当是参与所质疑项目采购活动的供应商。供应商可以委托代理人进行质疑和投诉。其授权委托书应当载明代理人的姓名或者名称、代理事项、具体权限、期限和相关事项。供应商为自然人的，应当由本人签字；供应商为法人或者其他组织的，应当由法定代表人、主要负责人签字或者盖章，并加盖公章。代理人提出质疑和投诉，应当提交供应商签署的授权委托书。

二是看质疑的时间是否在有效期内。供应商认为采购文件、采购过程、中标或者成交结果使自己的权益受到损害的，可以在知道或者应知其权益受到损害之日起7个工作日内提出质疑。

《政府采购法实施条例》第五十三条规定，政府采购法第五十二条规定的供应商应知其权益受到损害之日，是指：（一）对可以质疑的采购文件提出质疑的，为收到采购文件之日或者采购文件公告期限届满之日；（二）对采购过程提出质疑的，为各采购程序环节结束之日；（三）对中标或者成交结果提出质疑的，为中标或者成交结果公告期限届满之日。

三是看质疑是否为书面形式提交，且是否提交了质疑函和必要的证明材料。

质疑函应当包括下列内容：（一）供应商的姓名或者名称、地址、邮编、联系人及联系电话；（二）质疑项目的名称、编号；（三）具体、明确的质疑事项和与质疑事项相关的请求；（四）事实依据；（五）必要的法律依据；（六）提出质疑的日期。

供应商为自然人的，应当由本人签字；供应商为法人或者其他组织的，应当由法定代表人、主要负责人，或者其授权代表签字或者盖章，并加盖公章。

四是看针对同一采购程序环节的质疑是不是一次性提出。代理机构可以在采购文件中要求供应商在法定质疑期内一次性提出针对同一采购程序环节的质疑。以避免同一问题反复质疑，导致项目不能正常执行。

针对无效质疑，采购人、采购代理机构依法不予受理，并且应告知质疑人不予受理的原因。采购人、采购代理机构不得拒收质疑供应商在法定质疑期内发出的质疑函，应当在收到质疑函后7个工作日内作出答复，并以书面形式通知质疑供应商和其他有关供应商。不予受理与拒收并非同一概念。

二、质疑的处理

1. 做好质疑函的登记受理工作

对于正式受理的质疑，需做好相关登记，包括：质疑单位名称、联系地址、邮编、联系方式、法人（授权代表）姓名及身份证号、质疑项目名称及编号、质疑函收到时间等。

2. 答复质疑前的调查

政府采购评审专家应当配合采购人或者采购代理机构答复供应商的质疑。

供应商对评审过程、中标（成交）结果提出质疑的，采购人或者采购代理机构可以组织原评标委员会（评审小组）协助答复质疑。

3. 质疑答复

1）质疑答复的时间和形式要求

采购人、采购代理机构应当在收到质疑函后 7 个工作日内作出答复，并以书面形式通知质疑供应商和其他有关供应商。

2）质疑答复的内容

根据《政府采购质疑和投诉办法》，质疑答复应当包括下列内容：（一）质疑供应商的姓名或者名称；（二）收到质疑函的日期、质疑项目名称及编号；（三）质疑事项、质疑答复的具体内容、事实依据和法律依据；（四）告知质疑供应商依法投诉的权利；（五）质疑答复人名称；（六）答复质疑的日期。

质疑答复的内容不得涉及商业秘密。

3）质疑答复的处理要点

根据《政府采购质疑和投诉办法》，采购人、采购代理机构认为供应商质疑不成立，或者成立但未对中标、成交结果构成影响的，继续开展采购活动；认为供应商质疑成立且影响或者可能影响中标、成交结果的，按照下列情况处理：（一）对采购文件提出的质疑，依法通过澄清或者修改可以继续开展采购活动的，澄清或者修改采购文件后继续开展采购活动；否则应当修改采购文件后重新开展采购活动；（二）对采购过程、中标或者成交结果提出的质疑，合格供应商符合法定数量时，可以从合格的中标或者成交候选人中另行确定中标、成交供应商的，应当依法另行确定中标、成交供应商；否则应当重新开展采购活动。

质疑答复导致中标、成交结果改变的，采购人或者采购代理机构应当将有关情况书面报告本级财政部门。

4. 材料归档

质疑处理过程中产生的一切文件材料均应作为采购文件的一部分，予以归档。

请看下面的案例。

2018年4月，代理机构S公司组织实施医疗设备采购项目公开招标，经评标委员会评审，推荐A供应商为第一中标候选人。采购结果公布后，B供应商对评审结果提出质疑。

B供应商质疑认为，A供应商提供产品的多项技术参数官网查询达不到"★"条款要求，应作为无效投标处理。采购代理机构收到质疑后，迅速组织原评标委员会对质疑事项进行复议，评标委员会核查了A供应商的投标文件，未发现其不满足采购文件实质性要求的问题，故其为实质性响应的投标文件。

在复议中，评标委员会发现有2名评委对A供应商的某项客观评分有错误，经修正，A供应商最终得分比原评分低0.5分，但仍得分最高，评标委员会仍然推荐A供应商为第一中标候选人。

采购代理机构根据评标委员会的复议结果，在规定期限内对B供应商的质疑进行了答复。

以上案例中，评标委员会完成了两个事项：一是对质疑事项进行复议，二是重新评审。

采购代理机构组织原评标委员会对质疑事项进行复议与采购代理机构组织重新评审是两回事，二者有着本质区别。复议是评审专家配合采购代理机构协助答复质疑事项的行为，其前提是有供应商在评审结束后提出了询问或质疑。而重新评审，是指在评审活动完成后，原评标委员会（评审小组）成员对自己评审意见的重新检查。除了国务院财政部门规定的情形外，采购人、采购代理机构不得以任何理由组织重新评审。采购人、采购代理机构按照国务院财政部门的规定组织重新评审的，应当书面报告本级人民政府财政部门。

本案例中，在采购结果公布之后，B供应商向采购代理机构提出了质疑，采购代理机构为了答复供应商提出的质疑事项而组织原评标委员会进行复议，复议的目的是对质疑事项进行进一步核查，由评标委员会出具相关专业意见作为答复依据。

评标委员会进行复议时，发现了对客观评审因素评分不一致的情况，符合《政府采购货物和服务招标投标管理办法》第六十四条："评标结果汇总完成后，除下列情形外，任何人不得修改评标结果：（三）评标委员会成员对客观评审因素评分不一致的"情形,而"评标报告签署后,采购人或者采购代理机构发现存在以上情形之一的,应当组织原评标委员会进行重新评审。"因此,该案例中,原评标委员会实际上是同时完成了两项必要的工作。

第二节 投诉的配合处理

一、投诉的提起

质疑供应商对采购人、采购代理机构的答复不满意,或者采购人、采购代理机构未在规定时间内作出答复的,可以在答复期满后15个工作日内向《政府采购质疑和投诉办法》第六条规定的财政部门提起投诉。质疑是投诉的先决条件,供应商不得直接就政府采购事项提出投诉。且供应商投诉的事项不得超出已质疑事项的范围,但基于质疑答复内容提出的投诉事项除外。

二、投诉的配合处理

投诉处理的主体是财政部门。但无论被投诉人是采购人或采购代理机构,或是其他供应商,采购人和采购代理机构都有义务配合投诉的处理。

财政部门在处理投诉事项期间,可以视具体情况书面通知采购人和采购代理机构暂停采购活动,暂停采购活动时间最长不得超过30日。采购人和采购代理机构收到暂停采购活动通知后应当立即中止采购活动,在法定的暂停期限结束前或者财政部门发出恢复采购活动通知前,不得进行该项采购活动。

投诉人对采购文件提起的投诉事项,财政部门经查证属实的,应当认定投诉事项成立。经认定成立的投诉事项不影响采购结果的,继续开展采购活动;影响或者可能影响采购结果的,财政部门按照下列情况处理:

(一)未确定中标或者成交供应商的,责令重新开展采购活动;

(二)已确定中标或者成交供应商但尚未签订政府采购合同的,认定中标或者成交结果无效,责令重新开展采购活动;

（三）政府采购合同已经签订但尚未履行的，撤销合同，责令重新开展采购活动；

（四）政府采购合同已经履行，给他人造成损失的，相关当事人可依法提起诉讼，由责任人承担赔偿责任。

投诉人对采购过程或者采购结果提起的投诉事项，财政部门经查证属实的，应当认定投诉事项成立。经认定成立的投诉事项不影响采购结果的，继续开展采购活动；影响或者可能影响采购结果的，财政部门按照下列情况处理：

（一）未确定中标或者成交供应商的，责令重新开展采购活动；

（二）已确定中标或者成交供应商但尚未签订政府采购合同的，认定中标或者成交结果无效。合格供应商符合法定数量时，可以从合格的中标或者成交候选人中另行确定中标或者成交供应商的，应当要求采购人依法另行确定中标、成交供应商；否则责令重新开展采购活动；

（三）政府采购合同已经签订但尚未履行的，撤销合同。合格供应商符合法定数量时，可以从合格的中标或者成交候选人中另行确定中标或者成交供应商的，应当要求采购人依法另行确定中标、成交供应商；否则责令重新开展采购活动；

（四）政府采购合同已经履行，给他人造成损失的，相关当事人可依法提起诉讼，由责任人承担赔偿责任。

投诉人对废标行为提起的投诉事项成立的，财政部门应当认定废标行为无效。

采购人、采购代理机构有下列情形之一的，由财政部门责令限期改正；情节严重的，给予警告，对直接负责的主管人员和其他直接责任人员，由其行政主管部门或者有关机关给予处分，并予通报：

（一）拒收质疑供应商在法定质疑期内发出的质疑函；

（二）对质疑不予答复或者答复与事实明显不符，并不能作出合理说明；

（三）拒绝配合财政部门处理投诉事宜。

第三节　质疑或投诉的常见情形

质疑和投诉虽是供应商正常的维权方式，但是质疑和投诉的处理耗时费力，对政府采购项目的顺利执行是很有影响的。采购人或采购代理机构应尽可能地避免有效质疑或投诉的发生。

我们来简要分析一下项目质疑和投诉的原因，以某省政府采购网一个月投诉处理信息为例，如表18.1所示。

表 18.1 项目质疑和投诉事项、原因及处理

序号	项目名称	被投诉人	投诉事项及原因	投诉处理
1	××全民健身示范工程项目设施采购（标包二）项目	采购人和采购代理机构	报名及招标文件的获取：提供2016年以来承担过的类似体育器材销售、安装的项目业绩证明（合同金额在200万元及以上，并提供合同和中标通知书）。将具有具体金额的业绩设为资格条件，对中小企业实行差别待遇或者歧视待遇	（1）投诉事项成立，本项目中标结果无效，责令采购人修改招标文件后重新开展采购活动；（2）责令采购人、采购代理机构就没有在法定期限内对质疑作出答复的问题进行整改
2	2018年度就业补助资金专项审计检查项目	采购人和采购代理机构	（1）磋商文件要求"质量保证措施（符合本项目的实际情况，视完整、可行酌情打分，优秀者得4～5分）；一般者得0～3分；保密和廉政承诺（有保密和廉政承诺的，设有处罚措施，优秀者得3分，一般者得0～2分）；进度保证措施（针对工作进度的合理安排，服务措施具体到位，可操作性强等情况综合评分，优5分，良3～4分，一般1～2分，差的不得分）"。投诉该评分标准未量化区间打分标准的表述。（2）磋商文件第三章磋商步骤及方法第四条确定成交供应商办法第6点"本地化服务5分。为跟进后续服务，保障服务响应及时性，服务点距项目所在地附近最近的，得5分，其他在周边地区有服务点的，根据服务点远近酌情给1～4分，需提供房产证明或房屋租赁合同加盖单位公章和售后服务承诺书，不提供不得分。"投诉该条具有歧视性条款	投诉事项成立，成交结果无效，责令采购人废标，重新开展采购活动

续表

序号	项目名称	被投诉人	投诉事项及原因	投诉处理
3	××县老城区污水处理及乡镇污水处理全覆盖PPP项目	采购代理机构	（1）采购代理机构在资格预审申请文件递交截止时间后30分钟内，网上查询到××公司有行贿受贿案件，投诉人查询公司无行贿犯罪记录。 （2）经资格预审，评标委员会一致认为××公司为行贿受贿当事人，认定××公司资格预审不合格。问题是，资格预审小组查询的行贿犯罪记录截图"××受贿罪、××行贿罪一审刑事判决书"，日期为2014年6月，本案中涉及×××、×××的行贿均属于其个人行为，不属于公司行为，公司不应当被认定为行贿受贿当事人	责令采购人和采购代理机构组织专家对2019年9月24日的资格预审结果进行重新评审
4	××市疾病预防控制中心实验室设备采购项目	采购代理机构、中标人	投诉事项1：被投诉人质疑答复超出限定时间。 投诉事项2：被投诉人提供的答复函中丝毫没有提供投诉人所质疑品牌生产厂家盖章的技术文件或技术检测机构的书面报告或专家组的论证意见书。 投诉事项3：事件陈述如下。 第一，在此次招标文件参数中"★3.12最大反应体积≥120 μL"，相关供应商提供的最大反应体积为100 μL。 第二，在此次招标文件参数中"★3.14梯度功能大于6个不同的温度"，相关供应商提供的梯度功能：有6个不同的控温模块，可分别设置6个完全不同的退火温度，可同时运行6个退火温度不同的样本检测，远远优于传统意义上的模拟梯度功能	（1）投诉事项1：缺乏事实依据，驳回投诉。 （2）投诉事项2：有《政府采购质疑和投诉办法》（财政部令第94号）第十五条"质疑答复的内容不得涉及商业秘密"的情形，驳回投诉。 （3）投诉事项3："事件陈述：第一"的投诉事项缺乏事实依据，驳回投诉。 （4）投诉事项3："事件陈述：第二"的投诉事项成立，按照《政府采购货物和服务招标投标管理办法》（财政部令第87号）第三十二条和六十三条第六项的规定，供应商投标无效。 综上，投诉人的投诉事项部分成立，且可能会影响采购结果，本机关责令采购人按照《政府采购质疑和投诉办法》（财政部令第94号）第三十二条第二项的规定，依法开展采购活动

续表

序号	项目名称	被投诉人	投诉事项及原因	投诉处理
5	××县××山庄专变配变安装及低压出线电缆工程项目	采购人、中标人	采购公告明确要求在我市开展建筑活动的省内外企业和人员信息以《××省建筑市场监督与诚信一体化工作平台》信息公示的信息为准（企业及拟派项目部主要管理人员均须打印网络查询结果并加盖单位公章），而建筑市场监督与诚信一体化工作平台中查询到中标候选人的人员信息中没有资料员及建造师中级工程师信息，怀疑该建造师的中级工程师证系伪造的。依据财政部令第87号第六十三条第三项和采购文件第一章第13点应认定该供应商投标无效，不具备投标资格	基于评审专家（采购人代表）确定的供应商资格条件评审依据，结合对××公司提供资料的核查情况，该项目在招标和评审过程中未发现违规和违法行为。投诉人关于本项目的投诉理由不充分，没有法律依据。依据《中华人民共和国政府采购法》《政府采购法实施条例》及《政府采购质疑和投诉办法》（财政部令第94号）的第二条、第二十九条有关规定，经研究决定：驳回投诉人的投诉请求
6	××××学校物联网高水平实训基地建设项目（二次）项目	采购代理机构	投诉事项1：特定资格要求第二条以从业人数作为资格条件，违反招投标法律法规，属于以不合理的条件对供应商实行差别待遇或者歧视待遇。 投诉事项2：资格条件发生变动后，被投诉人通过发布修改及延期公告，继续开展招标活动，投诉人认为此行为违法	投诉事项1、2成立，根据《政府采购质疑和投诉办法》（财政部令第94号）第三十一条第一款第一项的规定，责令被投诉人重新开展采购活动
7	××区农房补充调查项目	采购代理机构、中标人	投诉人于××××年××月××日向采购代理机构就"××区农房补充调查项目"2标包中标结果及评审过程提出质疑并递交质疑函，而被采购代理机构当场拒收质疑函。提出以下投诉：采购代理机构在评标过程中有不合规范操作，供应商提交的原件未能全部打开来逐项核对打分，采购代理机构应当公开相关监控录像查看原件核对打分情况，并核实整个评标过程的规范性	投诉人投诉事项缺乏事实依据，投诉事项不成立，依据《政府采购质疑和投诉办法》（财政部令第94号）第二十九条第一款第二项"投诉事项缺乏投诉依据，投诉事项不成立"之规定，驳回投诉人投诉事项

续表

序号	项目名称	被投诉人	投诉事项及原因	投诉处理
8	××市火车站片区（三期）棚户区改造审计咨询采购项目	采购代理机构	（1）磋商文件第四章评审办法"评分细则表"技术部分"服务方案"：①供应商对本项目拟定的审计实施方案计划详细、完整，实施方案包括但不限于人员配备、审计程序、完成时限、服务承诺措施保证等，优8~10分，中6~8分，一般1~6分。②对项目的整体理解透彻、审计服务目标明确、依据充分、审计程序针对性强，得8~10分；方案有瑕疵，基本可行，得6~8分；内容不全面，漏洞较多的，得1~6分。③供应商建立健全的职业执业规定及其他相应的管理制度，包括但不限于质量控制、风险控制、财务管理、档案管理等，制度设计科学、合理、完整，优8~10分，中6~8分，一般1~6分。）使用"优""中""一般"等容易引起歧义的表述，未明确判断标准。未将评审因素进行量化，存在不公平评审或给分畸高、畸低的情况。（2）磋商文件第四章评审办法"评分细则表"商务部分"项目负责人能力"（项目负责人同时具备房地产估价师资格得5分，否则不得分；针对本项目实际情况，项目负责人为征收处专家委员会专家得5分，否则不得分）。存在与采购需求不相适应，有特定指向供应商倾向，征收处专家委员会理应回避。（3）将供应商的所在地作为实质性要求。磋商文件第四章评审办法"评审细则表"商务部分"综合实力"第2点（注册在本地机构注册会计师人数不少于2人，每多1人得2分，最高得10分）。存在排斥其他潜在供应商的嫌疑	本机关认定上述第（1）条中的①③项，第（2）（3）条投诉事项成立。 依据《中华人民共和国政府采购法》第三十六条第二项、《中华人民共和国政府采购法》第七十一条第四项、《政府采购质疑和投诉办法》（财政部令第94号）第三十一条第一项规定，本机关决定采购结果无效，责令重新开展采购活动

续表

序号	项目名称	被投诉人	投诉事项及原因	投诉处理
9	××县审计局第三方对四河治理拆迁补偿资金进行专项审计项目	采购代理机构	（1）投诉人认为磋商文件第四章评审办法及评分标准中的商务评议第三项磋商情况评分标准即"根据磋商响应人磋商情况酌情打分，最高5分"，未载明完整的评标标准，存在不透明的评分情况。 （2）投诉人认为磋商文件第四章评审办法及评分标准中的商务评议、技术评议分值未量化，存在不公平评分或给分畸高、畸低的情况	关于投诉事项第（1）项，依据《政府采购质疑和投诉办法》（财政部令第94号）第三十一条规定，经本机关认定投诉事项成立，但不影响采购结果，继续开展采购活动。关于投诉事项第（2）项，依据《政府采购质疑和投诉办法》（财政部令第94号）第二十九条的规定，投诉事项不成立，驳回投诉
10	××市扶贫资金专项检查审计服务	采购代理机构	"××市扶贫资金专项检查审计服务"第四章技术评议和商务评议中，对"组织实施、项目团队、验收标准、供应商综合能力、业绩及经验、售后服务、投标文件"这七条评审因素设置的评分标准比较模糊，分值未量化到区间，该项设置违反了《政府采购法实施条例》第三十四条、财政部《政府采购法实施条例释义》等相关规定，存在未按相关法规及条例规定，未将评审因素进行量化，存在不公平评分或给分畸高、畸低的情况	投诉事项成立。依照《政府采购竞争性磋商采购方式管理暂行办法》第二十四条、《政府采购质疑和投诉办法》（财政部令第94号）第三十一条之规定，本机关决定：责令被投诉人修改采购文件后，重新开展采购活动

由表18.1的统计情况可以看出，供应商维权意识越来越强。该地区一个月内共处理投诉事项10起，其中投诉采购代理机构的项目9起，投诉事项大多为采购文件编制和执行程序的问题，这说明代理机构的专业性对项目的执行尤为重要。

首先，采购文件必须合法、合规、合理。我们通常说采购文件编制决定了项目三分之一的成败。一份优秀的采购文件，既要在"框框"内，又要能最大限度地体现采购人的意愿。

其次，执行采购程序要规范。采购代理机构是执行机构，是根据采购人的委托组织政府采购活动，是执行者。一个合格的采购代理机构要尽可能做到，在编制采购文件时就能够预计到执行过程中将遇到的问题，最大限度地避免质疑和投诉事件的发生，并能有足够的解决问题的能力，而不是在质疑或投诉来临时不知所措，任由事态恶化。

第十九章 采购代理机构风险控制及法律责任

第一节　采购代理机构存在的风险

一、技术风险

随着网络信息技术的不断发展，电子化采购在我国得到了广泛的应用，并取得一定的发展，国家相关部门的重视更是加速了电子化采购的发展速度。电子化采购在改变监管模式、规范行业现状、建立健全公平的社会监管机制等方面发挥着愈发重要的作用。

随着电子化采购的不断普及，智能化逐渐代替人工，在简单的、单一的采购中，程序化的工作通过网络就可以完成。如使用网络平台予以上传和下载相关文件，可大大提高采购效率，但对采购代理机构业务会产生一定的影响。信息技术的提高，也要求代理机构与时俱进，加大信息化的投入，及时适应发展的需要，代理机构的相应费用支出也在增加，这也对采购代理机构提出了更高的要求。

二、自身风险

由于采购代理工作具有极大的特殊性，使得该岗位的从业者们需要有极高的素质水准。作为中介服务机构，代理机构在采购人、供应商之间起着桥梁作用。一方面需要在合理、合规与合法的条件下，依据采购人的需求，利用自身专业技能和经验水平为采购人找到最适宜的供应商。另一方面也要处理好与供应商的关系，供应商作为政府采购活动重要的参与主体，采购代理机构要充分重视服务质量，需在职责范围内对供应商所提出的具体疑问予以详细的解答，从而有效规避可能发生的不必要的纷争或风险。

采购代理机构从业人员的职业素养出问题也会让机构产生风险，如相关人员故意泄露有关招标的商业秘密，以及供应商和采购人的招标信息，甚至与采购人、供应商进行"走程序"等，以合法形式掩盖非法目的，进行私下交易，从而出现从业道德风险。

三、流程风险

依照《政府采购法》及相关规定，采购代理的服务有一整套标准化的操作程序，但是在实际的操作过程中，任何一个环节都会出现难以预料的风险。例如，擅自提高资质门槛，压缩选择空间，并缩短采购时间等。如果代理机构的业务流程不完善，程序不规范，那么上述任何一个环节都将面临失职的风险。给采购人提供错误的建议和信息，还会导致废标或投诉问题的产生，严重影响项目的执行。

第二节　代理机构风险防控措施

一、建立健全内控制度

建立完善的内部监督管理制度是代理机构执业的必备条件之一，完善的内部监督管理制度是采购代理机构贯彻落实政府采购公开、公平、公正和诚信原则的重要基础。《政府采购法》第六十一条规定，集中采购机构应当建立健全内部监督管理制度。采购活动的决策和执行程序应当明确，并相互监督、相互制约。经办采购的人员与负责采购合同审核、验收人员的职责权限应当明确，并相互分离。

其实，不仅是集中采购机构，社会代理机构也一样需要建立完善的内控管理制度。《政府采购法实施条例》将建立内部互相配合、互相监督和互相制约的内控管理制度,作为代理机构开展政府采购代理业务的必备条件提出。采购代理机构内部监督管理制度的内容主要包括工作岗位责任制度、工作人员执业守则、员工培训管理制度、工作流程控制制度、工作人员定期轮岗制度、采购文件编制审核制度、采购档案管理制度、廉洁从业管理制度等。

二、提高专业技术能力

1. 需完善硬件设施

采购代理机构应具备独立的办公、开标、评标的场所,并具有录音录像等电子监控设备,这是开展政府采购活动的最基本的硬件条件,也是保证政府采购代理采购工作顺利开展和保障公开、公平和公正的竞争环境的客观需要,更是为财政、审计、监察等监管部门开展监督检查提供技术支撑的必要条件。

2. 实行采购人员的职业化和专业化

取消政府采购代理机构认定的行政许可后,采购代理机构从业人员队伍持续壮大。但从实际情况看,我国目前仍未实行政府采购从业人员职业资格制度,政府部门从事采购工作的公职人员专业性普遍不足,各级政府设立的集中采购机构普遍缺乏专业化的发展定位,社会代理机构也普遍在低水平上代理采购业务。这些机构人员的现状,较大程度上制约了我国政府采购制度有效性的发挥。实行人员的职业化和专业化,以"人"为本,提高团队的专业技术能力,是代理机构风险防控的最有力保证。

第三节　代理机构的法律责任

一、一般违法行为及法律责任

一般违法行为包括以下方面:

(1)应当采用公开招标方式而擅自采用其他方式采购。根据《政府采购法》的规定,应当采用公开招标但因特殊情况而需要采用公开招标以外的其他采购方式采购货物或者服务的,应当在采购活动开始前获得设区的市、自治州以上人民政府财政部门批准，未经批准擅自采用其他方式采购的，属于违法行为。采购代理机构在代理采购中不采用规定方式或者擅自改变采购方式，也是违法的。

（2）擅自提高采购标准。采购标准一经确定和公开，即成为采购人和供应商的共同依据，采购人、采购代理机构不得擅自变更，否则，属于违法行为。

（3）不具备政府采购业务代理资格，从事政府采购业务。根据《政府采购法》的规定，采购人采购纳入集中采购目录的政府采购项目，必须委托集中采购机构代理采购；采购未纳入集中采购目录的政府采购项目，可以自行采购，也可以委托集中采购机构或经国务院有关部门或者省级人民政府有关部门认定资格的采购代理机构，在委托的范围内办理政府采购事宜。采购人不按照法律规定委托集中采购机构或者委托没有政府采购业务代理资格的机构办理采购事务，都是不允许的，采购人和设有政府采购业务代理资格的代理机构都应当承担相应的法律责任。

（4）以不合理的条件对供应商实行差别待遇或者歧视待遇。公平对待所有供应商是采购人、采购代理机构的法定义务，采取任何方式偏袒某些供应商，而对其他供应商实行差别待遇或者歧视待遇，属于法律禁止的行为。

（5）在公开招标采购过程中与供应商进行协商谈判。这一行为直接影响到采购活动和采购结果的客观、公正，应当予以禁止。

（6）拒绝有关部门依法实施监督检查。按照《政府采购法》的规定，政府采购监督管理部门、对政府采购负有行政监督职责的政府有关部门、审计机关、监察机关有权对采购人、采购代理机构及其工作人员依法实施监督检查，采购人、采购代理机构必须依法接受监督检查。采购人、采购代理机构如果拒绝有关部门依法实施监督检查，则属于违法行为，应当追究法律责任。

（7）未按照《政府采购法》和《政府采购法实施条例》规定的方式实施采购。按照《政府采购法》《政府采购法实施条例》及财政部《政府采购竞争性磋商采购方式管理暂行办法》的规定，目前法定的采购方式包括公开招标、邀请招标、竞争性谈判、竞争性磋商、单一来源采购、询价六种。实践中在适用采购方式方面存在的问题有：应当公开招标的未经财政部门审批采取非公开招标方式；公开招标数额标准以下的采购项目未依据政府采购法律制度规定的适用情形选择采购方式，如不符合单一来源采购适用情形而采取单一来源方式采购；采用《政府采购法》规定的五种采购方式以外且未经国务院财政部门认定的采购方式开展采购，如采用所谓的"跟标"采购等方式。

（8）未依法在指定的媒体上发布政府采购项目信息。《政府采购法》第十一条规定，政府采购的信息应当在政府采购监督管理部门指定的媒体上及时向社会公开发布。《政府采购法实施条例》第八条规定，政府采购项目信息应当在省级以上人民政府财政部门指定的媒体上发布。采购项目预算金额达到国务院财政部门规定标准的，政府采购项目信息应当在国务院财政部门指定的媒体上公布采购人或采购代理机构，未依法在指定的媒体上发布政府采购项目信息的，属于违法行为。

（9）未按照规定执行政府采购政策。在政府采购活动中落实政府采购政策，是《政府采购法》和《政府采购法实施条例》对采购人、采购代理机构设定的法定义务。实践中存在的问题有：在采购文件中未明确规定落实政府采购政策的相关内容，未规定优先采购节能和环境标志产品的措施，强制采购节能产品目录之外的产品，未经财政部门审核采购进口产品，未将预留项目授予中小微企业，对小微企业未给予价格扣除优惠等。采购人或者采购代理机构未严格执行政府采购政策的，应当追究其法律责任。

（10）未依法在政府采购评审专家库中抽取专家。对采购人或者采购代理机构不依法在政府采购评审专家库内抽取评审专家或者违法指定评审专家的，应当追究其法律责任。

（11）非法干预采购评审活动。为保证评审的客观性和公正性，《政府采购法实施条例》及有关制度要求，评标委员会（评审小组）应当按照客观、公正、审慎的原则，根据采购文件规定的评审程序、评审方法和评审标准进行独立评审，任何人不得非法干预评审专家的评审工作。实践中，采购人、采购代理机构非法干预评审活动的情况时有发生，最常见的干预形式是向评标委员会（评审小组）做倾向性、误导性的解释或者说明。还有采购人或者采购代理机构明确指定产品或者服务供应商。不论是提供倾向性、误导性解释或说明，还是指定供应商，都违背了公平、公正的原则，采购人、采购代理机构都应当承担相应的法律责任。

（12）采用综合评分法时，评审标准中的分值设置未与评审因素的量化指标相对应。综合评分法的关键是如何确定评审因素和与评审因素的量化指标相对应的分值。实践中存在的主要问题是：将与投标报价无关的资格条件、业绩要求或商务条件等指标设定为评审因素，设定的评审因素缺乏量化指标，有量化指标的评审因素没有对应的分值设置等。上述问题导致了评审的随意性，严重影响了评审的质量和公正。所以，采购人或者采购代理机构应当严格执行评审的有关规定，否则将承担相应的法律责任。

（13）对供应商的询问、质疑逾期未进行处理。供应商的询问、质疑是供应商进行权利救济的主要方式。供应商对政府采购活动事项有疑问的，可以向采购人提出疑问，采购人应当及时作出答复。实践中存在的问题有：一是采购人或者采购代理机构拒不接受供应商的询问、质疑，或者相互推诿，致使供应商错过了质疑有效期；二是为针对询问、质疑事项作出有效答复，引发供应商的投诉；三是对询问、质疑未在规定的时间内答复，致使供应商丧失商业机会和救济利益。采购人应该严格遵守《政府采购法》《政府采购法实施条例》及相关办法规定的询问和质疑答复时限。

（14）通过对样品进行检测、对供应商进行考察等方式改变评审结果。评审结果是评标委员会（评审小组）依法评审的结果，采购人、采购代理机构不得以任何理由改变评审结果，如擅自改变评审结果，将损害政府采购评审制度的严肃性，损害供应商的合法权益。实践中，采购人对评审结果不满意，往往采取重新评审的做法改变评审结果，甚至在中标、成交结果公告或通知后，要求对中标、成交供应商的样品进行检测，或者自行组织评审专家或采购人单独对供应商进行考察，并根据检测、考察的结果改变评审结果。

一般违法行为应承担的法律责任包括以下方面：

（1）责令限期改正。责令限期改正是对违法行为采取的一种补救性行政措施，要求当事人在规定时间内停止违法行为，并予以纠正。这里的责令限期改正，是指政府采购监督管理部门对于有上述违法行为的采购人或者采购代理机构，要求其对应当采用公开招标方式的项目进行公开招标，恢复采购标准，委托具备政府采购业务代理资格的机构办理采购事务，取消对供应商实行差别待遇或者歧视待遇的不合理条件，停止与供应商进行协商谈判，与中标、成交供应商签订采购合同，接受有关部门依法进行的监督检查等。

（2）警告。警告是行政机关对违反行政管理秩序的行为给予的申诫性质的行政处罚，处罚的力度相对较轻。本条规定的警告属于行政处罚，它与行政处分中的警告虽然名称相同，但是性质完全不同。

（3）罚款。罚款是行政机关对违反行政管理秩序的行为给予的财产性质的行政处罚。

（4）处分。本条规定的处分是指行政处分，包括对直接负责的主管人员和其他直接责任人员的处分，由其行政主管部门或者有关机关根据情节轻重，作出警告、记过、记大过、降级、降职或者开除的处理决定，并要给予通报。

二、严重违法情形及法律责任

《政府采购法》第七十二条规定，采购人、采购代理机构及其工作人员有下列情形之一，构成犯罪的，依法追究刑事责任；尚不构成犯罪的，处以罚款，有违法所得的，并处没收违法所得，属于国家机关工作人员的，依法给予行政处分：（一）与供应商或者采购代理机构恶意串通的；（二）在采购过程中接受贿赂或者获取其他不正当利益的；（三）在有关部门依法实施的监督检查中提供虚假情况的；（四）开标前泄露标底的。

《政府采购法》第七十六条规定，采购人、采购代理机构违反本法规定隐匿、销毁应当保存的采购文件或者伪造、变造采购文件的，由政府采购监督管理部门处以二万元以上十万元以下的罚款，对其直接负责的主管人员和其他直接责任人员依法给予处分；构成犯罪的，依法追究刑事责任。

《政府采购法》第七十八条规定，采购代理机构在代理政府采购业务中有违法行为的，按照有关法律规定处以罚款，可以在一至三年内禁止其代理政府采购业务，构成犯罪的，依法追究刑事责任。

第二十章 采购代理机构服务评价及竞争力的提升

第一节 采购代理机构的服务评价

一、自我评价

采购代理机构应建立自我评价机制,对代理服务质量、进度、从业人员能力与水平等进行定期自我评价,并对评价结果进行统计分析,评价内容主要包括以下几方面:

(1) 采购成果文件符合有关法律法规规定及与采购项目特点相匹配的程度,存在重大疏漏或错误的情况;

(2) 代理工作进度满足代理委托协议约定的程度;

(3) 采购结果达到采购方案设定的预期目标情况;

(4) 代理从业人员的服务态度、服务工作质量和处理问题的能力等。

二、外部评价

采购代理机构还应该建立项目反馈机制,获取外部评价信息,外部评价最重要的是采购人的评价,评价内容可包括响应时间、专业水平、服务态度、文件编制水平、人员廉洁自律情况、是否公平与公正等内容。请看下面项目反馈意见表的案例。

项目反馈意见表

项目名称：　　　　　　　　　　　　　项目编号：

评价项目	非常满意	比较满意	基本满意	不满意
响应时间	□	□	□	□
专业水平	□	□	□	□
服务态度	□	□	□	□
文件编制	□	□	□	□
廉洁自律	□	□	□	□
公平、公正性	□	□	□	□

综合评价：

采购人（签章）：＿＿＿＿＿

日　　　　期：＿＿＿＿＿

第二节　代理服务竞争力的提升

采购代理机构应结合自我评价和外部评价的结果完善代理服务质量体系，了解、分析、评价本企业在代理服务中存在的不足和缺陷，提出改进服务管理的意见，持续提高代理服务质量，才能提高自身的竞争力。

采购人和采购代理机构只注重程序规范的合法性，也就是现在所说的政府采购程序代理，而不是真正意义上的采购结果代理。采购代理机构往往认为只要程序合法，采购任务即告完成，至于采购人委托采购的货物、工程和服务结果如何，与代理行为无关。强调货物、工程和服务的技术需求应由采购人提供，评审因素、方式由采购人确定，没有起到采购代理机构应有的配合采购人做好采购需求的市场研究，以及发挥采购代理机构的专业能力设置评审因素和评审标准的作用。采购代理机构忽视了对采购项目需求特点的研究和采购业务专业化水平的提高，这也是造成采购结果不尽如人意的重要原因。

《政府采购法实施条例》在明确新的交易规则及采购人确定采购需求责任的基础上,提出了大力推进政府采购行业向职业化、专业化方向发展。

因此,采购代理机构要想提高核心竞争力,应做好以下几个方面的工作。

一、强化机构管理

采购代理机构的业务能力要过硬,必须加强队伍建设,提高从业人员的综合素质。有计划、分步骤地实施各类法规和业务培训,不断提高自身的业务能力和水平。培养一批既懂政府采购法律法规又懂专业知识的高素质政府采购代理专业人才,将原来的程序型服务升级为技术咨询型服务。发挥采购代理机构专业优势,从单纯的代理工作向咨询方向延伸,加强需求研究管理,做采购人的"好军师"。

二、专业化发展

在众多的采购代理机构中,大多数规模小,未形成自己的品牌。采购代理机构应根据本单位人员的专业特点,确定重点代理领域,提高细分领域代理的专业化水平,从项目管理的角度对代理项目实施过程进行把控,防范项目执行过程中产生的各种风险。采购代理机构还可以根据采购人和项目的特点,提供"订制"服务,编制个性化的服务方案,最大限度地提升客户满意度,提供差异化服务。

第四部分 供应商实务

GONG
YingShangShiWu

第二十一章 政府采购项目参与资格的获取

第一节 政府采购信息的收集

供应商参与政府采购活动,首先是要收集政府采购信息。收集政府采购信息就必须了解政府采购信息发布的网站,同时利用各种方式收集整理政府采购信息,尤其是政府采购意向信息和政府采购公告信息。

一、信息获取渠道

财政部《政府采购信息发布管理办法》第八条规定,中央预算单位政府采购信息应当在中国政府采购网发布,地方预算单位政府采购信息应当在所在行政区域的中国政府采购网省级分网发布。除中国政府采购网及其省级分网以外,政府采购信息可以在省级以上财政部门指定的其他媒体同步发布。当地方政府采购项目预算超过 500 万元,省级分网应当通过数据接口同时将政府采购信息推送至中国政府采购网发布。根据需要,某些政府采购项目的信息也可能会在采购人官方网站、采购代理机构官方网站上同步发布。

因此,供应商查询政府采购项目信息主要关注两个媒体:中国政府采购网(http://www.ccgp.gov.cn)和省级政府采购分网(如湖北政府采购网,http://www.ccgp-hubei.gov.cn)。

二、信息收集

（1）关注信息发布网站，及时掌握项目信息。供应商可根据自身发展的需要，关注中国政府采购网、中国政府采购网省级分网，及时掌握项目信息。但由于上述网站包含了各行各业的项目信息，信息流量较大，可能会导致错过某些项目的信息。所以，该方式虽然简单、方便、成本低，但是盲目性较大。

（2）跟踪项目进展情况，掌握项目最新动态。供应商可通过各类市场信息，捕捉重点项目的蛛丝马迹，从头跟踪项目进展情况，掌握项目最新动态。该方式在一定程度上耗费了供应商大量的人力物力，但其针对性强，了解项目信息全面。

（3）积极配合市场调研，着力建立供求关系。供应商在政府采购活动中，是接触标的（货物、服务、工程）最前线的当事人，是最了解标的市场的群体。采购人在编制项目采购需求时，为了解市场信息，会通过电话咨询、现场调查等方式进行市场调研。供应商此时应积极配合采购人进行市场调研，着力建立与采购人的供求关系，这样既可以详细了解采购人项目的需求情况，做到有的放矢，又能及时获取项目的进展情况，避免错失良机。

第二节　政府采购信息内容

"公开透明原则"是政府采购应当遵循的首要原则，直接决定政府采购信息公开的重要性。为规范政府采购行为，维护政府采购活动的公开、公平和公正，实现政府采购信息的全流程公开透明，财政部制定了《政府采购信息发布管理办法》《关于做好政府采购信息公开工作的通知》等相关法规，对政府采购信息公开的方式及公开的内容做了详细的规定。

供应商想要参与政府采购项目，就必须对政府采购信息公告进行全面了解。政府采购公告包括：招标（采购）公告、资格预审公告、更正公告、终止公告、单一来源采购公示、中标（成交）结果公告、政府采购合同公告和公共服务项目验收结果公告等政府采购项目信息，以及投诉处理结果公告、监督检查处理结果公告和集中采购机构考核结果等政府采购监管信息公告。

根据《关于开展政府采购意向公开工作的通知》要求,各地区还会根据地方实际发布各级预算单位采购意向的采购意向公告。在正式采购前,采购人还可以发布采购需求公告或供应商征集公告等。

供应商可以通过采购意向公告、招标(采购)公告、采购需求公告和供应商征集公告等直观地获取政府采购项目信息。

一、采购意向公告

采购意向由预算单位负责公开。中央预算单位的采购意向在中国政府采购网(www.ccgp.gov.cn)中央主网公开,地方预算单位的采购意向在中国政府采购网地方分网公开,采购意向也可在省级以上财政部门指定的其他媒体同步公开。主管预算单位可汇总本部门、本系统所属预算单位的采购意向集中公开,有条件的部门可在其部门门户网站同步公开本部门、本系统的采购意向。

采购意向按采购项目公开。除以协议供货、定点采购方式实施的小额零星采购和由集中采购机构统一组织的批量集中采购外,按项目实施的集中采购目录以内或者采购限额标准以上的货物、工程、服务采购均应当公开采购意向。

采购意向公开的内容应当包括采购项目名称、采购需求概况、预算金额、预计采购时间等。其中,采购需求概况应当包括采购标的名称,采购标的需实现的主要功能或者目标,采购标的数量,以及采购标的需满足的质量、服务、安全、时限等要求。供应商获取了采购人的采购意向,可以提前做好参与采购活动的准备。采购意向仅作为供应商了解各单位初步采购安排的参考,采购项目实际采购需求、预算金额和执行时间以预算单位最终发布的采购公告和采购文件为准。

例如,某市公安局交通警察支队20××年1~12月政府采购意向公布如表21.1所示。

表21.1 某市公安局交通警察支队20××年1~12月政府采购意向公布信息表

序号	采购项目名称	采购需求概况	预算金额/万元	预计采购时间(填写到月)
1	增设红绿灯、增加电子警察抓拍系统创城道路交通设施建设项目	增设红绿灯、增加电子警察抓拍系统等交通设施建设	960	20××年6~12月

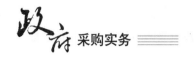

续表

序号	采购项目名称	采购需求概况	预算金额/万元	预计采购时间（填写到月）
2	创城标志标线、拖叉车、设计、监理等服务	创城标志标线、拖叉车、设计、监理等服务	190	20××年1~12月

供应商可通过了解预算单位的政府采购意向制订参与计划，提前做好准备，有的放矢。

二、招标（采购）公告

招标（采购）公告的主要目的是以公开公告的方式面向全社会邀请不特定的供应商参与政府采购活动。也就是说，项目已经确定，并正式进入采购流程。

招标（采购）公告主要有：资格预审公告、招标公告、竞争性磋商采购公告、竞争性谈判采购公告、询价采购公告等。

招标（采购）公告的主要内容包括：项目名称，采购标的，预算金额，资格条件，获取采购文件的方式、时间和地点，递交投标（响应）文件的时间和地点，开标（磋商、谈判或询价等）的时间和地点，采购人及采购代理机构的联系方式。采购公告信息中的内容可以概况为以下四点来理解。

（1）项目基本内容。包括项目名称、采购标的、预算金额。通过对项目基本内容的解读，供应商可以大概了解项目主要做什么，项目规模大小等问题。

（2）资格条件要求。包括法定资格条件以及满足项目需求特殊的资格条件等。

（3）时间和地点。包括获取采购文件的方式、时间和地点，递交投标（响应）文件的时间和地点，开标（磋商、谈判或询价等）的时间和地点。这些内容以公告的形式告知供应商如何获取采购文件，以及明确政府采购活动中各时间节点和地点。

（4）联系方式。包括采购人和采购代理机构的联系方式。这些内容主要是在政府采购活动中给供应商留下一个沟通的渠道。

招标（采购）公告信息是供应商参与政府采购活动的一份简易指南。供应商面对招标（采购）公告信息时，应完整细致地研读，下一节我们将详细介绍如何解读政府采购公告。

三、采购需求公示

采购需求公示并非法定的政府采购程序,但供应商可以通过公示的采购需求了解采购人的采购要求,并且可以意见反馈的方式,向采购人提供合理化建议。相关案例如下:

××省福利彩票发行中心投注机采购项目的采购需求公示

采购人委托××省政府采购中心就"福利彩票发行中心投注机采购项目"所需货物和服务进行公开招标采购。现对采购人提供的采购需求进行公示,公开征询各潜在供应商的意见。

1. 采购预算:人民币××万元。

2. 公示期:本公示发布之日起至20××年××月××日××时止。

3. 反馈意见提出方式:对采购需求提出相关意见(说明理由)应客观公正、实事求是,并在公示期内将相关意见以书面形式提交至××省政府采购中心(联系方式:×××××××××××)。

4. 采购需求获取方式:登录××政府采购网免费下载。

5. 采购需求公示目的:就采购需求的公正性与专业性征询各潜在供应商的意见,无论是否反馈意见,均不影响供应商参与后期的采购活动。

四、供应商征集公告

《政府采购法》规定,谈判小组(询价小组)根据采购需求,从符合相应资格条件的供应商名单中确定不少于三家的供应商,并向其发出谈判文件(询价通知书)。符合资格条件的供应商可以通过征集的方式获知。相关案例如下:

某学院实验室定制工作台及配套设备项目供应商征集公告

××政府采购中心就某学院实验室定制工作台及配套设备项目所需货物及相关服务进行询价采购,现接受有意向的潜在供应商报名。

1. 采购预算:××万元。

2. 供应商资格条件:供应商应具备《政府采购法》第二十二条第一款规定的条件。

3. 征集供应商要求：

（1）征集的供应商为本项目备选供应商，最终由询价小组确定不少于 3 家供应商参加询价。

（2）有意参与本项目的潜在供应商可在公示期内采用电子邮件方式进行报名。

（3）报名资料的提交方式：将报名信息发送至指定的电子邮箱（邮箱：××××）。

第三节　政府采购信息解读

供应商应对合理利用各种方式收集的政府采购信息认真进行解读。尤其是招标（采购）公告信息，其包含：项目名称，采购标的，预算金额，资格条件，获取采购文件的方式、时间和地点，递交投标（响应）文件的时间和地点，开标（磋商、谈判或询价等）的时间和地点，采购人及采购代理机构的联系方式等内容。供应商可以根据招标（采购）公告信息的相关内容获取采购文件，进而选择是否参与项目的投标。

下面以中央国家机关政府采购中心代理某高校保安服务项目为例，详细解读该项目的招标公告。

××大学20××年度保安服务采购项目招标公告

项目概况

××大学20××年度保安服务采购项目的潜在投标人应在××政府采购网获取招标文件，并于20××年××月××日 10：00 前提交投标文件。

一、项目基本情况

1. 项目编号：××××

2. 项目名称：××大学20××年度保安服务采购项目

3. 预算金额：××万元

4. 最高限价：无

5. 采购需求：××大学20××年度保安服务

6. 合同履行期限：一年

7. 本项目是否接受联合体投标：否

二、供应商的资格要求

1. 满足《政府采购法》第二十二条规定。

（1）具有独立承担民事责任的能力。

（2）具有良好的商业信誉和健全的财务会计制度。

（3）具有履行合同所必需的设备和专业技术能力。

（4）有依法缴纳税收和社会保障资金的良好记录。

（5）参加政府采购活动前三年内，在经营活动中没有重大违法记录。

（6）法律、行政法规规定的其他条件。

2. 落实政府采购政策需满足的资格要求：专门面向小型、微型企业采购。

3. 供应商参加政府采购活动前三年内未被列入"信用中国"网站（www.creditchina.gov.cn）失信被执行人、重大税收违法案件当事人、政府采购严重违法失信行为记录名单和"中国政府采购网"（www.ccgp.gov.cn）政府采购严重违法失信行为记录名单。

4. 本项目的特定资格要求：具有本项目实施能力且在中华人民共和国境内合法注册的具有独立法人资格的服务单位，具有公安机关核发的《保安服务许可证》。

三、获取招标文件

1. 时间：即日起至投标截止时间

2. 地点：中央政府采购网（http://www.zycg.gov.cn）

3. 方式：在线下载

4. 售价：免费

四、提交投标文件

1. 提交投标文件截止时间

20××年××月××日10时00分（北京时间）

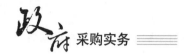

2. 提交投标文件地点

本项目采用网上投标,请符合投标条件的供应商安装投标工具(下载地址:中央政府采购网首页→下载中心→软件下载),使用CA证书加密上传投标文件。

五、开标

1. 时间:20××年××月××日 10时00分(北京时间)

2. 地点:项目采用"不见面"网上开标方式,请投标人按照《国采中心供应商网上开标操作指南》要求下载网上开标终端(下载地址:中央政府采购网首页→下载中心→软件下载),在规定的开标时间内进行解密开标。

六、公告期限

自本公告发布之日起5个工作日。

七、其他补充事宜

(1)供应商参加本项目投标,需要提前办理数字认证证书并进行电子签章,办理方式和注意事项详见中央政府采购网首页"CA服务"专栏。供应商已办理数字认证证书,并且证书还在有效期的,可联系CA服务机构免费办理电子签章。

(2)本项目相关信息同时在"中国政府采购网""中央政府采购网"等媒体上发布。

八、凡对本次招标提出询问,请按以下方式联系

1. 采购人信息

名　　称:××××大学

地　　址:××××

联系方式:××××××××××

2. 采购执行机构信息

名　　称:中央国家机关政府采购中心

地　　址:××××

邮政编码:××××××

联系方式:××××××××××

3. 项目联系方式

联系人及电话：××××××××××××

九、附件

××大学20××年度保安服务采购项目招标文件

中央国家机关政府采购中心
20××年××月××日

从以上公告内容可知，供应商可以获得以下信息。

一、项目基本内容

（1）项目名称。项目名称一般包含采购人名称和采购标的，供应商在众多公告中选择可能参与的项目，便是从项目名称上获得第一手信息。

（2）项目编号。每一个政府采购项目都会赋予一个特定的编号，项目编号可能是采购平台依据项目属性自动生成，也可以是采购人或代理机构根据内部管理要求对项目进行的编号。例如某代理机构 H 公司代理的某实验室建设项目编号为"HBT—16190128—200252"，其中"HBT"为 H 公司的简称，"16"是执行项目的部门编号，"19"代表代理协议签署时间为"2019 年"，"0128"代表 H 公司内部代理协议编号。"20"代表该项目执行时间为"2020 年"，"0252"代表该项目为 2020 年度代理的第"252"个项目。

无论招标编号怎么组成，每个项目的编号都是唯一的。同一个项目，招标公告、招标文件、投标文件及中标通知书中的编号都应该是一致的。

（3）项目预算金额和最高限价。项目预算金额，是采购人完成该项目的计划金额，即"口袋里有多少钱"，招标公告中项目预算金额与政府采购备案计划中预算金额必须一致；采购人可根据实际需要，设置项目"最高限价"，即"可以花多少钱"。最高限价不高于预算金额。例如：某维修项目预算金额为 100 万元，造价咨询机构编制的招标控制价为"95.7768 万元"，那么该项目就可能设置"95.7768 万元"为最高限价。设置最高限价的项目，一般会规定"报价超出最高限价为无效投标"，如未设置最高限价，则会规定"报价超出项目预算为无效投标"。供应商在解读项目招标公告时，一定要注意"无效报价"的"界限"。

（4）采购需求。公告中采购需求一般包括采购标的、数量、合同履行期限等。供应商可从采购公告中大致了解项目的概况，如想进一步了解详情，以确定是否参与项目或是否有优势参与项目竞争，可以向采购人或代理机构进行询问。

二、供应商资格条件

采购公告信息中的资格条件是采购人和采购代理机构基于项目性质和需求，根据相关法律法规和市场准入的规定设置的参与投标的基本要求。供应商应完全满足资格条件才能在项目评审中"跨过第一道坎"，针对采购信息公告中资格条件的要求，供应商必须结合自身实际情况，逐条对应，全部符合之后再选择是否参与该项目政府采购活动。

1. 法定资格要求

《政府采购法》第二十二条规定：

（一）具有独立承担民事责任的能力。《政府采购法》第二十一条规定，供应商是指向采购人提供货物、工程或服务的法人、其他组织或者自然人。在政府采购活动中应要求供应商提供营业执照等证明文件或自然人的身份证明，以证明供应商具备独立承担民事责任的能力，目的是保护采购人的合法权益。如果供应商不具备独立承担民事责任的能力，一旦出现违约等问题，采购人将面临无法要求赔偿和追责的法律风险。

《中华人民共和国政府采购法实施条例释义》中指出，尽管"其他组织"可以参加政府采购活动，但法人的分支机构由于其不能独立承担民事责任，不能以分支机构的身份参加政府采购，只能以法人的身份参加。但银行、保险、石油石化、电力、电信等有行业特殊情况的，采购人、采购代理机构可按照其特点在采购文件中做出专门规定。

（二）具有良好的商业信誉和健全的财务会计制度。良好的商业信誉是指供应商在参加政府采购活动以前，在生产经营活动中始终能够做到遵纪守法，诚实守信，有良好的履约业绩。通俗地讲就是客户信得过的企业。健全的财务制度，是指供应商能够严格执行现行的财务管理制度，财务管理制度健全，财务清晰，能够按规定真实、全面地反映企业的生产经营活动。

（三）具有履行合同所必需的设备和专业技术能力。为保证政府采购项目合同的顺利履行，供应商必须具备履行合同的设备和专业技术能力，这是供应商保证完成政府采购项目必备的物质和技术基础，如完成项目必需的生产设备技术人员等。

（四）有依法缴纳税收和社会保障资金的良好记录。依法纳税和缴纳社会保障资金是供应商应尽的义务。这一规定是为了抑制供应商依靠偷逃税款、逃避缴纳社会保障资金等手段降低成本的行为，从源头上促进公平竞争。

（五）参加政府采购活动前三年内，在经营活动中没有重大违法记录。重大违法记录，是指供应商因违法经营受到刑事处罚或者责令停产停业、吊销许可证或执照、较大数额罚款等行政处罚。值得注意的是，"较大数额罚款"的判断标准因各地区、各行业有所不同，并没有全国统一的标准。如《中国保险监督管理委员会行政处罚程序》规定的"较大数额罚款"：一是对保险机构及保险资产管理机构法人处以 100 万元以上的罚款或者对其分支机构处以 20 万元以上的罚款；对保险中介机构法人处以 30 万元以上的罚款或者对其分支机构处以 10 万元以上的罚款；对其他法人、组织处以 100 万元以上的罚款；二是对个人处以 5 万元以上的罚款。

（六）法律、行政法规规定的其他条件。国家对一些产品的生产和销售，以及银行、保险、证券等服务有专门的法律、行政法规的规定，生产和销售这类产品，以及提供这类服务必须取得国家有关主管部门的行政许可。如动物疫苗采购项目，供应商必须通过"农业农村部门GMP认证"，并具有"国家兽药生产许可证"。

2. 落实政府采购政策需满足的资格要求

国务院财政部门应当根据国家的经济和社会发展政策，会同国务院有关部门制定政府采购政策，通过制定采购需求标准、预留采购份额、价格评审优惠、优先采购等措施，实现节约能源、保护环境、扶持不发达地区和少数民族地区、促进中小企业发展等目标。

《关于印发〈政府采购促进中小企业发展暂行办法〉的通知》（财库〔2011〕181号）第四条规定，负有编制部门预算职责的各部门，应当加强政府采购计划的编制工作，制定向中小企业采购的具体方案，统筹确定本部门面向中小企业采购的项目。在满足机构自身运转和提供公共服务基本需求的前提下，应当预留本部门年度政府采购项目预算总额的30%以上，专门面向中小企业采购，其中，预留给小型和微型企业的比例不低于60%。采购人或者采购代理机构在组织采购活动时，应当在招标文件或谈判文件、询价文件中注明该项目专门面向中小企业或小型、微型企业采购。

因此，如果采购公告中已约定"专门面向小型、微型企业采购"，非小、微型企业则不具备参与资格。

3. 信用查询要求

诚实信用是政府采购活动的基本原则之一。在政府采购活动中查询及使用信用记录，对参与政府采购活动的供应商、采购代理机构及评审专家进行守信激励、失信约束，是政府相关部门开展协同监管和联合惩戒的重要举措，对降低市场运行成本、改善营商环境、高效开展市场经济活动具有重要作用，有利于形成"一处违规、处处受限"的信用机制。

根据《财政部关于在政府采购活动中查询及使用信用记录有关问题的通知》（财库〔2016〕125号）要求，各级财政部门、采购人、采购代理机构应当通过"信用中国"（www.creditchina.gov.cn）网站、中国政府采购网（www.ccgp.gov.cn）等渠道查询相关主体信用记录，并采取必要方式做好信用信息查询记录和证据留存，信用信息查询记录及相关证据应当与其他采购文件一并保存。

因此，供应商参加政府采购活动前三年内，应确保未被列入"信用中国"（www.creditchina.gov.cn）网站失信被执行人、重大税收违法案件当事人、政府采购严重违法失信行为记录名单和"中国政府采购网"（www.ccgp.gov.cn）政府采购严重违法失信行为记录名单。

三、关键时间节点

招标（采购）公告信息中包含了获取采购文件的时间，递交投标（响应）文件的时间。获取采购文件的时间即供应商报名的时间要求，超出时间限制，供应商将无法获取采购文件，从而失去参与项目的机会。公开招标、邀请招标和竞争性磋商项目获取采购文件的时间至少为5个工作日，竞争性谈判和询价采购项目获取采购文件的时间至少为3个工作日。

递交投标文件的时间必须精确到分，如公告中约定"投标截止时间及开标时间为：2020年7月1日9：30"，那么供应商必须在此时间前递交投标（响应）文件，逾期递交的，采购人、采购代理机构将拒收。供应商在参与项目投标时，应充分考虑交通、天气、工作安排等因素，采用电子标的，供应商务必在截止时间之前上传投标文件，宜早不宜迟。

四、开标方式

以上案例中，项目采用"不见面"网上开标方式，供应商需根据"指南"编制和上传投标文件，在规定的开标时间前投标文件应为保密状态。

如为现场开标，供应商可委托授权代表出席开标会议，并对开标记录的内容予以确认，如供应商不派代表出席开标会议，则视同对开标程序及内容无异议。

五、咨询方式

采购公告均会提供采购人和采购代理机构的联系方式，供应商如想进一步了解项目的详细情况，可直接向采购人或采购代理机构询问，一般情况下，项目采购需求编制为采购人的责任范围，而采购程序问题则更适宜向采购代理机构咨询。

第四节 政府采购文件获取

招标（采购）公告中对于如何获取采购文件有详细的操作指南，供应商一定要按照采购信息的要求获取采购文件。但在获取采购文件时，供应商也必须注意下列问题。

一、文件获取方式

通常来说，获取采购文件的方式有两种，现场获取和网络获取。现场获取采购文件，供应商需委派代表到现场进行报名登记。网络获取视情况不同，采购文件可能会直接附在招标（采购）公告之后，供应商直接下载即可；也可能需提供一些材料以邮件等形式发送至采购人或采购代理机构，然后采购人或采购代理机构以邮件等形式发出采购文件。

供应商获取了采购文件，就取得了参与政府采购项目的资格。未按照招标（采购）公告中的要求合法合规地获取采购文件，是不能参与投标的。

招标（采购）公告中规定了获取采购文件的时间，供应商应严格按照相关的时间要求获取采购文件，超过获取采购文件的时间则不能获取采购文件。

二、相关费用

根据《政府采购货物和服务招标投标管理办法》第二十四条规定，招标文件售价应当按照弥补制作、邮寄成本的原则确定，不得以营利为目的，不得以招标采购金额作为确定招标文件售价的依据。所以采购文件可以收取一定的费用，但不得以营利为目的收取高额费用。

三、获取条件

在招标（采购）公告中，一般会要求供应商在获取采购文件时提供一些证明材料，证明材料的内容一般包含报名表、法人身份证明或者授权委托书等，这些证明材料主要是为了统计报名信息，避免同一供应商重复报名等情况发生。供应商应按照招标（采购）公告的要求，及时准备相关材料获取采购文件。供应商在获取采购文件时，被要求提供相应的资格证明文件是不允许的，资格审查不能前置，应在开标之后或者谈判（磋商）之前进行。

供应商如果不满足资格要求，或存在重大违法记录，被列入失信名单等情况也可以获取采购文件。获取采购文件是供应商的权利，同时按照《政府采购货物和服务招标投标管理办法》的相关规定，资格审查是在开标结束后进行的，所以供应商即使不满足资格条件，也有权获取采购文件。但这对于供应商来说是在做"无用功"，因为资格审查不通过为无效投标。

第二十二章 采购文件的解读

供应商在获取采购文件后,首先应仔细阅读采购文件,提取项目重要信息,为制作投标(响应)文件做足准备。

采购文件根据采购方式的不同分为:招标文件(公开招标或邀请招标)、磋商文件(竞争性磋商)、谈判文件(竞争性谈判)、询价文件(询价)、单一来源文件(单一来源)。不论是哪一种采购文件,其文件结构都大体相似,我们统称为采购文件,采购文件一般主要包含以下内容:

(1)邀请书;

(2)供应商须知;

(3)项目采购需求;

(4)评标(审)方法、步骤及标准;

(5)合同主要条款;

(6)投标(响应)文件主要格式;

(7)附件;

(8)采购过程中的修改、澄清文件等。

本章我们将以公开招标项目招标文件为例,对其部分重要信息进行解读。

招标文件第一部分一般为投标邀请书,内容与招标公告基本一致,其具体内容在第二十一章已有介绍,这里不再赘述。

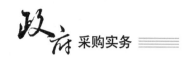

第一节　供应商须知解读

供应商须知主要介绍项目概要、投标要求、开标程序、评标和定标原则、质疑投诉方式、合同授予、费用承担、纪律和监督要求等内容，既概括了项目的重点，又帮助供应商梳理了具体流程，为招标文件的核心内容。

一、项目相关信息

在供应商须知中通常会对项目的某些信息进行说明，例如项目名称、项目地点、项目内容、资金来源及落实情况、合同履约期限、付款方式等内容。这些内容可以帮助供应商更加深入地了解项目的招标要求及实际情况。

二、资格证明文件

在供应商须知中会进一步对第二十一章招标文件的资格要求所需提供的相应资料进行说明。比如政府采购项目中要求供应商具备《政府采购法》第二十二条的相关规定，但是在第二十一章的资格要求中没有明确提出具体哪些证明文件以兹证明，而通常在供应商须知中会有相关说明。

（1）法人或者其他组织的营业执照等证明文件、自然人的身份证明

如供应商是企业（包括合伙企业），则一般要求提供在工商部门注册的有效"企业法人营业执照"或"营业执照"；如供应商是非企业专业服务机构，如律师事务所，一般要求提供执业许可证等证明文件；如供应商是个体工商户，一般要求提供有效的"个体工商户营业执照"；如供应商是自然人，一般要求提供有效的自然人身份证明。

（2）财务状况报告，依法缴纳税收和社会保障资金的相关材料

依法作出的财务状况报告包括经审计的财务报告、银行出具的资信证明文件等，能够清晰、准确地反映供应商的商业信誉情况，间接反映供应商是否有健全的财务会计制度。为了促进中小企业发展，在《财政部关于开展政府采购信用担保试点工作方案》（财库〔2012〕124号）中规定，专业担保机构对供应商进行资

信审查后出具投标担保函的,可以不用提供经审计的财务报告和银行资信证明文件。

要求提供经审计的财务报告的,一般包括"四表一注",即资产负债表、利润表、现金流量表、所有者权益变动表及其附注。供应商提交的资料必须保证其真实性,且清晰可辨。供应商需要提交的材料具体以采购文件要求为准。

供应商缴纳税收的证明材料主要是指参加政府采购活动前一段时间内缴纳增值税、营业税和企业所得税的凭据。

值得注意的是,企业经营年限的长短与履行合同无关,设定经营年限要求涉嫌以不合理的条件对供应商实行差别待遇或者歧视待遇,新成立的尚未取得经审计的财务报告的或尚未完成纳税的企业一样享有参与竞争的资格。

(3)具有履行合同所必需的设备和专业技术能力应该提供相关设备和技术能力的证明文件

为了证明供应商具有足够的设备和技术人员,采购文件中可能要求供应商提供相关设备的购置发票及专业技术人员的职称证书和用工合同等证明材料,具体要求以采购文件要求为准。

(4)参加政府采购活动前三年内,在经营活动中没有重大违法记录的书面声明

在政府采购活动中主要是要求供应商提交"参与采购活动前三年内在经营活动中没有重大违法记录的书面声明函"。采购人、采购代理机构一旦发现供应商提供的声明函不实时,可向监管部门上报,监管部门将按照《政府采购法》有关提供虚假材料的规定对供应商给予处罚。

(5)具备法律、行政法规规定的其他条件的证明材料

供应商在提供证明材料时,应保证相关证书在有效期内,审核信息齐全,否则可能被认定为无效证明材料。

例如某项目要求供应商提供"有效的安全生产许可证",投标截止时间为2020年7月6日,供应商提交的"安全生产许可证"有效期为"2017年7月1日至2020年6月30日",虽仅"过期"几天,但"失之毫厘,谬以千里"。

三、联合体投标

所谓的联合体投标,是指两个及以上的自然人、法人或者其他组织可以组成

一个联合体，以一个供应商的身份共同参加投标的行为。政府采购活动中，联合体投标常见于大型复杂项目，如设备安装施工项目，常常要求供应商同时具备机械安装和土建施工的能力，单独一家供应商难以兼备两种资质，此时应接受供应商以联合体投标的形式参与项目。

采购人或采购代理机构会在招标公告及供应商须知中明确是否接受联合体投标。若项目接受联合体投标，供应商应严格按照《政府采购法》和《政府采购法实施条例》的相关要求，提供相应材料、明确各自承担的义务和工作范围。

《政府采购法》第二十四条规定，两个以上的自然人、法人或者其他组织可以组成一个联合体，以一个供应商的身份共同参加政府采购。以联合体形式进行政府采购的，参加联合体的供应商均应当具备《政府采购法》第二十二条规定的条件，并应当向采购人提交联合协议，载明联合体各方承担的工作和责任。联合体各方应当共同与采购人签订采购合同，就采购合同约定的事项对采购人承担连带责任。

《政府采购法实施条例》第二十二条规定，联合体中有同类资质的供应商按照联合体分工承担相同工作的，应当按照资质等级较低的供应商确定资质等级。以联合体形式参加政府采购活动的，联合体各方不得再单独参加或者与其他供应商另外组成联合体参加同一合同项下的政府采购活动。

采购人或者采购代理机构应当根据采购项目的实施要求，在招标公告、资格预审公告或者投标邀请书中载明是否接受联合体投标。如未载明，则不得拒绝联合体投标。

四、供应商其他条件

除了资格条件要求的内容，供应商还必须满足政府采购相关法律法规规定的其他条件。

《政府采购法实施条例》第十八条规定，单位负责人为同一人或者存在直接控股、管理关系的不同供应商，不得参加同一合同项下的政府采购活动。除单一来源采购项目外，为采购项目提供整体设计、规范编制或者项目管理、监理、检测等服务的供应商，不得再参加该采购项目的其他采购活动。

以上条款是对关联供应商及存在利益冲突的供应商参加同一合同项目政府采购活动的限制性规定。单位负责人为同一人或者存在控股或者管理关系的两个单位参与同一合同项下的采购活动，容易发生事先沟通、私下串通及围标等违反政府采购法律法规的情况，不利于采购活动的公平竞争。单位负责人，是指单位法定代表人或者法律、行政法规规定代表单位行使职权的主要负责人。所谓法律、行政法规规定代表单位行使职权的主要负责人，是指除法定代表人以外，法律、行政法规规定的代表单位行使职权的主要负责人。

所谓控股关系是指单位或个人股东的控股关系。控股股东，是指其出资额占有限责任公司资本总额百分之五十以上或者其持有的股份占股份有限公司股本总额百分之五十以上的股东；出资额或持有股份的比例虽然不足百分之五十，但依其出资额或者持有的股份所享有的表决权足以对股东会、股东大会的决议产生重大影响的股东。实践中，一般对前者称为绝对控股，后者称为相对控股。这里的"控股关系"既包括绝对控股又包括相对控股。

所谓管理关系是指不具有出资持股关系的其他单位之间存在的管理与被管理关系，如一些上下级关系的事业单位和团体组织。

《政府采购法实施条例》中所规定的控股、管理关系仅限于直接控股、直接管理关系，而不包括间接的控股或管理关系。

> S公司为某大型国有公司，A公司和B公司同为S公司下属子公司，S公司分别持有A公司和B公司85%和75%的股份。A公司职工X为B公司董事，S公司职工Z为B公司监事。除此之外，S公司、A公司和B公司之间相互独立，均为独立法人，法定代表人及负责人均非同一人。
>
> 根据《政府采购法实施条例》规定，单位负责人为同一人或者存在直接控股、管理关系的不同供应商，不得参加同一合同项下的政府采购活动。A公司职工X虽为B公司董事，但两家公司并不存在直接控股、管理关系，因此，A公司和B公司可以参加同一合同项下的政府采购活动。
>
> 但S公司与A公司和B公司之间存在直接控股和管理关系，则S公司与A公司、B公司不得参加同一合同项下的政府采购活动，否则将可能同时被视为无效投标。

五、踏勘现场和投标预备会

采购人可根据项目具体的情况，决定是否组织供应商现场踏勘和投标预备会。

组织现场踏勘或投标预备会时，需邀请所有取得招标文件的供应商，不得邀请部分供应商单独踏勘现场或参与投标预备会。

供应商在取得招标文件后，务必先行了解项目是否组织现场踏勘、投标预备会，以及组织的时间和地点，以免错过规定的时限，引起不必要的麻烦。

供应商也可选择不踏勘现场，采购人、采购代理机构不得以未踏勘现场作为对供应商的否决条件。

六、样品提供

某些政府采购项目尤其是货物采购项目，仅凭书面方式不能准确描述采购需求或者需要对样品进行主观判断以确认是否满足采购需求的，会要求供应商提供相应的样品。供应商应按照招标文件要求提供样品，作为投标文件的一部分。

《政府采购货物和服务招标投标管理办法》第二十二条规定，采购人、采购代理机构一般不得要求投标人提供样品，仅凭书面方式不能准确描述采购需求或者需要对样品进行主观判断以确认是否满足采购需求等特殊情况除外。要求投标人提供样品的，应当在招标文件中明确规定样品制作的标准和要求、是否需要随样品提交相关检测报告、样品的评审方法以及评审标准。需要随样品提交检测报告的，还应当规定检测机构的要求、检测内容等。

采购活动结束后，对于未中标（成交）供应商提供的样品，应当及时退还，或者经未中标（成交）供应商同意后自行处理；中标（成交）供应商提供的样品，应当按照采购文件的规定进行保管、封存，并作为履约验收的参考。

七、中标后分包

中标（成交）供应商与采购人签订政府采购合同后，即受合同的约束，应按照合同的要求履行自己的义务。但是，供应商在履行政府采购合同的过程中，可能对于其中一部分工作并不具有优势；考虑到优化合同履行效率，在采购人允许的情况下，供应商依法可以将一些非主体、非关键性部分分包给具有优势的其他供应商完成，这对采购人圆满完成项目也更有利。

对于供应商能否在中标后分包，分包的内容、金额、分包人资质要求，采购文件中会有明确的规定。供应商应按照采购文件要求和项目实际情况来决定是否分包。值得注意的是，分包履行政府采购合同并不代表中标供应商不用对分包项目负责。中标供应商必须就整个项目、包括分包项目对采购人负责,依法保障采购人各项合法权益不受损害;分包供应商则仅需对分包项目承担连带责任。

《政府采购货物和服务招标投标管理办法》第三十五条规定,投标人根据招标文件的规定和采购项目的实际情况,拟在中标后将中标项目的非主体、非关键性工作分包的,应当在投标文件中载明分包承担主体,分包承担主体应当具备相应资质条件且不得再次分包。

八、投标有效期

投标有效期是指为保证采购人有足够的时间在开标后完成评标、定标、合同签订等工作而要求供应商提交的投标(响应)文件在一定时间内保持有效的期限。投标有效期的时间一般约定为90天、120天、180天等,并无特别限制。

《政府采购货物和服务招标投标管理办法》第二十三条规定,投标有效期从提交投标文件的截止之日起算。投标文件中承诺的投标有效期应当不少于招标文件中载明的投标有效期。投标有效期内投标人撤销投标文件的,采购人或者采购代理机构可以不退还投标保证金。

供应商在填写"投标函"时,应特别注意采购文件要求的"投标有效期",填写不得缺漏,也不得少于采购文件载明的投标有效期,否则将被视为无效标处理。

九、投标保证金

递交投标保证金是对供应商的一种约束方式,是对供应商投标活动的责任担保。《政府采购法实施条例》第三十三条规定,招标文件要求投标人提交投标保证金的,投标保证金不得超过采购项目预算金额的2%。投标保证金应当以支票、汇票、本票或者金融机构、担保机构出具的保函等非现金形式提交。投标人未按照招标文件要求提交投标保证金的,投标无效。采购人或者采购代理机构应当自中标通知书发出之日起5个工作日内退还未中标供应商的投标保证金,自政府采购合同签订之日起5个工作日内退还中标供应商的投标保证金。

为促进政府采购公平竞争、优化营商环境,部分地区为降低政府采购交易成本、激发市场活力、减轻中小企业负担,已明确要求政府采购项目不得收取投标保证金。

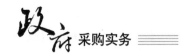

十、中标候选人推荐及定标原则

供应商须知中会明确中标候选人推荐数量及定标原则。采购代理机构应当在评审结束后2个工作日内将评标报告送采购人。采购人应当自收到评审报告之日起5个工作日内,在评审报告确定的中标候选人名单中按顺序确定中标供应商。中标候选人并列的,由采购人或者采购人委托评标委员会按照采购文件规定的方式确定中标供应商;采购文件未规定的,采取随机抽取的方式确定。采购人自行组织采购的,应当在评审结束后5个工作日内确定中标供应商。

十一、投标文件的制作要求

除采购文件明确要求电子标外,供应商应按照采购文件要求编制、签署、装订、密封和提交投标文件,供应商应该严格执行供应商须知关于文件装订的相应要求。

招标文件通常规定在投标文件上加盖供应商公章或(和)单位负责人签字。招标文件一般会明确供应商是法人的,由供应商的法定代表人签字,供应商是其他组织的,由供应商的主要负责人签字,个人参加科研项目投标的,由其本人签字。单位法定代表人或负责人授权代理人签字的,投标文件应附授权委托书。

一般情况下,单位公章不能以其下属部门、分支机构章或合同章、投标专用章等代替。

为规范投标文件的签署,采购人一般会在投标文件格式中对投标文件的重要内容如投标书、投标报价、投标偏离表和对投标文件的澄清等文件指定签署位置。供应商需认真检查投标文件的签署,以免导致无效投标。

十二、质疑期及质疑回复

供应商须知通常会载明质疑渠道、联系人、联系方式及时间要求。供应商认为招标文件、采购过程和中标结果使自己的权益受到损害的,可以在知道或者应知其权益受到损害之日起7个工作日内,以书面形式向采购人或采购代理机构提出质疑。采购人或采购代理机构应当在收到供应商的书面质疑后7个工作日内作出答复,并以书面形式通知质疑供应商和其他有关供应商,但答复的内容不得涉及商业秘密。

十三、履约担保

招标文件中规定中标供应商需提交履约担保的,中标供应商应当按要求提交。履约担保的主要作用是约束中标供应商保证完全履行合同。为了督促供应商完全按照合同要求的质量标准、期限完成项目,采购人通过要求其提交履约担保的形式促进供应商的服务效果与服务水平。

《政府采购法实施条例》第四十八条规定,采购文件要求中标或者成交供应商提交履约保证金的,供应商应当以支票、汇票、本票或者金融机构、担保机构出具的保函等非现金形式提交。履约保证金的数额不得超过政府采购合同金额的10%。

十四、政府采购政策

《政府采购法实施条例》第六条规定,国务院财政部门应当根据国家的经济和社会发展政策,会同国务院有关部门制定政府采购政策,通过制定采购需求标准、预留采购份额、价格评审优惠、优先采购等措施,实现节约能源、保护环境、扶持不发达地区和少数民族地区、促进中小企业发展等目标。

政府采购政策主要有以下几个方面。

1. 除特殊情况外,仅采购本国货物、工程和服务

为推动国内企业自主创新的积极性、努力建设创新型国家,财政部规定,政府采购应当采购本国产品,特殊情况确需采购进口产品的,实行审核管理制。

政府采购中,进口产品为通过中国海关报关验放进入中国境内且产自关境外的产品。

招标文件中一般会明确是否允许进口产品参与竞争,招标文件中未明确的,视为不接受进口产品。招标文件允许进口产品参与的,国产产品也可以参与竞争。

2. 强制或优先采购节能环保产品

依据品目清单和认证证书实施政府优先采购和强制采购。采购人拟采购的产品属于品目清单范围的,采购人及其委托的采购代理机构应当依据国家确定的认证机构出具的、处于有效期之内的节能产品、环境标志产品认证证书,对获得证书的产品实施政府优先采购或强制采购。

3. 促进中小企业发展

2011年,财政部、工信部联合发布首个政府采购扶持中小企业发展的细化政策——《关于印发〈政府采购促进中小企业发展暂行办法〉的通知》(以下简称《办法》)。《办法》中明确了政府采购活动中促进中小企业发展的一系列优惠措施,以及保障措施落实的方式,主要有设立专门面向中小企业的采购项目、对参与政府采购活动的中小企业进行价格折扣等扶持措施。

政府采购中非专门面向中小企业的项目,供应商可通过在投标文件中提供中小企业声明函的方式按规定获得相应的价格扣除,企业规模类型可参照工业和信息化部、国家统计局、发展改革委、财政部联合发布的《中小企业划型标准规定》(工信部联企业〔2011〕300号)来确定。值得注意的是,对于货物类项目,除参与投标的供应商需提供自身中小企业声明函外,还应同时提供所投货物供应商的中小企业声明函,当投标供应商和货物供应商同时为小型或微型企业时,才能获得价格扣除。

请看下面的案例。

采购代理机构A受某高校B的委托就"家具采购项目"组织公开招标。发售的招标文件中明确对参加本项目的小型和微型企业产品的价格给予6%的扣除,用扣除后的价格参与评审。评标过程中,评标委员会发现C公司的投标文件中提供了本公司的中小企业声明函,声明C公司为小型企业,但并未提供所投产品制造商的中小企业声明函。财政部《关于印发〈政府采购促进中小企业发展暂行办法〉的通知》(财库〔2011〕181号)第二条规定,小型、微型企业提供中型企业制造的货物的,视同为中型企业。因此,评标委员会确认,由于C公司仅提供自身中小企业声明函,并未提供所投货物供应商的中小企业声明函,因此在本项目评标过程中C公司不能享受中小企业价格优惠政策。

4. 支持监狱企业发展

为保证监狱安全稳定、社会安定和谐,财政部、司法部联合发布了《关于政府采购支持监狱企业发展有关问题的通知》(财库〔2014〕68号),明确了监狱企业在政府采购活动中视同小型、微型企业,享受中小企业预留份额、价格扣除等优惠政策。

5. 促进残疾人就业

为促进残疾人就业、保障残疾人合法权益，财政部、民政部联合发布了《关于促进残疾人就业政府采购政策的通知》（财库〔2017〕141号），明确了享受政府采购支持政策的残疾人福利性单位的条件，并确定残疾人福利性单位在政府采购活动中视同小型、微型企业，享受中小企业预留份额、价格扣除等优惠政策。

十五、其他约定

采购人、采购代理机构可根据项目需求设置特殊的要求，如招标代理费的收取约定等。如招标文件中约定招标代理费由供应商交纳，供应商在投标报价时应考虑代理服务费，具体金额或收取标准根据采购文件约定执行。

第二节 项目采购需求解读

项目需求明确了采购人"想要什么"，即采购人所需的货物、服务或工程的具体内容。供应商应当充分了解项目需求，必要时可通过资料搜集或现场踏勘的方式进行更进一步的了解。

一、采购需求内容

《政府采购货物和服务招标投标管理办法》第十一条规定，采购需求应当完整、明确，包括以下内容：

（一）采购标的需实现的功能或者目标，以及为落实政府采购政策需满足的要求；

（二）采购标的需执行的国家相关标准、行业标准、地方标准或者其他标准、规范；

（三）采购标的需满足的质量、安全、技术规格、物理特性等要求；

（四）采购标的的数量、采购项目交付或者实施的时间和地点；

（五）采购标的需满足的服务标准、期限、效率等要求；

（六）采购标的的验收标准；

（七）采购标的的其他技术、服务等要求。

二、解读采购需求

供应商在解读项目的采购需求时，应立足于采购文件，并根据项目现场勘察情况、市场调查情况、自身经验能力，全方面、多角度深入地熟悉和了解项目的采购需求。

1. 采购标的

尽管供应商在采购公告信息中对项目的采购标的已经有了大致的了解，但是只有真正深入解读项目采购需求，才能全面了解项目的采购标的，明确采购人的采购意图。货物项目的采购标的一般会以表格的形式描述出来，货物的种类、数量、技术参数一目了然；服务项目的采购标的一般会以文字的形式描述出来，服务的内容、要求都需要供应商仔细阅读并划出重点；工程项目的采购标的一般会以工程量清单及图纸的方式描述出来，施工内容、工程量、工作特征描述等内容需要注意。

2. 技术要求

项目的技术要求根据项目性质的不同，其所含内容也有所区别。下面我们从货物类项目、服务类项目、工程类项目分别说明。

1) 货物类项目

货物类项目的技术要求主要指的是货物的规格型号和技术参数。供应商在解读此类项目的技术要求时，应注意货物产品规格型号和技术参数的具体指标范围。比如，某采购项目的采购标的是空调设备，供应商在解读该项目的技术要求时就应该搞清楚是挂式还是柜式、空调尺寸的范围、功耗的指标、能效等级的指标等与空调直接相关的规格型号及技术参数指标范围。

2) 服务类项目

服务类项目的技术要求主要指的是服务的标准和要求。供应商在解读此类项目的技术要求时，应着重于服务过程中的要求和标准，服务要达到的目的和效果。比如，某采购项目的采购标的是学校的安保服务，供应商在解读该项目的技术要求时就应该明确安保服务的工作范围、安保服务应达到的标准、安保服务人员需达到的要求等内容。

3）工程类项目

工程类项目的技术要求主要指的是工程施工过程中应实现的质量、进度、安全目标等内容。供应商在解读此类项目的技术要求时要着眼于工程量清单和工程图纸，工程量清单项中的数量、工作特征描述，工程图纸直观地反映工程实体，同时还应根据相关行业标准进行综合分析解读。

无论是货物类项目、服务类项目或者工程类项目，技术要求的解读都直接影响到供应商投标成功与否，所以供应商必须重视技术要求的解读。"纸上得来终觉浅"，供应商仅仅依赖采购文件解读其技术标准是远远不够的，还应该积极向采购人或采购代理机构咨询相关问题，甚至可以对项目现场进行实地勘察，深入了解项目的实际情况，主动进行市场调查，获得市场最新动态，同时结合自身实际经验进行综合分析。

3. 商务条款

项目的商务条款主要指的是报价要求、时间要求、履约要求、付款方式等。供应商在解读报价要求时需明确项目采购的报价形式，单价合同还是总价合同，货币报价还是费率报价。供应商在解读时间要求时要注意合同期限、质保期方面的时间要求，同时要了解未达到上述时间要求造成的违约责任等。供应商在解读履约要求时要明确是否交纳履约保证金，以及履约保证金的交纳金额、方式、退还约定等；同时要明确违约条款的内容及相关的违约责任问题；供应商在解读付款方式时，应结合项目的结算、变更等内容综合理解，明确付款的前提、付款的方式等内容。

三、解读重难点

1. 核心产品问题

《政府采购货物和服务招标投标管理办法》第三十一条规定，采用最低评标价法的采购项目，提供相同品牌产品的不同投标人参加同一合同项下投标的，以其中通过资格审查、符合性检查且报价最低的参加评标；报价相同的，由采购人或者采购人委托评标委员会按照招标文件规定的方式确定一个参加评标的投标人，招标文件未规定的采取随机抽取方式确定，其他投标无效。使用综合评分法的采购项目，提供相同品牌产品且通过资格审查、符合性检查的不同投标人参加同一合同项下投标的，按一家投标人计算，评审后得分最高的同品牌投标人获得中标人推荐资格；评审得分相同的，由采购人或者采购人委托评标委员会按照招标文件规定的方式确定一个投标人获得中标人推荐资格，招标文件未规定的采取随机抽取方式确定，其他同品牌投标人不作为中标候选人。

供应商在参与非单一产品的货物类项目公开招标时，必须注意核心产品的设置。同时，要结合自身实际和市场情况，慎重选择所投产品的品牌型号，尽量绕开相同品牌产品比拼的尴尬局面。

请看下面的案例。

> 采购人 A 委托代理公司 B 组织了某货物类项目的公开招标。招标文件确定了货物 1 为核心产品，且在文件中载明"提供相同核心产品品牌且通过资格审查、符合性检查的不同供应商参加同一合同项下投标的，按一家供应商计算，评审后得分最高的同品牌供应商获得中标人推荐资格"。开标当天，共有 C、D、E 三家公司按时递交了投标文件，三家公司均通过资格审查和符合性检查，但其中 D 公司和 E 公司所投核心产品品牌一致，经评标委员会判定，本项目投标供应商不足三家，项目废标。

2. 关注"★"条款

某些政府采购项目采购需求中，对于某些采购人认为非常重要的条款会以符号"★"着重标识。这种情况下，供应商须认真对待，要搞清楚"★"条款是属于项目实质性要求还是属于评分因素。如果属于项目实质性要求，不满足"★"条款将被视作无效投标；如果属于评分因素，不满足"★"条款，此项将不得分。

3. 定量指标的分析

某些政府采购项目尤其是货物设备的规格型号、技术参数等，要求中会给出具体的参数范围或者定量指标。供应商面对该类指标时，要综合分析市场及自身情况，初步拟定所投产品范围，并做前期准备。如果指标的设定具有指向性、倾向性的嫌疑，或该指标有且只有一个品牌产品能够满足，供应商应及时向采购人或采购代理机构反馈问题，必要时可书面质疑。

4. 定性要求的理解

某些政府采购项目尤其是服务类项目采购需求无法给出确切的指标要求，只能定性地说明需要达到的效果。供应商面对该类采购需求时，要全面领会项目的采购目标及项目预期，并根据相关的行业标准，结合自身项目经验，综合分析实现采购目标的方式方法、项目周期、人员安排、设备投入、材料准备等内容。对于采购需求不明确的，应当及时向采购人或采购代理机构咨询。

5. 不可竞争费用

通常情况下，不可竞争费用会存在工程项目中，主要包括暂估价、暂列金额、安全文明施工费、税金等，该部分费用可能会以固定金额、固定比例的形式体现，不允许供应商进行竞争。供应商阅读招标文件时，需注意哪些费用属于不可竞争费用，着重标识出来，在投标（响应）文件制作中不得改变该项费用，否则可能被视为无效投标（响应）。

6. 采购文件附件

某些政府采购项目为了进一步明确采购需求，会以某些附件的形式作为采购文件的一部分发给供应商，常见的附件有：工程量清单、图纸、设计说明、货物详细清单、服务技术标准等。供应商在收到采购文件时，应当在第一时间对采购文件的完整性进行审查，确定采购文件是否包含附件。如有缺失，应当及时向采购人或采购代理机构提出并要求补足。采购文件附件要与采购文件配合解读，对于其中相互冲突的地方要及时反馈给采购人或采购代理机构。

7. 积极询问、慎重质疑

采购人在制定采购需求时，可能会因为本身专业的限制而无法做到尽善尽美。供应商解读采购需求时，对于采购需求中不明确、不理解、有歧义的地方应积极询问采购人或采购代理机构，得到其明确的回复。对于采购需求中存在的歧视性、倾向性条款，供应商可在规定的时间内向采购人或采购代理机构书面提出质疑。供应商提出质疑应慎重，质疑函应包含明确的质疑事项及必要的证明材料，切忌恶意质疑，搅乱市场。

第三节 评审方法、步骤及标准解读

一、评标委员会的组建

招标项目，评标委员会由采购人代表和评审专家组成，成员人数应当为 5 人以上单数，其中评审专家不得少于成员总数的三分之二。一般为"1＋4""2＋5""1＋6"等模式，即 1 名采购人代表加 4 名评审专家、2 名采购人代表加 5 名评审专家、1 名采购人代表加 6 名评审专家等。

非招标项目，评审小组由采购人代表和有关专家共 3 人以上的单数组成，其中专家的人数不得少于成员总数的三分之二。一般为"1＋2""1＋4"等模式。

供应商认为采购人员及相关人员与其他供应商有利害关系的，可以申请其回避。

中标（成交）结果公告中应公布评审专家名单，供应商可通过查阅公告获知项目评审专家名单信息。

资格条件的解读在第二十二章中已详细介绍，此处不再赘述。

二、资格条件的解读

采购文件中一般会以清单的形式对供应商资格条件以及应当提供的资格证明文件进行详细描述，供应商应当严格按照该清单的要求提供对应的证明材料。

采购文件中对供应商资格要求的说法应当保持一致，如供应商发现前后不一致的情形，应及时向采购人、采购代理机构提出询问。

三、符合性要求的解读

通过资格审查的供应商，进入符合性检查。符合性检查是指依据法律法规和采购文件的规定，从投标（响应）文件的有效性、完整性和对采购文件的响应程度进行审查，以确定供应商投标（响应）文件是否符合采购文件要求。

1. 符合性检查的内容

以某公开招标项目为例，符合性检查表如表 22.1 所示。

表 22.1 符合性检查表

序号	审核内容	投标单位名称
1	是否按照招标文件要求提交投标保证金	
2	是否按照招标文件规定要求签署、盖章	
3	是否按照招标文件要求进行报价	
4	投标有效期是否满足招标文件规定	
5	投标文件是否满足招标文件商务、技术等实质性要求（"★"条款）	
6	供应商是否有下列任一情形： （1）不同供应商的投标文件由同一单位或者个人编制； （2）不同供应商委托同一单位或者个人办理投标事宜； （3）不同供应商的投标文件载明的项目管理成员或者联系人员为同一人； （4）不同供应商的投标文件异常一致或者投标报价呈规律性差异； （5）不同供应商的投标文件相互混装； （6）不同供应商的投标保证金从同一单位或者个人的账户转出	
7	招标文件规定的其他符合性检查内容	
审核结论		

2. 解读符合性检查应注意的问题

1）是否按采购文件要求提交投标保证金

采购文件中要求提交投标保证金的，供应商应按照要求的金额、保证金的提交形式提交投标保证金。未按采购文件要求提交保证金的供应商，其投标（响应）文件将被认定为符合性检查不通过。

投标保证金为投标（响应）文件的组成部分，因此投标保证金递交时间应该在投标截止之前，逾期交纳无效。

2）是否按照采购文件要求签署、盖章

供应商在制作投标（响应）文件时，应根据采购文件提供的格式进行编制，对其格式中要求必须签署、盖章的地方应严格按照要求进行签署、盖章，尤其是投标函、法人代表身份证明书、法人代表授权委托书、报价文件、声明函、承诺函等。

3）是否按照采购文件要求进行报价

供应商进行报价时，应仔细阅读采购文件关于报价的内容要求，严格按照采购文件中提供的开标一览表（报价一览表）进行报价。填写报价时，要注意是单价报价还是总价报价，是费率报价还是货币报价，是否提交分项报价，是否提交报价分析，分项报价时不得漏项缺项，不可竞争费用不得更改等问题。同时，对于开标一览表（报价一览表）中的其他内容也应认真填写。

4）投标有效期是否满足采购文件规定

通常情况下，采购文件会在供应商须知部分规定投标有效期。投标有效期以递交投标（响应）文件截止时间为起始点，通常为90～180天（具体时间以采购文件规定为准）。供应商应在投标（响应）文件的投标函中对此进行明确响应。

5）投标（响应）文件是否附有采购人不能接受的条件

供应商编制投标（响应）文件时，应立足采购文件的相关要求，不得附有采购人不能接受的条件。如擅自延长项目期限、要求采购人变更采购内容、要求采购人改变付款方式等。

6）投标（响应）文件是否满足采购文件商务、技术等实质性要求

供应商应明确采购文件商务、技术等实质性要求，商务实质性要求通常指报价要求、项目期限要求、付款方式要求、质保期要求等内容；技术实质性要求通常指核心技术参数等内容。

7）投标（响应）文件是否出现采购文件规定无效投标的其他条款

采购文件通常会在供应商须知部分、采购需求部分、符合性检查表部分规定其他无效投标的相关条款。供应商在解读采购文件时，应着重注意是否规定了其他无效投标的条款。

8）是否出现被认定为围标串标的情形

供应商投标（响应）文件出现下列情形，将被认定为围标串标：

（1）不同供应商的投标（响应）文件由同一单位或者个人编制；

（2）不同供应商委托同一单位或者个人办理投标事宜；

（3）不同供应商的投标（响应）文件载明的项目管理成员或者联系人员为同一人；

（4）不同供应商的投标（响应）文件异常一致或者投标报价呈规律性差异；

（5）不同供应商的投标（响应）文件相互混装；

(6) 不同供应商的投标保证金从同一单位或者个人的账户转出。

供应商在投标时切勿出现上述行为，否则，一旦被认定为围标串标，将承担相应的法律责任。

四、评审方法的解读

评标办法是采购文件中非常重要的组成部分。政府采购项目根据采购方式的不同设置不同的评标办法，竞争性谈判和询价类的政府采购项目采用最低评标价法，即根据质量和服务均能满足采购文件实质性响应要求且最后报价最低的原则确定成交供应商；竞争性磋商采用综合评分法，即通过资格审查及符合性检查的供应商，综合评审得分最高的供应商为中标（成交）候选人；公开招标和邀请招标既可采用最低价评标法，也可采用综合评分法，以采购文件规定为准。

最低价评标法的内容相对简单，在满足各项需求的基础上，供应商尽量报出最优惠的价格。

综合评分法对通过资格审查及符合性检查的供应商进行评分，推选得分最高的供应商作为中标（成交）候选人。评分标准通常分为三个部分：价格评审、商务评审、技术评审。

1. 价格评审的解读

综合评分法的评分标准应当为百分制，价格评审根据项目的属性设置。

《政府采购货物和服务招标投标管理办法》第五十五条规定，货物项目的价格分值占总分值的比重不得低于30%；服务项目的价格分值占总分值的比重不得低于10%。执行国家统一定价标准和采用固定价格采购的项目，其价格不列为评审因素。

《政府采购竞争性磋商采购方式管理暂行办法》第二十四条规定，综合评分法货物项目的价格分值占总分值的比重（即权值）为30%至60%，服务项目的价格分值占总分值的比重（即权值）为10%至30%。

政府采购项目的价格分统一采用低价优先法计算，即满足采购文件要求且最后报价最低的供应商的价格为评标基准价，其价格分为满分。其他供应商的价格得分＝（评标基准价/评标价格）×价格权值×100。

对于工程类项目，政府采购相关法律法规没有对其价格权值进行规定，采购人或采购代理机构可根据项目的实际情况进行设置。

2. 商务评审的解读

商务评审是对供应商的履约能力进行评审。资格条件不得作为评审因素。评审因素应当细化和量化，且与相应的商务条件和采购需求对应。商务条件有区间规定的，评审因素应当量化到相应区间，并设置各区间对应的不同分值。

3. 技术评审的解读

技术评审则是对供应商针对采购项目需求的理解程度，以及提供的货物、服务或工程响应情况进行评审。评审因素的设定应当与供应商所提供货物、服务和工程的质量相关。

采购文件中技术部分评审因素也应当细化和量化，且与相应的采购需求对应。采购需求指标有区间规定的，评审因素应当量化到相应区间，并设置各区间对应的不同分值。

如采购文件评审标准存在明显歧视性或倾向性，未细化或量化，供应商认为自身权益可能受到损害的，可以向采购人、采购代理机构提出质疑。

第四节 合同主要条款和投标文件格式解读

一、合同主要条款解读

《政府采购法》第四十三条规定，政府采购合同适用合同法。采购人和供应商之间的权利和义务，应当按照平等、自愿的原则以合同方式约定。采购人和采购代理机构在制定采购文件时，应将拟签订的合同文本纳入其中。所以供应商在解读采购文件时应重视合同主要条款的解读。

合同主要条款一般会包括项目标的、甲乙双方的主要权利和义务、合同款项和支付方式、合同时间期限、违约责任等内容。供应商在解读合同主要条款时应结合项目采购需求的相关内容，对应理解。

二、投标(响应)文件格式解读

采购文件中会载明一些投标(响应)文件的主要格式,供应商应按照规定的格式制作投标(响应)文件。供应商在使用这些格式时应当注意采购文件中是否明确规定了不能随意更改投标(响应)文件格式,否则视作无效投标处理的规定。

对于供应商认为应当提供的材料,而投标(响应)文件格式部分未给出对应格式的,供应商可在投标文件自行完善补足。

第二十三章 投标（响应）文件的编制

在投标（响应）文件编制前，供应商应当拟定投标方案，合理进行投标工作的安排，提高投标（响应）文件的编制效率。在制作投标（响应）文件时，可将整个制作过程分为：市场调研和分析工作、收集证明材料工作、商务文件编制工作、技术文件编制工作、文件汇总装订工作。编制团队应当紧密合作，各司其职。

第一节 确定投标方案

凡事预则立，不预则废。为避免投标出现盲目性，供应商在编制投标（响应）文件前，应当详细了解项目的实际情况，准确解读采购文件，并对投标工作进行整体安排，确定合理的投标方案。

一、确定投标形式

通常情况下，政府采购项目不接受供应商以联合体形式参与投标，要求供应商以自身的名义单独参加政府采购活动。对于一些技术涉及多个不同专业、特别复杂的大型项目，或者规模巨大、履约要求时间紧的项目，一般情况下，单个供应商难以独立完成，允许有对应资质的供应商组成联合体参加政府采购活动。

供应商以联合体形式参与投标时应注意下列问题：

（1）慎重选择联合体合作伙伴。以联合体形式参与政府采购活动的，参加联合体的供应商均应当满足《政府采购法》第二十二条规定的条件，参加联合体的任何一方如存在不满足相关条件的，都将导致联合体投标被拒绝。

（2）以联合体形式参加政府采购活动的，联合体各方不得再单独参加或者与其他供应商另外组成联合体参加同一合同项下的政府采购活动。

（3）联合体中有同类资质的供应商，按照联合体分工承担相同工作的，应当按照资质等级较低的供应商确定资质等级。故从节约项目成本与提高投标效率的角度出发，联合体成员数量宜少不宜多。

（4）参与联合体的各供应商之间应当签订联合体协议，确定联合体牵头人以及各方权利和责任。

请看下面的"联合体投标协议书"案例。

联合体投标协议书

甲公司（全称）：

乙公司（全称）：

本协议书各方遵循平等、自愿、公平和诚实信用的原则，共同愿意组成联合体，实施、完成合同内容。现就下列有关事宜，订立本协议书。

1. （甲公司名称）为联合体牵头人，（乙公司名称）为联合体成员。

2. 联合体内部有关事项规定如下：

2.1 联合体由牵头人负责与发包人联系；

2.2 合同一切工作由联合体牵头人负责组织，由联合体各方按内部划分比例具体实施；

2.3 联合体将严格按照招标文件的各项要求，切实执行一切合同文件，共同承担合同约定的一切义务和责任，同时按照内部划分的职责，各自承担自身的责任和风险；

2.4 联合体内部各自按下列分工负责本项目工作：

牵头人（甲公司名称）承担本工程的_____，联合体成员（乙公司名称）承担本工程的_____；

2.5 联合体在合同实施过程中的有关费用按各自承担的工作量分摊。

3. 联合体牵头人应将本协议书各送交发包人。

4. 本协议书自签署之日起生效,至各方履行完项目合同全部义务后自行失效,并随项目合同的终止而终止。

5. 本协议书正本一式三份,联合体成员各执一份,送交发包人一份;副本一式____份,联合体成员各执____份。

甲公司名称:(章)	乙公司名称:(章)
法定代表人:	法定代表人:
委托代理人:	委托代理人:
联系电话:	联系电话:
年 月 日	年 月 日

(5) 联合体各方应当共同与采购人签订采购合同,就采购合同约定的事项对采购人承担连带责任。联合体对外"以一个供应商的身份共同投标"。也就是说,联合体虽然不是一个法人组织,但是对外投标应以所有组成联合体各方的共同的名义进行,不能以其中一个主体或者两个主体(多个主体的情况下)的名义进行,即"联合体各方""共同与招标人签订合同"。这里需要说明的是,联合体内部之间权利、义务、责任的承担等问题则需要依据联合体各方订立的合同为依据。

二、组建项目团队

供应商获取采购文件后,应当对采购文件进行深入的解读,对投标事宜进行分类,有针对性地组建项目团队。项目团队可分为几个小组,包括但不限于市场调查小组、商务响应小组、技术方案小组、文件审查小组、协调小组等,各司其职,各尽其责,共同做好投标事宜。

第二节 编制资格证明文件

一、资料收集

供应商必须重视档案资料的收集、整理和归档工作,建立档案管理的长效机制。在日常的工作中着重收集与公司竞争力相关的资格证明文件、荣誉和信用证明文件、人员资历文件、项目合同和验收证明文件等，并由专人负责保管，出入有记录，避免遗失。做好档案收集整理工作，可避免供应商在制作投标（响应）文件时因收集相关证明文件而浪费了大量的宝贵时间。

所有证书、证明文件包括按要求提供的官网截图必须是真实可查证的，必要时须注明资料来源。

证明材料仅限于投标单位本身，参股或控股单位及独立法人子公司的材料不能作为证明材料，但投标单位兼并的企业的材料可作为证明材料。

二、资料整理

资格证明文件一般要求为原件的扫描件或复印件，投标文件中提交的所有证明材料须清晰可辨认，如因证明材料模糊无法辨认、缺页、漏页导致无法进行评审认定的责任由供应商自负。

《政府采购法》《政府采购货物和服务招标投标管理办法》等法律法规都规定，投标文件应当对招标文件提出的实质性要求和条件做出响应。这意味着投标者只要对招标文件中的某一条实质性要求遗漏，未作出响应，都将成为无效标。如某采购文件规定，供应商须提交近三年经审计的财务报告，而供应商投标文件中仅提供了两个年度的财务报告，为明显"遗漏"。

第三节　编制报价文件

政府采购活动中，供应商报价是投标（响应）文件的重要组成部分，无论是采用最低评标价法还是综合评分法，对于供应商来讲，合理确定投标报价都是一项重要工作。

一、理解报价要求

政府采购项目涉及各行各业，包含工程、服务、货物等诸多类型，项目的报价要求不一而足。

1. 单价合同和总价合同

单价合同指在采购过程中，根据采购人的工程量清单或者货物清单，考虑到项目执行过程中的人工费、材料费、机械费、管理费、税金等，平摊到各清单分项中进行综合单价报价。最终结算时，根据实际完成的工程量据实结算。此种报价形式一般适用于有明确工程量清单的工程项目和有明确货物清单的货物项目等。供应商在面对这种报价形式时应注意不要缺项漏项，同时应将项目实施过程中将会发生但清单项中没有的价格平摊进综合单价进行报价。另外，供应商还须注意在项目执行过程中的工程量变更和价格调整。

总价合同是指在采购过程中，根据采购人对项目标的和项目所要达到的目的，考虑到项目执行过程中所有的费用和成本，一次性报总价，也就是通俗所说的"交钥匙"项目。最终结算时，按照合格的验收报告支付合同价款。供应商在面对这种报价形式时应注意采购人一般不会再增加其他费用，所以必须全面考虑项目执行过程中所产生的所有费用。

2. 货币报价和费率报价

多数政府采购项目采用货币报价，即无论是报单价还是总价，均以货币为单位进行报价。但同时也有一些特殊的项目，因有相关的收费标准，报价时会以收费标准为基础报综合折扣率，例如工程造价咨询项目或财务审计项目多为费率报价。供应商在报价时应当注意采购文件要求的是人民币报价还是费率报价，当进行费率报价时，要注意费率报价的要求，正确理解综合"折扣率"的概念，避免因报价错误导致符合性检查不通过。

3. 报价限制

采购人根据价格测算情况，可以在采购预算额度内合理设定最高限价，但不得设定最低限价。设定最高限价的，还应当公开最高限价。未设最高限价的，一般约定项目预算金额为报价上限。

值得注意的是，分包或标段的项目，预算及最高限价均以包为单位。

4. 不可竞争费用

不可竞争费用一般是指在工程项目中的暂估价和暂列金额。暂估价是指在具体施工中一定会发生的工作，但其工程量和价格无法预计，以暂估价的形式先确定下来。暂列金额是指在具体施工中可能会发生也可能不会发生的工作，预留一部分资金以备不时之需。对于供应商来说，暂估价和暂列金额都是不可竞争费用，投标报价时该费用应按清单中确定的金额进行报价，不可调整。不可竞争费用还有其他内容，比如工程项目中的税金、规费、安全施工文明费等，按相关法律法规规定执行即可。

二、掌握市场信息

1. 关注市场价格信息

（1）关注官方发布的价格信息。某些行业的产品或材料，官方会定时发布一些市场指导价格。比如工程建设行业，各类砂石料等建材，以及绿化植物等价格会在各省市工程造价信息网上进行公布。经常关注官方发布的市场价格信息，及时了解产品或材料的市场行情，避免盲目报价。

（2）积极了解产品上中下游各端的价格。对于某些货物和产品，供应商应该有专门的人力走向市场的各端，全面地掌握其流动过程中各种价格，出厂价、批发价、零售价等。这不但能全面了解货物和产品市场行情，同时也能在了解过程中寻求更好的供货渠道。

（3）及时掌握竞争对手的相关信息。及时了解和掌握竞争对手的相关信息，知己知彼。

2. 比对同类项目过往报价

供应商应注重收集和整理项目资料以及项目资料归档工作。多数供应商在参加政府采购项目投标时，都具备了同类项目的经验。供应商在投标报价时可以参考以往项目的价格信息进行报价。

三、避免恶意低价

恶意低价投标，一是扰乱了市场正常的价格秩序，不利于社会资源的优化配置；二是从长期看，损害了采购人的合法权益；三是阻碍了供应商的自身发展和技术进步。

《政府采购货物和服务招标投标管理办法》第六十条规定，评标委员会认为投标人的报价明显低于其他通过符合性检查投标人的报价，有可能影响产品质量或者不能诚信履约的，应当要求其在评标现场合理的时间内提供书面说明，必要时提交相关证明材料；投标人不能证明其报价合理性的，评标委员会应当将其作为无效投标处理。

请看下面的案例。

某局对其无线网专线租赁项目进行了公开招标,预算金额为1000万元。

到投标截止时,共有3家公司递交了投标文件。其中,A公司的投标报价为600万元,B公司的投标报价为340万元,C公司的投标报价仅为120万元。

唱标完毕后,A公司现场提出异议,认为C公司的投标报价属于低价恶性竞争,评标委员会应当对其投标予以否决。

评标委员会在审核了3家供应商的投标文件后,认为C公司的报价明显低于A公司和B公司,有可能不能诚信履约。评标委员会要求C公司在规定的时间内就其投标报价的合理性进行书面说明并提供相关证明材料。C公司按照评标委员会的要求在规定的时间内提交了书面说明材料,但说明材料中仅设备、材料和安装工程报价就已超过200万元,C公司表示愿意"让利",提供部分"公益服务"。

评标委员会最终认定,C公司未能证明其报价合理,属于低价恶性竞争,该公司投标无效,本项目因有效投标不足3家,项目废标。

四、合理确定报价

供应商在确定最终投标报价时应综合分析市场价格信息、以往项目价格信息等数据,根据项目实际情况和自身经营状况进行报价。报价时,既要考虑符合市场价格,又要做到"有利可图",保障自身利益,合理确定投标报价。

请看下面的案例。

X公司参与某咨询项目投标,采购文件中规定,供应商报价文件须单独密封提交,X公司在完成投标文件其他部分的编制工作后,对投标报价一直"犹豫不决"。因无法获知有哪些"竞争对手",报价过低无法保证利润,报价过高则不具备竞争力。最终X公司决定携带5种报价方案,待开标现场最终确定报价。投标当天,距离投标截止时间10分钟时,X公司授权代表根据投标现场竞争对手的情况,综合分析,选择递交了"最佳方案",一举中标。

五、谨慎填写报价

投标报价是投标（响应）文件的核心，报价文件必须完全按照采购文件的规定格式编制，不允许有任何改动及遗漏。

请看下面的案例。

> 如某项目规定综合折扣率报价。采购文件中约定："综合折扣率＝1－下浮率。例如：综合折扣率 90％＝1－10％（下浮率）（综合折扣率为 9 折，则表示为 90％，下浮率则应为 10％）；综合折扣率 80％＝1－20％（下浮率）（综合折扣率为 8 折，则表示为 80％，下浮率则应为 20％），依此类推。合同价＝标准金额×综合折扣率。综合折扣率须用百分数表示，即____％。"
>
> A 公司经慎重考虑，认为项目预算紧张，无法优惠报价，遂在报价表中填报数字"0"，意在表达"不下浮、无折扣"，评标委员会认为其"未按招标文件要求进行报价"，在符合性检查中，对 A 公司的投标做了无效标处理。
>
> B 公司报价投标报价为"40％"，待唱标后，B 公司意识到对报价要求理解错误，原意想"六折"报价，结果填报成综合折扣率 40％。经评审，B 公司为该项目的中标供应商，中标价格为 40％。B 公司以"报价错误"为由，拒绝签署政府采购合同，采购人根据《政府采购法》相关要求，做出"不予退还 B 公司的投标保证金"的处理。

第四节　编制商务文件

一、立足评审标准

编制商务文件首先应依据采购文件的商务评审标准相关要求，逐条对应提供相应的证明文件。一般来说，政府采购活动中的商务评审标准均为客观分，其特点是某一项评审标准要求的内容，供应商满足要求即给分，不满足即无分。供应商在提供某一项评审标准要求的证明材料时，应注意以下几点：

（1）证明材料应清晰可辨。供应商所提供的证明材料应为原件的扫描件或复印件，保证证明材料的清晰可见，且证明材料本身应该有逻辑性，不漏页，不串页，否则可能会因辨认不清或逻辑混乱导致认定不合格。

（2）关键信息着重标注。比如要求的合同签订时间、合同关键信息，证书的有效期，资质的等级等内容，都可以用比较明显的记号进行标注，一是通过标注对关键信息进行复查，二是方便评委评审。

（3）特殊情况提供说明及证明材料。比如采购文件中要求"人员具备高级职称，并提供证明材料"，一般应提供职称证书，但如职称正在公示阶段，无法提供职称证书，此时可进行情况说明，并附官方网站的公示截图佐证。

（4）应该考虑评审专家的审阅习惯。除采购文件特殊要求外，供应商可按照商务评审标准的顺序编制商务文件，以方便评审专家评审。

（5）适当使用图表。图表较文字更加直观和简洁，评委可以从中直接提取重要信息以作评定。

二、高于评审标准

编制商务文件时可"高于要求"。比如商务评审标准中规定 5 项业绩得满分，如采购文件无限制性条款，供应商在编制商务文件时可适当增加业绩数量，以应对因失误或某项业绩审查不合格而导致的不足。

第五节　编制技术文件

技术文件内容一般是针对项目实际情况，通过供应商自身的经验和能力，预判项目执行过程中的相关问题，并为此提出解决方案。所以，充分了解项目情况，全面掌握项目的相关信息是编制好技术文件的前提。

一、立足评审标准

采购文件中的技术评审标准是编制技术文件的依据，供应商在编制技术文件时，一定要认真研读每一条技术评审项目的内容，结合项目的实际情况深入理解评审的标准、评审的依据和评审的目的。以货物类采购项目为例，货物类的技术评审通常会对技术标准的响应情况、质量保障措施、交货期保障措施及售后服务方面进行评审。供应商在进行技术响应时，首先应全面了解采购文件相关技术指标的要求，确定好所要投标的产品。然后根据自身产品的实际情况，逐条对应技术指标进行优劣的分析，将检测报告、产品说明书、出厂合格证、官网截图作为技术指标数据的佐证。对于质量的保障措施可说明产品的正规供货渠道、提供相应检测合格的报告，同时也可以对产品质量进行承诺，如发生质量问题接受经济处罚，让采购人放心。对于交货期保障措施可通过产品的运输、交货期承诺进行保障。针对售后服务方面，可通过采取退换货、及时响应措施等进行说明。凡此种种，供应商应站在项目正常实施的立场上，通过自身成功经验，逐一对技术评审内容进行响应。

二、把握风险控制

供应商在编制技术响应文件时还应注重风险的识别和控制。对项目执行过程中的风险点进行全面充分的考虑，并逐一提出防控措施。风险点考虑得是否充分，防控措施是否有针对性和可操作性均体现了供应商的经验和能力。

第六节　细　节　处　理

细节决定成败，投标（响应）文件编制要在细节上做足功夫，精心打磨。

一、排版整齐

投标（响应）文件排版首先应符合采购文件要求，其次要考虑评委的阅读和评审习惯。文件内容应有序，页面布局、图片规格、表格行距、正文字体、字号、段落等应尽量统一。

二、封面信息齐全

除采购文件有特殊规定外，投标（响应）文件封面信息一般应包括项目名称、标段信息、项目编号、供应商名称、投标文件正（副）本标识等，封面信息尽量齐全。

三、目录、页码及导航表信息对应

为方便评委查阅投标（响应）文件，目录、页码及导航表应一一对应。目录级别以三级或四级为宜，且排版整齐美观。目录前可设置资格审查导航表和评分标准导航表，逐一简述投标（响应）文件响应的情况，并标注响应信息在投标（响应）文件的位置。

四、装订和密封合规

投标（响应）文件应按要求装订和密封。提倡双面打印，不可拆卸装订。

投标（响应）文件要密封严实，避免在搬运过程中出现破损，一般要求在密封处粘贴密封条，并加盖公章。项目分多个标段的，切勿混装不同标段的投标（响应）文件。

第二十四章 开标及评审活动的参与

第一节 递交投标（响应）文件

一、递交时间和地点

投标（响应）文件递交的方式、时间和地点会在采购公告信息和采购文件中详细载明，供应商在解读采购公告和采购文件中应重点关注，避免逾期送达投标（响应）文件而导致被拒收。采用邮寄方式的，一定要确保投标（响应）文件在截止时间前被采购人或者采购代理机构签收。采用电子招标方式的，一定要及时上传投标文件，并在规定时间内解密。

二、文件的修改、补充

供应商在投标截止时间前，可以对所递交的投标（响应）文件进行补充、修改或者撤回，并书面通知采购人或者采购代理机构。补充、修改的内容应当按照采购文件要求签署、盖章、密封后作为投标（响应）文件的组成部分。

补充、修改的内容与投标（响应）文件不一致的，以补充、修改的内容为准。

第二节 参与开标

公开招标和邀请招标采购方式均有开标程序。开标活动由采购人或采购代理机构主持，供应商应积极参与，并遵守开标纪律，配合采购人和采购代理机构共同维护开标秩序。

一、开标时间、地点

开标活动的方式、时间和地点在采购文件中会详细载明，开标时间应与投标文件递交截止时间一致。采购人、采购代理机构应对整个开标活动全程录音、录像。

开标的方式一般为现场开标或网络开标，现场开标方式的供应商可委派代表出席开标会议；网络开标的，供应商应确保网络连接正常。供应商不参加开标活动的，则视同认可开标结果。

二、开标基本程序

开标基本程序主要包括以下几点：

（1）投标文件密封性检查。开标时，应当由投标人或者其推选的代表检查投标文件的密封情况。

（2）投标文件拆封。投标文件密封性检查经确认无误后，由采购人或者采购代理机构工作人员当众拆封。

（3）唱标。采购人、采购代理机构宣布供应商名称、投标价格和招标文件规定的需要宣布的其他事项。

（4）确认开标结果。开标过程应当由采购人或者采购代理机构负责记录，由参加开标的各供应商代表和相关工作人员签字确认后随采购文件一并存档。

（5）提出疑义及回避申请。供应商代表对开标过程和开标记录有疑义，以及认为采购人、采购代理机构相关工作人员有需要回避的情形的，应当场提出询问或者回避申请。采购人、采购代理机构对投标人代表提出的询问或者回避申请应当及时处理。

投标人不足3家的，不得开标。

三、开标现场纪律

开标现场应遵守以下几点纪律：

（1）遵守会场纪律，不得迟到、早退或中途离开，爱护公物及公共卫生；

（2）会议过程中不得随便发表议论，或干扰会议正常进行，如有疑义，可举手示意，在征得主持人同意后方可发言；

（3）供应商授权代表如出席会议，应向采购代理机构提交供应商授权代表身份证明，出示本人身份证，以证明其出席。投标人授权代表如不出席会议，则视为对开标程序和内容无异议；

（4）开标会议结束后，供应商代表应立即离开现场，禁止以任何借口进入评标区和接触评标委员会成员。

第三节 评审活动的配合

一、招标项目评审活动的配合

公开（邀请）招标的评审活动中，评标委员会认为供应商的价格明显低于其他供应商的价格时，需要供应商在合理的时间内进行报价合理性分析。供应商应慎重对待，应对此提供书面的说明，必要时提供必要的证明材料，说明其报价合理，否则将被视为无效投标。

对于投标文件中含义不明确、同类问题表述不一致或者有明显文字和计算错误的内容，评标委员会应当以书面形式要求供应商作出必要的澄清、说明或者补正，供应商应予以配合。

二、非招标项目评审活动的配合

1. 响应文件的澄清、说明或者更正

评审小组在评审过程中，如果认为供应商的响应文件存在含义不明确、同类问题表述不一致或文字和计算明显错误的情形，可以要求供应商进行必要的澄清、说明或更正，但是不能超出响应文件的范围或者改变响应文件的实质性内容。澄清、说明或更正必须以书面形式作出，同时由供应商法定代表人或者其授权代表签字或加盖公章。

2. 磋商或谈判

竞争性磋商和竞争性谈判项目中，供应商需单独与评审小组进行磋商或谈判。

供应商委派参与磋商或谈判的人员应详细了解项目情况、供应商的商务技术优势及响应文件的内容。

磋商或谈判过程中，评审小组在获得采购人代表确认后，可对采购需求中的技术、服务要求一级合同草案条款进行实质性变动，并以书面形式通知所有供应商。供应商应对实质性变动的内容进行响应，并重新提交响应文件。重新提交的响应文件应经法定代表人或其授权代表签字或者加盖公章。

3. 提交最后报价

供应商在磋商或谈判结束后，应在规定时间内提交最后报价，最后报价是供应商响应文件的有效组成部分，同时也是价格评审的依据，所以供应商需充分理解采购文件要求，并根据磋商或谈判的内容提交最后报价。

第二十五章 中标（成交）、政府采购合同的签订

第一节 中标（成交）

一、中标（成交）结果公布

评标委员会或评审小组经评审后出具评审报告，并向采购人推荐中标（成交）候选人。

采购代理机构应当在评审结束后 2 个工作日内将评审报告送采购人。采购人自收到评标报告之日起 5 个工作日内，在评审报告确定的中标（成交）候选人名单中按顺序确定中标（成交）供应商。采购人自行组织招标的，应当在评标结束后 5 个工作日内确定中标（成交）供应商。中标（成交）候选人并列的，由采购人或者采购人委托评标委员会（评审小组）按照采购文件规定的方式确定中标（成交）供应商；采购文件未规定的，采取随机抽取的方式确定。

采购人在收到评审报告 5 个工作日内未按评审报告推荐的中标（成交）候选人顺序确定中标（成交）供应商，又不能说明合法理由的，视同按评审报告推荐的顺序确定排名第一的中标候选人为中标（成交）供应商。

采购人或者采购代理机构应当自中标（成交）供应商确定之日起 2 个工作日内，在省级以上财政部门指定的媒体上公告中标（成交）结果，采购文件应当随中标（成交）结果同时公告。供应商应密切关注中国政府采购网或中国政府采购网省级分网上的中标（成交）结果公告。

《关于做好政府采购信息公开工作的通知》（财库〔2015〕135 号）中规定，中标、成交结果公告的内容应当包括采购人和采购代理机构名称、地址、联系方式；项目名称和项目编号；中标或者成交供应商名称、地址和中标或者成交金额；主要中标或者成交标的的名称、规格型号、数量、单价、服务要求或者标的的基本概况；评审专家名单。协议供货、定点采购项目还应当公告入围价格、价格调整规则和优惠条件。采用书面推荐供应商参加采购活动的，还应当公告采购人和评审专家的推荐意见。

招标代理费支付金额、标准及方式应在中标（成交）结果公告予以公布，采购文件约定由供应商支付招标代理费的，供应商按照公布的金额和方式交纳招标代理费。

某大学实验教学中心通风改造项目中标结果公告

X 公司受 Y 大学的委托，就"实验教学中心通风改造项目"（项目编号：××××）组织采购，评标工作已经结束，中标结果如下。

一、项目信息

项目编号：××××

项目名称：实验教学中心通风改造项目

项目联系人：×××

联系方式：××××××××

二、采购单位信息

采购单位名称：××××大学

采购单位地址：××××××××

采购单位联系方式：××××××××

三、项目用途、简要技术要求及合同履行日期

详见招标文件。

四、采购代理机构信息

采购代理机构全称：X 公司

采购代理机构地址：××××××××

采购代理机构联系方式：××××××××

五、中标信息

招标公告日期：20××年××月××日

中标日期：20××年××月××日

总中标金额：×××万元（人民币）

中标供应商名称、联系地址及中标金额：

序号	中标供应商名称	中标供应商联系地址	中标金额/万元
1	C公司	××××××××	×××

本项目招标代理费总金额：××××元（人民币）

本项目招标代理费收费标准：

参照《国家发展改革委办公厅关于招标代理服务收费有关问题的通知》（发改办价格〔2003〕857号）、国家计划委员会《招标代理服务收费管理暂行办法》（计价格〔2002〕1980号）文件规定的"货物类"收费标准。

评审专家名单：××××

中标标的名称、规格型号、数量、单价、服务要求：

中标标的名称	规格型号	数量	单价	服务要求
××××	××××	××××	××××	××××

六、其他补充事宜

二、中标（成交）通知书发放

中标（成交）结果发布的同时发出中标（成交）通知书。中标（成交）通知书是供应商与采购人签订政府采购合同的重要依据，供应商在中标（成交）结果发布之后应及时办理领取中标（成交）通知书的相关事宜。

由供应商支付采购代理服务费的，采购代理服务费一般是在领取中标（成交）通知书之前收取，其收取方式、收费计算标准会在采购文件中载明，同时收费的具体金额一般会在中标（成交）结果公告中载明。供应商应仔细阅读相关信息，并在领取中标（成交）通知书前及时交纳采购代理服务费，避免影响供应商信誉问题。采购文件中未明确的收费，供应商有权拒交。

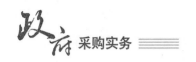

第二节 政府采购合同订立

政府采购合同是政府采购活动的落脚点,它是采购人与供应商之间约定权利义务的重要法律文件。政府采购合同的拟定不仅要符合《合同法》的规定,而且还要符合《政府采购法》的规定。

对于政府采购合同来说,采购人与供应商享有自愿订立政府采购合同的权利,前提是必须遵守《政府采购法》的相关规定。采购人在选择与之订立合同的供应商时,必须严格执行《政府采购法》制定的采购方式和采购程序。在按照法定采购方式和采购程序确定中标、成交供应商以后,采购人与中标、成交供应商必须按照所确定的采购结果签订政府采购合同;否则,双方均应当承担相应的法律责任。

另外,政府采购合同的授予还应当体现和落实政府采购的政策功能。因此,政府采购合同的主要内容和形式,不能像一般民事合同那样完全由采购人与供应商自行确定,其具有一定的"强制性"。

一、合同形式及内容

《政府采购法》第四十四条和第四十五条对政府采购合同的形式和主要内容作出了特别规定:一是政府采购合同应当采用书面形式;二是政府采购合同要有必须具备的条款,必须具备的条款由财政部会同国务院有关部门规定。

《合同法》第十二条规定,合同的内容由当事人约定,一般包括以下条款:当事人的名称或者姓名和住所、标的、数量、质量、价款或者报酬、履行期限、地点和方式、违约责任、解决争议的方法。

政府采购合同必须具备的条款,除了《合同法》所规定的、合同一般需要具备的基本条款外,更要凸显政府采购管理要求的有关条款,比如:有关政府采购项目预算管理要求的条款;资金支付条款(例如:政府采购项目的合同款项要实行国库集中支付政策性要求条款);有关预防腐败要求的条款(例如:在合同标的物之外,供应商不得提供、采购人不得接受赠品的要求);履约验收条款(例如:政府采购项目采购人可以邀请项目未中标供应商、项目评审专家等参与合同验收,大型或者复杂的政府采购项目应当邀请国家认可的质量检测机构参加验收工作，以强化履约监督）；有关维护国家利益、公共利益及国家安全要求的条款；合同强制备案条款（采购人应当自政府采购合同签订之日起 2 个工作日内，将政府采购合同在省级以上人民政府财政部门指定的媒体上公告，但政府采购合同中涉及国家秘密、商业秘密的内容除外）。必须具备的条款是政府采购合同标准文本的其中一部分，是合同标准文本的核心。

二、合同签订时效

《政府采购法》第四十六条规定，采购人与中标、成交供应商应当在中标、成交通知书发出之日起 30 日内，按照采购文件确定的事项签订政府采购合同。中标、成交通知书对采购人和中标、成交供应商均具有法律效力。中标、成交通知书发出后，采购人改变中标、成交结果的，或者中标、成交供应商放弃中标、成交项目的，应当依法承担法律责任。

三、政府采购合同公告

采购人应当自政府采购合同签订之日起 2 个工作日内，将政府采购合同在省级以上人民政府财政部门指定的媒体上公告，但政府采购合同中涉及国家秘密、商业秘密的内容除外。

第三节　政府采购合同的变更

一、合同不得随意变更

《政府采购法》第四十三条规定，政府采购合同适用合同法。《合同法》第三十条规定，受要约人对要约的内容作出实质性变更的，为新要约。有关合同标的、数量、质量、价款或者报酬、履行期限、履行地点和方式、违约责任和解决争议方法等的变更是对要约内容的实质性变更。

《政府采购货物和服务招标投标管理办法》第七十一条规定，采购人应当自中标通知书发出之日起 30 日内，按照招标文件和中标人投标文件的规定，与中标人签订书面合同。所签订的合同不得对招标文件确定的事项和中标人投标文件作实质性修改。采购人不得向中标人提出任何不合理的要求作为签订合同的条件。

《政府采购法》第五十条规定，政府采购合同的双方当事人不得擅自变更、中止或者终止合同。政府采购合同继续履行将损害国家利益和社会公共利益的，双方当事人应当变更、中止或者终止合同。因此，除"合同继续履行将损害国家利益和社会公共利益的"情况外，一般不得随意变更、中止或者终止政府采购合同。

二、合同追加

《政府采购法》第四十九条规定，政府采购合同履行中，采购人需追加与合同标的相同的货物、工程或者服务的，在不改变合同其他条款的前提下，可以与供应商协商签订补充合同，但所有补充合同的采购金额不得超过原合同采购金额的百分之十。

进行追加采购，必须把握以下五个要点：

（1）追加采购应当发生在合同履行过程中。如原合同已经完成履约验收、资金支付，则不可以再追加。

（2）需追加采购的标的要与原合同标的相同。合同履行过程中因需求调整、市场供求等因素的影响，适当地追加是正常的。但是这种追加只包括合同标的相同的追加采购，不包括合同标的不同的添购。如原合同采购的是计算机，那么追加的标的物必须是计算机，而不能换成打印机。

（3）追加采购产生的变更需要签署补充合同。《政府采购法》第四十四条对政府采购合同的形式有明确要求，签订补充合同当然也要适用。考虑到政府采购对合同变更的谨慎态度，书面合同对于加强监管也是必要的。部分变更也有必要签署书面合同。

（4）不得改变合同的其他条款。一般的理解是，数量条款可以变，总价条款也可以变，其他条款都不能变。但追加采购在导致合同标的数量及总价的变化外，可能会对原合同履行方式、期限、地点、违约责任等都产生影响。从这个意义上说，不改变合同其他条款的本意是，不得对与追加采购无关的合同条款作出实质性变更。

（5）所有补充合同的采购金额不得超过原合同采购金额的百分之十。

第二十六章 政府采购合同的履约、验收

供应商与采购人签订了政府采购合同就应当严格遵守，认真履行合同的相关义务。项目结束后，采购人将根据供应商履约的情况，进行验收。验收不合格的，供应商应予以纠正并承担因此导致的损失。验收合格的，采购人应当按照政府采购合同约定支付合同价款。

第一节 政府采购合同履约

在政府采购合同的执行过程中，采购人的主要义务和责任是对项目的监督管理、协调配合、支付合同款项等，而项目具体的实施，质量目标、进度目标、安全目标的保障，其主要责任在供应商。所以供应商在政府采购合同履约中扮演着最重要的角色，能否取得采购人的认可和信任，获得合同报酬，取决于供应商自身的综合实力。

一、安全目标的实现

供应商不能为了追求利益的最大化而忽视安全方面的管理。在项目执行过程中，一定要将安全管理摆在第一位，杜绝安全事故的发生。

（1）设置安全管理岗位，加强安全组织管理。供应商在政府采购项目执行过程中，应设置安全管理岗位，负责安全方面的管理。对于安全隐患较大的项目，

如工程建设项目,应设置安全管理部门,分级负责安全管理。

(2) 安全教育常态化,强化员工安全意识。供应商应定期开展安全教育培训,将行业当中的安全风险、安全防护、安全措施等内容灌输给员工,增强员工的安全意识。

(3) 防护用品常备化,增强员工防护保障。供应商应根据本行业的安全风险点,针对性地采购相关防护用品作为储备。在员工工作过程中,要提醒员工穿戴好防护用品,做好基本的防护措施。比如:工程建设中戴好安全帽,高工作业中挂好安全带,夜间施工中穿好夜间工作服等。

(4) 现场安全指导,杜绝事故发生。工作现场安排专人进行安全指导,及时整改现场的安全隐患,降低安全事故的发生概率。

二、质量目标的实现

质量目标的实现是项目实施成功最基本的要求,但现实中,供应商不得因谋求利益的最大化,偷工减料,以次充好。忽视质量而求利益,短期内或许能降低成本、增加利润,但从持续发展来看,损失的资金成本和信用成本不可估量。所以供应商在履约过程中,重视项目质量,实现质量目标意义重大。

(1) 明确项目的质量目标,平衡质量与成本关系。履约过程中,一定要明确项目的技术标准、服务要求,明确项目的质量目标,同时综合考虑项目的成本费用、长期合作、持续发展等因素,平衡质量与成本的关系,合理确定最终应实现的质量目标。

(2) 端正思想态度,诚实守信履约。偷工减料、以次充好、只做一锤子买卖的思想无异于自砸招牌。当前,社会信用体系高速发展,逐步完善,任何有违信誉的事情都有可能被记录在案,公之于众。而从公司发展来看,信誉的缺失无疑就是公司毁灭的前奏,所以供应商在履约过程中,要将信誉成本考虑到项目的综合成本当中去,端正思想,诚实守信,认真完成合同规定的义务。

(3) 合理提出建议,体现专业素养。在合同履约过程中,供应商可根据项目的实际情况,在不违背合同的前提下,出于对项目实施本身的考虑,提出合理化的建议,这既是供应商的社会责任,也能体现供应商的专业素养。

三、进度目标的实现

在政府采购合同的时间要求下,科学编制进度方案,合理安排进度计划,采取相关措施,保障进度目标的实现,应当成为供应商履约过程中必须重视的工作。

(1) 科学编制进度方案,合理安排进度计划。进度方案应综合考虑项目执行过程中影响进度的各方面因素,并提出相应的应对措施,把握项目的关键节点,分段安排进度计划,力求进度方案完善可靠。

(2) 落实进度方案和计划,合理安排人员和物资。合理配置项目组成员,各司其职,相互配合。协调好物资采购和储备的平衡,避免临时采购而增加成本,存量过多而浪费材料等情形的发生。

(3) 积极应对突发事件,平衡进度与成本的关系。影响项目实施进度的因素多种多样,在进度方案中无法全面考虑,一旦发生突发事件,供应商应及时反应,积极面对。

四、利润目标的实现

利润空间应在合理范围内,盲目追求利润最大化容易产生质量、安全等诸多问题。所以,供应商在合同履约过程中要综合考虑各方面因素,合理确定利润目标。

(1) 权衡各种收益,重新诠释利润。供应商在理解利润的时候,应站在更高的位置去全面理解,不能仅仅把利润定义为资金的收入,而应该综合考虑项目的社会效益、与采购人的长期合作、公司的荣誉信用、公司的持续发展等诸多问题,权衡各种收益,重新诠释利润。

(2) 综合分析各种因素,合理设置利润目标。合理确定利润目标,首先就必须了解本行业的市场行情,包括市场价格、成本和合理的利润范围等内容。然后根据项目的实际情况,综合考虑自身想要在本项目实现的总体目标,合理设置利润目标。

(3) 加强成本费用分析,紧抓利润产出点。成本费用的分析不应在项目实施前期和项目结束时进行,一定是在项目实施的整个过程进行常态化的分析。在成本费用的分析过程中,供应商能清晰发现成本产生的规律,进而抓住利润产出的点。紧抓利润产出点,合理获得利润,才是项目经营管理的落脚点。但是利润产

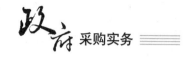

出点的确定又是一个综合复杂的问题,需要供应商全面考虑各方面的因素,切不可牺牲项目的质量、安全和企业信誉获得短期利润,而应着眼于长期合作、持续发展。

第二节 政府采购合同验收配合

政府采购合同履约验收主体责任在采购人,但验收的对象是供应商,所以供应商应积极配合采购人对项目进行履约验收,这直接关系到供应商能否最终完成项目,并获取合同报酬。

一、合同验收内容

政府采购合同验收是根据合同文件的要求,对合同最终成果进行检查接收,其主要内容包括项目的质量目标、进度目标、安全目标是否得到实现。在验收过程中,采购人将会严格按照政府采购合同开展验收工作,按照合同的约定对每一项技术、服务、安全标准的履约情况进行确认。验收结束后,应当出具验收报告,列明各项标准的验收情况及项目总体评价,由验收双方共同签署。

二、合同验收方式

合同验收的方式可以多种多样,最常见的是采购人独立对供应商的履约情况进行验收,并出具验收报告。采购人还可以委托第三方服务机构及专家参与合同验收,由第三方机构及专家出具相关验收意见作为采购人验收报告的参考资料。对于采购人和使用人分离的采购项目,应当邀请实际使用人参与验收。例如:政府向社会公众提供的公共服务项目,验收时应当邀请服务对象参与并出具意见,验收结果应当向社会公告。

供应商应深入了解采购人关于合同验收的相关方式,合理采取应对措施,避免因忽视合同验收工作导致验收不合格的情况发生。

采购人 A 委托采购代理机构 B 组织"×××动物疫病防疫物资采购项目"的公开招标活动,在和招标代理签订委托协议的过程中,经双方充分协商,采购人 A 将该项目的履约验收服务一并委托给了采购代理机构 B。该项目于 2019 年 2 月招标完成并发布中标结果公告,并相继与供应商签订了政府采购合同,通知其于 2019 年 3 月和 2019 年 9 月向全省各个县市供货。采购代理机构 B 为履行合同,在供应商供货期间,按采购人的要求随机抽选了 8 个县市,分 4 组并邀请了 8 名专家进行交货现场验收,抽取样品送检测机构进行检测,并最终出具验收报告。

相关法条:《政府采购货物和服务招标投标管理办法》第七十四条:采购人应当及时对采购项目进行验收。采购人可以邀请参加本项目的其他投标人或者第三方机构参与验收。参与验收的投标人或者第三方机构的意见作为验收书的参考资料一并存档。

联系事项:采购代理机构全程参与项目的采购过程,对项目的采购标的、技术标准、服务要求的了解非常全面,所以其作为第三方机构参与合同验收是一种合理的验收方式。

三、验收资料的收集、整理

供应商在项目实施过程中要注重相关验收资料的收集和整理工作。验收资料的收集和整理,要注意资料的真实性、时效性、连续性和逻辑性,切不可以假乱真、伪造验收资料,也要注意验收资料的时效性,同时还要注意资料在时间线上的连续性和资料彼此之间的逻辑性。

收集和整理工作应作为日常化的工作贯穿项目执行的全过程,在日常的工作中就应该把项目资料进行分类整理并进行归档,切不可到项目完成验收的时候才四处收集资料,这样不但容易造成资料的遗失缺损,而且资料的逻辑顺序也难以保证。

第三节 资金结算

政府采购项目通过验收后,采购人依法应对项目进行结算,支付供应商合同报酬。供应商在合同结算和支付的过程中,应积极配合采购人提交结算资料,确认合同款项支付到位。

一、提交结算资料

供应商在项目完成并经验收合格后,应及时向采购人提交相关结算资料,申请支付款项。对于服务类项目,结算资料一般包括验收合格资料、合同文件、服务清单结算书及计算方式、服务内容变更材料等内容;对于货物类项目,结算资料一般包括验收合格资料、合同文件、货物产品清单结算书及计算方式、货物产品内容变更材料等内容;对于工程类项目,结算资料一般包括工程的验收合格资料、合同文件、施工单位的结算书(初审结算书)及计算方式、施工图、竣工图、隐蔽资料、设计变更资料、相关联系单、现场签证单、材料审批单价、若有甲方供应的材料或设备,必须有甲方的扣款材料清单等与工程相关的所有结算资料等。

二、配合资料审核

供应商所报的结算资料需经过采购人的审核通过之后,方可支付款项。所以供应商必须配合采购人的结算审核工作,对资料相关问题进行解释说明,对资料缺失部分进行补充,对资料不明确的地方进行修正,对合同违约处罚进行确认。

三、资金结算

验收通过后,采购人有义务和责任按照合同约定支付供应商合同款项,同时退还供应商的履约保证金。结算完成后,供应商应及时关注和催促采购人退还履约保证金和支付款项。

第二十七章 询问、质疑、投诉

《政府采购法》第五十一条规定,供应商对政府采购活动事项有疑问的,可以向采购人提出询问,采购人应当及时作出答复,但答复的内容不得涉及商业秘密。第五十二条规定,供应商认为采购文件、采购过程和中标、成交结果使自己的权益受到损害的,可以在知道或者应知其权益受到损害之日起七个工作日内,以书面形式向采购人提出质疑。第五十五条规定,质疑供应商对采购人、采购代理机构的答复不满意或者采购人、采购代理机构未在规定的时间内作出答复的,可以在答复期满后十五个工作日内向同级政府采购监督管理部门投诉。第五十八条规定,投诉人对政府采购监督管理部门的投诉处理决定不服或者政府采购监督管理部门逾期未作处理的,可以依法申请行政复议或者向人民法院提起行政诉讼。

《政府采购质疑和投诉办法》对政府采购质疑和投诉作出了更为具体的规范与要求。

第一节 询 问

一、询问的方式

供应商对政府采购活动有疑问的,可以向采购人或采购代理机构提出询问。

询问的方式可以分为口头询问和书面询问。在实际操作中，询问既可以采用电话、面谈等口头方式，也可以采用信函、邮件等书面形式，方式不限。

二、询问的答复

询问可以是对采购公告、采购文件、采购结果的询问，也可以是采购程序的询问，内容不限。采购人或采购代理机构应积极作出答复。

第二节 质 疑

一、质疑的主体和对象

供应商是提出质疑的主体，其质疑的对象一般为采购人或采购代理机构。

《政府采购质疑和投诉办法》第十一条规定，提出质疑的供应商（以下简称质疑供应商）应当是参与所质疑项目采购活动的供应商。

潜在供应商已依法获取其可质疑的采购文件的，可以对该文件提出质疑。对采购文件提出质疑的，应当在获取采购文件或者采购文件公告期限届满之日起7个工作日内提出。

二、提出质疑

《政府采购质疑和投诉办法》第十条规定，供应商认为采购文件、采购过程、中标或者成交结果使自己的权益受到损害的，可以在知道或者应知其权益受到损害之日起7个工作日内，以书面形式向采购人、采购代理机构提出质疑。采购文件可以要求供应商在法定质疑期内一次性提出针对同一采购程序环节的质疑。

如何界定"供应商应知其权益受到损害之日"，《政府采购法实施条例》已作出明确规定，供应商应知其权益受到损害之日，是指：

（一）对可以质疑的采购文件提出质疑的，为收到采购文件之日或者采购文件公告期限届满之日；

（二）对采购过程提出质疑的，为各采购程序环节结束之日；

(三）对中标或者成交结果提出质疑的，为中标或者成交结果公告期限届满之日。

《政府采购质疑和投诉办法》第十二条规定，供应商提出质疑应当提交质疑函和必要的证明材料。质疑函应当包括下列内容：

（一）供应商的姓名或者名称、地址、邮编、联系人及联系电话；

（二）质疑项目的名称、编号；

（三）具体、明确的质疑事项和与质疑事项相关的请求；

（四）事实依据；

（五）必要的法律依据；

（六）提出质疑的日期。

供应商为自然人的，应当由本人签字；供应商为法人或者其他组织的，应当由法定代表人、主要负责人，或者其授权代表签字或者盖章，并加盖公章。

三、质疑的答复

1. 答复主体

采购人是供应商质疑答复的主体，《政府采购质疑和投诉办法》第五条规定，采购人负责供应商质疑答复。采购人委托采购代理机构采购的，采购代理机构在委托授权范围内作出答复。

《政府采购质疑和投诉办法》第十四条规定，供应商对评审过程、中标或者成交结果提出质疑的，采购人、采购代理机构可以组织原评标委员会、竞争性谈判小组、询价小组或者竞争性磋商小组协助答复质疑。

2. 答复时限

《政府采购质疑和投诉办法》第十三条规定，采购人、采购代理机构不得拒收质疑供应商在法定质疑期内发出的质疑函，应当在收到质疑函后7个工作日内作出答复，并以书面形式通知质疑供应商和其他有关供应商。

3. 答复内容

《政府采购质疑和投诉办法》第十五条规定，质疑答复应当包括下列内容：

（一）质疑供应商的姓名或者名称；

（二）收到质疑函的日期、质疑项目名称及编号；

（三）质疑事项、质疑答复的具体内容、事实依据和法律依据；

（四）告知质疑供应商依法投诉的权利；

（五）质疑答复人名称；

（六）答复质疑的日期。

质疑答复的内容不得涉及商业秘密。

4. 答复结果

《政府采购质疑和投诉办法》第十六条规定，采购人、采购代理机构认为供应商质疑不成立，或者成立但未对中标、成交结果构成影响的，继续开展采购活动；认为供应商质疑成立且影响或者可能影响中标、成交结果的，按照下列情况处理：

（一）对采购文件提出的质疑，依法通过澄清或者修改可以继续开展采购活动的，澄清或者修改采购文件后继续开展采购活动；否则应当修改采购文件后重新开展采购活动；

（二）对采购过程、中标或者成交结果提出的质疑，合格供应商符合法定数量时，可以从合格的中标或者成交候选人中另行确定中标、成交供应商的，应当依法另行确定中标、成交供应商；否则应当重新开展采购活动。

质疑答复导致中标、成交结果改变的，采购人或者采购代理机构应当将有关情况书面报告本级财政部门。

5. 禁止事项

供应商质疑应当以客观事实为依据，通过合法途径向采购人或采购代理机构提出，禁止捏造事实、提供虚假材料、以非法手段取得证明材料。证据来源的合法性存在明显疑问，供应商无法证明其取得方式合法的，视为以非法手段取得证明材料。

第三节 投 诉

一、投诉条件及时效

1. 投诉条件

投诉人提起投诉应当符合下列条件：

（一）提起投诉前已依法进行质疑；

（二）投诉书内容符合《政府采购质疑和投诉办法》的规定；

（三）在投诉有效期限内提起投诉；

（四）同一投诉事项未经财政部门投诉处理；

（五）财政部规定的其他条件。

投诉人在全国范围12个月内三次以上投诉查无实据的，由财政部门列入不良行为记录名单。投诉人有下列行为之一的，属于虚假、恶意投诉，由财政部门列入不良行为记录名单，禁止其1至3年内参加政府采购活动：

（一）捏造事实；

（二）提供虚假材料；

（三）以非法手段取得证明材料。证据来源的合法性存在明显疑问，投诉人无法证明其取得方式合法的，视为以非法手段取得证明材料。

2. 投诉时效

质疑供应商对采购人、采购代理机构的答复不满意，或者采购人、采购代理机构未在规定时间内作出答复的，可以在答复期满后15个工作日内向财政部门提起投诉。

二、提出投诉

《政府采购质疑和投诉办法》第十八条规定，投诉人投诉时，应当提交投诉书和必要的证明材料，并按照被投诉采购人、采购代理机构（以下简称被投诉人）和与投诉事项有关的供应商数量提供投诉书的副本。投诉书应当包括下列内容：

（一）投诉人和被投诉人的姓名或者名称、通信地址、邮编、联系人及联系电话；

（二）质疑和质疑答复情况说明及相关证明材料；

（三）具体、明确的投诉事项和与投诉事项相关的投诉请求；

（四）事实依据；

（五）法律依据；

（六）提起投诉的日期。

投诉人为自然人的，应当由本人签字；投诉人为法人或者其他组织的，应当由法定代表人、主要负责人，或者其授权代表签字或者盖章，并加盖公章。

供应商投诉的事项不得超出已质疑事项的范围，但基于质疑答复内容提出的投诉事项除外。

在公开招标的政府采购项目中，对供应商提供货物和服务能力的评判，是评审活动的重要内容，应当在评审环节进行。招标公告将本应在评审阶段由评审专家审查的因素作为供应商获取招标文件的条件，属于将应当在评审阶段审查的因素前置到招标文件购买阶段进行，违反了法定招标程序，构成《政府采购法》第七十一条第三项规定的"以不合理的条件对供应商实行差别待遇或者歧视待遇"的情形。

三、投诉的处理

1. 投诉受理

《政府采购质疑和投诉办法》第二十一条规定，财政部门收到投诉书后，应当在5个工作日内进行审查，审查后按照下列情况处理：

（一）投诉书内容不符合本办法第十八条规定的，应当在收到投诉书5个工作日内一次性书面通知投诉人补正。补正通知应当载明需要补正的事项和合理的补正期限。未按照补正期限进行补正或者补正后仍不符合规定的，不予受理。

（二）投诉不符合本办法第十九条规定条件的，应当在3个工作日内书面告知投诉人不予受理，并说明理由。

（三）投诉不属于本部门管辖的，应当在3个工作日内书面告知投诉人向有管辖权的部门提起投诉。

（四）投诉符合本办法第十八条、第十九条规定的，自收到投诉书之日起即为受理，并在收到投诉后8个工作日内向被投诉人和其他与投诉事项有关的当事人发出投诉答复通知书及投诉书副本。

2. 投诉处理

财政部门是投诉处理的主体。财政部门处理投诉事项原则上采用书面审查的方式。财政部门认为有必要时，可以进行调查取证或者组织质证。

财政部门可以根据法律、法规规定或者职责权限，委托相关单位或者第三方开展调查取证、检验、检测、鉴定。

质证应当通知相关当事人到场，并制作质证笔录。质证笔录应当由当事人签字确认。

财政部门依法进行调查取证时，投诉人、被投诉人以及与投诉事项有关的单位及人员应当如实反映情况，并提供财政部门所需要的相关材料。应当由投诉人承担举证责任的投诉事项，投诉人未提供相关证据、依据和其他有关材料的，视为该投诉事项不成立；被投诉人未按照投诉答复通知书要求提交相关证据、依据和其他有关材料的，视同其放弃说明权利，依法承担不利后果。

3. 投诉处理时限

财政部门应当自收到投诉之日起 30 个工作日内，对投诉事项作出处理决定。财政部门处理投诉事项，需要检验、检测、鉴定、专家评审以及需要投诉人补正材料的，所需时间不计算在投诉处理期限内。

"所需时间"是指财政部门向相关单位、第三方、投诉人发出相关文书、补正通知之日至收到相关反馈文书或材料之日。

财政部门向相关单位、第三方开展检验、检测、鉴定、专家评审的，应当将所需时间告知投诉人。

4. 投诉处理结果

（1）驳回投诉。有下列情形之一的，财政部门应当驳回投诉：

① 受理后发现投诉不符合法定受理条件；

② 投诉事项缺乏事实依据，投诉事项不成立；

③ 投诉人捏造事实或者提供虚假材料；

④ 投诉人以非法手段取得证明材料。证据来源的合法性存在明显疑问，投诉人无法证明其取得方式合法的，视为以非法手段取得证明材料。

（2）终止投诉处理程序。财政部门受理投诉后，投诉人书面申请撤回投诉的，财政部门应当终止投诉处理程序，并书面告知相关当事人。

（3）投诉成立的处理。投诉人对采购过程或者采购结果提起的投诉事项，财政部门经查证属实的，应当认定投诉事项成立。经认定成立的投诉事项不影响采购结果的，继续开展采购活动；影响或者可能影响采购结果的，财政部门按照下列情况处理：

① 未确定中标或者成交供应商的，责令重新开展采购活动；

② 已确定中标或者成交供应商但尚未签订政府采购合同的,认定中标或者成交结果无效。合格供应商符合法定数量时,可以从合格的中标或者成交候选人中另行确定中标或者成交供应商的,应当要求采购人依法另行确定中标、成交供应商;否则责令重新开展采购活动;

③ 政府采购合同已经签订但尚未履行的,撤销合同。合格供应商符合法定数量时,可以从合格的中标或者成交候选人中另行确定中标或者成交供应商的,应当要求采购人依法另行确定中标、成交供应商;否则责令重新开展采购活动;

④ 政府采购合同已经履行,给他人造成损失的,相关当事人可依法提起诉讼,由责任人承担赔偿责任。

投诉人对废标行为提起的投诉事项成立的,财政部门应当认定废标行为无效。

(4) 投诉决定书内容。财政部门作出处理决定,应当制作投诉处理决定书,并加盖公章。投诉处理决定书应当包括下列内容:

① 投诉人和被投诉人的姓名或者名称、通信地址等;

② 处理决定查明的事实和相关依据,具体处理决定和法律依据;

③ 告知相关当事人申请行政复议的权利、行政复议机关和行政复议申请期限,以及提起行政诉讼的权利和起诉期限;

④ 作出处理决定的日期。

第二十八章 供应商的法律责任

第一节 常见的违法情形

一、常见违法情形

供应商在政府采购活动中，常见的违法情形如下：

（一）提供虚假材料谋取中标、成交的；

（二）采取不正当手段诋毁、排挤其他供应商的；

（三）与采购人、其他供应商或者采购代理机构恶意串通的；

（四）向采购人、采购代理机构行贿或者提供其他不正当利益的；

（五）在招标采购过程中与采购人进行协商谈判的；

（六）拒绝有关部门监督检查或者提供虚假情况的；

（七）向评标委员会、竞争性谈判小组或者询价小组成员行贿或者提供其他不正当利益；

（八）中标或者成交后无正当理由拒不与采购人签订政府采购合同；

（九）未按照采购文件确定的事项签订政府采购合同；

（十）将政府采购合同转包；

（十一）提供假冒伪劣产品；

（十二）擅自变更、中止或者终止政府采购合同。

二、法律后果

对于供应商出现以上违法情形的,处以采购金额千分之五以上千分之十以下的罚款,列入不良行为记录名单,在一至三年内禁止参加政府采购活动,有违法所得的,并处没收违法所得,情节严重的,由工商行政管理机关吊销营业执照;构成犯罪的,依法追究刑事责任。

第二节　串通投标的法律责任

一、串通投标的情形

1. 投标人相互串通投标

《政府采购货物和服务招投标管理办法》规定,有下列情形之一的,视为投标人串通投标,其投标无效:

(一)不同投标人的投标文件由同一单位或者个人编制;

(二)不同投标人委托同一单位或者个人办理投标事宜;

(三)不同投标人的投标文件载明的项目管理成员或者联系人员为同一人;

(四)不同投标人的投标文件异常一致或者投标报价呈规律性差异;

(五)不同投标人的投标文件相互混装;

(六)不同投标人的投标保证金从同一单位或者个人的账户转出;

(七)供应商之间协商报价、技术方案等投标文件或者响应文件的实质性内容;

(八)属于同一集团、协会、商会等组织成员的供应商按照该组织要求协同参加政府采购活动;

(九)供应商之间事先约定由某一特定供应商中标、成交;

(十)供应商之间商定部分供应商放弃参加政府采购活动或者放弃中标、成交。

2. 投标人与采购人或采购代理机构串通投标

投标人与采购人或采购代理机构串通投标的情形包括:

（一）供应商直接或者间接从采购人或者采购代理机构处获得其他供应商的相关情况并修改其投标文件或者响应文件；

（二）供应商按照采购人或者采购代理机构的授意撤换、修改投标文件或者响应文件；

（三）供应商与采购人或者采购代理机构之间、供应商相互之间，为谋求特定供应商中标、成交或者排斥其他供应商的其他串通行为。

二、串通投标的处罚

1. 对串通投标的供应商的处罚

处以采购金额千分之五以上千分之十以下的罚款，列入不良行为记录名单，在一至三年内禁止参加政府采购活动，有违法所得的，并处没收违法所得，情节严重的，由工商行政管理机关吊销营业执照；构成犯罪的，依法追究刑事责任。

2. 对采购人或采购代理机构恶意串通投标的处罚

构成犯罪的，依法追究刑事责任；尚不构成犯罪的，处以罚款，有违法所得的，并处没收违法所得，属于国家机关工作人员的，依法给予行政处分。

请看下面的财政部指导性案例。

××设备购置采购项目举报案

采购人A委托代理机构B就该单位"××设备购置采购项目"（以下称本项目）采用网上竞价方式采购，采购预算为56万元。2015年8月10日，代理机构B发布网上竞价公告。2015年8月17日，竞价截止，共六家供应商参与竞价。2015年8月24日，代理机构B发布成交结果，C公司为成交供应商，成交金额为55.8万元。

2015年10月20日，财政部收到关于该项目的举报信，来信反映，在本项目网上竞价活动中，C公司以高价成交，竞价结果有失公平。财政部依法受理本案，审查中发现，本项目另一家参与竞价的供应商D公司提交的竞价文件中，法人代表授权书、技术指标应答书和报价单上加盖的是C公司的公章。对此，C公司称，对D公司的竞价文件加盖自己公章一事不知情。D公司称，确实存在竞价文件中加盖的公章与公司名称不符的情况，原因是公司职员在与 C 公司对账过程中拿错公章，将 C 公司的公章直接加盖在自己的竞价文件中，未经核查直接上传了竞价文件。

财政部审查终结后依法作出监督检查处理决定，并对 C 公司和 D 公司分别作出行政处罚决定。后 C 公司不服对其作出的处罚决定，向法院提起行政诉讼。一审法院审理后认为，由于 C 公司在财政部作出处罚决定前已将合同支付金额予以退还，所以部分撤销了处罚决定中没收违法所得的行政处罚，同时驳回 C 公司的其他诉讼请求。

1. 处理结果

财政部作出监督检查处理决定：根据《政府采购法》第七十七条第二款的规定，决定本项目成交无效。

财政部对 C 公司和 D 公司就其违法行为分别作出行政处罚决定：根据《中华人民共和国政府采购法》第七十七条第一款的规定，对 C 公司处以采购金额千分之五的罚款，列入不良行为记录名单，在一年内禁止参加政府采购活动，没收违法所得（即采购合同已支付金额）；对 D 公司处以采购金额千分之五的罚款，列入不良行为记录名单，在一年内禁止参加政府采购活动。

2. 处理理由

财政部认为：公章具有代表公司意志的法律效力。本案中，在 D 公司提交的竞价文件中，法人代表授权书、技术指标应答书和报价单上加盖的是 C 公司的公章。虽然 C 公司辩称对此不知情，D 公司辩称因工作人员失误错盖公章，但正常来讲，两家公司的对账行为与准备投标文件行为并不存在任何关联，参与对账的工作人员与准备投标的工作人员也不会重合，D 公司的辩解明显违背常理，不属于合理解释范围。公章具有代表公司意志的法律效力，混盖公章等同于不同投标人的投标文件相互混装，两家公司的辩解不足采信。基于 D 公司部分竞价文件中加盖 C 公司公章，且两家公司对此不能给出合理解释的事实，应认定 C 公司与 D 公司的行为属于《中华人民共和国政府采购法实施条例》第七十四条第七项规定的恶意串通的情形。

第三节　拒签政府采购合同的法律责任

中标或者成交供应商拒绝与采购人签订合同的，采购人可以按照评审报告推荐的中标或者成交候选人名单排序，确定下一候选人为中标或者成交供应商，也可以重新开展政府采购活动。

一、拒签合同的情形

在政府采购实践中，供应商被确定为中标或者成交人之后，拒绝与采购人签订合同的现象时有发生。这种反常现象的背后，既有中标或成交供应商主观方面的原因也有客观方面的原因，既有正当的原因也有非正当的原因。一般常见的原因包括以下情形。一是因市场行情发生变化或者中标、成交供应商对项目采购文件、项目实施条件的理解出现偏差或者投标、响应发生失误，如果按照投标、响应的方案及报价等签订合同并履约，供应商将无利可图甚至出现亏损，因而宁愿放弃合同。二是中标或成交供应商因受胁迫，不得已放弃合同。例如，采购人对中标或成交供应商不满意，利用自身的主动地位或者以签约后不予配合等作为威胁，迫使供应商放弃合同；或者是排名紧随其后的中标或成交候选人通过不正当手段胁迫其放弃合同，以便自己能递补中标或成交。三是中标或成交供应商与采购人、采购代理机构或者其他中标或成交候选人串通，为了让报价更高的或者采购人所倾向的其他中标或成交候选人能递补中标或成交而主动放弃签订合同。四是因发生了不可抗力导致中标或成交供应商因不能履行合同而放弃签订合同。不可抗力是指不能预见、不能避免并不能克服的客观情况，包括自然灾害和社会突发事件，例如地震、海啸、瘟疫、水灾、骚乱、暴动、战争等。

中标或成交供应商拒绝与采购人签订合同是一种严肃的法律行为，将会产生一系列法律后果。因此，中标或成交供应商拒签合同，必须有明确的意思表示。比如，中标或成交供应商向采购人或采购代理机构书面申明放弃合同。不过，在实践中，为了规避拒签合同的法律责任，中标或成交供应商并不会直接而明确地表示其拒绝与采购人签订合同。供应商拒签合同的常见表现形式有：中标或成交供应商在合同签订时向采购人提出非法的附加条件,例如借故要求修改合同标的内容、提高价格、降低质量标准、延长交货期等中标或成交的实质性内容;中标或成交供应商无正当理由而拖延推脱,未在中标或成交通知书要求的签约时间前与采购人签订合同;采购文件要求在合同签订前提交履约保证金,中标或成交供应商无故拖延甚至拒不提交履约保证金,等等。出现上述任一情形,都可以视为中标或成交供应商拒绝与采购人签订合同。

二、拒签合同的处置

中标或成交供应商拒绝与采购人签订合同的,采购人可以按照评审报告提出的中标或者成交候选人名单排序,确定下一候选人为中标或者成交供应商,也可以重新开展采购活动。本条之所以规定给采购人两种选择,而不是像《政府采购法实施条例》第七十一条关于中标或成交结果无效情形的处理方式那样"从合格的中标或者成交候选人中另行确定中标或者成交供应商;没有合格的中标或者成交候选人的,重新开展采购活动",亦即没有将"递补中标或成交"作为首选项,是因为实践中中标或成交供应商拒签合同的情形比较复杂。为了防止少数不法供应商恶意利用递补中标或成交这一制度,有必要由采购人区分中标或成交供应商拒签合同的不同情形,酌情进行选择。当然,采购人在行使这一选择权时,应当遵循本条的立法本意,针对中标或成交供应商拒签合同的不同情形,合理地行使这一权利。首先,应从递补中标或成交的正当性方面加以考虑,即由下一中标或成交候选人递补中标或成交不得违背政府采购公平、公正、诚实信用的基本原则和社会的公序良俗。如果下一中标或成交候选人与中标或成交供应商、采购人、采购代理机构之间存在串通行为,或者为了自己能递补中标或成交而恶意进行质疑、投诉,或者在采购活动中存在其他不正当行为,那么采购人都不应当选择由其递补中标或成交。其次,应从采购的经济性方面加以权衡。如果下一中标或成交候选人的报价(或整体方案的经济性)与原中标或成交供应商相差不大,为了节约采购时间和成本,可以优先选择递补中标或成交。如果下一中标或成交候选人的报价(或整体方案的经济性)与原中标或成交供应商相差较大,由其中标或成交在经济上对采购人明显不利时,采购人应当优先选择重新开展采购活动。再次,应从采购的效率性方面加以考虑。如果重新采购的时间不能满足采购人需要的,那么应当选择递补中标或成交。如果重新采购的时间能够满足采购人需要的,那么采购人可以综合权衡经济和效率因素,作出对其更有利的选择。

三、拒签合同的法律后果

根据《政府采购法实施条例》第七十二条规定,中标或成交供应商无正当理由拒不与采购人签订政府采购合同的,将要被依法追究,并承担相应的法律责任。

中标或成交供应商因受胁迫而放弃合同以及因相关政府采购当事人串通而放弃合同,这两类情形都涉及违法违规行为,显然不能成为中标或成交供应商拒签合同的"正当理由"。《合同法》第九十四条规定,因不可抗力致不能实现合同目的的,当事人可以解除合同。可见,不可抗力的影响属《政府采购法实施条例》第七十二条所规定的中标或成交供应商拒签合同的"正当理由"之一。至于市场行情变化或者投标失误等能否算作供应商拒签合同的"正当理由",情况则较为复杂,需要具体问题具体分析。市场行情变化或者一般的投标失误等属于政府采购招投标过程中的正常商业风险,并不能成为供应商拒签合同的免责理由。《合同法》第五十四条规定:"下列合同,当事人一方有权请求人民法院或者仲裁机构变更或者撤销:(一)因重大误解订立的;(二)在订立合同时显失公平的。"供应商对项目采购文件、项目实施条件的理解出现重大失误或者投标报价等发生重大失误,实践中一般在评审过程中会要求供应商对此进行澄清。假如评审时未进行澄清而由其中标或成交,供应商中标、成交后拒签合同的,如果采购文件要求供应商交纳投标、谈判或询价保证金的,其保证金将不予退还,但根据《合同法》第五十四条的规定精神,这种情况一般不再追究供应商拒签合同的其他法律责任。

采购人同样也不得随意拒绝与中标或成交供应商签订合同。根据《政府采购法》以及《合同法》,中标或成交通知书对采购人和中标或成交供应商双方都具有法律约束力。《政府采购法》第七十一条第六项规定,采购人在中标、成交通知书发出后不与中标、成交供应商签订采购合同的,责令限期改正,给予警告,可以并处罚款,对直接负责的主管人员和其他直接责任人员,由其行政主管部门或者有关机关给予处分,并予通报。

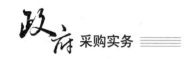

第四节 恶意质疑投诉的法律责任

政府采购活动中，质疑和投诉是供应商合法维权的重要手段。但近年来，在政府采购活动中出现供应商参与政府采购不是为了中标，而是企图通过滥用质疑、投诉救济手段，敲诈勒索中标单位，进而从中牟取暴利。

据广西梧州在线警务微信公众号通报：近期，犯罪嫌疑人刘某等人利用政府采购的有关规定，在互联网寻找政府采购竞标项目，随机挑选中标单位后，将质疑函邮寄到中标单位、业主单位以及有关职能部门进行恶意投诉，导致中标单位不能按期施工，后敲诈中标单位网上支付"好处费"，才撤回质疑函，累计非法获利达11万余元。2020年2月27日，藤县公安局侦查掌握了该犯罪团伙作案规律，分别在梧州市长洲区、蒙山县抓获3名犯罪嫌疑人。目前，藤县人民检察院已对这3名犯罪嫌疑人批准逮捕。

据了解，刘某名下有一个皮包公司A公司。自2017年公司成立以来，刘某在其所在地区内共对各级政府采购项目提出148次质疑，还以另外两家公司的名义进行了33次质疑。以上181项质疑多数被驳回。2017年，由于A公司一年内涉嫌33次质疑、4次投诉，均因查无实据被驳回，被当地财政部门列入不良行为记录名单。2019年以来，就政府采购质疑和投诉问题，提起相关民事诉讼和行政诉讼，相关法院已经下达判决书的8起案件均为其败诉或撤诉。2019年，财政部门共收到该公司对省级政府采购项目投诉3次，3次投诉均被依法驳回。

据进一步了解，A公司最近的一个案底是，某市一个预算金额为10.4万元的爱卫创城宣传广告采购项目，A公司以80340元成交。但因为A公司不具备履约能力，无法签订政府采购合同。结果，导致采购人创建卫生城市预算10.4万元被财政收回，绩效考核被扣分，还被该省爱卫办通报，影响该市申报创建国家卫生城市的资格评估。

一方作恶，多方受害。刘某看似维权，实际上不仅侵犯了其他供应商的合法权益，还侵犯了采购人的合法权益，给采购代理机构和监管部门带来很多麻烦和困扰，严重影响到政府采购的公信力。最后，自己也难逃法律制裁。这同时也意味着，利用质疑、投诉敲诈勒索中标单位成了串通投标之外的另外一个与招标采购有关的犯罪。这显然是在不当利用《政府采购质疑和投诉办法》（财政部令第94号）第十三条的规定。

第五部分 评审专家实务

P ING
ShenZhuanJiaShiWu

WU

第二十九章 评审专家及入库

第一节 评审专家的定义

在政府采购活动中,我们经常说起"专家"一词,但并不是所有参与政府采购活动的"专家"都指的是政府采购评审专家。

根据《政府采购评审专家管理办法》(财库〔2016〕198号),政府采购评审专家是指经省级以上人民政府财政部门选聘,以独立身份参加政府采购评审,纳入评审专家库管理的人员。

在政府采购中,我们有时会就采购文件征求相关专家的意见、就采购进口产品进行专家论证、就拟采用单一来源采购方式进行唯一性论证以及单一来源协商,均不属于政府采购评审活动,参与其中的"专家"或"专业人员"不属于政府采购评审专家,不纳入《政府采购评审专家管理办法》的管理范畴。

第二节 评审专家入库

《政府采购评审专家管理办法》规定,财政部负责制定全国统一的评审专家专业分类标准和评审专家库建设标准,建设管理国家评审专家库。省级人民政府财政部门负责建设本地区评审专家库并实行动态管理,与国家评审专家库互联互通、资源共享。各级人民政府财政部门依法履行对评审专家的监督管理职责。

成为政府采购评审专家,首先要加入政府采购评审专家库。《政府采购评审专家管理办法》规定，省级以上人民政府财政部门通过公开征集、单位推荐和自我推荐相结合的方式选聘评审专家。评审专家应当具备以下条件：

（一）具有良好的职业道德，廉洁自律，遵纪守法，无行贿、受贿、欺诈等不良信用记录；

（二）具有中级专业技术职称或同等专业水平且从事相关领域工作满8年，或者具有高级专业技术职称或同等专业水平；

（三）熟悉政府采购相关政策法规；

（四）承诺以独立身份参加评审工作，依法履行评审专家工作职责并承担相应法律责任的中国公民；

（五）不满70周岁，身体健康，能够承担评审工作；

（六）申请成为评审专家前三年内，无本办法第二十九条规定的不良行为记录。

对评审专家数量较少的专业，第二项、第五项所列条件可以适当放宽。

符合以上条件，自愿申请成为评审专家的人员，应当提供以下申请材料：

（一）个人简历、本人签署的申请书和承诺书；

（二）学历学位证书、专业技术职称证书或者具有同等专业水平的证明材料；

（三）证明本人身份的有效证件；

（四）本人认为需要申请回避的信息；

（五）省级以上人民政府财政部门规定的其他材料。

以湖北省为例，专家申请采用网上自行申报方式，申请系统界面如图29.1所示。

申请人应当根据本人专业或专长申报评审专业，由省级以上人民政府财政部门对申请人提交的申请材料、申报的评审专业和信用信息进行审核，符合条件的选聘为评审专家，纳入评审专家库管理。评审专家的工作单位、联系方式、专业技术职称、需要回避的信息等发生变化的，应当及时向相关省级以上人民政府财政部门申请变更相关信息。

评审专家库采用动态管理，《政府采购评审专家管理办法》规定，评审专家存在以下情形之一的，省级以上人民政府财政部门应当将其解聘：

（一）不符合评审专家应具备的条件；

（二）本人申请不再担任评审专家；

图 29.1 湖北省政府采购评审专家申报系统界面

（三）被列入不良记录；

（四）受到刑事处罚。

《政府采购评审专家管理办法》第二十九条规定，申请人或评审专家有下列情形的，列入不良行为记录：

（一）未按照采购文件规定的评审程序、评审方法和评审标准进行独立评审；

（二）泄露评审文件、评审情况；

（三）与供应商存在利害关系未回避；

（四）收受采购人、采购代理机构、供应商贿赂或者获取其他不正当利益；

（五）提供虚假申请材料；

（六）拒不履行配合答复供应商询问、质疑、投诉等法定义务；

（七）以评审专家身份从事有损政府采购公信力的活动。

第三十章
评标委员会（评审小组）的组建

在招标项目中，评标委员会负责对供应商的投标文件进行评审并推荐中标候选人，出具评标报告，评标委员会一般由采购人代表和评审专家五人以上单数组成，其中专家的人数不得少于成员总数的三分之二。在非招标项目中，同样是评审组，但称呼有所区别，一般称为评审小组，或磋商小组、谈判小组、询价小组等，评审小组一般由采购人代表和评审专家三人以上单数组成，其中专家的人数不得少于成员总数的三分之二。

第一节　评审专家的抽取或自行选定

《政府采购评审专家管理办法》第十二条规定，采购人或者采购代理机构应当从省级以上人民政府财政部门设立的评审专家库中随机抽取评审专家。评审专家库中相关专家数量不能保证随机抽取需要的，采购人或者采购代理机构可以推荐符合条件的人员，经审核选聘入库后再随机抽取使用。

《政府采购评审专家管理办法》第十三条规定，技术复杂、专业性强的采购项目，通过随机方式难以确定合适评审专家的，经主管预算单位同意，采购人可以自行选定相应专业领域的评审专家。自行选定评审专家的，应当优先选择本单位以外的评审专家。

除以上情形外,评审专家对本单位的政府采购项目只能作为采购人代表参与评审活动。

专家抽取多采用系统随机抽取、电话语音通知的方式。以湖北省为例,专家接到抽取语音电话后,会听取到评审开始时间、评审预计结束时间及评审地点等信息,听取信息后,专家决定是否参与评审,并通过手机按键进行确认。确认参加后,系统随即会向专家发送短信,短信内容包括评审时间、评审地点及抽取人员的联系方式等。专家须认真听取语音信息,特别是评审时间及地点等信息。

抽取评审专家时如果相关领域的专家数量不足该怎么办呢?《政府采购货物和服务招标投标管理办法》第四十八条规定,对技术复杂、专业性强的采购项目,通过随机方式难以确定合适评审专家的,经主管预算单位同意,采购人可以自行选定相应专业领域的评审专家。采购人自行选定评审专家的,应当优先选择本单位以外的评审专家。

采购人D大学委托代理机构Z公司就"D大学智慧校园软件平台采购项目"进行公开招标。2017年6月26日,代理机构Z公司发布招标公告,后组织了开标、评标工作。7月6日,代理机构Z公司发布中标公告,F公司为中标供应商。

9月21日,财政部收到关于本项目的举报材料。举报人反映:本项目未从政府采购评审专家库中抽取评审专家,评审主体不合格。财政部依法启动监督检查程序,并向相关当事人调取证据材料。

采购人D大学和代理机构Z公司称:中央高校、科研院所采购科研仪器设备的,可在政府采购评审专家库外自行选择评审专家。因此,本项目未从财政部专家库中抽取专家。

经查,"D大学招标采购评审专家随机抽选结果表单"中"3.抽选方法及原则"要求,"根据《中华人民共和国招标投标法》及其实施条例、《中华人民共和国政府采购法》及其实施条例,以及财政部《政府采购评审专家管理办法》《D大学招标与采购特邀监察员制度暂行办法》等法律法规和规章制度的有关规定,由采购单位或采购代理机构的经办人,在有关部门的监督下,从招投标评委专家库和特邀监察员库中随机抽取,按拟定专家评委和特邀监察员人数,多抽取一定数量作为备选,并按先后顺序排列递补。"本项目未见政府采购评审专家库评审专家抽取记录。

关于举报人反映的问题，本项目采购内容为 D 大学附属中学的智慧校园软件平台，不属于《关于完善中央单位政府采购预算管理和中央高校、科研院所科研仪器设备采购管理有关事项的通知》（财库〔2016〕194 号）规定的"中央高校、科研院所科研仪器设备采购"的情形。本项目未从政府采购评审专家库中抽取评审专家，违反了《中华人民共和国政府采购法实施条例》第三十九条的规定，本项目评审专家抽取不合法。

根据《中华人民共和国政府采购法》第三十六条第一款第二项的规定，责令采购人废标。

根据《中华人民共和国政府采购法》第七十一条及《中华人民共和国政府采购法实施条例》第六十八条第五项的规定，责令采购人 D 大学和代理机构 Z 公司限期改正。

在行政处罚阶段，财政部向采购人 D 大学和代理机构 Z 公司送达行政处罚事项告知书，告知其存在"未从政府采购评审专家库中抽取评审专家"的情形。采购人 D 大学申辩称，本项目采购的产品为非办公类仪器设备，主要用于教学与研究，因此其按照《关于完善中央单位政府采购预算管理和中央高校、科研院所科研仪器设备采购管理有关事项的通知》（财库〔2016〕194 号）的规定实施采购。同时，采购人 D 大学及时暂停项目，没有造成实际危害后果。

关于采购人 D 大学的申辩理由，财政部认为：本项目采购内容不属于科研仪器设备范畴，且实际上也不是由采购人 D 大学使用，而是由其附属中学使用，因此本项目不属于《关于完善中央单位政府采购预算管理和中央高校、科研院所科研仪器设备采购管理有关事项的通知》（财库〔2016〕194 号）规定的"中央高校、科研院所科研仪器设备采购"的情形。同时，拟作出的处罚幅度较轻，并无不合理之处。

根据《中华人民共和国政府采购法》第七十一条及《中华人民共和国政府采购法实施条例》第六十八条第五项的规定，对采购人 D 大学和代理机构 Z 公司分别作出了警告的行政处罚。

（选自财政部指导性案例 15）

第二节 评审专家的回避事项

评审专家到达评审现场后,首先应配合采购人或采购代理机构核对身份,并确认是否存在应当回避的情形。

《政府采购评审专家管理办法》第十六条规定,评审专家与参加采购活动的供应商存在下列利害关系之一的,应当回避:

(一)参加采购活动前三年内,与供应商存在劳动关系,或者担任过供应商的董事、监事,或者是供应商的控股股东或实际控制人;

(二)与供应商的法定代表人或者负责人有夫妻、直系血亲、三代以内旁系血亲或者近姻亲关系;

(三)与供应商有其他可能影响政府采购活动公平、公正进行的关系。

评审专家发现本人与参加采购活动的供应商有利害关系的,应当主动提出回避。采购人或者采购代理机构发现评审专家与参加采购活动的供应商有利害关系的,应当要求其回避。在实际项目执行中,可要求评审专家在知晓项目情况和参与的供应商信息后签署承诺书,一是书面告知评审专家在项目评审过程中应当履行的权利和义务,二是让专家充分了解应该回避的事项,三是提醒专家对自己的评审行为负责。

请看下面的"评审专家承诺书"格式一例。

评审专家承诺书

本人作为评审专家,在参加××××项目评审工作中,将遵循《中华人民共和国政府采购法》《中华人民共和国政府采购法实施条例》等,认真执行政府采购制度、严格履行评委职责,本着公正、公平及诚实、信用的原则,在政府采购评审过程中不受任何干扰,独立提出评审意见,并对自己的评审意见承担责任;同时本人将严格遵守保密纪律,不私自透露评审情况;负责参与对供应商的答疑或项目的复评、复审等工作。本人承诺不参加与自己有利害关系的政府采购项目的评审活动,如受到类似项目的邀请将主动提出回避。

本人承诺，在本项目中，本人与供应商不存在有下列任何一项利害关系：

参加采购活动前三年内与供应商存在劳动关系；

参加采购活动前三年内担任供应商的董事、监事；

参加采购活动前三年内是供应商的控股股东或者实际控制人；

与供应商的法定代表人或者负责人有夫妻、直系血亲、三代以内旁系血亲或者近姻亲关系；

与供应商有其他可能影响政府采购活动公平、公正进行的关系。

评审专家签字：

日期：

《政府采购评审专家管理办法》第十七条规定，出现评审专家缺席、回避等情形导致评审现场专家数量不符合规定的，采购人或者采购代理机构应当及时补抽评审专家，或者经采购人主管预算单位同意自行选定补足评审专家。无法及时补足评审专家的，采购人或者采购代理机构应当立即停止评审工作，妥善保存采购文件，依法重新组建评标委员会、谈判小组、询价小组、磋商小组进行评审。

代理机构 E 公司组织某咨询服务项目的公开招标，十余家供应商参与投标。评审结束后，经采购人确认采购结果，采购代理机构发布中标结果公告。公告发布后，供应商 B 公司对于评审过程和结果向采购代理机构提出质疑，B 公司认为个别评委与中标人存在利害关系，影响评标的公正性。采购代理机构收到答复书后，B 公司表示对质疑答复不满，遂向财政监督管理部门提出了投诉。

经财政监督管理部门调查核实发现，原评审委员会中 L 专家虽然与 Z 公司解除了劳动关系，但其造价工程师注册的单位仍是 Z 公司，而 Z 公司为本项目中标人之一的 J 公司投资企业。鉴于此种关系，财政监督管理部门认为本项目评审委员会中的 L 专家与中标人之一的 J 公司存在利害关系但未主动回避，判定本项目采购结果无效，采购人依法重新组织采购。

本案例中，虽然 L 专家回避的原因不属于《政府采购法实施条例》第九条第一款中的四种具体的回避情形，但因其资质证书的注册信息显示，该专家可能与供应商有影响政府采购活动公平、公正进行的关系。L 专家的评审活动影响了本次政府采购活动公平、公正的进行，也正是《政府采购法实施条例》第九条第五项所规定的回避情形。

专家在评审前一旦确定自身身份与参评项目存在利益冲突，一定要向代理机构提出，以免造成不利影响。

第三节　评标委员会（评审小组）的组成

公开招标、邀请招标项目的评标委员会由采购人代表和评审专家组成，成员人数应当为 5 人以上单数，其中评审专家不得少于成员总数的三分之二。这里的 5 人以上单数是包含 5 人的。也就是说，如果评标委员会成员为 5 人，那么可以是由 1 名采购人代表和 4 名评审专家组成；如果评标委员会成员为 7 人，则可以是由 2 名采购人代表和 5 名评审专家组成。

竞争性磋商、竞争性谈判或者询价采购项目的评审小组由采购人代表和评审专家共 3 人以上单数组成，其中评审专家人数不得少于评审小组成员总数的三分之二。这里的 3 人以上单数同样是包含 3 人的，也就是说，评审小组可以是由 1 名采购人代表和 2 名评审专家组成。如果竞争性磋商、竞争性谈判或者询价采购项目预算超出了公开招标的限额标准，评审小组应当是由 5 人以上单数组成。

采购人不得以评审专家身份参加本部门或本单位采购项目的评审。这里的采购人指的是采购人代表，采购人派出的参与项目评审的代表只能是采购人代表的身份，而不能是评审专家的身份，比如在 5 人评标委员会中，采购人单位只能派一个代表参加评审，不能额外占用评审专家名额。

请看下面的案例。

某市政府采购检查中，对某数字档案陈列室建设竞争性磋商项目进行了检查，其结论是采购人代表违规以评审专家身份参与评审，不符合《政府采购竞争性磋商采购方式管理暂行办法》第十四条"磋商小组由采购人代表和评审专家共 3 人以上单数组成，其中评审专家人数不得少于磋商小组成员总数的三分之二。采购人代表不得以评审专家身份参加本部门或本单位采购项目的评审。采用竞争性磋商方式的政府采购项目，评审专家应当从政府采购评审专家库内相关专业的专家名单中随机抽取"的规定。

经查，该项目抽取2名专家，但其中1名专家因故未能参加评审，采购代理机构及时补抽了1名专家，与1名采购人代表共同组成了3人评审小组，但在检查中，抽取表显示已抽取3名专家，检查组认为，采购人代表违规占用了专家的名额，以社会专家的身份参与了评审。经解释说明，检查组对结论进行了更正。

在专家库中抽取专家是有记录的，采购人代表凭采购人单位出具的授权委托书和身份证明参与项目评审，就可以避免误解。此外，在发布结果公告时，评审小组名单也可以备注信息，标明采购人代表的身份。

第三十一章 项目评审

第一节 评审预备会

评审专家在到达评审现场后,需尽快了解项目情况、评审流程、评审办法等内容,召开评审预备会是很有必要的。评审预备会时间不宜过长,但应在有限的时间内让专家充分了解评审的要求。评审预备会一般包含以下内容。

一、核实评委身份

评审专家应携带有效的身份证明参与项目评审,采购人或代理机构应该对评审专家的身份予以确认。评审专家冒名顶替为违法行为,须承担相应的法律责任,以下为财政部门对专家冒名顶替参与评审进行行政处罚的一起案例。请看下面的案例"政府采购行政处罚决定书"。

政府采购行政处罚决定书

当事人:×××

身份证号码:××××××××××××××××××

地址:×××××××××

本机关对你在"H大学音响设备采购项目"及"D工业大学教学设备采购项目"评审中存在的违法行为,作出政府采购行政处罚,现将有关事项告知如下。

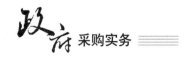

一、违法事实

经调查，2018年7月7日，你应参加"D工业大学教学设备采购项目"评审活动，但实际未参加该项目评审活动，由L代替你参加评审，并代替你签署评审文件。2018年8月25日，你不应参加"H大学音响设备采购项目"评审活动，但你代替L参加评审，并代替L签署评审文件。以上事实有评审文件、询问笔录、评审现场录像等证据证实。

综上，本机关认为，你与L私自相互代替参加评审，相互代替参加评审的评审意见无效，影响上述采购项目的中标、成交结果，存在《中华人民共和国政府采购法实施条例》第七十五条第一款和《政府采购评审专家管理办法》第二十七条第一款规定的未按照采购文件进行独立评审的违法行为。

二、行政处罚决定和依据

根据你违法行为的事实、性质、情节、社会危害程度和实施违法行为的主客观因素以及相关证据，按照《财政部关于印发〈财政部门行使行政处罚裁量权指导规范〉的通知》（财法〔2013〕1号）规定，你的违法行为为轻微。根据《政府采购法实施条例》第七十五条第一款及《政府采购评审专家管理办法》第二十七条第一款规定，决定对你处贰万元（￥20,000元）的罚款，禁止你参加政府采购评审活动的行政处罚。

根据《中华人民共和国行政处罚法》第四十六条的规定，你应当自收到本行政处罚决定书之日起十五日内，按照本行政处罚决定书所附《G省省级非税收入缴款通知书（行政处罚）》所载内容，到指定的银行缴纳罚款。到期不缴纳罚款的，依据《中华人民共和国行政处罚法》第五十一条第一项的规定，每日按罚款数额的百分之三加处罚款。

三、权利告知

你如对本行政处罚决定不服，可以在收到本决定书之日起六十日内依法向中华人民共和国财政部或G省人民政府申请行政复议，也可以在六个月内向Z法院提起行政诉讼。行政复议或行政诉讼期间，本处罚不停止执行。逾期不申请行政复议，也不提起行政诉讼，又不履行本处罚决定的，本单位将依法申请人民法院强制执行。

联系单位：G 省财政厅

联系地址：×××××××

G 省财政厅

2019 年×月×日

二、了解评审纪律

评审专家参与项目评审必须依法依规，正式评审之前应详细了解评审纪律，如通信工具统一上交保管、对评审事项保密等。

请看下面的"专家评审纪律"一例。

专家评审纪律

（1）严格执行《政府采购法》《政府采购法实施条例》和政府采购有关法规、规章、规定。

（2）评标委员会（评审小组）成员依法接受监督、管理，客观、公正履行职责，不得发表任何倾向性、误导性意见，遵守职业道德；对所提出的评审意见承担个人责任，不得滥用职权、玩忽职守、受贿索贿、徇私舞弊。

（3）严格遵守保密原则。评标委员会（评审小组）成员在定标前不得私下接触供应商，不得透露对投标文件（响应文件）的评审和比较、中标（成交）候选人的推荐情况以及与评审有关的其他情况。

（4）评标委员会（评审小组）成员应按时参加评审会，项目评审期间通信工具交采购人或代理机构统一保存，并不得接打电话，不得中途离开评审现场。

（5）评标委员会（评审小组）成员应自觉抵制并坚决反对各种违法乱纪行为。

三、主动提出回避

项目正式评审之前，评审专家有权知晓参与项目的供应商情况，若存在有利害关系的情形，应当在评审预备会时主动提出回避。专家提出回避后，采购人或代理机构应立即补抽专家，以保障项目的顺利评审。

四、推选评审组长

评审预备会中,采购人或采购代理机构应当介绍评标委员会(评审小组)的组成情况,并组织评标委员会(评审小组)推选评审组长,采购人或采购代理机构不能直接指定或者任命组长。评审组长一般由熟悉政府采购法律法规、评审程序,并具有综合协调、组织能力的成员担任。采购人代表不得担任组长。评审组长与其他评委有同等的表决权。

评审组长的任务是:评审开始前组织各成员认真学习采购文件中的重要内容,仔细研究评审办法及评审程序;组织指导各成员正确、有序地按照采购文件规定的评审程序和方法评审,合理分配工作任务,掌握评审进度;评审工作中存在争议时,组织所有成员进行集体表决;评审过程中出现重大问题时,组织所有成员听取并充分考虑相关部门的意见,必要时向监管部门报备;组织编写并向采购人提交评审报告。

五、获取项目情况

评委在评审之前应对项目基本情况进行了解,获取项目情况一般通过查阅项目采购文件的方式,但短时间内要对项目情况精准了解是不容易的,采购人或采购代理机构可向评委介绍项目背景及采购需求,但是介绍项目情况时不得发表任何歧视性、倾向性的意见,评委如发现采购人或采购代理机构有导向性的言论应当及时予以制止。采购人对项目情况的说明应当提交书面材料。

六、熟悉评审程序及评审标准

评委应尽快熟悉项目的评审程序及评审标准。评审的项目是什么采购方式,有无与供应商面对面谈判或磋商的过程,评审方式是最低评标价法还是综合评分法,综合评分法中价格、技术和商务三部分分值权重的组成等。一般在评审预备会中,采购人或采购代理机构会向评委做介绍。

第二节 评　　审

政府采购项目评审内容包括资格审查、符合性检查、详细评审等，每个评审步骤依次进行、环环相扣。

资格审查是指对投标文件（响应文件）是否满足采购文件规定的供应商资格要求进行审查，并出具审查结论。资格审查未通过的供应商，不进入符合性检查和详细评审阶段。

符合性检查是对资格审查合格的投标文件（响应文件）是否满足采购文件的实质性要求进行审查，审查内容包括投标文件（响应文件）的有效性、完整性和响应程度。符合性检查未通过的供应商，不进入详细评审阶段。

详细评审是指对资格审查和符合性检查均合格的投标文件（响应文件）进行评估并推荐中标（成交）候选人。

竞争性磋商、竞争性谈判项目还有磋商、谈判环节。

不同的采购方式，评审流程及内容不尽相同，有些看似相同的地方，在细节处理上也可能存在差异。在实际评审活动中，存在评审专家混淆不同采购方式评审流程的现象。下面将按采购方式分别说明评审步骤。

一、公开招标、邀请招标

公开招标、邀请招标货物、服务类项目，由采购人或者采购代理机构对投标人的资格进行审查，评标委员会的评标工作从符合性检查开始。

第一步，符合性检查。《政府采购货物和服务招标投标管理办法》第五十条规定，评标委员会应当对符合资格的投标人的投标文件进行符合性检查，以确定其是否满足招标文件的实质性要求。符合性检查合格的投标人不足3家的，不得继续评标。

《政府采购货物和服务招标投标管理办法》第五十一条规定，对于投标文件中含义不明确、同类问题表述不一致或者有明显文字和计算错误的内容，评标委员会应当以书面形式要求投标人作出必要的澄清、说明或者补正。投标人的澄清、说明或者补正应当采用书面形式，并加盖公章，或者由法定代表人或其授权的代表签字。投标人的澄清、说明或者补正不得超出投标文件的范围或者改变投标文件的实质性内容。

第二步，详细评审。根据《政府采购货物和服务招标投标管理办法》第五十二条至第五十七条规定，评标委员会应当按照招标文件中规定的评标方法和标准，对符合性检查合格的投标文件进行商务和技术评估，综合比较与评价。

最低评标价法，是指投标文件满足招标文件全部实质性要求，且投标报价最低的投标人为中标候选人的评标方法。采用最低评标价法评标时，除了算术修正和落实政府采购政策需进行的价格扣除外，不能对投标人的投标价格进行任何调整。采用最低评标价法的，评标结果按投标报价由低到高顺序排列。投标文件满足招标文件全部实质性要求且投标报价最低的投标人为排名第一的中标候选人。

综合评分法，是指投标文件满足招标文件全部实质性要求，且按照评审因素的量化指标评审得分最高的投标人为中标候选人的评标方法。评标时，评标委员会各成员应当独立对每个投标人的投标文件进行评价，并汇总每个投标人的得分。采用综合评分法的，评标结果按评审后得分由高到低顺序排列。投标文件满足招标文件全部实质性要求，且按照评审因素的量化指标评审得分最高的投标人为排名第一的中标候选人。

这里要指出，如果项目类型为货物采购，还需要考虑各投标人投标产品品牌，《政府采购货物和服务招标投标管理办法》第三十一条规定，采用最低评标价法的采购项目，提供相同品牌产品的不同投标人参加同一合同项下投标的，以其中通过资格审查、符合性检查且报价最低的参加评标；报价相同的，由采购人或者采购人委托评标委员会按照招标文件规定的方式确定一个参加评标的投标人，招标文件未规定的采取随机抽取方式确定，其他投标无效。

使用综合评分法的采购项目，提供相同品牌产品且通过资格审查、符合性检查的不同投标人参加同一合同项下投标的，按一家投标人计算，评审后得分最高的同品牌投标人获得中标人推荐资格；评审得分相同的，由采购人或者采购人委托评标委员会按照招标文件规定的方式确定一个投标人获得中标人推荐资格，招标文件未规定的采取随机抽取方式确定，其他同品牌投标人不作为中标候选人。

第三步，出具评标报告。根据《政府采购货物和服务招标投标管理办法》第五十八至第六十一条规定，评标委员会根据全体评标成员签字的原始评标记录和评标结果编写评标报告。评标报告应当包括以下内容：

（一）招标公告刊登的媒体名称、开标日期和地点；

（二）投标人名单和评标委员会成员名单；

（三）评标方法和标准；

（四）开标记录和评标情况及说明，包括无效投标人名单及原因；

（五）评标结果，确定的中标候选人名单或者经采购人委托直接确定的中标人；

（六）其他需要说明的情况，包括评标过程中投标人根据评标委员会要求进行的澄清、说明或者补正，评标委员会成员的更换等。

二、竞争性磋商

第一步，资格审查。磋商小组对磋商供应商的响应文件进行资格审查，资格审查合格供应商不足3家时，不得继续进行竞争性磋商采购活动。不满足磋商文件资格要求的响应文件按无效处理，磋商小组应当告知有关供应商。

第二步，符合性检查。磋商小组对符合资格的磋商供应商的响应文件进行符合性检查，以确定其是否满足磋商文件的实质性要求。

符合性检查不足3家时，如该项目为政府购买服务项目（含政府和社会资本合作项目）且符合要求的供应商（社会资本）有2家，该项目磋商采购活动可以继续进行；其他情形则不得继续评审。

《政府采购竞争性磋商采购方式管理暂行办法》第十六条规定，未实质性响应磋商文件的响应文件按无效响应处理，磋商小组应当告知提交响应文件的供应商。磋商文件内容违反国家有关强制性规定的，磋商小组应当停止评审并向采购人或者采购代理机构说明情况。

《政府采购竞争性磋商采购方式管理暂行办法》第十八条规定，磋商小组在对响应文件的有效性、完整性和响应程度进行审查时，可以要求供应商对响应文件中含义不明确、同类问题表述不一致或者有明显文字和计算错误的内容等作出必要的澄清、说明或者更正。供应商的澄清、说明或者更正不得超出响应文件的范围或者改变响应文件的实质性内容。磋商小组要求供应商澄清、说明或者更正响应文件应当以书面形式作出。供应商的澄清、说明或者更正应当由法定代表人或其授权代表签字或者加盖公章。由授权代表签字的，应当附法定代表人授权书。供应商为自然人的，应当由本人签字并附身份证明。

请看下面的案例。

某物业项目采用竞争性磋商方式进行采购。2018年8月5日，集中采购中心A通过指定媒体发布公告。截至8月10日，共有3家供应商领取了磋商文件。8月16日，响应文件提交截止时，只有2家供应商向采购中心提交了响应文件。

评审专家同采购中心工作人员就本项目采购活动是否可以继续进行，产生了两种不同意见。

第一种意见认为，采购活动可以继续进行。理由是《财政部关于政府采购竞争性磋商采购方式管理暂行办法有关问题的补充通知》规定：采用竞争性磋商采购方式采购的政府购买服务项目（含政府和社会资本合作项目），在采购过程中符合要求的供应商（社会资本）只有2家的，竞争性磋商采购活动可以继续进行。本项目属于政府购买服务项目，可以适用该文件的规定继续进行竞争性磋商活动。

第二种意见认为，采购活动不可以继续进行。理由是对于政府购买服务类项目而言，《财政部关于政府采购竞争性磋商采购方式管理暂行办法有关问题的补充通知》的规定是：符合要求的供应商只有2家的，采购活动可以继续进行。本案例出现的情形是：提交响应文件的供应商只有2家，而非"符合要求的供应商只有2家"，不属于《财政部关于政府采购竞争性磋商采购方式管理暂行办法有关问题的补充通知》规定的采购活动可以继续进行的特例，应当重新组织采购活动。

由上述两种意见可以看出，如何理解"在采购过程中符合要求的供应商只有2家"这一表述是解决问题的关键。根据财政部国库司答复：采用竞争性磋商采购方式采购的政府购买服务项目（含政府和社会资本合作项目），在采购过程中符合要求的供应商（社会资本）只有2家的，竞争性磋商采购活动可以继续进行。这里的采购过程是指磋商开始时符合资格条件的供应商有3家以上，磋商过程中符合条件的供应商在只有2

家的情况下,磋商活动可以继续进行。

因此,本案例两种处理意见中,第二种意见最符合相关政策文件的立法本意,采购活动不可以继续,应当重新组织采购活动。

第三步,磋商。根据《政府采购竞争性磋商采购方式管理暂行办法》第十九条、第二十条规定,磋商小组所有成员应当集中与单一供应商分别进行磋商,并给予所有参加磋商的供应商平等的磋商机会。

在磋商过程中,磋商小组可以根据磋商文件和磋商情况实质性变动采购需求中的技术、服务要求以及合同草案条款,但不得变动磋商文件中的其他内容。实质性变动的内容,须经采购人代表确认。

对磋商文件作出的实质性变动是磋商文件的有效组成部分,磋商小组应当及时以书面形式同时通知所有参加磋商的供应商。

供应商应当按照磋商文件的变动情况和磋商小组的要求重新提交响应文件,并由其法定代表人或授权代表签字或者加盖公章。由授权代表签字的,应当附法定代表人授权书。供应商为自然人的,应当由本人签字并附身份证明。

第四步,最后报价。根据《政府采购竞争性磋商采购方式管理暂行办法》第二十一条规定,磋商文件能够详细列明采购标的的技术、服务要求的,磋商结束后,磋商小组应当要求所有实质性响应的供应商在规定时间内提交最后报价,提交最后报价的供应商不得少于3家。

磋商文件不能详细列明采购标的的技术、服务要求,需经磋商由供应商提供最终设计方案或解决方案的,磋商结束后,磋商小组应当按照少数服从多数的原则投票推荐3家以上供应商的设计方案或者解决方案,并要求其在规定时间内提交最后报价。

最后报价是供应商响应文件的有效组成部分。符合《政府采购竞争性磋商采购方式管理暂行办法》第三条第四项情形的,提交最后报价的供应商可以为2家。《财政部关于政府采购竞争性磋商采购方式管理暂行办法有关问题的补充通知》(财库〔2015〕124号)又进一步补充,采用竞争性磋商采购方式采购的政府购买服务项目(含政府和社会资本合作项目),在采购过程中符合要求的供应商(社会资本)只有2家的,竞争性磋商采购活动可以继续进行。在这种情形下,提交最后报价的供应商也可以为2家。

除以上两种情形外，提交最后报价的供应商少于 3 家时，应当终止竞争性磋商采购活动。

第五步，详细评审。根据《政府采购竞争性磋商采购方式管理暂行办法》第二十三条至第二十五条规定，经磋商确定最终采购需求和提交最后报价的供应商后，由磋商小组采用综合评分法对提交最后报价的供应商的响应文件和最后报价进行综合评分。综合评分法评审标准中的分值设置应当与评审因素的量化指标相对应。磋商文件中没有规定的评审标准不得作为评审依据。评审时，磋商小组各成员应当独立对每个有效响应的文件进行评价、打分，然后汇总每个供应商每项评分因素的得分。

磋商小组应当根据综合评分情况，按照评审得分由高到低顺序推荐 3 名以上成交候选供应商，并编写评审报告。符合《政府采购竞争性磋商采购方式管理暂行办法》第二十一条第三款情形的，可以推荐 2 家成交候选供应商。评审得分相同的，按照最后报价由低到高的顺序推荐。评审得分且最后报价相同的，按照技术指标优劣顺序推荐。

第六步，编写评审报告。《政府采购竞争性磋商采购方式管理暂行办法》第二十六条规定，评审报告应当包括以下主要内容：

（一）邀请供应商参加采购活动的具体方式和相关情况；

（二）响应文件开启日期和地点；

（三）获取磋商文件的供应商名单和磋商小组成员名单；

（四）评审情况记录和说明，包括对供应商的资格审查情况、供应商响应文件评审情况、磋商情况、报价情况等；

（五）提出的成交候选供应商的排序名单及理由。

《政府采购竞争性磋商采购方式管理暂行办法》第二十七条规定，评审报告应当由磋商小组全体人员签字认可。磋商小组成员对评审报告有异议的，磋商小组按照少数服从多数的原则推荐成交候选供应商，采购程序继续进行。对评审报告有异议的磋商小组成员，应当在报告上签署不同意见并说明理由，由磋商小组书面记录相关情况。磋商小组成员拒绝在报告上签字又不书面说明其不同意见和理由的，视为同意评审报告。

三、竞争性谈判

第一步,资格审查。由谈判小组对谈判供应商的响应文件进行资格审查。根据《政府采购非招标采购方式管理办法》第二十七条规定,公开招标的货物、服务采购项目,招标过程中提交投标文件或者经评审实质性响应招标文件要求的供应商只有 2 家时,采购人、采购代理机构按照本办法第四条经本级财政部门批准后可以与该 2 家供应商进行竞争性谈判采购。如该 2 家供应商资格审查均合格,竞争性谈判采购活动可继续进行。

除以上情形外,资格审查合格供应商不足 3 家时,不得继续进行竞争性谈判采购活动。对资格审查不合格的供应商,谈判小组应告知其不合格原因。

第二步,符合性检查。谈判小组对符合资格的谈判供应商的响应文件进行符合性检查,以确定其是否满足谈判文件的实质性要求。未实质性响应谈判文件的响应文件按无效处理,谈判小组应当告知有关供应商。

符合性检查合格供应商不足 3 家时,除《政府采购非招标采购方式管理办法》第二十七条规定的情形外,该项目谈判采购活动不得继续进行。

《政府采购非招标采购方式管理办法》第十六条规定,谈判小组在对响应文件的有效性、完整性和响应程度进行审查时,可以要求供应商对响应文件中含义不明确、同类问题表述不一致或者有明显文字和计算错误的内容等作出必要的澄清、说明或者更正。供应商的澄清、说明或者更正不得超出响应文件的范围或者改变响应文件的实质性内容。谈判小组要求供应商澄清、说明或者更正响应文件应当以书面形式作出。供应商的澄清、说明或者更正应当由法定代表人或其授权代表签字或者加盖公章。由授权代表签字的,应当附法定代表人授权书。供应商为自然人的,应当由本人签字并附身份证明。

第三步,谈判。根据《政府采购非招标采购方式管理办法》第三十条至第三十二条规定,谈判小组应当对响应文件进行评审,并根据谈判文件规定的程序、评定成交的标准等事项与实质性响应谈判文件要求的供应商进行谈判。谈判小组所有成员应当集中与单一供应商分别进行谈判,并给予所有参加谈判的供应商平等的谈判机会。

在谈判过程中,谈判小组可以根据谈判文件和谈判情况实质性变动采购需求中的技术、服务要求以及合同草案条款,但不得变动谈判文件中的其他内容。实质性变动的内容，须经采购人代表确认。对谈判文件作出的实质性变动是谈判文件的有效组成部分，谈判小组应当及时以书面形式同时通知所有参加谈判的供应商。

第四步，最后报价。根据《政府采购非招标采购方式管理办法》第三十三条规定，谈判文件能够详细列明采购标的的技术、服务要求的，谈判结束后，谈判小组应当要求所有继续参加谈判的供应商在规定时间内提交最后报价，提交最后报价的供应商不得少于3家。谈判文件不能详细列明采购标的的技术、服务要求，需经谈判由供应商提供最终设计方案或解决方案的，谈判结束后，谈判小组应当按照少数服从多数的原则投票推荐3家以上供应商的设计方案或者解决方案，并要求其在规定时间内提交最后报价。

第五步，编写评审报告。根据《政府采购非招标采购方式管理办法》第三十五条规定，谈判小组应当从质量和服务均能满足采购文件实质性响应要求的供应商中，按照最后报价由低到高的顺序提出3名以上成交候选人，并编写评审报告。

请看下面的案例。

Z单位委托L代理机构就某评估服务项目进行竞争性谈判采购。本项目共有5家供应商参与谈判，谈判小组由2名评审专家和1名采购人代表组成。采购代理机构先公开宣布了各供应商首轮报价，而后进行谈判。

在第二轮报价中，B公司提出质疑，认为公开宣布价格侵犯了其权益，拒绝第二轮报价，评委认为其不响应谈判要求，未能通过符合性检查。经评审，A公司报价最低，谈判小组一致推荐A公司为该项目的第一成交候选人。

B公司就谈判项目公开唱标的问题向采购管理部门提出投诉。采购管理部门认为，本项目违反了《政府采购法》第三十八条和《政府采购非招标采购方式管理办法》第三十一条的规定，根据《政府采购质疑和投诉办法》第三十二条，采购过程存在影响公正的违法情形，影响成交结果，认定成交结果无效，责令采购代理机构重新开展采购活动。

四、询价

第一步,资格审查。询价小组对询价供应商的响应文件进行资格审查,资格审查合格供应商不足3家时,不得继续进行询价采购活动。

第二步,符合性检查。询价小组对符合资格的询价供应商的响应文件进行符合性检查,以确定其是否满足询价文件的实质性要求。未实质性响应询价文件的响应文件按无效处理。符合性检查合格供应商不足3家时,不得继续进行询价采购活动。

《政府采购非招标采购方式管理办法》第十六条规定,询价小组在对响应文件的有效性、完整性和响应程度进行审查时,可以要求供应商对响应文件中含义不明确、同类问题表述不一致或者有明显文字和计算错误的内容等作出必要的澄清、说明或者更正。供应商的澄清、说明或者更正不得超出响应文件的范围或者改变响应文件的实质性内容。询价小组要求供应商澄清、说明或者更正响应文件应当以书面形式作出。供应商的澄清、说明或者更正应当由法定代表人或其授权代表签字或者加盖公章。由授权代表签字的,应当附法定代表人授权书。供应商为自然人的,应当由本人签字并附身份证明。

第三部,详细评审。《政府采购非招标采购方式管理办法》第四十六条规定,询价小组在询价过程中,不得改变询价通知书所确定的技术和服务等要求、评审程序、评定成交的标准和合同文本等事项。

第四步,编写评审报告。《政府采购非招标采购方式管理办法》第四十八条规定,询价小组应当从质量和服务均能满足采购文件实质性响应要求的供应商中,按照报价由低到高的顺序提出3名以上成交候选人,并编写评审报告。

第三节 评审过程中特殊情况的处理

一、评审专家因突发情况无法继续评标如何处理

《政府采购货物和服务招标投标管理办法》第四十九条规定,评标中因评标委

员会成员缺席、回避或者健康等特殊原因导致评标委员会组成不符合本办法规定的，采购人或者采购代理机构应当依法补足后继续评标。被更换的评标委员会成员所作出的评标意见无效。

无法及时补足评标委员会成员的，采购人或者采购代理机构应当停止评标活动，封存所有投标文件和开标、评标资料，依法重新组建评标委员会进行评标。原评标委员会所作出的评标意见无效。

采购人或者采购代理机构应当将变更、重新组建评标委员会的情况予以记录，并随采购文件一并存档。

请看下面的案例。

Z代理机构受N机关的委托，对机关大楼保安服务进行公开招标，招标文件明确规定，本项目评标委员会由5人组成，其中采购人代表1名。

评标委员会推选H为组长，在H的主持下，评标工作有序进行，在评审即将结束时，H因突发心脏病，急送医院抢救，无法继续评标。Z代理机构依据规定，及时补抽了一名专家L。评标委员会要求，为提高效率，新替补的L直接接替H担任组长，并在H评审的基础上继续评审。采购代理机构则认为，评标委员会成员更换后，评标委员会相当于重新组建，依据《政府采购货物和服务招标投标管理办法》第四十九条规定，被更换的评标委员会作出的评审意见无效，新的评标委员会应当重新推荐组长，在新组长的组织下重新进行评审。

对于本案例，如果当天无法选定替换的评审专家，或者替换的评审专家无法按时赶到，应当停止评标活动并解散原评标委员会，评标终止，并封存所有投标文件和开标、评标资料。原评标委员会所作出的评标意见无效。采购人或者采购代理机构应当将变更、重新组建评标委员会的情况予以记录，并随采购文件一并存档。采购人或者采购代理机构应在最短的时间内，依法重新组建评标委员会进行评标。

二、评审中发现采购文件存在缺陷应如何处理

根据《政府采购货物和服务招标投标管理办法》第六十五条的规定，评标委

员会发现招标文件存在歧义、重大缺陷导致评标工作无法进行，或者招标文件内容违反国家有关强制性规定的，应当停止评标工作，与采购人或者采购代理机构沟通并作书面记录。采购人或者采购代理机构确认后，应当修改招标文件，重新组织采购活动。

停止评审是为了及时纠错，避免得出错误的评审结果，造成更大的损失。请看下面的两个案例。

[案例一]

H代理机构接受委托，以公开招标方式就该市的某大楼空调供货以及安装项目实施采购。该项目招标文件"采购需求和技术要求"的总说明中明确投标报价不包括新风系统的供货及安装，但后面的报价范围说明中却规定应包括新风系统的供货及安装。

截至开标前，采购人未发现该问题，也没有供应商对此提出澄清要求，因此开标后供应商的投标总价差距悬殊。评委评审时，发现有些供应商的总报价包括新风系统的供货及安装费用，而有些供应商的总报价不包括新风系统的供货及安装费用。

评标委员会经过讨论，认为采购需求和技术要求存在重大缺陷，也无法修正价格，导致无法评审。依据《政府采购货物和服务招标投标管理办法》第六十五条规定，因采购需求和技术要求存在重大缺陷，评标委员会应停止评标工作，与采购人或者采购代理机构沟通并作书面记录。采购代理机构确认后，重新组织采购活动。

[案例二]

C代理机构接受委托，以公开招标方式就该市的某大楼螺杆式机组设备实施采购。

由于C代理机构工作的疏忽，未对采购需求进行认真审核，导致公布的采购需求存在缺陷。该采购项目公布的采购需求第一条第二款规定：单台设备的制冷量为711 kW，但采购需求一览表中规定：单台设备的制冷量为721 kW，两个制冷量不一致。

在评审时，评标委员会认为，两个制冷量711 kW、721 kW较为接

近，偏差幅度极小，再加上采购需求的制冷量一般是按一个品牌设计并计算得出，投标设备的制冷量或多或少都会有所偏离，因此采购需求中两个制冷量不一致，并未实质性影响评审。投标人所投的设备，制冷量不论是 711 kW 还是 721 kW，都可以认为无偏离，完全可以继续依据评标办法打分评审。

以上两个案例，虽然都是招标文件存在缺陷，但是评标委员会的处理方式完全不同，选择"废"或"不废"的关键在于是否存在"重大缺陷导致评标工作无法进行"的情形。案例一无法修正价格，评标工作无法进行，不得不重新组织采购；而案例二"错误"就"轻"得多，并不影响项目评审，因此得以继续评审。

三、资格审查发生错误如何处理

采用非招标采购方式采购的项目，由评审小组对供应商的资格进行审查，根据《政府采购非招标采购方式管理办法》第二十一条规定，资格性审查认定错误时，采购人或者采购代理机构可以组织原评审小组进行重新评审。

公开招标项目由采购人或者采购代理机构对投标人的资格进行审查，如果采购人或采购代理机构对供应商的资格审查发生错误，但是在采购结果被质疑后才发现，应当如何处理呢？

《政府采购货物和服务招标投标管理办法》第六十四条规定了评审专家可以当场修改评标结果的四种情形。分别是：（一）分值汇总计算错误的；（二）分项评分超出评分标准范围的；（三）评标委员会成员对客观评审因素评分不一致的；（四）经评标委员会认定评分畸高、畸低的。按办法第四十四条规定，供应商的投标资格是由采购人或代理机构进行审查的。在采购实践中，出现的评审错误不在这四种情形之列，而且不是在评审环节中发现的，按权责对等原则，配合质疑答复的评标委员会对资格审查错误情形，是不会也不能进行修正的。

请看下面的案例。

2018 年 7 月，C 代理机构接受委托对医疗器械项目进行公开招标，到截标时有 3 家供应商提交投标文件。采购人与代理机构共同组成资格审查小组，对 3 家投标供应商进行资格审查，最终确定 A 供应商为中标候选人。采购人确认后，发布了中标公告。

中标公告发布后，B供应商向C代理机构提交了质疑函，称中标A供应商投标时提交的产品注册登记已经过期，不符合招标文件要求的资格条件，要求重新评审并确定中标候选人为B。经核查，B供应商的质疑事项属实，A的投标产品注册登记确实超过了有效期。C代理机构以资格审查错误不属于《政府采购货物和服务招标投标管理办法》规定的可以重新评审的情形为由进行了质疑答复。B对质疑答复不满，遂向财政部门递交了投诉函。

财政部门经查证情况属实，认定投诉事项成立。财政部门认为，因资格审查错误，影响了采购结果，于是做出了以下处理意见：本项目已确定中标供应商但尚未签订政府采购合同，中标结果无效，责令重新开展采购活动。

四、符合性检查及详细评审中的特殊情况如何处理

1. 特殊情况一

对投标文件中含义不明确、同类问题表述不一致或者有明显文字和计算错误的内容该如何处理。

处理办法：评标委员会应当以书面形式要求供应商作出必要的澄清、说明或者补正。供应商的澄清、说明或者补正应当采用书面形式，并加盖公章，或者由法定代表人或其授权的代表签字。供应商的澄清、说明或者补正不得超出投标文件的范围或者改变投标文件的实质性内容。

2. 特殊情况二

投标文件报价出现前后不一致的情况该如何处理。

处理办法：除招标文件另有规定外，按照下列规定修正：（一）投标文件中开标一览表（报价表）内容与投标文件中相应内容不一致的，以开标一览表（报价表）为准；（二）大写金额和小写金额不一致的，以大写金额为准；（三）单价金额小数点或者百分比有明显错位的，以开标一览表的总价为准，并修改单价；（四）总价金额与按单价汇总金额不一致的，以单价金额计算结果为准。

同时出现两种以上不一致的，按照前款规定的顺序修正。修正后的报价也须经供应商确认后产生约束力，供应商不确认的，其投标无效。

3. 特殊情况三

供应商报价明显低于其他通过符合性检查供应商的报价该如何处理。

处理办法：评标委员会认为供应商的报价明显低于其他通过符合性检查供应商的报价，有可能影响产品质量或者不能诚信履约的，应当要求其在评标现场合理的时间内提供书面说明，必要时提交相关证明材料；供应商不能证明其报价合理性的，评标委员会应当将其作为无效投标处理。

首先，要求供应商提供书面说明及证明材料的合理时间必须明确。这里需要注意的是"评标现场的合理时间"，提交书面说明和必要证明材料的时间必须是双方都能接受的。

其次，除了书面说明之外，评标委员会必要时也可以要求供应商提供相关证明材料。相关证明材料包括价格构成、标的物成本、合同实施进度、风险成本等内容，或者是以相近价格实施过类似项目的合同业绩证明。

再次，由评标委员会根据供应商现场澄清状况来认定其报价是否合理。由于每个公司选择报价的产品型号和品牌并不完全相同，因此所报价格也有所不同，虽然其他投标人报价可以作为横向对比参照，但是最终还需要评标委员会根据供应商的现场澄清内容和项目实际状况进行综合判断。

4. 特殊情况四

不同供应商投标文件出现雷同该如何处理。

处理办法：在评标过程中发现投标人恶意串通，妨碍其他投标人的竞争行为，损害采购人或者其他投标人的合法权益的情形的，评标委员会应当认定其投标无效，并书面报告本级财政部门。

有下列情形之一的，视为投标人串通投标，其投标无效：

（一）不同投标人的投标文件由同一单位或者个人编制；

（二）不同投标人委托同一单位或者个人办理投标事宜；

（三）不同投标人的投标文件载明的项目管理成员或者联系人员为同一人；

（四）不同投标人的投标文件异常一致或者投标报价呈规律性差异；

（五）不同投标人的投标文件相互混装；

（六）不同投标人的投标保证金从同一单位或者个人的账户转出。

5. 特殊情况五

评审过程中，发现供应商提供了虚假材料如何处理。

处理办法：评审小组在评审过程中发现供应商提供虚假材料，应当及时向财政部门报告。

评标委员会（评审小组）是临时组建的工作小组，具有与采购内容和评审相关的专业技能。评标委员会（评审小组）应该依据投标（响应）文件进行评审，并推荐中标（成交）候选人。供应商虚假投标，评标委员会（评审小组）如果未能识别，则不承担相应责任。

请看下面的案例。

> 某大学物业服务公开招标项目，A公司投标文件中提交了G大学物业项目的业绩证明材料，其中包括用户反馈意见，该反馈意见签章为"G大学后勤保障管理处"，联系人为"×××老师"，联系电话为"×× ××××××××××"。该项目评标委员会中恰巧有一位成员为G大学后勤管理处工作人员，该评委现场指出"G大学后勤保障管理处"签章明显造假，经现场核查，G大学后勤管理处也没有×××老师，电话号码也是空号。
>
> A公司在投标文件中提供虚假材料事实确凿，评标委员会遂向财政部门报告。财政部门最终认定A公司行为属于《政府采购法》第七十七条第一款第一项规定的"提供虚假材料谋取中标"的情形。
>
> 根据《政府采购法》第七十七条规定，财政部门对A公司作出罚款，列入不良行为记录名单，一年内禁止参加政府采购活动的行政处罚。

6. 特殊情况六

同品牌相同报价的多公司谁进入评审？

处理办法：采用最低评标价法的采购项目，提供相同品牌产品的不同供应商参加同一合同项下投标的，以其中通过资格审查、符合性检查且报价最低的参加评标；报价相同的，由采购人或者采购人委托评标委员会按照招标文件规定的方式确定一个参加评标的供应商，招标文件未规定的采取随机抽取方式确定，其他投标无效。

使用综合评分法的采购项目，提供相同品牌产品且通过资格审查、符合性检查的不同供应商参加同一合同项下投标的，按一家供应商计算，评审后得分最高的同品牌供应商获得中标人推荐资格；评审得分相同的，由采购人或者采购人委托评标委员会按照招标文件规定的方式确定一个供应商获得中标人推荐资格，招标文件未规定的采取随机抽取方式确定，其他同品牌供应商不作为中标候选人。

非单一产品采购项目，采购人应当根据采购项目技术构成、产品价格比重等合理确定核心产品，并在招标文件中载明。多家供应商提供的核心产品品牌相同的，按前两款规定处理。

7. 特殊情况七

评标委员会成员对需要共同认定的事项存在争议该如何处理。

处理办法：评标委员会成员对需要共同认定的事项存在争议的，应当按照少数服从多数的原则得出结论。持不同意见的评标委员会成员应当在评标报告上签署不同意见及理由，否则视为同意评标报告。

8. 特殊情况八

评标结果汇总完成后，发现错误如何处理。

处理办法：评标结果汇总完成后，除下列情形外，任何人不得修改评标结果：（一）分值汇总计算错误的；（二）分项评分超出评分标准范围的；（三）评标委员会成员对客观评审因素评分不一致的；（四）经评标委员会认定评分畸高、畸低的。

评标报告签署前，经复核发现存在以上情形之一的，评标委员会应当当场修改评标结果，并在评标报告中记载；评标报告签署后，采购人或者采购代理机构发现存在以上情形之一的，应当组织原评标委员会进行重新评审，重新评审改变评标结果的，应当书面报告本级财政部门。

供应商对分值汇总计算提出质疑的，采购人或者采购代理机构可以组织原评标委员会进行重新评审，重新评审改变评标结果的，应当书面报告本级财政部门。

第四节 评审专家劳务报酬的获取

一、劳务报酬的支付主体

《政府采购评审专家管理办法》第二十三条规定，集中采购目录内的项目，由集中采购机构支付评审专家劳务报酬；集中采购目录外的项目，由采购人支付评审专家劳务报酬。

二、劳务报酬的支付标准

《政府采购评审专家管理办法》第二十四条规定，省级人民政府财政部门应当根据实际情况，制定本地区评审专家劳务报酬标准。中央预算单位参照本单位所在地或评审活动所在地标准支付评审专家劳务报酬。第二十五条规定，评审专家参加异地评审的，其往返的城市间交通费、住宿费等实际发生的费用，可参照采购人执行的差旅费管理办法相应标准向采购人或集中采购机构凭据报销。第二十六条规定，评审专家未完成评审工作擅自离开评审现场，或者在评审活动中有违法违规行为的，不得获取劳务报酬和报销异地评审差旅费。评审专家以外的其他人员不得获取评审劳务报酬。部分地区政府采购专家评审报酬支付标准如表31.1所示。

部分地区政府采购专家评审报酬支付标准如表31.1所示。

表 31.1　部分地区政府采购专家评审报酬支付标准

地区	支付标准
上海市	政府集中采购项目专家评审费支付标准调整为500元/半天/人，800元/天/人；市集中采购机构应按此标准执行，各社会中介代理机构可参照此标准执行。 各区县财政局可按上述标准指导本级集中采购机构。 各区县财政局、各政府采购代理机构可根据评审项目的复杂性、工作量以及评审区域偏远等情况适当上浮专家评审费

续表

地区	支付标准
天津市	支付评审专家劳务报酬以评审时间为计算标准。评审时间计算从采购文件规定的评审开始时间起，至提交最终的评审报告时间止。 （1）在一个自然日内，评审时间在4小时以内的，评审专家劳务报酬为300元/人；评审时间超过4小时至6小时以内的，评审专家劳务报酬为450元/人；评审时间超过6小时至8小时以内的，评审专家劳务报酬为600元/人；评审时间超过8小时的，每增加1小时增加100元，不足1小时的按1小时计算。 （2）评审专家已到达评审现场，但采购项目未进行评审即废标或终止的，应向评审专家支付100元/人的费用。 （3）评审地点路程较远的，可适当补助不超过100元/人的交通费。 采购人和集中采购机构应严格执行评审专家劳务报酬标准，不得擅自提高或降低支付标准，也不得通过任何形式转由其他单位或个人支付
湖北省	（1）省级政府采购项目评审劳务报酬标准。评审专家参加省级政府采购项目评审不超过2小时的，劳务报酬300元，每增加一小时，劳务报酬增加100元，评审时间达到8小时，劳务报酬1000元。 （2）市、县级政府采购项目评审劳务报酬标准。评审专家参加市、县级政府采购项目评审不超过2小时的，劳务报酬200元，每增加一小时，劳务报酬增加100元，评审时间达到8小时，劳务报酬800元。市县级也可参照省级政府采购项目评审劳务报酬标准执行。 （3）评审专家按照专家库随机抽取短信通知或采购人通知要求到达评审地点，非评审专家自身原因，评审活动不能正常进行的，应向评审专家支付100元的误工费，误工费在评审劳务报酬中列支。 （4）交通费、住宿费。 评审专家参加评审，其往返的市内交通费包含在评审劳务报酬中。评审专家参加异地（本人申请评审专家注册时申报的工作地以外的地区）评审，其往返的城市间交通费、住宿费等实际发生的费用，可参照采购人执行的差旅费管理办法相应标准向采购人或集中采购机构凭据报销
山西省	（1）评审时间在2小时以内的（含2小时），300元/人； （2）评审时间在2小时以上的每增加1小时，增加100元/，单日800元/人封顶； （3）对于经评审不符合采购文件要求作废标处理的政府采购项目，2小时以内300元/人，2小时以上400元/人封顶； （4）对于未进入评审程序作废标处理的政府采购项目，100元/人； （5）法定节假日期间评审，在上述标准的基础上提高一倍发放

续表

地区	支付标准
青海省	（1）按评标时间每人每天 600 元（8 小时内），半天 300 元（4 小时以内）标准发放； （2）评审时间超过 8 小时，每超出 1 小时（指 30 分钟以上）的每人增加 100 元；30 分钟以内的，每人增加 50 元； （3）评审专家到达评审地点后，非评审专家自身原因中止评审程序的，每人发放 100 元补助； （4）参加同一项目复审的专家，不重复发放专家评审劳务报酬
甘肃省	（1）评审时间＜2 小时，200 元/人；2 小时＜评审时间≤4 小时，400 元/人；4 小时＜评审时间≤6 小时，600 元/人；评审时间＞6 小时，800 元/人。 （2）评审时间超过 1 天的，可按实际评审时间支付劳务费，支付标准为 100 元/小时，不足 1 小时的按 1 小时计； （3）评标专家赴异地参加评审的，劳务费支付标准可适当上浮； （4）评标专家按指定时间到达评标现场，评审活动因故未正常开展的，可按 150 元/人支付劳务费

由此可见，各地财政部门在制定评审专家劳务报酬标准时，均考虑到当地的经济发展水平，东部沿海地区标准相对较高，中部地区次之，西部不发达地区标准相对较低。

第三十二章
评审专家的职责、信用评价及法律责任

第一节 评审专家的职责和工作纪律

一、评审专家的职责

评标委员会（评审小组）负责具体评审事务，并独立履行下列职责：(1) 审查、评价投标（响应）文件是否符合采购文件的商务、技术等实质性要求；(2) 要求供应商对投标（响应）文件有关事项作出澄清或者说明；(3) 对投标（响应）文件进行比较和评价；(4) 确定中标（成交）候选人名单，以及根据采购人委托直接确定中标（成交）供应商；(5) 向采购人、采购代理机构或者有关部门报告评审中发现的违法行为。

政府采购应当遵循公开透明原则、公平竞争原则、公正原则和诚实信用原则。这些原则在评标、谈判等评审过程中，需要各位评审专家来具体落实。

政府采购活动的制度设计中，评审专家居于非常重要的地位，是采购活动中评判供应商的"裁判员"，具有良好的职业操守是对评审专家的基本要求。在当前的政府采购活动中，除单一来源采购方式外，均需经过评审过程才能确定采购结果，而评标委员会、评审小组是决定评审过程最关键的因素，所以评审专家对政府采购活动的重要性是不言而喻的。

根据财政部《政府采购评审专家管理办法》第十八条的规定，评审专家应当严格遵守评审工作纪律，按照客观、公正、审慎的原则，根据采购文件规定的评审程序、评审方法和评审标准进行独立评审。评审专家发现采购文件内容违反国家有关强制性规定或者采购文件存在歧义、重大缺陷导致评审工作无法进行时，应当停止评审并向采购人或者采购代理机构书面说明情况。评审专家应当配合答复供应商的询问、质疑和投诉等事项，不得泄露评审文件、评审情况和在评审过程中获悉的商业秘密。评审专家发现供应商具有行贿、提供虚假材料或者串通等违法行为的，应当及时向财政部门报告。评审专家在评审过程中受到非法干预的，应当及时向财政、监察等部门举报。

以下为财政部门对专家未按照采购文件进行独立评审进行行政处罚的一起案例。

行政处罚决定书

当事人：×××

身份证号码：×××××××××××××××××

住址：H市××××××××××××

本机关对你在参与评审"J单位劳务派遣服务采购项目"中存在的违法行为拟作出政府采购行政处罚，现将有关事项告知如下。

一、违法事实

经调查，20××年10月11日，你参与了"J单位劳务派遣服务采购项目"的评审活动。在评审中，你未完整看过所有投标人的投标文件，参考该项目评审组长的评分表，对所有投标人的商务、技术评分与评审组长评分一致。以上事实有政府采购相关事项调查询问笔录、评审现场录像等证据证实。

综上，本机关认为，你在参加上述政府采购评审活动中存在《中华人民共和国政府采购法实施条例》第七十五条第一款、《政府采购评审专家管理办法》第二十七条第一款规定的未按照采购文件进行独立评审的违法行为。

二、行政处罚决定

根据你违法行为的事实、性质、情节、社会危害程度和相关证据，按照《H省财政厅关于规范财政行政处罚自由裁量权的规定》，你的违法行为为轻微。根据《中华人民共和国政府采购法实施条例》第七十五条第一款及《政府采购评审专家管理办法》第二十七条第一款规定，拟对你作出警告，并处贰仟元（￥2000元）罚款的行政处罚。

根据《中华人民共和国行政处罚法》第四十六条的规定，你应当自收到本行政处罚决定书之日起十五日内，按照本行政处罚决定书所附《H省省级非税收入缴款通知书（行政处罚）》所载内容，到指定的银行缴纳罚款。到期不缴纳罚款的，依据《中华人民共和国行政处罚法》第五十一条第一项的规定，每日按罚款数额的百分之三加处罚款。

三、权利告知

你如对本行政处罚决定不服，可以在收到本决定书之日起60日内依法向中华人民共和国财政部或H省人民政府申请行政复议，也可以在六个月内向W法院提起行政诉讼。行政复议或行政诉讼期间，本处罚不停止执行。逾期不申请行政复议，也不提起行政诉讼，又不履行本处罚决定的，本单位将依法申请人民法院强制执行。

联系单位：H省财政厅

联系地址：×××××××

H省财政厅

20××年4月18日

评审委员会成员、采购人和采购代理机构工作人员、相关监督人员等与评审工作有关的人员，对评审情况以及在评审过程中获悉的国家秘密、商业秘密负有保密责任。

采购人、采购代理机构和评审委员会在评审工作中，要依法相互监督和制约，并自觉接受各级财政部门的监督。对非法干预评审工作等违法违规行为，应当及时向财政部门报告。

评审委员会成员要根据政府采购法律法规和采购文件所载明的评审方法、标准进行评审。要熟悉和理解采购文件，认真阅读所有供应商的投标或响应文件，对所有投标或响应文件逐一进行资格性审查、符合性检查，按采购文件规定的评审方法和标准进行比较和评价；对供应商的价格分等客观评分项的评分应当一致，对其他需要借助专业知识评判的主观评分项，应当严格按照评分细则公正评分。

评审委员会如需要供应商对投标或响应文件有关事项作出澄清的,应当给予供应商必要的反馈时间,但澄清事项不得超出投标或响应文件的范围,不得实质性改变投标或响应文件的内容,不得通过澄清等方式对供应商实行差别对待。评审委员会要对评分汇总情况进行复核,特别是对排名第一的、报价最低的、投标或相应文件被认定为无效的情形进行重点复核,并根据评审结果推荐中标或成交候选供应商,或者根据采购人委托协议规定直接确定中标或成交供应商,起草并签署评审报告。评审委员会要在采购项目招标失败时,出具招标文件是否存在不合理条款的论证意见,要协助采购人、采购代理机构、财政部门答复质疑或处理投诉事项。评审委员会发现采购文件存在歧义、重大缺陷导致评审工作无法进行,或者采购文件内容违反国家有关规定的,要停止评审工作并向采购人或采购代理机构书面说明情况,采购人或采购代理机构应当修改采购文件后重新组织采购活动;发现供应商提供虚假材料、串通等违法违规行为的,要及时向采购人或采购代理机构报告。

参与政府采购活动的供应商对评审过程或者结果提出质疑的,采购人或采购代理机构可以组织原评审委员会协助处理质疑事项,并依据评审委员会出具的意见进行答复。质疑答复导致中标或成交结果改变的,采购人或采购代理机构应当将相关情况报财政部门备案。

《财政部关于进一步规范政府采购评审工作有关问题的通知》(财库〔2012〕69号)同时规定,采购人、采购代理机构对评审数据进行校对、核对,出现畸高、畸低的重大差异评分时,评审委员会应配合复核或书面说明。

《政府采购质疑和投诉办法》第十四条规定,供应商对评审过程、中标或者成交结果提出质疑的,采购人、采购代理机构可以组织原评标委员会、竞争性谈判小组、询价小组或者竞争性磋商小组协助答复质疑。原评标委员会、竞争性谈判小组、询价小组或者竞争性磋商小组应予以配合。

二、评审专家的工作纪律

要保证评审结果的合法性,首先要遵守评审纪律。遵守评审纪律不仅是维护评审工作严肃性的需要,也是为了评审专家免受职业风险伤害的要求。

《政府采购法实施条例》第四十条规定,政府采购评审专家应当遵守评审工作纪律,不得泄露评审文件、评审情况和评审中获悉的商业秘密。评标委员会、竞争性谈判小组或者询价小组在评审过程中发现供应商有行贿、提供虚假材料或者串通等违法行为的,应当及时向财政部门报告。政府采购评审专家在评审过程中受到非法干预的,应当及时向财政、监察等部门举报。

《关于进一步规范政府采购评审工作有关问题的通知》规定,评审委员会成员要严格遵守评审时间,主动出具身份证明,遵守评审工作纪律和评审回避的相关规定。在评审工作开始前,将手机等通信工具或相关电子设备交由采购人或采购代理机构统一保管,拒不上交的,采购人或采购代理机构可以拒绝其参加评审工作并向财政部门报告。

通知同时规定,评审委员会成员和评审工作有关人员不得干预或者影响正常评审工作,不得明示或者暗示其倾向性、引导性意见,不得修改或细化采购文件确定的评审程序、评审方法、评审因素和评审标准,不得接受供应商主动提出的澄清和解释,不得征询采购人代表的倾向性意见,不得协商评分,不得记录、复制或带走任何评审资料。评审结果汇总完成后,采购人、采购代理机构和评审委员会均不得修改评审结果或者要求重新评审,但资格性检查认定错误、分值汇总计算错误、分项评分超出评分标准范围、客观分评分不一致、经评审委员会一致认定评分畸高或畸低的情形除外。出现上述除外情形的,评审委员会应当现场修改评审结果,并在评审报告中明确记载。

需要注意的是,评审专家还负有保密义务,对评审情况以及在评审过程中获悉的商业秘密负有保密责任。同时,评审专家是以个人身份参加评审工作,不仅不能将评审情况向未参加评审的亲朋好友透露,也不能向未参加评审的各级领导透露。

在每个评审活动前,采购人或采购代理机构应宣读评审纪律,评审专家应认真听取并遵守。

第二节 评审专家的信用评价

诚实信用是政府采购活动的基本原则之一,查询及使用信用记录贯穿政府采购全过程。

《政府采购法实施条例》第六十二条规定，采购人或者采购代理机构应当对评审专家在政府采购活动中的职责履行情况予以记录，并及时向财政部门报告。第六十三条规定，各级人民政府财政部门和其他有关部门应当加强对参加政府采购活动的供应商、采购代理机构、评审专家的监督管理，对其不良行为予以记录，并纳入统一的信用信息平台。

《政府采购评审专家管理办法》第二十一条规定，采购人或者采购代理机构应当于评审活动结束后5个工作日内，在政府采购信用评价系统中记录评审专家的职责履行情况。评审专家可以在政府采购信用评价系统中查询本人职责履行情况记录，并就有关情况作出说明。省级以上人民政府财政部门可根据评审专家履职情况等因素设置阶梯抽取概率。第二十二条规定，评审专家应当于评审活动结束后5个工作日内，在政府采购信用评价系统中记录采购人或者采购代理机构的职责履行情况。

《政府采购评审专家管理办法》第二十八条规定，采购人、采购代理机构发现评审专家有违法违规行为的，应当及时向采购人本级财政部门报告。第二十九条规定，申请人或评审专家有下列情形的，列入不良行为记录：

（一）未按照采购文件规定的评审程序、评审方法和评审标准进行独立评审；

（二）泄露评审文件、评审情况；

（三）与供应商存在利害关系未回避；

（四）收受采购人、采购代理机构、供应商贿赂或者获取其他不正当利益；

（五）提供虚假申请材料；

（六）拒不履行配合答复供应商询问、质疑、投诉等法定义务；

（七）以评审专家身份从事有损政府采购公信力的活动。

第三节　评审专家的法律责任

根据《政府采购法实施条例》第七十五条、《政府采购评审专家管理办法》第二十七条规定，政府采购评审专家未按照采购文件规定的评审程序、评审方法和评审标准进行独立评审或者泄露评审文件、评审情况的，由财政部门给予警告，并处 2000 元以上 2 万元以下的罚款；影响中标、成交结果的，处 2 万元以上 5 万元以下的罚款，禁止其参加政府采购评审活动。

政府采购评审专家与供应商存在利害关系未回避的，处 2 万元以上 5 万元以下的罚款，禁止其参加政府采购评审活动。

政府采购评审专家收受采购人、采购代理机构、供应商贿赂或者获取其他不正当利益，构成犯罪的，依法追究刑事责任；尚不构成犯罪的，处 2 万元以上 5 万元以下的罚款，禁止其参加政府采购评审活动。

政府采购评审专家有上述违法行为的，其评审意见无效，不得获取评审费；有违法所得的，没收违法所得；给他人造成损失的，依法承担民事责任。

以下为财政部门对专家的违法行为进行经济处罚的一起案例。

政府采购行政处罚决定书

当事人：×××

身份证号码：××××××××××××××××××

地址：×××××××

本机关对你参与评审的"G 大学城校区物业管理服务采购项目"存在的违法行为，作出政府采购行政处罚，现将有关事项告知如下。

一、违法事实

20××年 1 月 30 日，你参加了上述项目的评审活动。根据该项目采购文件商务评审表第 3 项"专业资质认证"第 2) 评分要求："投标人具有有害生物防制服务资质的得 2 分"；参与该项目的供应商 D 公司提交了：Y 公司（D 的全资子公司）获得的"有害生物防制服务机构服务能力证书（A 级）"、D 公司获得的"白蚁防治服务资格等级证书（丙级）"和"除虫灭鼠服务资格等级证书（丙级）"，该项不应得分，但你评为 2 分。此外，在评审活动中，你未能独立、全面对所有供应商的投标文件进行评审。以上事实有评审报告、询问笔录、评审现场录像等证据证实。

综上，本机关认为，你在参加上述政府采购评审活动中存在《中华人民共和国政府采购法实施条例》第七十五条第一款、《政府采购评审专家管理办法》第二十七条第一款规定的未按照采购文件规定的评审程序、评审方法和评审标准进行独立评审的违法行为。

二、行政处罚决定和依据

根据你违法行为的事实、性质、情节、社会危害程度和实施违法行为的主客观因素以及相关证据，按照《财政部关于印发〈财政部门行使行政处罚裁量权指导规范〉的通知》（财法〔2013〕1号）规定，你的违法行为为轻微。根据《中华人民共和国政府采购法实施条例》第七十五条第一款、《政府采购评审专家管理办法》第二十七条第一款和第三十二条第一款规定，决定对你作出警告，并处贰仟元（¥2000元）罚款的行政处罚。

根据《中华人民共和国行政处罚法》第四十六条的规定，你应当自收到本行政处罚决定书之日起十五日内，按照本行政处罚决定书所附《G省省级非税收入缴款通知书（行政处罚）》所载内容，到指定的银行缴纳罚款。到期不缴纳罚款的，依据《中华人民共和国行政处罚法》第五十一条第一项的规定，每日按罚款数额的百分之三加处罚款。

三、权利告知

你如对本行政处罚决定不服，可以在收到本决定书之日起60日内依法向中华人民共和国财政部或G省人民政府申请行政复议，也可以在六个月内向S法院提起行政诉讼。行政复议或行政诉讼期间，本处罚不停止执行。逾期不申请行政复议，也不提起行政诉讼，又不履行本处罚决定的，本单位将依法申请人民法院强制执行。

联系单位：G省财政厅

联系地址：××××××××

G省财政厅

201×年12月13日

《政府采购非招标采购方式管理办法》第五十五条规定，谈判小组、询价小组成员有下列行为之一的，责令改正，给予警告；有关法律、行政法规规定处以罚款的，并处罚款；涉嫌犯罪的，依法移送司法机关处理：

（一）收受采购人、采购代理机构、供应商、其他利害关系人的财物或者其他不正当利益的；

（二）泄露评审情况以及评审过程中获悉的国家秘密、商业秘密的；

（三）明知与供应商有利害关系而不依法回避的；

（四）在评审过程中擅离职守，影响评审程序正常进行的；

（五）在评审过程中有明显不合理或者不正当倾向性的；

（六）未按照采购文件规定的评定成交的标准进行评审的。

评审专家有前款情形之一，情节严重的，取消其政府采购评审专家资格，不得再参加任何政府采购项目的评审，并在财政部门指定的政府采购信息发布媒体上予以公告。

政府采购评审专家在政府采购活动中起重要作用，评审小组必须由 2/3 以上的评审专家组成，政府采购实践表明，评审专家参与政府采购项目的评审有利于维护公平和公正，保证采购质量。但是评审专家在参与政府采购活动中发生违法行为、甚至犯罪也屡见不鲜，严重损害了政府采购当事人的利益，践踏了公平、公正、公开的政府采购制度。

实践中，评审专家改变采购文件中规定评审方法和标准的形式有：擅自增加或减少采购文件规定的评审因素；擅自调整评审因素的分值权重；未按照采购文件规定的方法推荐中标、成交候选人；擅自停止评标。

评审专家泄露评审情况的问题有：评审刚结束，采购人尚未确定中标或成交供应商，评审专家就将评审结果告知供应商，甚至有评审专家将其他评审专家的不同意见也告知供应商，违背评审纪律与道德。评审专家泄露评审情况的情况涉及泄露供应商的商业机密，将依法承担法律责任，情节严重的，由司法机关追究其刑事责任。

评审专家明知与供应商有利害关系而不依法回避的，在评审过程中擅离职守、影响评审程序正常进行的，收受采购人、采购代理机构、供应商、其他利害关系人的财物或者其他不正当利益等情形，应当追究其法律责任。

某省政府采购网发布了一则对关于对评审专家擅离职守的处罚决定，具体如下。

某学校维修项目，委托 H 公司代理竞争性谈判采购，项目预算 60 万元，递交谈判响应文件时间为 2018 年 4 月 25 日 9 时 30 分以前，递交地点为某市公共资源交易中心五楼开标室。

经查，本项目竞争性谈判小组成员3人（从专家库抽取2人，业主评委1人）。被抽取的评审专家周××同志于4月25日9时31分10秒到达评审场地所在楼层签到，9时32分31秒通过安检出入口，进入前往评审室的通道，9时32分55秒进入评审室内，9时42分参加本项目评审工作，13时39分10秒开始离开评审室，13时43分通过安检出入口走出。所有参与谈判的响应供应商第二次报价于13时40分结束。

　　在项目评审工作尚未完成的情况下，周××同志于4月25日13时43分未向任何人说明任何理由就擅自离开评审室，严重影响了评审工作的正常进行，并有可能影响采购项目的成交结果。后经采购人打电话询问，其才告知有重要会议参加故先行离开。

　　周××同志在评审过程中擅离职守，未按采购文件规定的评审程序完成评审工作，违反了财政部《政府采购评审专家管理办法》第二十九条第（一）项之规定。

　　由于周××同志不负责任的违规做法，直接导致采购人和代理机构不得不根据《政府采购非招标采购方式管理办法》第三十七条第（二）项之规定，决定本项目采购活动失败，需要重新开展采购活动，影响了采购项目的正常进程和效率，影响了评审专家的社会形象和公信力。

　　为了严肃政府采购评审工作纪律，规范政府采购程序，维护公开、公平、公正的政府采购市场秩序，进一步规范采购人、代理机构、供应商、评审专家的政府采购行为，根据《政府采购非招标采购方式管理办法》（财政部令第74号）第五十五条第四项、财政部《政府采购评审专家管理办法》（财库〔2016〕198号）第四条第三款之规定，对周××同志给予警告。

在中国政府采购网的政府采购动态信息中可以看到，四川省2019年上半年处理违规评审专家80余名，处罚名单结果在该省政府采购网上进行了公示。被处罚的专家当中，违规行为较轻的被处以终止评审活动、行政处罚，而违规行为较重的则被处以终止聘任。在本次公布的处罚名单当中，有9名专家被处以终止聘任、7名被处以行政处罚，其余的被处以终止参与评审活动。

附录

附录 A 百问百答

1. 采购意向公开包括哪些内容？

答：采购意向公开的内容应当包括采购项目名称、采购需求概况、预算金额、预计采购时间等，政府采购意向公开参考文本见附件。其中，采购需求概况应当包括采购标的名称，采购标的需实现的主要功能或者目标，采购标的数量，以及采购标的需满足的质量、服务、安全、时限等要求。采购意向应当尽可能清晰完整，便于供应商提前做好参与采购活动的准备。采购意向仅作为供应商了解各单位初步采购安排的参考，采购项目实际采购需求、预算金额和执行时间以预算单位最终发布的采购公告和采购文件为准。

法律依据如下：

《关于开展政府采购意向公开工作的通知》（财库〔2020〕10号）规定，采购意向按采购项目公开。除以协议供货、定点采购方式实施的小额零星采购和由集中采购机构统一组织的批量集中采购外，按项目实施的集中采购目录以内或者采购限额标准以上的货物、工程、服务采购均应当公开采购意向。

《关于促进政府采购公平竞争优化营商环境的通知》（财库〔2019〕38号）规定，采购意向包括主要采购项目、采购内容及需求概况、预算金额、预计采购时间等。为便于供应商提前了解采购信息，各地区、各部门应当创造条件积极推进采购意向公开（涉密信息除外）。

2. 达到公开招标数额标准的采购项目，拟采用单一来源采购，可以直接向财政部门申请审批吗？

答：不可以，应当先公示后审批。

法律依据如下：

《政府采购非招标采购方式管理办法》第三十八条规定，属于政府采购法第三十一条第一项情形，且达到公开招标数额的货物、服务项目，拟采用单一来源采购方式的，采购人、采购代理机构在报财政部门批准之前，应当在省级以上财政部门指定媒体上公示，并将公示情况一并报财政部门。

3. 未达到公开招标数额标准的项目，可以按照公开招标方式组织采购吗？

答：可以。采购人、采购代理机构采购货物、工程和服务的，可以采用竞争性谈判、竞争性磋商、单一来源采购方式；采购货物的，还可以采用询价采购方式。这里的"可以"，不是"应当"或"必须"。所以，公开招标限额标准以下的项目，可以采用公开招标方式。

法律依据如下：

《政府采购法》第二十六条第二款规定，公开招标应作为政府采购的主要采购方式。《政府采购非招标采购方式管理办法》第三条规定，采购人、采购代理机构采购以下货物、工程和服务之一的，可以采用竞争性谈判、单一来源采购方式采购；采购货物的，还可以采用询价采购方式：（一）依法制定的集中采购目录以内，且未达到公开招标数额标准的货物、服务；（二）依法制定的集中采购目录以外、采购限额标准以上，且未达到公开招标数额标准的货物、服务；……。

4. 服务类项目和工程类项目可以以询价方式组织采购吗？

答：不可以。询价方式只适用于货物项目采购，并且采购的货物规格、标准统一，市场货源充足且价格变化幅度小的项目才适合采用询价方式进行采购。

法律依据如下：

《政府采购法》第三十二条规定，采购的货物规格、标准统一、现货货源充足且价格变化幅度小的政府采购项目，可以依照本法采用询价方式采购。

5. 如果中标供应商放弃中标，采购人该怎么处理？

答：采购人可选择确定下一候选人为中标（成交）供应商或重新采购。

法律依据如下：

《政府采购法实施条例》第四十九条规定，中标或者成交供应商拒绝与采购人签订合同的，采购人可以按照评审报告推荐的中标或者成交候选人名单排序，确定下一候选人为中标或者成交供应商，也可以重新开展政府采购活动。

6. 中标后，采购人对中标供应商不满意的，可以组织人员考察供应商或要求进行样品检测吗？

答：不可以。

法律依据如下：

《政府采购法实施条例》第四十四条第二款规定，采购人或者采购代理机构不得通过对样品进行检测、对供应商进行考察等方式改变评审结果。

7. 政府采购同类产品再次采购可以不再进行采购程序吗？

答：如果标的相同，在政府采购合同履行中可以追加原合同金额的10%以内的标的物。否则应重新按照政府采购程序开展采购项目。

法律依据如下：

《政府采购法》第四十九条规定，政府采购合同履行中，采购人需追加与合同标的相同的货物、工程或者服务的，在不改变合同其他条款的前提下，可以与供应商协商签订补充合同，但所有补充合同的采购金额不得超过原合同采购金额的百分之十。

8. 采购人代表参加了开标，还可以参加评标吗？

答：不可以，采购人代表是评标委员会成员，评标委员会成员不得参加开标活动。

法律依据如下：

《政府采购货物和服务招标投标管理办法》第四十条规定，开标由采购人或者采购代理机构主持，邀请投标人参加。评标委员会成员不得参加开标活动。

9. 招标文件中必须设最高限价吗？

答：可以设，也可以不设。采购人根据价格测算情况，可以在采购预算额度内合理设定最高限价，但不得设定最低限价。"可以"不是"必须"或"应当"，所以招标文件中可以设最高限价，也可以不设。

法律依据如下：

《政府采购货物和服务招标投标管理办法》第十二条规定，采购人根据价格测算情况，可以在采购预算额度内合理设定最高限价，但不得设定最低限价。

10. 单个政府采购项目，涉及内容有货物和服务，如何确定项目属性？

答：先按《财政部关于印发〈政府采购品目分类目录〉的通知》来确定，如果无法确定，按照有利于采购项目实施的原则确定。

法律依据如下：

《政府采购货物和服务招标投标管理办法》第七条规定，采购人应当按照财政部制定的《财政部关于印发〈政府采购品目分类目录〉的通知》确定采购项目属性。按照《财政部关于印发〈政府采购品目分类目录〉的通知》无法确定的，按照有利于采购项目实施的原则确定。

11. 采购人可以邀请没有中标的供应商参与验收吗？

答：可以。

法律依据如下：

《政府采购货物和服务招标投标管理办法》第七十四条规定，采购人应当及时对采购项目进行验收。采购人可以邀请参加本项目的其他投标人或者第三方机构参与验收。参与验收的投标人或者第三方机构的意见作为验收书的参考资料一并存档。

12. 采购人可以提出质疑吗？

答：不可以。质疑是为供应商提供的救济机制，质疑和投诉的主体是供应商。如果发现采购活动中有违法行为，采购人可以向相关部门控告或检举。

法律依据如下：

《政府采购法》第七十条规定，任何单位和个人对政府采购活动中的违法行为，有权控告和检举，有关部门、机关应当依照各自职责及时处理。

《政府采购质疑和投诉办法》第三条规定，政府采购供应商提出质疑和投诉应当坚持依法依规、诚实信用原则。

13. 评审结束后，采购人可以确认排名第二的中标候选人中标吗？

答：不可以，必须按中标候选人的顺序来确定中标人。

法律依据如下：

《政府采购货物和服务招标投标管理办法》第六十八条规定，采购代理机构应当在评标结束后2个工作日内将评标报告送采购人。采购人应当自收到评标报告之日起5个工作日内，在评标报告确定的中标候选人名单中按顺序确定中标人。中标候选人并列的，由采购人或者采购人委托评标委员会按照招标文件规定的方式确定中标人；招标文件未规定的，采取随机抽取的方式确定。采购人自行组织招标的，应当在评标结束后5个工作日内确定中标人。采购人在收到评标报告5个工作日内未按评标报告推荐的中标候选人顺序确定中标人，又不能说明合法理由的，视同按评标报告推荐的顺序确定排名第一的中标候选人为中标人。

14. 中标后采购人能不能单方面终止合同？

答：不能。

法律依据如下：

《政府采购法》第五十条明确规定，政府采购合同的双方当事人不得擅自变更、中止或者终止合同。

政府采购合同继续履行将损害国家利益和社会公共利益的，双方当事人应当变更、中止或者终止合同。有过错的一方应当承担赔偿责任，双方都有过错的，各自承担相应的责任。

《政府采购法实施条例》第六十七条规定，采购人有下列情形之一的，由财政部门责令限期改正，给予警告，对直接负责的主管人员和其他直接责任人员依法给予处分，并予以通报：（四）未按照采购文件确定的事项签订政府采购合同；（六）擅自变更、中止或者终止政府采购合同。

15. 对供应商履约的验收由谁负责？

答：采购人依法组织履约验收工作。

法律依据如下：

《政府采购法》第四十一条规定，采购人或者其委托的采购代理机构应当组织对供应商履约的验收。大型或者复杂的政府采购项目，应当邀请国家认可的质量检测机构参加验收工作。验收方成员应当在验收书上签字，并承担相应的法律责任。

《财政部关于进一步加强政府采购需求和履约验收管理的指导意见》（财库〔2016〕205号）规定，采购人应当依法组织履约验收工作。采购人应当根据采购项目的具体情况，自行组织项目验收或者委托采购代理机构验收。采购人委托采购代理机构进行履约验收的，应当对验收结果进行书面确认。

16. 采购合同到期后，什么情况下合同可以续签？

答："招一管三"模式下，可续签合同。

法律依据如下：

《财政部关于推进和完善服务项目政府采购有关问题的通知》（财库〔2014〕37号）规定，采购需求具有相对固定性、延续性且价格变化幅度小的服务项目，在年度预算能保障的前提下，采购人可以签订不超过三年履行期限的政府采购合同。

17. 采购档案依法应由谁保管？需要保存多久？包括哪些资料？

答：由采购人和采购代理机构保管。

法律依据如下：

《政府采购法》第四十二条规定，采购人、采购代理机构对政府采购项目每项采购活动的采购文件应当妥善保存，不得伪造、变造、隐匿或者销毁。采购文件的保存期限为从采购结束之日起至少保存十五年。采购文件包括采购活动记录、采购预算、招标文件、投标文件、评标标准、评估报告、定标文件、合同文本、验收证明、质疑答复、投诉处理决定及其他有关文件、资料。

《政府采购货物和服务招标投标管理办法》第七十六条规定，采购人、采购代理机构应当建立真实完整的招标采购档案，妥善保存每项采购活动的采购文件。

18. 两次公开招标都因只有一家供应商投标而失败，可以就此申请变更为单一来源方式采购吗？

答：不可以单就这个原因来变更，应符合法律中明确的单一来源方式采购适用条件，否则应继续采用公开招标方式。如多次招标失败，应考虑采购需求是否合理，招标文件编制是否有歧视性或倾向性条款。

法律依据如下：

《政府采购法》第三十一条规定，符合下列情形之一的货物或者服务，可以依照本法采用单一来源方式采购：

（一）只能从唯一供应商处采购的；

（二）发生了不可预见的紧急情况不能从其他供应商处采购的；

（三）必须保证原有采购项目一致性或者服务配套的要求，需要继续从原供应商处添购，且添购资金总额不超过原合同采购金额百分之十的。

19. 质疑答复内容需要通知所有投标供应商吗？

答：不需要。通知质疑供应商和其他有关供应商即可，"有关供应商"不是"所有投标供应商"。

法律依据如下：

《政府采购法》第五十三条规定，采购人应当在收到供应商的书面质疑后七个工作日内作出答复，并以书面形式通知质疑供应商和其他有关供应商，但答复的内容不得涉及商业秘密。

20. 如果政府采购目录规定政府集中采购目录以外、限额标准以下的采购项目不适用政府采购，那么此类项目该如何执行？

答：可根据采购人内控管理制度要求组织采购活动。

法律依据如下：

《国务院办公厅关于印发中央预算单位政府集中采购目录及标准（2020年版）的通知》规定："三、分散采购限额标准。除集中采购机构采购项目和部门集中采购项目外，各部门自行采购单项或批量金额达到100万元以上的货物和服务的项目、120万元以上的工程项目应按《中华人民共和国政府采购法》和《中华人民共和国招标投标法》有关规定执行。"

《关于印发湖北省 2019—2020 年政府集中采购目录及标准的通知》规定："二、分散采购限额标准。未列入政府集中采购目录，预算单位批量采购金额达到 100 万元（含）以上的货物、工程和服务项目应按《中华人民共和国政府采购法》和《中华人民共和国招标投标法》有关规定执行，实行分散采购。政府集中采购目录以外、限额标准以下的采购项目，不适用政府采购法律法规规定。"

21. 在签订合同时，采购人可以和供应商协商降低合同金额吗？

答：不可以，应当按照采购文件确定的事项签订合同。

法律依据如下：

《政府采购法》第四十六条规定，采购人与中标、成交供应商应当在中标、成交通知书发出之日起 30 日内，按照采购文件确定的事项签订政府采购合同。中标、成交通知书对采购人和中标、成交供应商均具有法律效力。中标、成交通知书发出后，采购人改变中标、成交结果的，或者中标、成交供应商放弃中标、成交项目的，应当依法承担法律责任。

《政府采购货物和服务招标投标管理办法》第七十一条规定，采购人应当自中标通知书发出之日起 30 日内，按照招标文件和中标人投标文件的规定，与中标人签订书面合同。所签订的合同不得对招标文件确定的事项和中标人投标文件作实质性修改。

22. 采购人确定中标供应商的时限是多长？

答：采购人确定供应商的起始时间应以收到评审报告后开始计算，收到评审报告之日起 5 个工作日内按照报告推荐的中标候选人顺序确定中标供应商。

法律依据如下：

《政府采购法实施条例》第四十三条第一款规定，采购代理机构应当自评审结束之日起 2 个工作日内将评审报告送交采购人。采购人应当自收到评审报告之日起 5 个工作日内在评审报告推荐的中标或者成交候选人中按顺序确定中标或者成交供应商。

23. 采购人多长时间内必须签订政府采购合同，政府采购合同如何公告？

答：采购人在中标、成交通知书发出之日起 30 日内应该签订政府采购合同，且应当自合同签订之日起 2 个工作日内将政府采购合同在省级以上人民政府财政部门指定的媒体上公告。

法律依据如下：

《政府采购法》第四十六条规定，采购人与中标、成交供应商应当在中标、成交通知书发出之日起 30 日内，按照采购文件确定的事项签订政府采购合同。

《政府采购法实施条例》第五十条规定，采购人应当自政府采购合同签订之日起 2 个工作日内，将政府采购合同在省级以上人民政府财政部门指定的媒体上公告，但政府采购合同中涉及国家秘密、商业秘密的内容除外。

24. 采购人可以不派代表参加项目评审吗？

答：可以。评审专家"不少于"成员总数的三分之二，那么，评标委员会（评审小组）全部由评审专家组成也是可以的。

法律依据如下：

《政府采购货物和服务招标投标管理办法》第四十七条规定，评标委员会由采购人代表和评审专家组成，成员人数应当为 5 人以上单数，其中评审专家不得少于成员总数的三分之二。采购项目符合下列情形之一的，评标委员会成员人数应当为 7 人以上单数：（一）采购预算金额在 1000 万元以上；（二）技术复杂；（三）社会影响较大。评审专家对本单位的采购项目只能作为采购人代表参与评标，本办法第四十八条第二款规定情形除外。采购代理机构工作人员不得参加由本机构代理的政府采购项目的评标。评标委员会成员名单在评标结果公告前应当保密。

《政府采购非招标采购方式管理办法》第七条规定，竞争性谈判小组或者询价小组由采购人代表和评审专家共 3 人以上单数组成，其中评审专家人数不得少于竞争性谈判小组或者询价小组成员总数的 2/3。采购人不得以评审专家身份参加本部门或本单位采购项目的评审。采购代理机构人员不得参加本机构代理的采购项目的评审。达到公开招标数额标准的货物或者服务采购项目，或者达到招标规模标准的政府采购工程，竞争性谈判小组或者询价小组应当由 5 人以上单数组成。

《政府采购竞争性磋商采购方式管理暂行办法》第十四条规定，磋商小组由采购人代表和评审专家共 3 人以上单数组成，其中评审专家人数不得少于磋商小组成员总数的 2/3。采购人代表不得以评审专家身份参加本部门或本单位采购项目的评审。采购代理机构人员不得参加本机构代理的采购项目的评审。

25. 采购人对采购结果不满意，可以直接废标吗？

答：不可以。采购人只能按中标（成交）候选人的顺序确定中标或成交供应商，不能通过自己的意愿自由选择，也不能直接废标。

法律依据如下：

《政府采购法实施条例》第四十三条第一款规定，采购代理机构应当自评审结束之日起 2 个工作日内将评审报告送交采购人。采购人应当自收到评审报告之日起 5 个工作日内在评审报告推荐的中标或者成交候选人中按顺序确定中标或者成交供应商。

26. 进口设备占总项目比例很小，还需要审批么？

答：需要。如果上面所说的进口设备是独立的产品，那么就应该审批。如果进口产品是以零件的方式存在，然后进行的组装，组装后的产品没有经过海关，那么就可以认定其不属于进口产品。

法律依据如下：

《财政部关于印发〈政府采购进口产品管理办法〉的通知》第七条规定，采购人需要采购的产品在中国境内无法获取或者无法以合理的商业条件获取，以及法律法规另有规定确需采购进口产品的，应当在获得财政部门核准后，依法开展政府采购活动。

27. 公开招标项目中，中标候选人出现并列，该如何处理？

答：中标候选人并列的，由采购人或者采购人委托评标委员会按照招标文件规定的方式确定中标人；招标文件未规定的，采取随机抽取的方式确定。

法律依据如下：

《政府采购货物和服务招标投标管理办法》第六十八条第二款规定，采购人应当自收到评标报告之日起 5 个工作日内，在评标报告确定的中标候选人名单中按顺序确定中标人。中标候选人并列的，由采购人或者采购人委托评标委员会按照招标文件规定的方式确定中标人；招标文件未规定的，采取随机抽取的方式确定。

28. 为保证产品的来源合法，采购文件资格要求中能否要求供应商提供生产厂家授权委托书？

答：不能。

法律依据如下：

《政府采购货物和服务招标投标管理办法》第十七条规定，采购人、采购代理机构不得将投标人的注册资本、资产总额、营业收入、从业人员、利润、纳税额等规模条件作为资格要求或者评审因素，也不得通过将除进口货物以外的生产厂家授权、承诺、证明、背书等作为资格要求，对投标人实行差别待遇或者歧视待遇。

29. 在质疑投诉期间，采购人可以和中标人签订合同吗？

答：不一定。采购人认为质疑事项可能影响中标结果的，应当暂停签订合同；在处理投诉事项期间，政府采购监督管理部门可以视具体情况书面通知采购人暂停采购活动。

法律依据如下：

《政府采购法实施条例》第五十四条规定，询问或者质疑事项可能影响中标、成交结果的，采购人应当暂停签订合同，已经签订合同的，应当终止履行合同。

《政府采购法》第五十七条的规定，政府采购监督管理部门在处理投诉事项期间，可以视具体情况书面通知采购人暂停采购活动，但暂停时间最长不得超过三十日。因此，如果财政部门要求暂停，则应当暂停。如果财政部门未要求暂停，则不应暂停，应在中标通知书发出之日起三十日内签订合同。

30. 公司成立年限可以作为资格条件吗？

答：不可以。企业经营年限的长短与履行合同无关，设定经营年限要求涉嫌以不合理的条件对供应商实行差别待遇或者歧视待遇。

法律依据如下：

《政府采购法实施条例》第二十条第二项和第八项规定，采购人或者采购代理机构有下列情形之一的，属于以不合理的条件对供应商实行差别待遇或者歧视待遇："（二）设定的资格、技术、商务条件与采购项目的具体特点和实际需要不相适应或者与合同履行无关；（八）以其他不合理条件限制或者排斥潜在供应商。"

31. 货物和服务类政府采购公开招标项目中，价格分权重设置可以高于60分吗？

答：可以，但是价格分值过高，会造成供应商之间报价恶意竞争的现象，价格分值的设置应考虑合理性。

法律依据如下：

《政府采购货物和服务招标投标管理办法》第五十五条第五款规定，货物项目的价格分值占总分值的比重不得低于30%；服务项目的价格分值占总分值的比重不得低于10%。执行国家统一定价标准和采用固定价格采购的项目，其价格不列为评审因素。

32. 可以要求供应商提供样品，并将其作为评审标准吗？

答：可以。但要注意的是，采购人、采购代理机构一般不得要求投标人提供样品，仅凭书面方式不能准确描述采购需求或者需要对样品进行主观判断以确认是否满足采购需求等特殊情况除外。

法律依据如下：

《政府采购货物和服务招标投标管理办法》第二十二条规定，采购人、采购代理机构一般不得要求投标人提供样品，仅凭书面方式不能准确描述采购需求或者需要对样品进行主观判断以确认是否满足采购需求等特殊情况除外。

要求投标人提供样品的，应当在招标文件中明确规定样品制作的标准和要求、是否需要随样品提交相关检测报告、样品的评审方法以及评审标准。需要随样品提交检测报告的，还应当规定检测机构的要求、检测内容等。

33. 供应商被工商局行政性罚款一万元，在"天眼查"上可以查到，是否可以认定其有"重大违法记录"、资格不满足要求？

答：不能直接认定。"重大违法记录"中的"较大数额罚款"，要看当地或行业内对于较大数额罚款的数值标准。

法律依据如下：

《政府采购法实施条例》第十九条规定，政府采购法第二十二条第一款第五项所称重大违法记录，是指供应商因违法经营受到刑事处罚或者责令停产停业、吊销许可证或者执照、较大数额罚款等行政处罚。

《中华人民共和国行政处罚法》第四十二条规定，行政机关作出责令停产停业、吊销许可证或者执照、较大数额罚款等行政处罚决定之前，应当告知当事人有要求举行听证的权利；当事人要求听证的，行政机关应当组织听证。当事人不承担行政机关组织听证的费用。

34. 竞争性谈判项目中，供应商的投标价格是否需要唱标公布？

答：不需要。只有招标采购方式有开标唱标环节，其他采购方式均没有唱标环节，并且谈判报价不得透露。

法律依据如下：

《政府采购法》第三十八条第四项规定，采用竞争性谈判方式采购的，应当遵循下列程序：（四）谈判。谈判小组所有成员集中与单一供应商分别进行谈判。在谈判中，谈判的任何一方不得透露与谈判有关的其他供应商的技术资料、价格和其他信息。谈判文件有实质性变动的，谈判小组应当以书面形式通知所有参加谈判的供应商。

35. 采用电子标进行货物或服务项目公开招标时，投标人的资格审查是由采购人或者采购代理机构完成，还是由评标委员会完成？

答：由采购人或者采购代理机构完成。无论采用什么模式，政府采购货物或服务类公开招标项目，资格审查的主体都应该是采购人或者采购代理机构。

法律依据如下：

《政府采购货物和服务招标投标管理办法》第四十四条第一款规定，公开招标采购项目开标结束后，采购人或者采购代理机构应当依法对投标人的资格进行审查。

36. 在采购文件中可以要求供应商提供商品的合法来源证明吗？

答：可以设置，但要注意不要把生产厂家授权、承诺、证明或是背书作为资格条件。

法律依据如下：

《政府采购货物和服务招标投标管理办法》第十七条规定，采购人、采购代理机构不得将投标人的注册资本、资产总额、营业收入、从业人员、利润、纳税额等规模条件作为资格要求或者评审因素，也不得通过将除进口货物以外的生产厂

家授权、承诺、证明、背书等作为资格要求，对投标人实行差别待遇或者歧视待遇。

37. 公开招标项目开标结束一周后还没有公布中标结果，合法吗？

答：合法。如果是采购代理机构组织的采购项目，采购代理机构应当在评标结束后 2 个工作日内将评标报告送采购人，采购人应当自收到评标报告之日起 5 个工作日内，在评标报告确定的中标候选人名单中按顺序确定中标人，采购代理机构应当自中标人确定之日起 2 个工作日内，在省级以上财政部门指定的媒体上公告中标结果，合计最长时间为评标后 9 个工作日；如果是采购人自行采购的项目，应当在评标结束后 5 个工作日内确定中标人，采购人应当自中标人确定之日起 2 个工作日内，在省级以上财政部门指定的媒体上公告中标结果，合计最长时间为评标后 7 个工作日。

法律依据如下：

《政府采购货物和服务招标投标管理办法》第六十八条规定，采购代理机构应当在评标结束后 2 个工作日内将评标报告送采购人。采购人应当自收到评标报告之日起 5 个工作日内，在评标报告确定的中标候选人名单中按顺序确定中标人。中标候选人并列的，由采购人或者采购人委托评标委员会按照招标文件规定的方式确定中标人；招标文件未规定的，采取随机抽取的方式确定。采购人自行组织招标的，应当在评标结束后 5 个工作日内确定中标人。第六十九条规定，采购人或者采购代理机构应当自中标人确定之日起 2 个工作日内，在省级以上财政部门指定的媒体上公告中标结果，招标文件应当随中标结果同时公告。

38. 采购人、采购代理机构在收到多家供应商质疑同一事项，应该如何处理？

答：应当逐一作出答复。

法律依据如下：

《政府采购质疑和投诉办法》第十三条规定，采购人、采购代理机构不得拒收质疑供应商在法定质疑期内发出的质疑函，应当在收到质疑函后 7 个工作日内作出答复，并以书面形式通知质疑供应商和其他有关供应商。

39. 竞争性谈判项目第一轮报价能否作为第二轮的最高限价？

答：不能，这种要求不合理，报价只要不超过采购预算就可以。

法律依据如下：

《政府采购非招标采购方式管理办法》第三十三条规定，谈判文件能够详细列明采购标的的技术、服务要求的，谈判结束后，谈判小组应当要求所有继续参加谈判的供应商在规定时间内提交最后报价，提交最后报价的供应商不得少于3家。谈判文件不能详细列明采购标的的技术、服务要求，需经谈判由供应商提供最终设计方案或解决方案的，谈判结束后，谈判小组应当按照少数服从多数的原则投票推荐3家以上供应商的设计方案或者解决方案，并要求其在规定时间内提交最后报价。

40. 竞争性磋商项目，必须发布采购公告吗？

答：不一定，竞争性磋商采购方式的供应商来源有三种，以发布公告的方式征集供应商只是其中一种。

法律依据如下：

《政府采购竞争性磋商采购方式管理暂行办法》第六条规定，采购人、采购代理机构应当通过发布公告、从省级以上财政部门建立的供应商库中随机抽取或者采购人和评审专家分别书面推荐的方式邀请不少于3家符合相应资格条件的供应商参与竞争性磋商采购活动。

符合《政府采购法》第二十二条第一款规定条件的供应商可以在采购活动开始前加入供应商库。财政部门不得对供应商申请入库收取任何费用，不得利用供应商库进行地区和行业封锁。

采取采购人和评审专家书面推荐方式选择供应商的，采购人和评审专家应当各自出具书面推荐意见。采购人推荐供应商的比例不得高于推荐供应商总数的50%。

41. 软件开发类项目，可以要求供应商进行现场演示，并将演示结果列为评分因素吗？

答：可以将现场演示作为评标环节的一部分并列入评分项，但评分项应做到量化。

法律依据如下：

《政府采购货物和服务招标投标管理办法》第五十五条规定，综合评分法，是指投标文件满足招标文件全部实质性要求，且按照评审因素的量化指标评审得分最高的投标人为中标候选人的评标方法。评审因素的设定应当与投标人所提供货物服务的质量相关，包括投标报价、技术或者服务水平、履约能力、售后服务等。资格条件不得作为评审因素。评审因素应当在招标文件中规定。

评审因素应当细化和量化，且与相应的商务条件和采购需求对应。商务条件和采购需求指标有区间规定的，评审因素应当量化到相应区间，并设置各区间对应的不同分值。

42. 收到质疑函后，采购代理机构可以仅口头回复吗？

答：不可以，质疑应当以书面形式进行答复。

法律依据如下：

《政府采购质疑和投诉办法》第十三条规定，采购人、采购代理机构不得拒收质疑供应商在法定质疑期内发出的质疑函，应当在收到质疑函后 7 个工作日内作出答复，并以书面形式通知质疑供应商和其他有关供应商。

43. 竞争性磋商项目如需对磋商文件进行澄清，澄清时间有哪些要求？

答：截止之日前都可以发布澄清。澄清或者修改的内容可能影响响应文件编制的，采购人、采购代理机构应当在提交首次响应文件截止时间至少 5 日前，以书面形式通知所有获取磋商文件的供应商；不足 5 日的，采购人、采购代理机构应当顺延提交首次响应文件截止时间。

法律依据如下：

《政府采购竞争性磋商采购方式管理暂行办法》第十条第三款规定，提交首次响应文件截止之日前，采购人、采购代理机构或者磋商小组可以对已发出的磋商文件进行必要的澄清或者修改，澄清或者修改的内容作为磋商文件的组成部分。澄清或者修改的内容可能影响响应文件编制的，采购人、采购代理机构应当在提交首次响应文件截止时间至少 5 日前，以书面形式通知所有获取磋商文件的供应商；不足 5 日的，采购人、采购代理机构应当顺延提交首次响应文件截止时间。

44. 采购内容基本一致，却被分成多个包，可以吗？

答：可以，采购人可以根据采购项目具体情况对采购内容进行合理分包，不属于以不合理条件对供应商实行差别待遇或者歧视性待遇。

法律依据如下：

《政府采购法实施条例》第二十条规定，采购人或者采购代理机构有下列情形之一的，属于以不合理的条件对供应商实行差别待遇或者歧视待遇：

（一）就同一采购项目向供应商提供有差别的项目信息；

（二）设定的资格、技术、商务条件与采购项目的具体特点和实际需要不相适应或者与合同履行无关；

（三）采购需求中的技术、服务等要求指向特定供应商、特定产品；

（四）以特定行政区域或者特定行业的业绩、奖项作为加分条件或者中标、成交条件；

（五）对供应商采取不同的资格审查或者评审标准；

（六）限定或者指定特定的专利、商标、品牌或者供应商。

45. 非单一产品货物采购项目中，未设置核心产品怎么办？

答：非单一产品货物采购项目必须设置核心产品，且在招标文件中载明，如果未设置不能视为所有产品均为核心产品，可发布澄清公告明确核心产品。

法律依据如下：

《政府采购货物和服务招标投标管理办法》第三十一条第三款规定，非单一产品采购项目，采购人应当根据采购项目技术构成、产品价格比重等合理确定核心产品，并在招标文件中载明。多家投标人提供的核心产品品牌相同的，按前两款规定处理。

46. 公司法定代表人被追究刑事责任，能认定公司有重大违法记录吗？

答：不能。

法律依据如下：

根据《政府采购法实施条例》第十九条第一款规定，《政府采购法》第二十二条第一款第五项所称重大违法记录，是指供应商因违法经营受到刑事处罚或者责令停产停业、吊销许可证或者执照、较大数额罚款等行政处罚。由此可知，公司主要负责人被追究刑事责任而未对公司判处罚金的，难以认定公司存在重大违法。

47. 货物类采购，采购文件中可以推荐三个及以上品牌吗？

答：不可以。政府采购项目不可以指定或者限定品牌。

法律依据如下：

《政府采购法实施条例》第二十条规定，采购人或者采购代理机构有下列情形之一的，属于以不合理的条件对供应商实行差别待遇或者歧视待遇：（六）限定或者指定特定的专利、商标、品牌或者供应商；……。

48. 品牌可以作为评审因素吗？可以设置一线品牌加分吗？

答：不可以。政府采购不得指定或者限定品牌，而且判断一线品牌也无依据，评分项无法量化。

法律依据如下：

《政府采购法实施条例》第二十条规定，采购人或者采购代理机构有下列情形之一的，属于以不合理的条件对供应商实行差别待遇或者歧视待遇：（六）限定或者指定特定的专利、商标、品牌或者供应商；……。

《政府采购货物和服务招标投标管理办法》第五十五条规定，综合评分法，是指投标文件满足招标文件全部实质性要求，且按照评审因素的量化指标评审得分最高的投标人为中标候选人的评标方法。

评审因素的设定应当与投标人所提供货物服务的质量相关，包括投标报价、技术或者服务水平、履约能力、售后服务等。资格条件不得作为评审因素。评审因素应当在招标文件中规定。

评审因素应当细化和量化，且与相应的商务条件和采购需求对应。商务条件和采购需求指标有区间规定的，评审因素应当量化到相应区间，并设置各区间对应的不同分值。

49. 招标公告的期限从何时开始算起？

答：从省级以上财政部门指定媒体最先发布公告之日起算。

法律依据如下：

《政府采购货物和服务招标投标管理办法》第十六条规定，招标公告、资格预审公告的公告期限为 5 个工作日。公告内容应当以省级以上财政部门指定媒体发布的公告为准。公告期限自省级以上财政部门指定媒体最先发布公告之日起算。

50. 项目复杂、预算金额大，招标文件售价可以设置高一些吗？

答：不可以。招标文件售价应该按照弥补制作、邮寄成本的原则确定，不可以用招标采购金额作为招标文件售价的依据。

法律依据如下：

《政府采购货物和服务招标投标管理办法》第二十四条规定，招标文件售价应当按照弥补制作、邮寄成本的原则确定，不得以营利为目的，不得以招标采购金额作为确定招标文件售价的依据。

51. 开标前，代理机构发现某些供应商资质条件不符合招标文件要求，通过初审的供应商可能不足三家，还需要开标吗？

答：需要。除递交投标文件的供应商不足 3 家的情形外，否则应当按照招标文件的规定进行开标。开标后，经资格和符合性审查，合格投标人不足 3 家的，不得评标。

法律依据如下：

《政府采购货物和服务招标投标管理办法》第三十九条规定，开标应当在招标文件确定的提交投标文件截止时间的同一时间进行。开标地点应当为招标文件中预先确定的地点。

第四十一条规定，开标时，应当由投标人或者其推选的代表检查投标文件的密封情况；经确认无误后，由采购人或者采购代理机构工作人员当众拆封，宣布投标人名称、投标价格和招标文件规定的需要宣布的其他内容。

投标人不足 3 家的，不得开标。

第四十四条规定，公开招标采购项目开标结束后，采购人或者采购代理机构应当依法对投标人的资格进行审查。

合格投标人不足 3 家的，不得评标。

52. 投标文件的编制情况可以作为评分项吗？

答：不可以。投标文件的编制情况与投标人所提货物服务的质量无关。

法律依据如下：

《政府采购货物和服务招标投标管理办法》第五十五条第二款规定，评审因素的设定应当与投标人所提供货物服务的质量相关，包括投标报价、技术或者服务水平、履约能力、售后服务等。资格条件不得作为评审因素。评审因素应当在招标文件中规定。

53. 可以要求供应商购买招标文件时携带资质证书备查吗？

答：不可以。购买招标文件是供应商的权利，采购人或采购代理机构不得在供应商购买招标文件过程中设置门槛条件。

法律依据如下：

《政府采购货物和服务招标投标管理办法》第四十四条规定，采购人或采购代理机构应当在项目开标结束后依法对投标人的资格进行审查。

《政府采购法实施条例》第二十条第八项规定，采购人或者采购代理机构有下列情形之一的，属于以不合理的条件对供应商实行差别待遇或者歧视待遇：（八）以其他不合理条件限制或者排斥潜在供应商。

54. 评分项可以设置优、良、中、差，分档打分吗？

答：不可以。评分项应量化，优、良、中、差并非量化指标。

法律依据如下：

《政府采购法实施条例》第三十四条规定，政府采购招标评标方法分为最低评标价法和综合评分法。

最低评标价法，是指投标文件满足招标文件全部实质性要求且投标报价最低的供应商为中标候选人的评标方法。综合评分法，是指投标文件满足招标文件全部实质性要求且按照评审因素的量化指标评审得分最高的供应商为中标候选人的评标方法。

技术、服务等标准统一的货物和服务项目，应当采用最低评标价法。

采用综合评分法的，评审标准中的分值设置应当与评审因素的量化指标相对应。

55. 政府采购项目评分标准能不能对业绩规模做要求？

答：不能。比如某一个物业管理项目预算 100 万元，业绩要求供应商提供一份 100 万以上的物业管理合同得 1 分，最多得 4 分，则属于以规模条件排斥中小企业的情形。

法律依据如下：

《关于印发〈政府采购促进中小企业发展暂行办法〉的通知》第三条规定，任何单位和个人不得阻挠和限制中小企业自由进入本地区和本行业的政府采购市场，政府采购活动不得以注册资本金、资产总额、营业收入、从业人员、利润、纳税额等供应商的规模条件对中小企业实行差别待遇或者歧视待遇。

56. 公开招标项目中，供应商的投标文件被判定无效投标后，需要告知供应商吗？

答：需要。

法律依据如下：

《政府采购货物和服务招标投标管理办法》第六十九条规定，在公告中标结果的同时，采购人或者采购代理机构应当向中标人发出中标通知书；对未通过资格审查的投标人，应当告知其未通过的原因；采用综合评分法评审的，还应当告知未中标人本人的评审得分与排序。

57. 中标通知书可否等质疑期过后再发？

答：不可以，中标通知书应当与结果公告同时发出。

法律依据如下：

《政府采购货物和服务招标投标管理办法》第六十九条第五款规定，在公告中标结果的同时，采购人或者采购代理机构应当向中标人发出中标通知书；对未通过资格审查的投标人，应当告知其未通过的原因；采用综合评分法评审的，还应当告知未中标人本人的评审得分与排序。

《政府采购非招标采购方式管理办法》第十八条规定，采购人或者采购代理机构应当在成交供应商确定后 2 个工作日内，在省级以上财政部门指定的媒体上公告成交结果，同时向成交供应商发出成交通知书，并将竞争性谈判文件、询价通知书随成交结果同时公告。

《政府采购法实施条例》第四十三条规定，采购代理机构应当自评审结束之日起2个工作日内将评审报告送交采购人。采购人应当自收到评审报告之日起5个工作日内在评审报告推荐的中标或者成交候选人中按顺序确定中标或者成交供应商。采购人或者采购代理机构应当自中标、成交供应商确定之日起2个工作日内，发出中标、成交通知书，并在省级以上人民政府财政部门指定的媒体上公告中标、成交结果，招标文件、竞争性谈判文件、询价通知书随中标、成交结果同时公告。

58. 竞争性谈判采购从发出谈判文件到递交响应文件用时仅4天可以吗？

答：分两种情况，从谈判文件发出之日起至供应商提交响应文件截止之日不得少于3个工作日。问题中所述的4天少于3个工作日的，属于违规，不少于3个工作日就可以。

法律依据如下：

《政府采购非招标采购方式管理办法》第二十九条规定，从谈判文件发出之日起至供应商提交首次响应文件截止之日不得少于3个工作日。提交首次响应文件截止之日前，采购人、采购代理机构或者谈判小组可以对已发出的谈判文件进行必要的澄清或者修改，澄清或者修改的内容作为谈判文件的组成部分。澄清或者修改的内容可能影响响应文件编制的，采购人、采购代理机构或者谈判小组应当在提交首次响应文件截止之日3个工作日前，以书面形式通知所有接收谈判文件的供应商，不足3个工作日的，应当顺延提交首次响应文件截止之日。

59. 投标有效期如何计算，有什么作用？

答：投标有效期从提交投标文件的截止之日起算。投标有效期是指招标文件中规定一个适当的有效期，在此期限内投标文件对投标人具有法律约束力，投标人不得擅自变更或者撤销已经递交的投标文件。投标人在投标有效期内撤销投标，将承担不利的法律后果，例如投标保证金不予返还。对招标人来讲，如果发布中标通知书时已经过了该供应商承诺的投标有效期，那么该中标通知书属于无效中标通知书。

法律依据如下：

《政府采购货物和服务招标投标管理办法》第二十三条规定，投标有效期从提交投标文件的截止之日起算。投标文件中承诺的投标有效期应当不少于招标文件中载明的投标有效期。投标有效期内投标人撤销投标文件的，采购人或者采购代理机构可以不退还投标保证金。

60. 供应商知晓详细的评标内容，并对评标内容提出投诉，采购人、采购代理机构可以追溯其信息的来源吗？

答：评标过程应当保密，供应商获取证明材料的手段应当合法，否则财政部门应驳回其投诉。

法律依据如下：

《政府采购货物和服务招标投标管理办法》第六十六条规定，采购人、采购代理机构应当采取必要措施，保证评标在严格保密的情况下进行。除采购人代表、评标现场组织人员外，采购人的其他工作人员以及与评标工作无关的人员不得进入评标现场。有关人员对评标情况以及在评标过程中获悉的国家秘密、商业秘密负有保密责任。

《政府采购非招标采购方式管理办法》第二十五条规定，谈判小组、询价小组成员以及与评审工作有关的人员不得泄露评审情况以及评审过程中获悉的国家秘密、商业秘密。

《政府采购竞争性磋商采购方式管理暂行办法》第十五条规定，评审专家应当遵守评审工作纪律，不得泄露评审情况和评审中获悉的商业秘密。

《政府采购质疑和投诉办法》第二十九条第四项规定，投诉处理过程中，有下列情形之一的，财政部门应当驳回投诉：（四）投诉人以非法手段取得证明材料。证据来源的合法性存在明显疑问，投诉人无法证明其取得方式合法的，视为以非法手段取得证明材料。

61. 供应商因堵车迟到了三分钟，这种情形还能接收他的投标文件吗？

答：不能接收。

法律依据如下：

《政府采购货物和服务招标投标管理办法》第三十三条第二款规定，逾期送达或者未按照招标文件要求密封的投标文件，采购人、采购代理机构应当拒收。

62. 供应商无重大违法记录需要出具证明吗？

答：不需要，只需要提交没有重大违法记录的书面声明即可。

法律依据如下：

《政府采购法实施条例》第十七条规定，参加政府采购活动的供应商应当具备《政府采购法》第二十二条第一款规定的条件，提供下列材料：（四）参加政府采购活动前3年内在经营活动中没有重大违法记录的书面声明。

《政府采购法》第七十七条第一项规定，供应商有下列情形之一的，处以采购金额千分之五以上千分之十以下的罚款，列入不良行为记录名单，在一至三年内禁止参加政府采购活动，有违法所得的，并处没收违法所得，情节严重的，由工商行政管理机关吊销营业执照；构成犯罪的，依法追究刑事责任：（一）提供虚假材料谋取中标、成交的。

63. 最低评标价法和低价优先法有什么区别？

答：最低评标价法是评标方法中的一种；低价优先法是指综合评分法中，供应商价格分的计算方式。

法律依据如下：

《政府采购货物和服务招标投标管理办法》第五十三条规定，评标方法分为最低评标价法和综合评分法。

第五十四条规定，最低评标价法，是指投标文件满足招标文件全部实质性要求，且投标报价最低的投标人为中标候选人的评标方法。技术、服务等标准统一的货物服务项目，应当采用最低评标价法。

第五十五条规定，价格分应当采用低价优先法计算，即满足招标文件要求且投标价格最低的投标报价为评标基准价，其价格分为满分。其他投标人的价格分统一按照下列公式计算：

投标报价得分＝（评标基准价/投标报价）×100

评标总得分＝$F_1 \times A_1 + F_2 \times A_2 + \cdots + F_n \times A_n$

F_1、F_2、……、F_n 分别为各项评审因素的得分；

A_1、A_2、……、A_n 分别为各项评审因素所占的权重（$A_1 + A_2 + \cdots + A_n = 1$）。

评标过程中，不得去掉报价中的最高报价和最低报价。

64. 投标文件递交截止时间后，因采购人领导未到场，可否将开标时间推迟？

答：不可以。

法律依据如下：

《政府采购货物和服务招标投标管理办法》第三十九条规定，开标应当在招标文件确定的提交投标文件截止时间的同一时间进行。开标地点应当为招标文件中预先确定的地点。

65. 开标一览表（报价表）内容与投标文件中相应内容不一致的，应当如何处理？

答：以开标一览表（报价表）为准。

法律依据如下：

《政府采购货物和服务招标投标管理办法》第五十九条规定，投标文件报价出现前后不一致的，除招标文件另有规定外，按照下列规定修正：

（一）投标文件中开标一览表（报价表）内容与投标文件中相应内容不一致的，以开标一览表（报价表）为准；

（二）大写金额和小写金额不一致的，以大写金额为准；

（三）单价金额小数点或者百分比有明显错位的，以开标一览表的总价为准，并修改单价；

（四）总价金额与按单价汇总金额不一致的，以单价金额计算结果为准。

同时出现两种以上不一致的，按照前款规定的顺序修正。修正后的报价按照本办法第五十一条第二款的规定经投标人确认后产生约束力，投标人不确认的，其投标无效。

《政府采购货物和服务招标投标管理办法》第五十一条第二款规定，投标人的澄清、说明或者补正应当采用书面形式，并加盖公章，或者由法定代表人或其授权的代表签字。投标人的澄清、说明或者补正不得超出投标文件的范围或者改变投标文件的实质性内容。

66. 评审专家名单可以不公布吗？

答：不可以。评审活动完成后，评审专家名单随中标、成交结果一并公告。

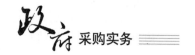

法律依据如下：

《政府采购评审专家管理办法》第二十条第一款规定，评审专家名单在评审结果公告前应当保密。评审活动完成后，采购人或者采购代理机构应当随中标、成交结果一并公告评审专家名单，并对自行选定的评审专家做出标注。

67. 开标结束后供应商还能质疑招标文件吗？

答：要看是否还在质疑有效期内，如果在知道或者应知其权益受到损害之日起7个工作日内，可以质疑。

法律依据如下：

《政府采购质疑和投诉办法》第十条规定，供应商认为采购文件、采购过程、中标或者成交结果使自己的权益受到损害的，可以在知道或者应知其权益受到损害之日起7个工作日内，以书面形式向采购人、采购代理机构提出质疑。采购文件可以要求供应商在法定质疑期内一次性提出针对同一采购程序环节的质疑。

《政府采购法实施条例》第五十三条规定，《政府采购法》第五十二条规定的供应商应知其权益受到损害之日，是指：（一）对可以质疑的采购文件提出质疑的，为收到采购文件之日或者采购文件公告期限届满之日；（二）对采购过程提出质疑的，为各采购程序环节结束之日；（三）对中标或者成交结果提出质疑的，为中标或者成交结果公告期限届满之日。

68. 甲乙双方组成联合体投标，甲方为牵头人，合同款项可以打到乙公司吗？

答：应当根据联合体协议和合同约定执行。

法律依据如下：

《政府采购法》第二十四条规定，两个以上的自然人、法人或者其他组织可以组成一个联合体，以一个供应商的身份共同参加政府采购。

以联合体形式进行政府采购的，参加联合体的供应商均应当具备本法第二十二条规定的条件，并应当向采购人提交联合协议，载明联合体各方承担的工作和义务。联合体各方应当共同与采购人签订采购合同，就采购合同约定的事项对采购人承担连带责任。

69. 供应商认为资格条件过高,在未购买招标文件的情况下,能否质疑?

答:不可以。

法律依据如下:

《政府采购质疑和投诉办法》第十一条规定,提出质疑的供应商应当是参与所质疑项目采购活动的供应商。

潜在供应商已依法获取其可质疑的采购文件的,可以对该文件提出质疑。对采购文件提出质疑的,应当在获取采购文件或者采购文件公告期限届满之日起 7 个工作日内提出。

70. 投标报价中,供应商可否就某项报价直接填写"赠予"或 0 元报价?

答:不可以。赠予违背了《政府采购法》中"有偿取得"的原则。

法律依据如下:

《政府采购法》第二条第四款规定,本法所称采购,是指以合同方式有偿取得货物、工程和服务的行为,包括购买、租赁、委托、雇用等。

《政府采购法实施条例》第十一条第二款规定,采购人不得向供应商索要或者接受其给予的赠品、回扣或者与采购无关的其他商品、服务。

71. 供应商不参加开标,可否视为其放弃本次投标活动?

答:不可视为放弃投标活动。供应商未参加开标的,应视同认可开标结果。

法律依据如下:

《政府采购货物和服务招标投标管理办法》第四十二条第三款规定,投标人未参加开标的,视同认可开标结果。

72. 总公司中标后想让项目所在地的分公司与采购人签订合同,可以吗?

答:不可以。分公司不具备独立承担民事责任的能力,合同应当是总公司签订,可以在合同中约定项目由分公司执行。

法律依据如下:

《中华人民共和国公司法》第十四条规定,公司可以设立分公司。设立分公司,应当向公司登记机关申请登记,领取营业执照。分公司不具有法人资格,其民事责任由公司承担。公司可以设立子公司,子公司具有法人资格,依法独立承担民事责任。

《政府采购货物和服务招标投标管理办法》第七十一条规定，采购人应当自中标通知书发出之日起 30 日内，按照招标文件和中标人投标文件的规定，与中标人签订书面合同。所签订的合同不得对招标文件确定的事项和中标人投标文件作实质性修改。第七十二条规定，政府采购合同应当包括采购人与中标人的名称和住所、标的、数量、质量、价款或者报酬、履行期限及地点和方式、验收要求、违约责任、解决争议的方法等内容。第七十三条规定，采购人与中标人应当根据合同的约定依法履行合同义务。

73. 供应商认为评审结果有问题，可以质疑评审流程，查询自己的评分明细吗？

答：可以质疑，可以知道总分和排名，但不能查询自己的评分明细。

法律依据如下：

《政府采购质疑和投诉办法》第十条规定，供应商认为采购文件、采购过程、中标或者成交结果使自己的权益受到损害的，可以在知道或者应知其权益受到损害之日起 7 个工作日内，以书面形式向采购人、采购代理机构提出质疑。

《政府采购货物和服务招标投标管理办法》第六十六条规定，采购人、采购代理机构应当采取必要措施，保证评标在严格保密的情况下进行。除采购人代表、评标现场组织人员外，采购人的其他工作人员以及与评标工作无关的人员不得进入评标现场。有关人员对评标情况以及在评标过程中获悉的国家秘密、商业秘密负有保密责任。

第六十九条第五款规定，在公告中标结果的同时，采购人或者采购代理机构应当向中标人发出中标通知书；对未通过资格审查的投标人，应当告知其未通过的原因；采用综合评分法评审的，还应当告知未中标人本人的评审得分与排序。

74. 供应商可以匿名投诉吗？

答：不可以。

法律依据如下：

《政府采购质疑和投诉办法》第十八条规定，投诉人投诉时，应当提交投诉书和必要的证明材料,并按照被投诉采购人、采购代理机构和与投诉事项有关的供应商数量提供投诉书的副本。投诉书应当包括下列内容:(一)投诉人和被投诉人的姓名或者名称、通信地址、邮编、联系人及联系电话;……。

75. 对质疑答复不满意,可以就该问题再次提出质疑吗?

答:如果采购文件中要求供应商在法定质疑期内一次性提出针对同一采购程序环节的质疑,那么就不能对相同问题再次进行质疑,如果对答复内容不满意,可以按《政府采购质疑和投诉办法》的相关要求进行投诉。如果采购文件中没有注明上述要求,可以进行二次质疑。

法律依据如下:

《政府采购质疑和投诉办法》第十条规定,供应商认为采购文件、采购过程、中标或者成交结果使自己的权益受到损害的,可以在知道或者应知其权益受到损害之日起7个工作日内,以书面形式向采购人、采购代理机构提出质疑。采购文件可以要求供应商在法定质疑期内一次性提出针对同一采购程序环节的质疑。

76. 投标文件没有密封被拒收后,再次密封后提交可以吗?

答:在投标文件递交截止时间之前可再次密封提交,截止时间之后为逾期提交,采购人、采购代理机构应当拒收。

法律依据如下:

《政府采购货物和服务招标投标管理办法》第三十三条规定,投标人应当在招标文件要求提交投标文件的截止时间前,将投标文件密封送达投标地点。逾期送达或者未按照招标文件要求密封的投标文件,采购人、采购代理机构应当拒收。

第三十四条规定,投标人在投标截止时间前,可以对所递交的投标文件进行补充、修改或者撤回,并书面通知采购人或者采购代理机构。补充、修改的内容应当按照招标文件要求签署、盖章、密封后,作为投标文件的组成部分。

77. 招标文件中没有注明"不接受联合体",供应商可以组成联合体进行投标吗?

答:可以。

法律依据如下:

根据《政府采购货物和服务招标投标管理办法》第十九条规定，采购人或者采购代理机构应当根据采购项目的实施要求，在招标公告、资格预审公告或者投标邀请书中载明是否接受联合体投标。如未载明，不得拒绝联合体投标。

78. 招标文件中约定接受进口设备，国产设备还可以投标吗？

答：可以。如果有满足需求的国内产品参与采购竞争，采购人或采购代理机构不得加以限制，应当按照公平竞争原则实施采购。财政部门审核同意购买进口产品的，应当在采购文件中明确规定可以采购进口产品，但如果因信息不对称等原因，仍有满足需求的国内产品要求参与采购竞争的，采购人及其委托的采购代理机构不得对其加以限制，应当按照公平竞争原则实施采购。

法律依据如下：

《关于政府采购进口产品管理有关问题的通知》规定，已由财政部门审核同意采购进口产品的，如有满足采购需求的国内产品要求参与采购竞争的，采购人及其委托的采购代理机构不得对其国内产品加以限制，应当按照公平竞争原则实施采购。

79. 质疑供应商在未提供证据的情况下要求复核中标人所有证明文件原件合理吗？

答：不合理。供应商可对评审结果进行质疑，如质疑其他供应商提供资料的真实性，应提供必要的证明材料。

法律依据如下：

《政府采购质疑和投诉办法》第十条规定，供应商认为采购文件、采购过程、中标或者成交结果使自己的权益受到损害的，可以在知道或者应知其权益受到损害之日起7个工作日内，以书面形式向采购人、采购代理机构提出质疑。第十二条规定，供应商提出质疑应当提交质疑函和必要的证明材料。

80. 供应商可以查看其他供应商的投标文件吗？

答：不可以。

法律依据如下：

《政府采购法实施条例》第四十条规定，政府采购评审专家应当遵守评审工作纪律，不得泄露评审文件、评审情况和评审中获悉的商业秘密。

《政府采购货物和服务招标投标管理办法》第六十六条规定，采购人、采购代理机构应当采取必要措施，保证评标在严格保密的情况下进行。除采购人代表、评标现场组织人员外，采购人的其他工作人员以及与评标工作无关的人员不得进入评标现场。

有关人员对评标情况以及在评标过程中获悉的国家秘密、商业秘密负有保密责任。

《政府采购质疑和投诉办法》第十五条规定，质疑答复的内容不得涉及商业秘密。

81. 对投标文件进行撤销和撤回有什么区别？

答：时间节点不一样。投标人可在提交投标文件的截止时间前撤回已提交的投标文件；撤销是发生在投标有效期内，投标有效期是从提交投标文件的截止之日起算。在提交投标文件的截止时间前撤回投标文件，投标保证金将按正常退还；但在投标有效期内投标人撤销投标文件的，采购人或者采购代理机构可以不退还投标保证金。

法律依据如下：

《政府采购货物和服务招标投标管理办法》第三十四条规定，投标人在投标截止时间前，可以对所递交的投标文件进行补充、修改或者撤回，并书面通知采购人或者采购代理机构。补充、修改的内容应当按照招标文件要求签署、盖章、密封后，作为投标文件的组成部分。

第三十八条规定，投标人在投标截止时间前撤回已提交的投标文件的，采购人或者采购代理机构应当自收到投标人书面撤回通知之日起5个工作日内，退还已收取的投标保证金，但因投标人自身原因导致无法及时退还的除外。

《政府采购非招标采购方式管理办法》第十五条第二款规定，供应商在提交询价响应文件截止时间前，可以对所提交的响应文件进行补充、修改或者撤回，并书面通知采购人、采购代理机构。补充、修改的内容作为响应文件的组成部分。补充、修改的内容与响应文件不一致的，以补充、修改的内容为准。

《政府采购货物和服务招标投标管理办法》第二十三条规定，投标有效期从提交投标文件的截止之日起算。投标文件中承诺的投标有效期应当不少于招标文件中载明的投标有效期。投标有效期内投标人撤销投标文件的,采购人或者采购代理机构可以不退还投标保证金。

82. 三家投标人报名时留的是一个联系人应该如何处理?

答:应当视为投标人串通投标,其投标无效。

法律依据如下:

《政府采购货物和服务招标投标管理办法》第三十七条规定,有下列情形之一的,视为投标人串通投标,其投标无效:(二)不同投标人委托同一单位或者个人办理投标事宜;……。

83. 什么是重大违法记录?

答:重大违法记录是指供应商因违法经营受到刑事处罚或者责令停产停业、吊销许可证或者执照、较大数额罚款等行政处罚。

法律依据如下:

《政府采购法实施条例》第十九条规定,《政府采购法》第二十二条第一款第五项所称重大违法记录,是指供应商因违法经营受到刑事处罚或者责令停产停业、吊销许可证或者执照、较大数额罚款等行政处罚。

84. 询问和质疑有什么区别?

答:询问和质疑是两个概念,不能混淆使用。供应商对政府采购活动事项有疑问的,均可向采购人提出询问,供应商认为采购文件、采购过程、中标或者成交结果使自己的权益受到损害的,可向采购人、采购代理机构提出质疑;询问的方式可以是口头询问,也可以是书面询问,而质疑必须采用书面的方式进行;采购人和采购代理机构答复询问的时限为收到询问后3个工作日,而答复质疑的时限是收到质疑后的7个工作日。

法律依据如下:

《政府采购法》第五十一条规定,供应商对政府采购活动事项有疑问的,可以向采购人提出询问,采购人应当及时作出答复,但答复的内容不得涉及商业秘密。

《政府采购质疑和投诉办法》第十条规定，供应商认为采购文件、采购过程、中标或者成交结果使自己的权益受到损害的，可以在知道或者应知其权益受到损害之日起 7 个工作日内，以书面形式向采购人、采购代理机构提出质疑。采购文件可以要求供应商在法定质疑期内一次性提出针对同一采购程序环节的质疑。

《政府采购法实施条例》第五十二条规定，采购人或者采购代理机构应当在 3 个工作日内对供应商依法提出的询问作出答复。

85. 发现自身权益受到侵害，供应商可以直接向财政部门投诉吗？

答：不可以。

法律依据如下：

《政府采购质疑和投诉办法》第十七条规定，质疑供应商对采购人、采购代理机构的答复不满意，或者采购人、采购代理机构未在规定时间内作出答复的，可以在答复期满后 15 个工作日内向本办法第六条规定的财政部门提起投诉。

86. 享受价格扣除政策的小微企业界定的依据是什么？

答：依据《关于印发〈中小企业划型标准规定〉的通知》，符合小微企业标准的，提供本企业制造的货物、承担的工程或者服务，或者提供其他小微企业制造的货物，可享受价格扣除政策。

法律依据如下：

《关于印发〈政府采购促进中小企业发展暂行办法〉的通知》第五条规定，对于非专门面向中小企业的项目，采购人或者采购代理机构应当在招标文件或者谈判文件、询价文件中作出规定，对小型和微型企业产品的价格给予 6%～10%的扣除，用扣除后的价格参与评审，具体扣除比例由采购人或者采购代理机构确定。

《关于印发〈政府采购促进中小企业发展暂行办法〉的通知》第二条第三款规定，小型、微型企业提供中型企业制造的货物的，视同为中型企业。

87. 供应商在《中小企业声明函》中声称自己为小型企业，但实际为中型企业怎么办？

答：不予价格扣除，以提供虚假材料谋取中标、成交予以处罚。

法律依据如下：

《关于印发〈政府采购促进中小企业发展暂行办法〉的通知》第五条第二款规定，参加政府采购活动的中小企业应当提供本办法规定的《中小企业声明函》。

《政府采购法》第七十七条第一项规定，供应商有下列情形之一的，处以采购金额千分之五以上千分之十以下的罚款，列入不良行为记录名单，在一至三年内禁止参加政府采购活动，有违法所得的，并处没收违法所得，情节严重的，由工商行政管理机关吊销营业执照；构成犯罪的，依法追究刑事责任：（一）提供虚假材料谋取中标、成交的。

88. 书面形式是指哪些方式？

答：书面形式是指合同书、信件和数据电文（包括电报、电传、传真、电子数据交换和电子邮件）等可以有形地表现所载内容的形式。

法律依据如下：

《合同法》第十一条规定，书面形式是指合同书、信件和数据电文（包括电报、电传、传真、电子数据交换和电子邮件）等可以有形地表现所载内容的形式。

89. 联合体参加竞争性谈判项目，联合体的每一家都需要交纳保证金吗？

答：可以由一方或多方共同交纳保证金。

法律依据如下：

《政府采购非招标采购方式管理办法》第十四条第二款规定，供应商为联合体的，可以由联合体中的一方或者多方共同交纳保证金，其交纳的保证金对联合体各方均具有约束力。

90. 政府采购合同允许分包和转包吗？

答：经采购人同意，可以依法分包，但不得将政府采购合同转包。

法律依据如下：

《政府采购法》第四十八条规定，经采购人同意，中标、成交供应商可以依法采取分包方式履行合同。政府采购合同分包履行的，中标、成交供应商就采购项目和分包项目向采购人负责，分包供应商就分包项目承担责任。

《政府采购法实施条例》第七十二条第四项规定，供应商有下列情形之一的，依照《政府采购法》第七十七条第一项的规定追究法律责任：（四）将政府采购合同转包。

《政府购买服务管理办法》（财政部令第102号）第二十六条规定，承接主体应当按照合同约定提供服务，不得将服务项目转包给其他主体。

91. 供应商投标文件造假或虚假承诺应该怎么处理？

答：罚款，列入不良行为记录名单，在一至三年内禁止参加政府采购活动，有违法所得的，并处没收违法所得，情节严重的，由工商行政管理机关吊销营业执照；构成犯罪的，依法追究刑事责任。

法律依据如下：

《政府采购法》第七十七条规定，供应商有下列情形之一的，处以采购金额千分之五以上千分之十以下的罚款，列入不良行为记录名单，在一至三年内禁止参加政府采购活动，有违法所得的，并处没收违法所得，情节严重的，由工商行政管理机关吊销营业执照；构成犯罪的，依法追究刑事责任：（一）提供虚假材料谋取中标、成交的。

92. 项目评审时，评标委员会如何判断供应商是否为中小企业？

答：评审委员会依据供应商提供的《中小企业声明函》来判断。

法律依据如下：

《关于印发〈政府采购促进中小企业发展暂行办法〉的通知》第五条明确，对于非专门面向中小企业的项目，采购人或者采购代理机构应当在招标文件或者谈判文件、询价文件中作出规定，对小型和微型企业产品的价格给予6%～10%的扣除，用扣除后的价格参与评审，具体扣除比例由采购人或者采购代理机构确定。

参加政府采购活动的中小企业应当按照采购文件规定提供《中小企业声明函》。

93. 评标委员会可以直接确定中标人吗？

答：可以，但前提是采购人对此事项进行了委托。

法律依据如下：

《政府采购货物和服务招标投标管理办法》第四十六条规定，评标委员会负责具体评标事务，并独立履行下列职责：（四）确定中标候选人名单，以及根据采购人委托直接确定中标人。

94. 政府采购服务类项目评标委员会怀疑供应商投标报价低于成本价，应该如何处理？

答：可要求其在评标现场合理的时间内提供书面说明，必要时提交相关证明材料；投标人不能证明其报价合理性的，评标委员会应当将其作为无效投标处理。

法律依据如下：

《政府采购货物和服务招标投标管理办法》第六十条规定，评标委员会认为投标人的报价明显低于其他通过符合性审查投标人的报价，有可能影响产品质量或者不能诚信履约的，应当要求其在评标现场合理的时间内提供书面说明，必要时提交相关证明材料；投标人不能证明其报价合理性的，评标委员会应当将其作为无效投标处理。

95. 评标委员会发现招标文件中属于资格条件的内容又作为评审因素出现在打分项中，该怎么处理？

答：应停止评标工作。

法律依据如下：

《政府采购货物和服务招标投标管理办法》第六十五条规定，评标委员会发现招标文件存在歧义、重大缺陷导致评标工作无法进行，或者招标文件内容违反国家有关强制性规定的，应当停止评标工作，与采购人或者采购代理机构沟通并作书面记录。采购人或者采购代理机构确认后，应当修改招标文件，重新组织采购活动。

96. 两家供应商的标书封面有雷同，可以视为串标吗？

答：这种情形不能简单地视为串标。

法律依据如下：

《政府采购法实施条例》第七十四条规定，有下列情形之一的，属于恶意串通，对供应商依照《政府采购法》第七十七条第一款的规定追究法律责任，对采购人、采购代理机构及其工作人员依照《政府采购法》第七十二条的规定追究法律责任：

（一）供应商直接或者间接从采购人或者采购代理机构处获得其他供应商的相关情况并修改其投标文件或者响应文件；

（二）供应商按照采购人或者采购代理机构的授意撤换、修改投标文件或者响应文件；

（三）供应商之间协商报价、技术方案等投标文件或者响应文件的实质性内容；

（四）属于同一集团、协会、商会等组织成员的供应商按照该组织要求协同参加政府采购活动；

（五）供应商之间事先约定由某一特定供应商中标、成交；

（六）供应商之间商定部分供应商放弃参加政府采购活动或者放弃中标、成交；

（七）供应商与采购人或者采购代理机构之间、供应商相互之间，为谋求特定供应商中标、成交或者排斥其他供应商的其他串通行为。

《政府采购货物和服务招标投标管理办法》第三十七条规定，有下列情形之一的，视为投标人串通投标，其投标无效：

（一）不同投标人的投标文件由同一单位或者个人编制；

（二）不同投标人委托同一单位或者个人办理投标事宜；

（三）不同投标人的投标文件载明的项目管理成员或者联系人员为同一人；

（四）不同投标人的投标文件异常一致或者投标报价呈规律性差异；

（五）不同投标人的投标文件相互混装；

（六）不同投标人的投标保证金从同一单位或者个人的账户转出。

97. 抽取评审专家时，相关领域专家数量不足怎么办？

答：经主管预算单位同意，采购人可以自行选定相应专业领域的评审专家。

法律依据如下：

《政府采购货物和服务招标投标管理办法》第四十八条规定，采购人或者采购代理机构应当从省级以上财政部门设立的政府采购评审专家库中，通过随机方式抽取评审专家。对技术复杂、专业性强的采购项目，通过随机方式难以确定合适评审专家的，经主管预算单位同意，采购人可以自行选定相应专业领域的评审专家。

98. 在评审过程中，专家在签字前擅自离开应该如何处理？

答：劳务报酬取消，不得报销异地评审差旅费，列入不良行为记录。

法律依据如下：

《政府采购法实施条例》第四十一条第二款规定，评标委员会、竞争性谈判小组或者询价小组成员应当在评审报告上签字，对自己的评审意见承担法律责任。对评审报告有异议的，应当在评审报告上签署不同意见，并说明理由，否则视为同意评审报告。

《政府采购评审专家管理办法》第二十六条规定，评审专家未完成评审工作擅自离开评审现场，或者在评审活动中有违法违规行为的，不得获取劳务报酬和报销异地评审差旅费。第二十九条规定，申请人或评审专家有下列情形的，列入不良行为记录：（一）未按照采购文件规定的评审程序、评审方法和评审标准进行独立评审。

99. 公开招标项目，评委认为供应商有需澄清说明的事项，被质询的供应商可以进评审现场与评委进行面对面的答复吗？

答：不可以。

法律依据如下：

《政府采购货物和服务招标投标管理办法》第五十一条规定，对于投标文件中含义不明确、同类问题表述不一致或者有明显文字和计算错误的内容，评标委员会应当以书面形式要求投标人作出必要的澄清、说明或者补正。投标人的澄清、说明或者补正应当采用书面形式，并加盖公章，或者由法定代表人或其授权的代表签字。投标人的澄清、说明或者补正不得超出投标文件的范围或者改变投标文件的实质性内容。第六十六条规定，采购人、采购代理机构应当采取必要措施，保证评标在严格保密的情况下进行。除采购人代表、评标现场组织人员外，采购人的其他工作人员以及与评标工作无关的人员不得进入评标现场。

100. 供应商质疑投诉后，监督管理部门要求评审专家重新评审或论证时，是由原评标委员会（评审小组）还是可以组织新专家组完成论证或评审工作？

答：应为原评标委员会（评审小组）。

法律依据如下：

《政府采购质疑和投诉办法》第十四条规定，供应商对评审过程、中标或者成交结果提出质疑的，采购人、采购代理机构可以组织原评标委员会、竞争性谈判小组、询价小组或者竞争性磋商小组协助答复质疑。

附录 B 政府采购常用法律法规

中华人民共和国政府采购法

2002年6月29日第九届全国人民代表大会常务委员会第二十八次会议通过。根据2014年8月31日第十二届全国人民代表大会常务委员会第十次会议《关于修改〈中华人民共和国保险法〉等五部法律的决定》修正。

第一章 总则

第一条 为了规范政府采购行为,提高政府采购资金的使用效益,维护国家利益和社会公共利益,保护政府采购当事人的合法权益,促进廉政建设,制定本法。

第二条 在中华人民共和国境内进行的政府采购适用本法。

本法所称政府采购,是指各级国家机关、事业单位和团体组织,使用财政性资金采购依法制定的集中采购目录以内的或者采购限额标准以上的货物、工程和服务的行为。

政府集中采购目录和采购限额标准依照本法规定的权限制定。

本法所称采购,是指以合同方式有偿取得货物、工程和服务的行为,包括购买、租赁、委托、雇用等。

本法所称货物,是指各种形态和种类的物品,包括原材料、燃料、设备、产品等。

本法所称工程，是指建设工程，包括建筑物和构筑物的新建、改建、扩建、装修、拆除、修缮等。

本法所称服务，是指除货物和工程以外的其他政府采购对象。

第三条 政府采购应当遵循公开透明原则、公平竞争原则、公正原则和诚实信用原则。

第四条 政府采购工程进行招标投标的，适用招标投标法。

第五条 任何单位和个人不得采用任何方式，阻挠和限制供应商自由进入本地区和本行业的政府采购市场。

第六条 政府采购应当严格按照批准的预算执行。

第七条 政府采购实行集中采购和分散采购相结合。集中采购的范围由省级以上人民政府公布的集中采购目录确定。

属于中央预算的政府采购项目，其集中采购目录由国务院确定并公布；属于地方预算的政府采购项目，其集中采购目录由省、自治区、直辖市人民政府或者其授权的机构确定并公布。

纳入集中采购目录的政府采购项目，应当实行集中采购。

第八条 政府采购限额标准，属于中央预算的政府采购项目，由国务院确定并公布；属于地方预算的政府采购项目，由省、自治区、直辖市人民政府或者其授权的机构确定并公布。

第九条 政府采购应当有助于实现国家的经济和社会发展政策目标，包括保护环境，扶持不发达地区和少数民族地区，促进中小企业发展等。

第十条 政府采购应当采购本国货物、工程和服务。但有下列情形之一的除外：

（一）需要采购的货物、工程或者服务在中国境内无法获取或者无法以合理的商业条件获取的；

（二）为在中国境外使用而进行采购的；

（三）其他法律、行政法规另有规定的。

前款所称本国货物、工程和服务的界定，依照国务院有关规定执行。

第十一条 政府采购的信息应当在政府采购监督管理部门指定的媒体上及时向社会公开发布，但涉及商业秘密的除外。

第十二条 在政府采购活动中,采购人员及相关人员与供应商有利害关系的,必须回避。供应商认为采购人员及相关人员与其他供应商有利害关系的,可以申请其回避。

前款所称相关人员,包括招标采购中评标委员会的组成人员,竞争性谈判采购中谈判小组的组成人员,询价采购中询价小组的组成人员等。

第十三条 各级人民政府财政部门是负责政府采购监督管理的部门,依法履行对政府采购活动的监督管理职责。

各级人民政府其他有关部门依法履行与政府采购活动有关的监督管理职责。

第二章 政府采购当事人

第十四条 政府采购当事人是指在政府采购活动中享有权利和承担义务的各类主体,包括采购人、供应商和采购代理机构等。

第十五条 采购人是指依法进行政府采购的国家机关、事业单位、团体组织。

第十六条 集中采购机构为采购代理机构。设区的市、自治州以上人民政府根据本级政府采购项目组织集中采购的需要设立集中采购机构。

集中采购机构是非营利事业法人,根据采购人的委托办理采购事宜。

第十七条 集中采购机构进行政府采购活动,应当符合采购价格低于市场平均价格、采购效率更高、采购质量优良和服务良好的要求。

第十八条 采购人采购纳入集中采购目录的政府采购项目,必须委托集中采购机构代理采购;采购未纳入集中采购目录的政府采购项目,可以自行采购,也可以委托集中采购机构在委托的范围内代理采购。

纳入集中采购目录属于通用的政府采购项目的,应当委托集中采购机构代理采购;属于本部门、本系统有特殊要求的项目,应当实行部门集中采购;属于本单位有特殊要求的项目,经省级以上人民政府批准,可以自行采购。

第十九条 采购人可以委托集中采购机构以外的采购代理机构,在委托的范围内办理政府采购事宜。

采购人有权自行选择采购代理机构,任何单位和个人不得以任何方式为采购人指定采购代理机构。

第二十条 采购人依法委托采购代理机构办理采购事宜的,应当由采购人与采购代理机构签订委托代理协议，依法确定委托代理的事项，约定双方的权利义务。

第二十一条　供应商是指向采购人提供货物、工程或者服务的法人、其他组织或者自然人。

第二十二条　供应商参加政府采购活动应当具备下列条件：

（一）具有独立承担民事责任的能力；

（二）具有良好的商业信誉和健全的财务会计制度；

（三）具有履行合同所必需的设备和专业技术能力；

（四）有依法缴纳税收和社会保障资金的良好记录；

（五）参加政府采购活动前三年内，在经营活动中没有重大违法记录；

（六）法律、行政法规规定的其他条件。

采购人可以根据采购项目的特殊要求，规定供应商的特定条件，但不得以不合理的条件对供应商实行差别待遇或者歧视待遇。

第二十三条　采购人可以要求参加政府采购的供应商提供有关资质证明文件和业绩情况，并根据本法规定的供应商条件和采购项目对供应商的特定要求，对供应商的资格进行审查。

第二十四条　两个以上的自然人、法人或者其他组织可以组成一个联合体，以一个供应商的身份共同参加政府采购。

以联合体形式进行政府采购的，参加联合体的供应商均应当具备本法第二十二条规定的条件，并应当向采购人提交联合协议，载明联合体各方承担的工作和义务。联合体各方应当共同与采购人签订采购合同，就采购合同约定的事项对采购人承担连带责任。

第二十五条　政府采购当事人不得相互串通损害国家利益、社会公共利益和其他当事人的合法权益；不得以任何手段排斥其他供应商参与竞争。

供应商不得以向采购人、采购代理机构、评标委员会的组成人员、竞争性谈判小组的组成人员、询价小组的组成人员行贿或者采取其他不正当手段谋取中标或者成交。

采购代理机构不得以向采购人行贿或者采取其他不正当手段谋取非法利益。

第三章　政府采购方式

第二十六条　政府采购采用以下方式：

（一）公开招标；

（二）邀请招标；

（三）竞争性谈判；

（四）单一来源采购；

（五）询价；

（六）国务院政府采购监督管理部门认定的其他采购方式。

公开招标应作为政府采购的主要采购方式。

第二十七条　采购人采购货物或者服务应当采用公开招标方式的，其具体数额标准，属于中央预算的政府采购项目，由国务院规定；属于地方预算的政府采购项目，由省、自治区、直辖市人民政府规定；因特殊情况需要采用公开招标以外的采购方式的，应当在采购活动开始前获得设区的市、自治州以上人民政府采购监督管理部门的批准。

第二十八条　采购人不得将应当以公开招标方式采购的货物或者服务化整为零或者以其他任何方式规避公开招标采购。

第二十九条　符合下列情形之一的货物或者服务，可以依照本法采用邀请招标方式采购：

（一）具有特殊性，只能从有限范围的供应商处采购的；

（二）采用公开招标方式的费用占政府采购项目总价值的比例过大的。

第三十条　符合下列情形之一的货物或者服务，可以依照本法采用竞争性谈判方式采购：

（一）招标后没有供应商投标或者没有合格标的或者重新招标未能成立的；

（二）技术复杂或者性质特殊，不能确定详细规格或者具体要求的；

（三）采用招标所需时间不能满足用户紧急需要的；

（四）不能事先计算出价格总额的。

第三十一条　符合下列情形之一的货物或者服务，可以依照本法采用单一来源方式采购：

（一）只能从唯一供应商处采购的；

（二）发生了不可预见的紧急情况不能从其他供应商处采购的；

（三）必须保证原有采购项目一致性或者服务配套的要求，需要继续从原供应商处添购，且添购资金总额不超过原合同采购金额百分之十的。

第三十二条 采购的货物规格、标准统一、现货货源充足且价格变化幅度小的政府采购项目,可以依照本法采用询价方式采购。

第四章 政府采购程序

第三十三条 负有编制部门预算职责的部门在编制下一财政年度部门预算时,应当将该财政年度政府采购的项目及资金预算列出,报本级财政部门汇总。部门预算的审批,按预算管理权限和程序进行。

第三十四条 货物或者服务项目采取邀请招标方式采购的,采购人应当从符合相应资格条件的供应商中,通过随机方式选择三家以上的供应商,并向其发出投标邀请书。

第三十五条 货物和服务项目实行招标方式采购的,自招标文件开始发出之日起至投标人提交投标文件截止之日止,不得少于二十日。

第三十六条 在招标采购中,出现下列情形之一的,应予废标:

(一)符合专业条件的供应商或者对招标文件作实质响应的供应商不足三家的;

(二)出现影响采购公正的违法、违规行为的;

(三)投标人的报价均超过了采购预算,采购人不能支付的;

(四)因重大变故,采购任务取消的。

废标后,采购人应当将废标理由通知所有投标人。

第三十七条 废标后,除采购任务取消情形外,应当重新组织招标;需要采取其他方式采购的,应当在采购活动开始前获得设区的市、自治州以上人民政府采购监督管理部门或者政府有关部门批准。

第三十八条 采用竞争性谈判方式采购的,应当遵循下列程序:

(一)成立谈判小组。谈判小组由采购人的代表和有关专家共三人以上的单数组成,其中专家的人数不得少于成员总数的三分之二。

(二)制定谈判文件。谈判文件应当明确谈判程序、谈判内容、合同草案的条款以及评定成交的标准等事项。

(三)确定邀请参加谈判的供应商名单。谈判小组从符合相应资格条件的供应商名单中确定不少于三家的供应商参加谈判,并向其提供谈判文件。

（四）谈判。谈判小组所有成员集中与单一供应商分别进行谈判。在谈判中，谈判的任何一方不得透露与谈判有关的其他供应商的技术资料、价格和其他信息。谈判文件有实质性变动的，谈判小组应当以书面形式通知所有参加谈判的供应商。

（五）确定成交供应商。谈判结束后，谈判小组应当要求所有参加谈判的供应商在规定时间内进行最后报价，采购人从谈判小组提出的成交候选人中根据符合采购需求、质量和服务相等且报价最低的原则确定成交供应商，并将结果通知所有参加谈判的未成交的供应商。

第三十九条　采取单一来源方式采购的，采购人与供应商应当遵循本法规定的原则，在保证采购项目质量和双方商定合理价格的基础上进行采购。

第四十条　采取询价方式采购的，应当遵循下列程序：

（一）成立询价小组。询价小组由采购人的代表和有关专家共三人以上的单数组成，其中专家的人数不得少于成员总数的三分之二。询价小组应当对采购项目的价格构成和评定成交的标准等事项作出规定。

（二）确定被询价的供应商名单。询价小组根据采购需求，从符合相应资格条件的供应商名单中确定不少于三家的供应商，并向其发出询价通知书让其报价。

（三）询价。询价小组要求被询价的供应商一次报出不得更改的价格。

（四）确定成交供应商。采购人根据符合采购需求、质量和服务相等且报价最低的原则确定成交供应商，并将结果通知所有被询价的未成交的供应商。

第四十一条　采购人或者其委托的采购代理机构应当组织对供应商履约的验收。大型或者复杂的政府采购项目，应当邀请国家认可的质量检测机构参加验收工作。验收方成员应当在验收书上签字，并承担相应的法律责任。

第四十二条　采购人、采购代理机构对政府采购项目每项采购活动的采购文件应当妥善保存，不得伪造、变造、隐匿或者销毁。采购文件的保存期限为从采购结束之日起至少保存十五年。

采购文件包括采购活动记录、采购预算、招标文件、投标文件、评标标准、评估报告、定标文件、合同文本、验收证明、质疑答复、投诉处理决定及其他有关文件、资料。

采购活动记录至少应当包括下列内容：

（一）采购项目类别、名称；

（二）采购项目预算、资金构成和合同价格；

（三）采购方式，采用公开招标以外的采购方式的，应当载明原因；

（四）邀请和选择供应商的条件及原因；

（五）评标标准及确定中标人的原因；

（六）废标的原因；

（七）采用招标以外采购方式的相应记载。

第五章　政府采购合同

第四十三条　政府采购合同适用合同法。采购人和供应商之间的权利和义务，应当按照平等、自愿的原则以合同方式约定。

采购人可以委托采购代理机构代表其与供应商签订政府采购合同。由采购代理机构以采购人名义签订合同的，应当提交采购人的授权委托书，作为合同附件。

第四十四条　政府采购合同应当采用书面形式。

第四十五条　国务院政府采购监督管理部门应当会同国务院有关部门，规定政府采购合同必须具备的条款。

第四十六条　采购人与中标、成交供应商应当在中标、成交通知书发出之日起三十日内，按照采购文件确定的事项签订政府采购合同。

中标、成交通知书对采购人和中标、成交供应商均具有法律效力。中标、成交通知书发出后，采购人改变中标、成交结果的，或者中标、成交供应商放弃中标、成交项目的，应当依法承担法律责任。

第四十七条　政府采购项目的采购合同自签订之日起七个工作日内，采购人应当将合同副本报同级政府采购监督管理部门和有关部门备案。

第四十八条　经采购人同意，中标、成交供应商可以依法采取分包方式履行合同。

政府采购合同分包履行的，中标、成交供应商就采购项目和分包项目向采购人负责，分包供应商就分包项目承担责任。

第四十九条　政府采购合同履行中，采购人需追加与合同标的相同的货物、工程或者服务的，在不改变合同其他条款的前提下，可以与供应商协商签订补充合同，但所有补充合同的采购金额不得超过原合同采购金额的百分之十。

第五十条　政府采购合同的双方当事人不得擅自变更、中止或者终止合同。

政府采购合同继续履行将损害国家利益和社会公共利益的,双方当事人应当变更、中止或者终止合同。有过错的一方应当承担赔偿责任,双方都有过错的,各自承担相应的责任。

第六章　质疑与投诉

第五十一条　供应商对政府采购活动事项有疑问的,可以向采购人提出询问,采购人应当及时作出答复,但答复的内容不得涉及商业秘密。

第五十二条　供应商认为采购文件、采购过程和中标、成交结果使自己的权益受到损害的,可以在知道或者应知其权益受到损害之日起七个工作日内,以书面形式向采购人提出质疑。

第五十三条　采购人应当在收到供应商的书面质疑后七个工作日内作出答复,并以书面形式通知质疑供应商和其他有关供应商,但答复的内容不得涉及商业秘密。

第五十四条　采购人委托采购代理机构采购的,供应商可以向采购代理机构提出询问或者质疑,采购代理机构应当依照本法第五十一条、第五十三条的规定就采购人委托授权范围内的事项作出答复。

第五十五条　质疑供应商对采购人、采购代理机构的答复不满意或者采购人、采购代理机构未在规定的时间内作出答复的,可以在答复期满后十五个工作日内向同级政府采购监督管理部门投诉。

第五十六条　政府采购监督管理部门应当在收到投诉后三十个工作日内,对投诉事项作出处理决定,并以书面形式通知投诉人和与投诉事项有关的当事人。

第五十七条　政府采购监督管理部门在处理投诉事项期间,可以视具体情况书面通知采购人暂停采购活动,但暂停时间最长不得超过三十日。

第五十八条　投诉人对政府采购监督管理部门的投诉处理决定不服或者政府采购监督管理部门逾期未作处理的,可以依法申请行政复议或者向人民法院提起行政诉讼。

第七章　监督检查

第五十九条　政府采购监督管理部门应当加强对政府采购活动及集中采购机

构的监督检查。

监督检查的主要内容是：

（一）有关政府采购的法律、行政法规和规章的执行情况；

（二）采购范围、采购方式和采购程序的执行情况；

（三）政府采购人员的职业素质和专业技能。

第六十条 政府采购监督管理部门不得设置集中采购机构，不得参与政府采购项目的采购活动。

采购代理机构与行政机关不得存在隶属关系或者其他利益关系。

第六十一条 集中采购机构应当建立健全内部监督管理制度。采购活动的决策和执行程序应当明确，并相互监督、相互制约。经办采购的人员与负责采购合同审核、验收人员的职责权限应当明确，并相互分离。

第六十二条 集中采购机构的采购人员应当具有相关职业素质和专业技能，符合政府采购监督管理部门规定的专业岗位任职要求。

集中采购机构对其工作人员应当加强教育和培训；对采购人员的专业水平、工作实绩和职业道德状况定期进行考核。采购人员经考核不合格的，不得继续任职。

第六十三条 政府采购项目的采购标准应当公开。

采用本法规定的采购方式的，采购人在采购活动完成后，应当将采购结果予以公布。

第六十四条 采购人必须按照本法规定的采购方式和采购程序进行采购。

任何单位和个人不得违反本法规定，要求采购人或者采购工作人员向其指定的供应商进行采购。

第六十五条 政府采购监督管理部门应当对政府采购项目的采购活动进行检查，政府采购当事人应当如实反映情况，提供有关材料。

第六十六条 政府采购监督管理部门应当对集中采购机构的采购价格、节约资金效果、服务质量、信誉状况、有无违法行为等事项进行考核，并定期如实公布考核结果。

第六十七条 依照法律、行政法规的规定对政府采购负有行政监督职责的政府有关部门，应当按照其职责分工，加强对政府采购活动的监督。

第六十八条 审计机关应当对政府采购进行审计监督。政府采购监督管理部门、政府采购各当事人有关政府采购活动,应当接受审计机关的审计监督。

第六十九条 监察机关应当加强对参与政府采购活动的国家机关、国家公务员和国家行政机关任命的其他人员实施监察。

第七十条 任何单位和个人对政府采购活动中的违法行为,有权控告和检举,有关部门、机关应当依照各自职责及时处理。

第八章 法律责任

第七十一条 采购人、采购代理机构有下列情形之一的,责令限期改正,给予警告,可以并处罚款,对直接负责的主管人员和其他直接责任人员,由其行政主管部门或者有关机关给予处分,并予通报:

(一)应当采用公开招标方式而擅自采用其他方式采购的;

(二)擅自提高采购标准的;

(三)以不合理的条件对供应商实行差别待遇或者歧视待遇的;

(四)在招标采购过程中与投标人进行协商谈判的;

(五)中标、成交通知书发出后不与中标、成交供应商签订采购合同的;

(六)拒绝有关部门依法实施监督检查的。

第七十二条 采购人、采购代理机构及其工作人员有下列情形之一,构成犯罪的,依法追究刑事责任;尚不构成犯罪的,处以罚款,有违法所得的,并处没收违法所得,属于国家机关工作人员的,依法给予行政处分:

(一)与供应商或者采购代理机构恶意串通的;

(二)在采购过程中接受贿赂或者获取其他不正当利益的;

(三)在有关部门依法实施的监督检查中提供虚假情况的;

(四)开标前泄露标底的。

第七十三条 有前两条违法行为之一影响中标、成交结果或者可能影响中标、成交结果的,按下列情况分别处理:

(一)未确定中标、成交供应商的,终止采购活动;

(二)中标、成交供应商已经确定但采购合同尚未履行的,撤销合同,从合格的中标、成交候选人中另行确定中标、成交供应商;

(三)采购合同已经履行的,给采购人、供应商造成损失的,由责任人承担赔偿责任。

第七十四条 采购人对应当实行集中采购的政府采购项目，不委托集中采购机构实行集中采购的，由政府采购监督管理部门责令改正；拒不改正的，停止按预算向其支付资金，由其上级行政主管部门或者有关机关依法给予其直接负责的主管人员和其他直接责任人员处分。

第七十五条 采购人未依法公布政府采购项目的采购标准和采购结果的，责令改正，对直接负责的主管人员依法给予处分。

第七十六条 采购人、采购代理机构违反本法规定隐匿、销毁应当保存的采购文件或者伪造、变造采购文件的，由政府采购监督管理部门处以二万元以上十万元以下的罚款，对其直接负责的主管人员和其他直接责任人员依法给予处分；构成犯罪的，依法追究刑事责任。

第七十七条 供应商有下列情形之一的，处以采购金额千分之五以上千分之十以下的罚款，列入不良行为记录名单，在一至三年内禁止参加政府采购活动，有违法所得的，并处没收违法所得，情节严重的，由工商行政管理机关吊销营业执照；构成犯罪的，依法追究刑事责任：

（一）提供虚假材料谋取中标、成交的；

（二）采取不正当手段诋毁、排挤其他供应商的；

（三）与采购人、其他供应商或者采购代理机构恶意串通的；

（四）向采购人、采购代理机构行贿或者提供其他不正当利益的；

（五）在招标采购过程中与采购人进行协商谈判的；

（六）拒绝有关部门监督检查或者提供虚假情况的。

供应商有前款第（一）至（五）项情形之一的，中标、成交无效。

第七十八条 采购代理机构在代理政府采购业务中有违法行为的，按照有关法律规定处以罚款，可以在一至三年内禁止其代理政府采购业务，构成犯罪的，依法追究刑事责任。

第七十九条 政府采购当事人有本法第七十一条、第七十二条、第七十七条违法行为之一，给他人造成损失的，并应依照有关民事法律规定承担民事责任。

第八十条 政府采购监督管理部门的工作人员在实施监督检查中违反本法规定滥用职权，玩忽职守，徇私舞弊的，依法给予行政处分；构成犯罪的，依法追究刑事责任。

第八十一条 政府采购监督管理部门对供应商的投诉逾期未作处理的,给予直接负责的主管人员和其他直接责任人员行政处分。

第八十二条 政府采购监督管理部门对集中采购机构业绩的考核,有虚假陈述,隐瞒真实情况的,或者不作定期考核和公布考核结果的,应当及时纠正,由其上级机关或者监察机关对其负责人进行通报,并对直接负责的人员依法给予行政处分。

集中采购机构在政府采购监督管理部门考核中,虚报业绩,隐瞒真实情况的,处以二万元以上二十万元以下的罚款,并予以通报;情节严重的,取消其代理采购的资格。

第八十三条 任何单位或者个人阻挠和限制供应商进入本地区或者本行业政府采购市场的,责令限期改正;拒不改正的,由该单位、个人的上级行政主管部门或者有关机关给予单位责任人或者个人处分。

第九章 附则

第八十四条 使用国际组织和外国政府贷款进行的政府采购,贷款方、资金提供方与中方达成的协议对采购的具体条件另有规定的,可以适用其规定,但不得损害国家利益和社会公共利益。

第八十五条 对因严重自然灾害和其他不可抗力事件所实施的紧急采购和涉及国家安全和秘密的采购,不适用本法。

第八十六条 军事采购法规由中央军事委员会另行制定。

第八十七条 本法实施的具体步骤和办法由国务院规定。

第八十八条 本法自 2003 年 1 月 1 日起施行。

中华人民共和国国务院令

第 658 号

《中华人民共和国政府采购法实施条例》已经于 2014 年 12 月 31 日国务院第 75 次常务会议通过,现予公布,自 2015 年 3 月 1 日起施行。

总理　李克强

2015 年 1 月 30 日

中华人民共和国政府采购法实施条例

第一章　总则

第一条　根据《中华人民共和国政府采购法》(以下简称政府采购法),制定本条例。

第二条　政府采购法第二条所称财政性资金是指纳入预算管理的资金。

以财政性资金作为还款来源的借贷资金,视同财政性资金。

国家机关、事业单位和团体组织的采购项目既使用财政性资金又使用非财政性资金的,使用财政性资金采购的部分,适用政府采购法及本条例;财政性资金与非财政性资金无法分割采购的,统一适用政府采购法及本条例。

政府采购法第二条所称服务,包括政府自身需要的服务和政府向社会公众提供的公共服务。

第三条　集中采购目录包括集中采购机构采购项目和部门集中采购项目。

技术、服务等标准统一,采购人普遍使用的项目,列为集中采购机构采购项目;采购人本部门、本系统基于业务需要有特殊要求,可以统一采购的项目,列为部门集中采购项目。

第四条　政府采购法所称集中采购，是指采购人将列入集中采购目录的项目委托集中采购机构代理采购或者进行部门集中采购的行为；所称分散采购，是指采购人将采购限额标准以上的未列入集中采购目录的项目自行采购或者委托采购代理机构代理采购的行为。

第五条　省、自治区、直辖市人民政府或者其授权的机构根据实际情况，可以确定分别适用于本行政区域省级、设区的市级、县级的集中采购目录和采购限额标准。

第六条　国务院财政部门应当根据国家的经济和社会发展政策，会同国务院有关部门制定政府采购政策，通过制定采购需求标准、预留采购份额、价格评审优惠、优先采购等措施，实现节约能源、保护环境、扶持不发达地区和少数民族地区、促进中小企业发展等目标。

第七条　政府采购工程以及与工程建设有关的货物、服务，采用招标方式采购的，适用《中华人民共和国招标投标法》及其实施条例；采用其他方式采购的，适用政府采购法及本条例。

前款所称工程，是指建设工程，包括建筑物和构筑物的新建、改建、扩建及其相关的装修、拆除、修缮等；所称与工程建设有关的货物，是指构成工程不可分割的组成部分，且为实现工程基本功能所必需的设备、材料等；所称与工程建设有关的服务，是指为完成工程所需的勘察、设计、监理等服务。

政府采购工程以及与工程建设有关的货物、服务，应当执行政府采购政策。

第八条　政府采购项目信息应当在省级以上人民政府财政部门指定的媒体上发布。采购项目预算金额达到国务院财政部门规定标准的，政府采购项目信息应当在国务院财政部门指定的媒体上发布。

第九条　在政府采购活动中，采购人员及相关人员与供应商有下列利害关系之一的，应当回避：

（一）参加采购活动前3年内与供应商存在劳动关系；

（二）参加采购活动前3年内担任供应商的董事、监事；

（三）参加采购活动前3年内是供应商的控股股东或者实际控制人；

（四）与供应商的法定代表人或者负责人有夫妻、直系血亲、三代以内旁系血亲或者近姻亲关系；

（五）与供应商有其他可能影响政府采购活动公平、公正进行的关系。

供应商认为采购人员及相关人员与其他供应商有利害关系的，可以向采购人或者采购代理机构书面提出回避申请，并说明理由。采购人或者采购代理机构应当及时询问被申请回避人员，有利害关系的被申请回避人员应当回避。

第十条　国家实行统一的政府采购电子交易平台建设标准，推动利用信息网络进行电子化政府采购活动。

第二章　政府采购当事人

第十一条　采购人在政府采购活动中应当维护国家利益和社会公共利益，公正廉洁，诚实守信，执行政府采购政策，建立政府采购内部管理制度，厉行节约，科学合理确定采购需求。

采购人不得向供应商索要或者接受其给予的赠品、回扣或者与采购无关的其他商品、服务。

第十二条　政府采购法所称采购代理机构，是指集中采购机构和集中采购机构以外的采购代理机构。

集中采购机构是设区的市级以上人民政府依法设立的非营利事业法人，是代理集中采购项目的执行机构。集中采购机构应当根据采购人委托制定集中采购项目的实施方案，明确采购规程，组织政府采购活动，不得将集中采购项目转委托。集中采购机构以外的采购代理机构，是从事采购代理业务的社会中介机构。

第十三条　采购代理机构应当建立完善的政府采购内部监督管理制度，具备开展政府采购业务所需的评审条件和设施。

采购代理机构应当提高确定采购需求，编制招标文件、谈判文件、询价通知书，拟订合同文本和优化采购程序的专业化服务水平，根据采购人委托在规定的时间内及时组织采购人与中标或者成交供应商签订政府采购合同，及时协助采购人对采购项目进行验收。

第十四条　采购代理机构不得以不正当手段获取政府采购代理业务，不得与采购人、供应商恶意串通操纵政府采购活动。

采购代理机构工作人员不得接受采购人或者供应商组织的宴请、旅游、娱乐，不得收受礼品、现金、有价证券等，不得向采购人或者供应商报销应当由个人承担的费用。

第十五条　采购人、采购代理机构应当根据政府采购政策、采购预算、采购需求编制采购文件。

采购需求应当符合法律法规以及政府采购政策规定的技术、服务、安全等要求。政府向社会公众提供的公共服务项目，应当就确定采购需求征求社会公众的意见。除因技术复杂或者性质特殊，不能确定详细规格或者具体要求外，采购需求应当完整、明确。必要时，应当就确定采购需求征求相关供应商、专家的意见。

第十六条　政府采购法第二十条规定的委托代理协议，应当明确代理采购的范围、权限和期限等具体事项。

采购人和采购代理机构应当按照委托代理协议履行各自义务，采购代理机构不得超越代理权限。

第十七条　参加政府采购活动的供应商应当具备政府采购法第二十二条第一款规定的条件，提供下列材料：

（一）法人或者其他组织的营业执照等证明文件，自然人的身份证明；

（二）财务状况报告，依法缴纳税收和社会保障资金的相关材料；

（三）具备履行合同所必需的设备和专业技术能力的证明材料；

（四）参加政府采购活动前 3 年内在经营活动中没有重大违法记录的书面声明；

（五）具备法律、行政法规规定的其他条件的证明材料。

采购项目有特殊要求的，供应商还应当提供其符合特殊要求的证明材料或者情况说明。

第十八条　单位负责人为同一人或者存在直接控股、管理关系的不同供应商，不得参加同一合同项下的政府采购活动。

除单一来源采购项目外，为采购项目提供整体设计、规范编制或者项目管理、监理、检测等服务的供应商，不得再参加该采购项目的其他采购活动。

第十九条　政府采购法第二十二条第一款第五项所称重大违法记录，是指供应商因违法经营受到刑事处罚或者责令停产停业、吊销许可证或者执照、较大数额罚款等行政处罚。

供应商在参加政府采购活动前 3 年内因违法经营被禁止在一定期限内参加政府采购活动，期限届满的，可以参加政府采购活动。

第二十条　采购人或者采购代理机构有下列情形之一的，属于以不合理的条件对供应商实行差别待遇或者歧视待遇：

（一）就同一采购项目向供应商提供有差别的项目信息；

（二）设定的资格、技术、商务条件与采购项目的具体特点和实际需要不相适应或者与合同履行无关；

（三）采购需求中的技术、服务等要求指向特定供应商、特定产品；

（四）以特定行政区域或者特定行业的业绩、奖项作为加分条件或者中标、成交条件；

（五）对供应商采取不同的资格审查或者评审标准；

（六）限定或者指定特定的专利、商标、品牌或者供应商；

（七）非法限定供应商的所有制形式、组织形式或者所在地；

（八）以其他不合理条件限制或者排斥潜在供应商。

第二十一条　采购人或者采购代理机构对供应商进行资格预审的，资格预审公告应当在省级以上人民政府财政部门指定的媒体上发布。已进行资格预审的，评审阶段可以不再对供应商资格进行审查。资格预审合格的供应商在评审阶段资格发生变化的，应当通知采购人和采购代理机构。

资格预审公告应当包括采购人和采购项目名称、采购需求、对供应商的资格要求以及供应商提交资格预审申请文件的时间和地点。提交资格预审申请文件的时间自公告发布之日起不得少于 5 个工作日。

第二十二条　联合体中有同类资质的供应商按照联合体分工承担相同工作的，应当按照资质等级较低的供应商确定资质等级。

以联合体形式参加政府采购活动的，联合体各方不得再单独参加或者与其他供应商另外组成联合体参加同一合同项下的政府采购活动。

第三章　政府采购方式

第二十三条　采购人采购公开招标数额标准以上的货物或者服务，符合政府采购法第二十九条、第三十条、第三十一条、第三十二条规定情形或者有需要执行政府采购政策等特殊情况的，经设区的市级以上人民政府财政部门批准，可以依法采用公开招标以外的采购方式。

第二十四条　列入集中采购目录的项目，适合实行批量集中采购的，应当实行批量集中采购,但紧急的小额零星货物项目和有特殊要求的服务、工程项目除外。

第二十五条　政府采购工程依法不进行招标的,应当依照政府采购法和本条例规定的竞争性谈判或者单一来源采购方式采购。

第二十六条　政府采购法第三十条第三项规定的情形,应当是采购人不可预见的或者非因采购人拖延导致的;第四项规定的情形,是指因采购艺术品或者因专利、专有技术或者因服务的时间、数量事先不能确定等导致不能事先计算出价格总额。

第二十七条　政府采购法第三十一条第一项规定的情形,是指因货物或者服务使用不可替代的专利、专有技术,或者公共服务项目具有特殊要求,导致只能从某一特定供应商处采购。

第二十八条　在一个财政年度内,采购人将一个预算项目下的同一品目或者类别的货物、服务采用公开招标以外的方式多次采购,累计资金数额超过公开招标数额标准的,属于以化整为零方式规避公开招标,但项目预算调整或者经批准采用公开招标以外方式采购除外。

第四章　政府采购程序

第二十九条　采购人应当根据集中采购目录、采购限额标准和已批复的部门预算编制政府采购实施计划,报本级人民政府财政部门备案。

第三十条　采购人或者采购代理机构应当在招标文件、谈判文件、询价通知书中公开采购项目预算金额。

第三十一条　招标文件的提供期限自招标文件开始发出之日起不得少于5个工作日。

采购人或者采购代理机构可以对已发出的招标文件进行必要的澄清或者修改。澄清或者修改的内容可能影响投标文件编制的,采购人或者采购代理机构应当在投标截止时间至少15日前,以书面形式通知所有获取招标文件的潜在投标人;不足15日的,采购人或者采购代理机构应当顺延提交投标文件的截止时间。

第三十二条　采购人或者采购代理机构应当按照国务院财政部门制定的招标文件标准文本编制招标文件。

招标文件应当包括采购项目的商务条件、采购需求、投标人的资格条件、投标报价要求、评标方法、评标标准以及拟签订的合同文本等。

第三十三条 招标文件要求投标人提交投标保证金的，投标保证金不得超过采购项目预算金额的2%。投标保证金应当以支票、汇票、本票或者金融机构、担保机构出具的保函等非现金形式提交。投标人未按照招标文件要求提交投标保证金的，投标无效。

采购人或者采购代理机构应当自中标通知书发出之日起5个工作日内退还未中标供应商的投标保证金，自政府采购合同签订之日起5个工作日内退还中标供应商的投标保证金。

竞争性谈判或者询价采购中要求参加谈判或者询价的供应商提交保证金的，参照前两款的规定执行。

第三十四条 政府采购招标评标方法分为最低评标价法和综合评分法。

最低评标价法，是指投标文件满足招标文件全部实质性要求且投标报价最低的供应商为中标候选人的评标方法。综合评分法，是指投标文件满足招标文件全部实质性要求且按照评审因素的量化指标评审得分最高的供应商为中标候选人的评标方法。

技术、服务等标准统一的货物和服务项目，应当采用最低评标价法。

采用综合评分法的，评审标准中的分值设置应当与评审因素的量化指标相对应。

招标文件中没有规定的评标标准不得作为评审的依据。

第三十五条 谈判文件不能完整、明确列明采购需求，需要由供应商提供最终设计方案或者解决方案的，在谈判结束后，谈判小组应当按照少数服从多数的原则投票推荐3家以上供应商的设计方案或者解决方案，并要求其在规定时间内提交最后报价。

第三十六条 询价通知书应当根据采购需求确定政府采购合同条款。在询价过程中，询价小组不得改变询价通知书所确定的政府采购合同条款。

第三十七条 政府采购法第三十八条第五项、第四十条第四项所称质量和服务相等，是指供应商提供的产品质量和服务均能满足采购文件规定的实质性要求。

第三十八条 达到公开招标数额标准，符合政府采购法第三十一条第一项规定情形，只能从唯一供应商处采购的，采购人应当将采购项目信息和唯一供应商名称在省级以上人民政府财政部门指定的媒体上公示，公示期不得少于5个工作日。

第三十九条　除国务院财政部门规定的情形外，采购人或者采购代理机构应当从政府采购评审专家库中随机抽取评审专家。

第四十条　政府采购评审专家应当遵守评审工作纪律，不得泄露评审文件、评审情况和评审中获悉的商业秘密。

评标委员会、竞争性谈判小组或者询价小组在评审过程中发现供应商有行贿、提供虚假材料或者串通等违法行为的，应当及时向财政部门报告。

政府采购评审专家在评审过程中受到非法干预的，应当及时向财政、监察等部门举报。

第四十一条　评标委员会、竞争性谈判小组或者询价小组成员应当按照客观、公正、审慎的原则，根据采购文件规定的评审程序、评审方法和评审标准进行独立评审。采购文件内容违反国家有关强制性规定的，评标委员会、竞争性谈判小组或者询价小组应当停止评审并向采购人或者采购代理机构说明情况。

评标委员会、竞争性谈判小组或者询价小组成员应当在评审报告上签字，对自己的评审意见承担法律责任。对评审报告有异议的，应当在评审报告上签署不同意见，并说明理由，否则视为同意评审报告。

第四十二条　采购人、采购代理机构不得向评标委员会、竞争性谈判小组或者询价小组的评审专家作倾向性、误导性的解释或者说明。

第四十三条　采购代理机构应当自评审结束之日起2个工作日内将评审报告送交采购人。采购人应当自收到评审报告之日起5个工作日内在评审报告推荐的中标或者成交候选人中按顺序确定中标或者成交供应商。

采购人或者采购代理机构应当自中标、成交供应商确定之日起2个工作日内，发出中标、成交通知书，并在省级以上人民政府财政部门指定的媒体上公告中标、成交结果，招标文件、竞争性谈判文件、询价通知书随中标、成交结果同时公告。

中标、成交结果公告内容应当包括采购人和采购代理机构的名称、地址、联系方式，项目名称和项目编号，中标或者成交供应商名称、地址和中标或者成交金额，主要中标或者成交标的的名称、规格型号、数量、单价、服务要求以及评审专家名单。

第四十四条　除国务院财政部门规定的情形外，采购人、采购代理机构不得以任何理由组织重新评审。采购人、采购代理机构按照国务院财政部门的规定组织重新评审的，应当书面报告本级人民政府财政部门。

采购人或者采购代理机构不得通过对样品进行检测、对供应商进行考察等方式改变评审结果。

第四十五条 采购人或者采购代理机构应当按照政府采购合同规定的技术、服务、安全标准组织对供应商履约情况进行验收，并出具验收书。验收书应当包括每一项技术、服务、安全标准的履约情况。

政府向社会公众提供的公共服务项目，验收时应当邀请服务对象参与并出具意见，验收结果应当向社会公告。

第四十六条 政府采购法第四十二条规定的采购文件，可以用电子档案方式保存。

第五章 政府采购合同

第四十七条 国务院财政部门应当会同国务院有关部门制定政府采购合同标准文本。

第四十八条 采购文件要求中标或者成交供应商提交履约保证金的，供应商应当以支票、汇票、本票或者金融机构、担保机构出具的保函等非现金形式提交。履约保证金的数额不得超过政府采购合同金额的 10%。

第四十九条 中标或者成交供应商拒绝与采购人签订合同的，采购人可以按照评审报告推荐的中标或者成交候选人名单排序，确定下一候选人为中标或者成交供应商，也可以重新开展政府采购活动。

第五十条 采购人应当自政府采购合同签订之日起 2 个工作日内，将政府采购合同在省级以上人民政府财政部门指定的媒体上公告，但政府采购合同中涉及国家秘密、商业秘密的内容除外。

第五十一条 采购人应当按照政府采购合同规定，及时向中标或者成交供应商支付采购资金。

政府采购项目资金支付程序，按照国家有关财政资金支付管理的规定执行。

第六章 质疑与投诉

第五十二条 采购人或者采购代理机构应当在 3 个工作日内对供应商依法提

出的询问作出答复。

供应商提出的询问或者质疑超出采购人对采购代理机构委托授权范围的,采购代理机构应当告知供应商向采购人提出。

政府采购评审专家应当配合采购人或者采购代理机构答复供应商的询问和质疑。

第五十三条 政府采购法第五十二条规定的供应商应知其权益受到损害之日,是指:

(一)对可以质疑的采购文件提出质疑的,为收到采购文件之日或者采购文件公告期限届满之日;

(二)对采购过程提出质疑的,为各采购程序环节结束之日;

(三)对中标或者成交结果提出质疑的,为中标或者成交结果公告期限届满之日。

第五十四条 询问或者质疑事项可能影响中标、成交结果的,采购人应当暂停签订合同,已经签订合同的,应当中止履行合同。

第五十五条 供应商质疑、投诉应当有明确的请求和必要的证明材料。供应商投诉的事项不得超出已质疑事项的范围。

第五十六条 财政部门处理投诉事项采用书面审查的方式,必要时可以进行调查取证或者组织质证。

对财政部门依法进行的调查取证,投诉人和与投诉事项有关的当事人应当如实反映情况,并提供相关材料。

第五十七条 投诉人捏造事实、提供虚假材料或者以非法手段取得证明材料进行投诉的,财政部门应当予以驳回。

财政部门受理投诉后,投诉人书面申请撤回投诉的,财政部门应当终止投诉处理程序。

第五十八条 财政部门处理投诉事项,需要检验、检测、鉴定、专家评审以及需要投诉人补正材料的,所需时间不计算在投诉处理期限内。

财政部门对投诉事项作出的处理决定,应当在省级以上人民政府财政部门指定的媒体上公告。

第七章　监督检查

第五十九条　政府采购法第六十三条所称政府采购项目的采购标准，是指项目采购所依据的经费预算标准、资产配置标准和技术、服务标准等。

第六十条　除政府采购法第六十六条规定的考核事项外，财政部门对集中采购机构的考核事项还包括：

（一）政府采购政策的执行情况；

（二）采购文件编制水平；

（三）采购方式和采购程序的执行情况；

（四）询问、质疑答复情况；

（五）内部监督管理制度建设及执行情况；

（六）省级以上人民政府财政部门规定的其他事项。

财政部门应当制定考核计划，定期对集中采购机构进行考核，考核结果有重要情况的，应当向本级人民政府报告。

第六十一条　采购人发现采购代理机构有违法行为的，应当要求其改正。采购代理机构拒不改正的，采购人应当向本级人民政府财政部门报告，财政部门应当依法处理。

采购代理机构发现采购人的采购需求存在以不合理条件对供应商实行差别待遇、歧视待遇或者其他不符合法律、法规和政府采购政策规定内容，或者发现采购人有其他违法行为的，应当建议其改正。采购人拒不改正的，采购代理机构应当向采购人的本级人民政府财政部门报告，财政部门应当依法处理。

第六十二条　省级以上人民政府财政部门应当对政府采购评审专家库实行动态管理，具体管理办法由国务院财政部门制定。

采购人或者采购代理机构应当对评审专家在政府采购活动中的职责履行情况予以记录，并及时向财政部门报告。

第六十三条　各级人民政府财政部门和其他有关部门应当加强对参加政府采购活动的供应商、采购代理机构、评审专家的监督管理，对其不良行为予以记录，并纳入统一的信用信息平台。

第六十四条　各级人民政府财政部门对政府采购活动进行监督检查，有权查阅、复制有关文件、资料，相关单位和人员应当予以配合。

第六十五条　审计机关、监察机关以及其他有关部门依法对政府采购活动实施监督，发现采购当事人有违法行为的，应当及时通报财政部门。

第八章　法律责任

第六十六条　政府采购法第七十一条规定的罚款，数额为10万元以下。

政府采购法第七十二条规定的罚款，数额为5万元以上25万元以下。

第六十七条　采购人有下列情形之一的，由财政部门责令限期改正，给予警告，对直接负责的主管人员和其他直接责任人员依法给予处分，并予以通报：

（一）未按照规定编制政府采购实施计划或者未按照规定将政府采购实施计划报本级人民政府财政部门备案；

（二）将应当进行公开招标的项目化整为零或者以其他任何方式规避公开招标；

（三）未按照规定在评标委员会、竞争性谈判小组或者询价小组推荐的中标或者成交候选人中确定中标或者成交供应商；

（四）未按照采购文件确定的事项签订政府采购合同；

（五）政府采购合同履行中追加与合同标的相同的货物、工程或者服务的采购金额超过原合同采购金额10%；

（六）擅自变更、中止或者终止政府采购合同；

（七）未按照规定公告政府采购合同；

（八）未按照规定时间将政府采购合同副本报本级人民政府财政部门和有关部门备案。

第六十八条　采购人、采购代理机构有下列情形之一的，依照政府采购法第七十一条、第七十八条的规定追究法律责任：

（一）未依照政府采购法和本条例规定的方式实施采购；

（二）未依法在指定的媒体上发布政府采购项目信息；

（三）未按照规定执行政府采购政策；

（四）违反本条例第十五条的规定导致无法组织对供应商履约情况进行验收或者国家财产遭受损失；

（五）未依法从政府采购评审专家库中抽取评审专家；

（六）非法干预采购评审活动；

（七）采用综合评分法时评审标准中的分值设置未与评审因素的量化指标相对应；

（八）对供应商的询问、质疑逾期未作处理；

（九）通过对样品进行检测、对供应商进行考察等方式改变评审结果；

（十）未按照规定组织对供应商履约情况进行验收。

第六十九条 集中采购机构有下列情形之一的，由财政部门责令限期改正，给予警告，有违法所得的，并处没收违法所得，对直接负责的主管人员和其他直接责任人员依法给予处分，并予以通报：

（一）内部监督管理制度不健全，对依法应当分设、分离的岗位、人员未分设、分离；

（二）将集中采购项目委托其他采购代理机构采购；

（三）从事营利活动。

第七十条 采购人员与供应商有利害关系而不依法回避的，由财政部门给予警告，并处 2000 元以上 2 万元以下的罚款。

第七十一条 有政府采购法第七十一条、第七十二条规定的违法行为之一，影响或者可能影响中标、成交结果的，依照下列规定处理：

（一）未确定中标或者成交供应商的，终止本次政府采购活动，重新开展政府采购活动。

（二）已确定中标或者成交供应商但尚未签订政府采购合同的，中标或者成交结果无效，从合格的中标或者成交候选人中另行确定中标或者成交供应商；没有合格的中标或者成交候选人的，重新开展政府采购活动。

（三）政府采购合同已签订但尚未履行的，撤销合同，从合格的中标或者成交候选人中另行确定中标或者成交供应商；没有合格的中标或者成交候选人的，重新开展政府采购活动。

（四）政府采购合同已经履行，给采购人、供应商造成损失的，由责任人承担赔偿责任。

政府采购当事人有其他违反政府采购法或者本条例规定的行为，经改正后仍然影响或者可能影响中标、成交结果或者依法被认定为中标、成交无效的，依照前款规定处理。

第七十二条 供应商有下列情形之一的,依照政府采购法第七十七条第一款的规定追究法律责任:

(一) 向评标委员会、竞争性谈判小组或者询价小组成员行贿或者提供其他不正当利益;

(二) 中标或者成交后无正当理由拒不与采购人签订政府采购合同;

(三) 未按照采购文件确定的事项签订政府采购合同;

(四) 将政府采购合同转包;

(五) 提供假冒伪劣产品;

(六) 擅自变更、中止或者终止政府采购合同。

供应商有前款第一项规定情形的,中标、成交无效。评审阶段资格发生变化,供应商未依照本条例第二十一条的规定通知采购人和采购代理机构的,处以采购金额5‰的罚款,列入不良行为记录名单,中标、成交无效。

第七十三条 供应商捏造事实、提供虚假材料或者以非法手段取得证明材料进行投诉的,由财政部门列入不良行为记录名单,禁止其1至3年内参加政府采购活动。

第七十四条 有下列情形之一的,属于恶意串通,对供应商依照政府采购法第七十七条第一款的规定追究法律责任,对采购人、采购代理机构及其工作人员依照政府采购法第七十二条的规定追究法律责任:

(一) 供应商直接或者间接从采购人或者采购代理机构处获得其他供应商的相关情况并修改其投标文件或者响应文件;

(二) 供应商按照采购人或者采购代理机构的授意撤换、修改投标文件或者响应文件;

(三) 供应商之间协商报价、技术方案等投标文件或者响应文件的实质性内容;

(四) 属于同一集团、协会、商会等组织成员的供应商按照该组织要求协同参加政府采购活动;

(五) 供应商之间事先约定由某一特定供应商中标、成交;

(六) 供应商之间商定部分供应商放弃参加政府采购活动或者放弃中标、成交;

（七）供应商与采购人或者采购代理机构之间、供应商相互之间，为谋求特定供应商中标、成交或者排斥其他供应商的其他串通行为。

第七十五条　政府采购评审专家未按照采购文件规定的评审程序、评审方法和评审标准进行独立评审或者泄露评审文件、评审情况的，由财政部门给予警告，并处2000元以上2万元以下的罚款；影响中标、成交结果的，处2万元以上5万元以下的罚款，禁止其参加政府采购评审活动。

政府采购评审专家与供应商存在利害关系未回避的，处2万元以上5万元以下的罚款，禁止其参加政府采购评审活动。

政府采购评审专家收受采购人、采购代理机构、供应商贿赂或者获取其他不正当利益，构成犯罪的，依法追究刑事责任；尚不构成犯罪的，处2万元以上5万元以下的罚款，禁止其参加政府采购评审活动。

政府采购评审专家有上述违法行为的，其评审意见无效，不得获取评审费；有违法所得的，没收违法所得；给他人造成损失的，依法承担民事责任。

第七十六条　政府采购当事人违反政府采购法和本条例规定，给他人造成损失的，依法承担民事责任。

第七十七条　财政部门在履行政府采购监督管理职责中违反政府采购法和本条例规定，滥用职权、玩忽职守、徇私舞弊的，对直接负责的主管人员和其他直接责任人员依法给予处分；直接负责的主管人员和其他直接责任人员构成犯罪的，依法追究刑事责任。

第九章　附则

第七十八条　财政管理实行省直接管理的县级人民政府可以根据需要并报经省级人民政府批准，行使政府采购法和本条例规定的设区的市级人民政府批准变更采购方式的职权。

第七十九条　本条例自2015年3月1日起施行。

中华人民共和国招标投标法

1999年8月30日第九届全国人民代表大会常务委员会第十一次会议通过。根据2017年12月27日第十二届全国人民代表大会常务委员会第三十一次会议《关于修改〈中华人民共和国招标投标法〉、〈中华人民共和国计量法〉的决定》修正。

第一章 总则

第一条 为了规范招标投标活动，保护国家利益、社会公共利益和招标投标活动当事人的合法权益，提高经济效益，保证项目质量，制定本法。

第二条 在中华人民共和国境内进行招标投标活动，适用本法。

第三条 在中华人民共和国境内进行下列工程建设项目包括项目的勘察、设计、施工、监理以及与工程建设有关的重要设备、材料等的采购，必须进行招标：

（一）大型基础设施、公用事业等关系社会公共利益、公众安全的项目；

（二）全部或者部分使用国有资金投资或者国家融资的项目；

（三）使用国际组织或者外国政府贷款、援助资金的项目。

前款所列项目的具体范围和规模标准，由国务院发展计划部门会同国务院有关部门制订，报国务院批准。

法律或者国务院对必须进行招标的其他项目的范围有规定的，依照其规定。

第四条 任何单位和个人不得将依法必须进行招标的项目化整为零或者以其他任何方式规避招标。

第五条 招标投标活动应当遵循公开、公平、公正和诚实信用的原则。

第六条 依法必须进行招标的项目，其招标投标活动不受地区或者部门的限制。任何单位和个人不得违法限制或者排斥本地区、本系统以外的法人或者其他组织参加投标，不得以任何方式非法干涉招标投标活动。

第七条 招标投标活动及其当事人应当接受依法实施的监督。

有关行政监督部门依法对招标投标活动实施监督，依法查处招标投标活动中的违法行为。

对招标投标活动的行政监督及有关部门的具体职权划分，由国务院规定。

第二章　招标

第八条　招标人是依照本法规定提出招标项目、进行招标的法人或者其他组织。

第九条　招标项目按照国家有关规定需要履行项目审批手续的，应当先履行审批手续，取得批准。

招标人应当有进行招标项目的相应资金或者资金来源已经落实，并应当在招标文件中如实载明。

第十条　招标分为公开招标和邀请招标。

公开招标，是指招标人以招标公告的方式邀请不特定的法人或者其他组织投标。

邀请招标，是指招标人以投标邀请书的方式邀请特定的法人或者其他组织投标。

第十一条　国务院发展计划部门确定的国家重点项目和省、自治区、直辖市人民政府确定的地方重点项目不适宜公开招标的，经国务院发展计划部门或者省、自治区、直辖市人民政府批准，可以进行邀请招标。

第十二条　招标人有权自行选择招标代理机构，委托其办理招标事宜。任何单位和个人不得以任何方式为招标人指定招标代理机构。

招标人具有编制招标文件和组织评标能力的，可以自行办理招标事宜。任何单位和个人不得强制其委托招标代理机构办理招标事宜。

依法必须进行招标的项目，招标人自行办理招标事宜的，应当向有关行政监督部门备案。

第十三条　招标代理机构是依法设立、从事招标代理业务并提供相关服务的社会中介组织。

招标代理机构应当具备下列条件：

（一）有从事招标代理业务的营业场所和相应资金；

（二）有能够编制招标文件和组织评标的相应专业力量；

第十四条　招标代理机构与行政机关和其他国家机关不得存在隶属关系或者其他利益关系。

第十五条　招标代理机构应当在招标人委托的范围内办理招标事宜，并遵守本法关于招标人的规定。

第十六条　招标人采用公开招标方式的，应当发布招标公告。依法必须进行招标的项目的招标公告，应当通过国家指定的报刊、信息网络或者其他媒介发布。

招标公告应当载明招标人的名称和地址、招标项目的性质、数量、实施地点和时间以及获取招标文件的办法等事项。

第十七条　招标人采用邀请招标方式的，应当向三个以上具备承担招标项目的能力、资信良好的特定的法人或者其他组织发出投标邀请书。

投标邀请书应当载明本法第十六条第二款规定的事项。

第十八条　招标人可以根据招标项目本身的要求，在招标公告或者投标邀请书中，要求潜在投标人提供有关资质证明文件和业绩情况，并对潜在投标人进行资格审查；国家对投标人的资格条件有规定的，依照其规定。

招标人不得以不合理的条件限制或者排斥潜在投标人，不得对潜在投标人实行歧视待遇。

第十九条　招标人应当根据招标项目的特点和需要编制招标文件。招标文件应当包括招标项目的技术要求、对投标人资格审查的标准、投标报价要求和评标标准等所有实质性要求和条件以及拟签订合同的主要条款。

国家对招标项目的技术、标准有规定的，招标人应当按照其规定在招标文件中提出相应要求。

招标项目需要划分标段、确定工期的，招标人应当合理划分标段、确定工期，并在招标文件中载明。

第二十条　招标文件不得要求或者标明特定的生产供应者以及含有倾向或者排斥潜在投标人的其他内容。

第二十一条　招标人根据招标项目的具体情况，可以组织潜在投标人踏勘项目现场。

第二十二条　招标人不得向他人透露已获取招标文件的潜在投标人的名称、数量以及可能影响公平竞争的有关招标投标的其他情况。

招标人设有标底的，标底必须保密。

第二十三条 招标人对已发出的招标文件进行必要的澄清或者修改的，应当在招标文件要求提交投标文件截止时间至少十五日前，以书面形式通知所有招标文件收受人。该澄清或者修改的内容为招标文件的组成部分。

第二十四条 招标人应当确定投标人编制投标文件所需要的合理时间；但是，依法必须进行招标的项目，自招标文件开始发出之日起至投标人提交投标文件截止之日止，最短不得少于二十日。

第三章 投标

第二十五条 投标人是响应招标、参加投标竞争的法人或者其他组织。

依法招标的科研项目允许个人参加投标的，投标的个人适用本法有关投标人的规定。

第二十六条 投标人应当具备承担招标项目的能力；国家有关规定对投标人资格条件或者招标文件对投标人资格条件有规定的，投标人应当具备规定的资格条件。

第二十七条 投标人应当按照招标文件的要求编制投标文件。投标文件应当对招标文件提出的实质性要求和条件作出响应。

招标项目属于建设施工的，投标文件的内容应当包括拟派出的项目负责人与主要技术人员的简历、业绩和拟用于完成招标项目的机械设备等。

第二十八条 投标人应当在招标文件要求提交投标文件的截止时间前，将投标文件送达投标地点。招标人收到投标文件后，应当签收保存，不得开启。投标人少于三个的，招标人应当依照本法重新招标。

在招标文件要求提交投标文件的截止时间后送达的投标文件，招标人应当拒收。

第二十九条 投标人在招标文件要求提交投标文件的截止时间前，可以补充、修改或者撤回已提交的投标文件，并书面通知招标人。补充、修改的内容为投标文件的组成部分。

第三十条 投标人根据招标文件载明的项目实际情况，拟在中标后将中标项目的部分非主体、非关键性工作进行分包的，应当在投标文件中载明。

第三十一条　两个以上法人或者其他组织可以组成一个联合体，以一个投标人的身份共同投标。

联合体各方均应当具备承担招标项目的相应能力；国家有关规定或者招标文件对投标人资格条件有规定的，联合体各方均应当具备规定的相应资格条件。由同一专业的单位组成的联合体，按照资质等级较低的单位确定资质等级。

联合体各方应当签订共同投标协议，明确约定各方拟承担的工作和责任，并将共同投标协议连同投标文件一并提交招标人。联合体中标的，联合体各方应当共同与招标人签订合同，就中标项目向招标人承担连带责任。

招标人不得强制投标人组成联合体共同投标，不得限制投标人之间的竞争。

第三十二条　投标人不得相互串通投标报价，不得排挤其他投标人的公平竞争，损害招标人或者其他投标人的合法权益。

投标人不得与招标人串通投标，损害国家利益、社会公共利益或者他人的合法权益。

禁止投标人以向招标人或者评标委员会成员行贿的手段谋取中标。

第三十三条　投标人不得以低于成本的报价竞标，也不得以他人名义投标或者以其他方式弄虚作假，骗取中标。

第四章　开标、评标和中标

第三十四条　开标应当在招标文件确定的提交投标文件截止时间的同一时间公开进行；开标地点应当为招标文件中预先确定的地点。

第三十五条　开标由招标人主持，邀请所有投标人参加。

第三十六条　开标时，由投标人或者其推选的代表检查投标文件的密封情况，也可以由招标人委托的公证机构检查并公证；经确认无误后，由工作人员当众拆封，宣读投标人名称、投标价格和投标文件的其他主要内容。

招标人在招标文件要求提交投标文件的截止时间前收到的所有投标文件，开标时都应当当众予以拆封、宣读。

开标过程应当记录，并存档备查。

第三十七条　评标由招标人依法组建的评标委员会负责。

依法必须进行招标的项目，其评标委员会由招标人的代表和有关技术、经济等方面的专家组成，成员人数为五人以上单数，其中技术、经济等方面的专家不得少于成员总数的三分之二。

前款专家应当从事相关领域工作满八年并具有高级职称或者具有同等专业水平，由招标人从国务院有关部门或者省、自治区、直辖市人民政府有关部门提供的专家名册或者招标代理机构的专家库内的相关专业的专家名单中确定；一般招标项目可以采取随机抽取方式，特殊招标项目可以由招标人直接确定。

与投标人有利害关系的人不得进入相关项目的评标委员会；已经进入的应当更换。

评标委员会成员的名单在中标结果确定前应当保密。

第三十八条 招标人应当采取必要的措施，保证评标在严格保密的情况下进行。

任何单位和个人不得非法干预、影响评标的过程和结果。

第三十九条 评标委员会可以要求投标人对投标文件中含义不明确的内容作必要的澄清或者说明，但是澄清或者说明不得超出投标文件的范围或者改变投标文件的实质性内容。

第四十条 评标委员会应当按照招标文件确定的评标标准和方法，对投标文件进行评审和比较；设有标底的，应当参考标底。评标委员会完成评标后，应当向招标人提出书面评标报告，并推荐合格的中标候选人。

招标人根据评标委员会提出的书面评标报告和推荐的中标候选人确定中标人。招标人也可以授权评标委员会直接确定中标人。

国务院对特定招标项目的评标有特别规定的，从其规定。

第四十一条 中标人的投标应当符合下列条件之一：

（一）能够最大限度地满足招标文件中规定的各项综合评价标准；

（二）能够满足招标文件的实质性要求，并且经评审的投标价格最低；但是投标价格低于成本的除外。

第四十二条 评标委员会经评审，认为所有投标都不符合招标文件要求的，可以否决所有投标。

依法必须进行招标的项目的所有投标被否决的，招标人应当依照本法重新招标。

第四十三条　在确定中标人前,招标人不得与投标人就投标价格、投标方案等实质性内容进行谈判。

第四十四条　评标委员会成员应当客观、公正地履行职务,遵守职业道德,对所提出的评审意见承担个人责任。

评标委员会成员不得私下接触投标人,不得收受投标人的财物或者其他好处。

评标委员会成员和参与评标的有关工作人员不得透露对投标文件的评审和比较、中标候选人的推荐情况以及与评标有关的其他情况。

第四十五条　中标人确定后,招标人应当向中标人发出中标通知书,并同时将中标结果通知所有未中标的投标人。

中标通知书对招标人和中标人具有法律效力。中标通知书发出后,招标人改变中标结果的,或者中标人放弃中标项目的,应当依法承担法律责任。

第四十六条　招标人和中标人应当自中标通知书发出之日起三十日内,按照招标文件和中标人的投标文件订立书面合同。招标人和中标人不得再行订立背离合同实质性内容的其他协议。

招标文件要求中标人提交履约保证金的,中标人应当提交。

第四十七条　依法必须进行招标的项目,招标人应当自确定中标人之日起十五日内,向有关行政监督部门提交招标投标情况的书面报告。

第四十八条　中标人应当按照合同约定履行义务,完成中标项目。中标人不得向他人转让中标项目,也不得将中标项目肢解后分别向他人转让。

中标人按照合同约定或者经招标人同意,可以将中标项目的部分非主体、非关键性工作分包给他人完成。接受分包的人应当具备相应的资格条件,并不得再次分包。

中标人应当就分包项目向招标人负责,接受分包的人就分包项目承担连带责任。

第五章　法律责任

第四十九条　违反本法规定,必须进行招标的项目而不招标的,将必须进行招标的项目化整为零或者以其他任何方式规避招标的,责令限期改正,可以处项目合同金额千分之五以上千分之十以下的罚款;对全部或者部分使用国有资金的项目，可以暂停项目执行或者暂停资金拨付；对单位直接负责的主管人员和其他直接责任人员依法给予处分。

第五十条 招标代理机构违反本法规定，泄露应当保密的与招标投标活动有关的情况和资料的，或者与招标人、投标人串通损害国家利益、社会公共利益或者他人合法权益的，处五万元以上二十五万元以下的罚款，对单位直接负责的主管人员和其他直接责任人员处单位罚款数额百分之五以上百分之十以下的罚款；有违法所得的，并处没收违法所得；情节严重的，禁止其一年至二年内代理依法必须进行招标的项目并予以公告，直至由工商行政管理机关吊销营业执照；构成犯罪的，依法追究刑事责任。给他人造成损失的，依法承担赔偿责任。

前款所列行为影响中标结果的，中标无效。

第五十一条 招标人以不合理的条件限制或者排斥潜在投标人的，对潜在投标人实行歧视待遇的，强制要求投标人组成联合体共同投标的，或者限制投标人之间竞争的，责令改正，可以处一万元以上五万元以下的罚款。

第五十二条 依法必须进行招标的项目的招标人向他人透露已获取招标文件的潜在投标人的名称、数量或者可能影响公平竞争的有关招标投标的其他情况的，或者泄露标底的，给予警告，可以并处一万元以上十万元以下的罚款；对单位直接负责的主管人员和其他直接责任人员依法给予处分；构成犯罪的，依法追究刑事责任。

前款所列行为影响中标结果的，中标无效。

第五十三条 投标人相互串通投标或者与招标人串通投标的，投标人以向招标人或者评标委员会成员行贿的手段谋取中标的，中标无效，处中标项目金额千分之五以上千分之十以下的罚款，对单位直接负责的主管人员和其他直接责任人员处单位罚款数额百分之五以上百分之十以下的罚款；有违法所得的，并处没收违法所得；情节严重的，取消其一年至二年内参加依法必须进行招标的项目的投标资格并予以公告，直至由工商行政管理机关吊销营业执照；构成犯罪的，依法追究刑事责任。给他人造成损失的，依法承担赔偿责任。

第五十四条 投标人以他人名义投标或者以其他方式弄虚作假，骗取中标的，中标无效，给招标人造成损失的，依法承担赔偿责任；构成犯罪的，依法追究刑事责任。

依法必须进行招标的项目的投标人有前款所列行为尚未构成犯罪的，处中标项目金额千分之五以上千分之十以下的罚款，对单位直接负责的主管人员和其他直接责任人员处单位罚款数额百分之五以上百分之十以下的罚款；有违法所得的，并处没收违法所得；情节严重的，取消其一年至三年内参加依法必须进行招标的项目的投标资格并予以公告，直至由工商行政管理机关吊销营业执照。

第五十五条　依法必须进行招标的项目，招标人违反本法规定，与投标人就投标价格、投标方案等实质性内容进行谈判的，给予警告，对单位直接负责的主管人员和其他直接责任人员依法给予处分。

前款所列行为影响中标结果的，中标无效。

第五十六条　评标委员会成员收受投标人的财物或者其他好处的，评标委员会成员或者参加评标的有关工作人员向他人透露对投标文件的评审和比较、中标候选人的推荐以及与评标有关的其他情况的，给予警告，没收收受的财物，可以并处三千元以上五万元以下的罚款，对有所列违法行为的评标委员会成员取消担任评标委员会成员的资格，不得再参加任何依法必须进行招标的项目的评标；构成犯罪的，依法追究刑事责任。

第五十七条　招标人在评标委员会依法推荐的中标候选人以外确定中标人的，依法必须进行招标的项目在所有投标被评标委员会否决后自行确定中标人的，中标无效。责令改正，可以处中标项目金额千分之五以上千分之十以下的罚款；对单位直接负责的主管人员和其他直接责任人员依法给予处分。

第五十八条　中标人将中标项目转让给他人的，将中标项目肢解后分别转让给他人的，违反本法规定将中标项目的部分主体、关键性工作分包给他人的，或者分包人再次分包的，转让、分包无效，处转让、分包项目金额千分之五以上千分之十以下的罚款；有违法所得的，并处没收违法所得；可以责令停业整顿；情节严重的，由工商行政管理机关吊销营业执照。

第五十九条　招标人与中标人不按照招标文件和中标人的投标文件订立合同的，或者招标人、中标人订立背离合同实质性内容的协议的，责令改正；可以处中标项目金额千分之五以上千分之十以下的罚款。

第六十条　中标人不履行与招标人订立的合同的，履约保证金不予退还，给招标人造成的损失超过履约保证金数额的，还应当对超过部分予以赔偿；没有提交履约保证金的，应当对招标人的损失承担赔偿责任。

中标人不按照与招标人订立的合同履行义务,情节严重的,取消其二年至五年内参加依法必须进行招标的项目的投标资格并予以公告,直至由工商行政管理机关吊销营业执照。

因不可抗力不能履行合同的,不适用前两款规定。

第六十一条　本章规定的行政处罚,由国务院规定的有关行政监督部门决定。本法已对实施行政处罚的机关作出规定的除外。

第六十二条　任何单位违反本法规定,限制或者排斥本地区、本系统以外的法人或者其他组织参加投标的,为招标人指定招标代理机构的,强制招标人委托招标代理机构办理招标事宜的,或者以其他方式干涉招标投标活动的,责令改正;对单位直接负责的主管人员和其他直接责任人员依法给予警告、记过、记大过的处分,情节较重的,依法给予降级、撤职、开除的处分。

个人利用职权进行前款违法行为的,依照前款规定追究责任。

第六十三条　对招标投标活动依法负有行政监督职责的国家机关工作人员徇私舞弊、滥用职权或者玩忽职守,构成犯罪的,依法追究刑事责任;不构成犯罪的,依法给予行政处分。

第六十四条　依法必须进行招标的项目违反本法规定,中标无效的,应当依照本法规定的中标条件从其余投标人中重新确定中标人或者依照本法重新进行招标。

第六章　附则

第六十五条　投标人和其他利害关系人认为招标投标活动不符合本法有关规定的,有权向招标人提出异议或者依法向有关行政监督部门投诉。

第六十六条　涉及国家安全、国家秘密、抢险救灾或者属于利用扶贫资金实行以工代赈、需要使用农民工等特殊情况,不适宜进行招标的项目,按照国家有关规定可以不进行招标。

第六十七条　使用国际组织或者外国政府贷款、援助资金的项目进行招标,贷款方、资金提供方对招标投标的具体条件和程序有不同规定的,可以适用其规定,但违背中华人民共和国的社会公共利益的除外。

第六十八条　本法自 2000 年 1 月 1 日起施行。

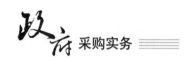

中华人民共和国招标投标法实施条例

2011年12月20日中华人民共和国国务院令第613号公布，中华人民共和国国务院令（第613号）；

根据2017年3月1日《国务院关于修改和废止部分行政法规的决定》第一次修订，中华人民共和国国务院令（第676号）；

根据2018年3月19日《国务院关于修改和废止部分行政法规的决定》第二次修订，中华人民共和国国务院令（第698号）；

根据2019年3月2日《国务院关于修改部分行政法规的决定》第三次修订，中华人民共和国国务院令（第709号）。

第一章　总则

第一条　为了规范招标投标活动，根据《中华人民共和国招标投标法》（以下简称招标投标法），制定本条例。

第二条　招标投标法第三条所称工程建设项目，是指工程以及与工程建设有关的货物、服务。前款所称工程，是指建设工程，包括建筑物和构筑物的新建、改建、扩建及其相关的装修、拆除、修缮等；所称与工程建设有关的货物，是指构成工程不可分割的组成部分，且为实现工程基本功能所必需的设备、材料等；所称与工程建设有关的服务，是指为完成工程所需的勘察、设计、监理等服务。

第三条　依法必须进行招标的工程建设项目的具体范围和规模标准，由国务院发展改革部门会同国务院有关部门制订，报国务院批准后公布施行。

第四条　国务院发展改革部门指导和协调全国招标投标工作，对国家重大建设项目的工程招标投标活动实施监督检查。国务院工业和信息化、住房城乡建设、交通运输、铁道、水利、商务等部门，按照规定的职责分工对有关招标投标活动实施监督。县级以上地方人民政府发展改革部门指导和协调本行政区域的招标投标工作。县级以上地方人民政府有关部门按照规定的职责分工，对招标投标活动实施监督，依法查处招标投标活动中的违法行为。县级以上地方人民政府对其所属部门有关招标投标活动的监督职责分工另有规定的，从其规定。财政部门依法对实行招标投标的政府采购工程建设项目的预算执行情况和政府采购政策执行情况实施监督。监察机关依法对与招标投标活动有关的监察对象实施监察。

第五条 设区的市级以上地方人民政府可以根据实际需要，建立统一规范的招标投标交易场所，为招标投标活动提供服务。招标投标交易场所不得与行政监督部门存在隶属关系，不得以营利为目的。国家鼓励利用信息网络进行电子招标投标。

第六条 禁止国家工作人员以任何方式非法干涉招标投标活动。

第二章　招标

第七条 按照国家有关规定需要履行项目审批、核准手续的依法必须进行招标的项目，其招标范围、招标方式、招标组织形式应当报项目审批、核准部门审批、核准。项目审批、核准部门应当及时将审批、核准确定的招标范围、招标方式、招标组织形式通报有关行政监督部门。

第八条 国有资金占控股或者主导地位的依法必须进行招标的项目，应当公开招标；但有下列情形之一的，可以邀请招标：（一）技术复杂、有特殊要求或者受自然环境限制，只有少量潜在投标人可供选择；（二）采用公开招标方式的费用占项目合同金额的比例过大。有前款第二项所列情形，属于本条例第七条规定的项目，由项目审批、核准部门在审批、核准项目时作出认定；其他项目由招标人申请有关行政监督部门作出认定。

第九条 除招标投标法第六十六条规定的可以不进行招标的特殊情况外，有下列情形之一的，可以不进行招标：（一）需要采用不可替代的专利或者专有技术；（二）采购人依法能够自行建设、生产或者提供；（三）已通过招标方式选定的特许经营项目投资人依法能够自行建设、生产或者提供；（四）需要向原中标人采购工程、货物或者服务，否则将影响施工或者功能配套要求；（五）国家规定的其他特殊情形。招标人为适用前款规定弄虚作假的，属于招标投标法第四条规定的规避招标。

第十条 招标投标法第十二条第二款规定的招标人具有编制招标文件和组织评标能力，是指招标人具有与招标项目规模和复杂程度相适应的技术、经济等方面的专业人员。

第十一条 国务院住房城乡建设、商务、发展改革、工业和信息化等部门，按照规定的职责分工对招标代理机构依法实施监督管理。

第十二条 招标代理机构应当拥有一定数量的具备编制招标文件、组织评标等相应能力的专业人员。

第十三条 招标代理机构在招标人委托的范围内开展招标代理业务，任何单位和个人不得非法干涉。招标代理机构代理招标业务，应当遵守招标投标法和本条例关于招标人的规定。招标代理机构不得在所代理的招标项目中投标或者代理投标，也不得为所代理的招标项目的投标人提供咨询。

第十四条 招标人应当与被委托的招标代理机构签订书面委托合同，合同约定的收费标准应当符合国家有关规定。

第十五条 公开招标的项目，应当依照招标投标法和本条例的规定发布招标公告、编制招标文件。招标人采用资格预审办法对潜在投标人进行资格审查的，应当发布资格预审公告、编制资格预审文件。依法必须进行招标的项目的资格预审公告和招标公告，应当在国务院发展改革部门依法指定的媒介发布。在不同媒介发布的同一招标项目的资格预审公告或者招标公告的内容应当一致。指定媒介发布依法必须进行招标的项目的境内资格预审公告、招标公告，不得收取费用。编制依法必须进行招标的项目的资格预审文件和招标文件，应当使用国务院发展改革部门会同有关行政监督部门制定的标准文本。

第十六条 招标人应当按照资格预审公告、招标公告或者投标邀请书规定的时间、地点发售资格预审文件或者招标文件。资格预审文件或者招标文件的发售期不得少于5日。招标人发售资格预审文件、招标文件收取的费用应当限于补偿印刷、邮寄的成本支出，不得以营利为目的。

第十七条 招标人应当合理确定提交资格预审申请文件的时间。依法必须进行招标的项目提交资格预审申请文件的时间,自资格预审文件停止发售之日起不得少于5日。

第十八条 资格预审应当按照资格预审文件载明的标准和方法进行。国有资金占控股或者主导地位的依法必须进行招标的项目,招标人应当组建资格审查委员会审查资格预审申请文件。资格审查委员会及其成员应当遵守招标投标法和本条例有关评标委员会及其成员的规定。

第十九条 资格预审结束后,招标人应当及时向资格预审申请人发出资格预审结果通知书。未通过资格预审的申请人不具有投标资格。通过资格预审的申请人少于3个的,应当重新招标。

第二十条 招标人采用资格后审办法对投标人进行资格审查的,应当在开标后由评标委员会按照招标文件规定的标准和方法对投标人的资格进行审查。

第二十一条 招标人可以对已发出的资格预审文件或者招标文件进行必要的澄清或者修改。澄清或者修改的内容可能影响资格预审申请文件或者投标文件编制的,招标人应当在提交资格预审申请文件截止时间至少3日前,或者投标截止时间至少15日前,以书面形式通知所有获取资格预审文件或者招标文件的潜在投标人;不足3日或者15日的,招标人应当顺延提交资格预审申请文件或者投标文件的截止时间。

第二十二条 潜在投标人或者其他利害关系人对资格预审文件有异议的,应当在提交资格预审申请文件截止时间2日前提出;对招标文件有异议的,应当在投标截止时间10日前提出。招标人应当自收到异议之日起3日内作出答复;作出答复前,应当暂停招标投标活动。

第二十三条 招标人编制的资格预审文件、招标文件的内容违反法律、行政法规的强制性规定,违反公开、公平、公正和诚实信用原则,影响资格预审结果或者潜在投标人投标的,依法必须进行招标的项目的招标人应当在修改资格预审文件或者招标文件后重新招标。

第二十四条 招标人对招标项目划分标段的,应当遵守招标投标法的有关规定,不得利用划分标段限制或者排斥潜在投标人。依法必须进行招标的项目的招标人不得利用划分标段规避招标。

第二十五条 招标人应当在招标文件中载明投标有效期。投标有效期从提交投标文件的截止之日起算。

第二十六条　招标人在招标文件中要求投标人提交投标保证金的，投标保证金不得超过招标项目估算价的 2%。投标保证金有效期应当与投标有效期一致。依法必须进行招标的项目的境内投标单位，以现金或者支票形式提交的投标保证金应当从其基本账户转出。招标人不得挪用投标保证金。

第二十七条　招标人可以自行决定是否编制标底。一个招标项目只能有一个标底。标底必须保密。接受委托编制标底的中介机构不得参加受托编制标底项目的投标，也不得为该项目的投标人编制投标文件或者提供咨询。招标人设有最高投标限价的，应当在招标文件中明确最高投标限价或者最高投标限价的计算方法。招标人不得规定最低投标限价。

第二十八条　招标人不得组织单个或者部分潜在投标人踏勘项目现场。

第二十九条　招标人可以依法对工程以及与工程建设有关的货物、服务全部或者部分实行总承包招标。以暂估价形式包括在总承包范围内的工程、货物、服务属于依法必须进行招标的项目范围且达到国家规定规模标准的，应当依法进行招标。前款所称暂估价，是指总承包招标时不能确定价格而由招标人在招标文件中暂时估定的工程、货物、服务的金额。

第三十条　对技术复杂或者无法精确拟定技术规格的项目，招标人可以分两阶段进行招标。第一阶段，投标人按照招标公告或者投标邀请书的要求提交不带报价的技术建议，招标人根据投标人提交的技术建议确定技术标准和要求，编制招标文件。第二阶段，招标人向在第一阶段提交技术建议的投标人提供招标文件，投标人按照招标文件的要求提交包括最终技术方案和投标报价的投标文件。招标人要求投标人提交投标保证金的，应当在第二阶段提出。

第三十一条　招标人终止招标的，应当及时发布公告，或者以书面形式通知被邀请的或者已经获取资格预审文件、招标文件的潜在投标人。已经发售资格预审文件、招标文件或者已经收取投标保证金的，招标人应当及时退还所收取的资格预审文件、招标文件的费用，以及所收取的投标保证金及银行同期存款利息。

第三十二条　招标人不得以不合理的条件限制、排斥潜在投标人或者投标人。招标人有下列行为之一的，属于以不合理条件限制、排斥潜在投标人或者投标人：（一）就同一招标项目向潜在投标人或者投标人提供有差别的项目信息；（二）设定的资格、技术、商务条件与招标项目的具体特点和实际需要不相适应或者与合同履行无关；（三）依法必须进行招标的项目以特定行政区域或者特定行业的业绩、奖项作为加分条件或者中标条件；（四）对潜在投标人或者投标人采取不同的资格审查或者评标标准；（五）限定或者指定特定的专利、商标、品牌、原产地或者供应商；（六）依法必须进行招标的项目非法限定潜在投标人或者投标人的所有制形式或者组织形式；（七）以其他不合理条件限制、排斥潜在投标人或者投标人。

第三章　投标

第三十三条　投标人参加依法必须进行招标的项目的投标，不受地区或者部门的限制，任何单位和个人不得非法干涉。

第三十四条　与招标人存在利害关系可能影响招标公正性的法人、其他组织或者个人，不得参加投标。单位负责人为同一人或者存在控股、管理关系的不同单位，不得参加同一标段投标或者未划分标段的同一招标项目投标。违反前两款规定的，相关投标均无效。

第三十五条　投标人撤回已提交的投标文件，应当在投标截止时间前书面通知招标人。招标人已收取投标保证金的，应当自收到投标人书面撤回通知之日起5日内退还。投标截止后投标人撤销投标文件的，招标人可以不退还投标保证金。

第三十六条　未通过资格预审的申请人提交的投标文件，以及逾期送达或者不按照招标文件要求密封的投标文件，招标人应当拒收。招标人应当如实记载投标文件的送达时间和密封情况，并存档备查。

第三十七条　招标人应当在资格预审公告、招标公告或者投标邀请书中载明是否接受联合体投标。招标人接受联合体投标并进行资格预审的，联合体应当在提交资格预审申请文件前组成。资格预审后联合体增减、更换成员的，其投标无效。联合体各方在同一招标项目中以自己名义单独投标或者参加其他联合体投标的，相关投标均无效。

第三十八条　投标人发生合并、分立、破产等重大变化的，应当及时书面告知招标人。投标人不再具备资格预审文件、招标文件规定的资格条件或者其投标影响招标公正性的，其投标无效。

第三十九条　禁止投标人相互串通投标。有下列情形之一的，属于投标人相互串通投标：（一）投标人之间协商投标报价等投标文件的实质性内容；（二）投标人之间约定中标人；（三）投标人之间约定部分投标人放弃投标或者中标；（四）属于同一集团、协会、商会等组织成员的投标人按照该组织要求协同投标；（五）投标人之间为谋取中标或者排斥特定投标人而采取的其他联合行动。

第四十条　有下列情形之一的，视为投标人相互串通投标：（一）不同投标人的投标文件由同一单位或者个人编制；（二）不同投标人委托同一单位或者个人办理投标事宜；（三）不同投标人的投标文件载明的项目管理成员为同一人；（四）不同投标人的投标文件异常一致或者投标报价呈规律性差异；（五）不同投标人的投标文件相互混装；（六）不同投标人的投标保证金从同一单位或者个人的账户转出。

第四十一条　禁止招标人与投标人串通投标。有下列情形之一的，属于招标人与投标人串通投标：（一）招标人在开标前开启投标文件并将有关信息泄露给其他投标人；（二）招标人直接或者间接向投标人泄露标底、评标委员会成员等信息；（三）招标人明示或者暗示投标人压低或者抬高投标报价；（四）招标人授意投标人撤换、修改投标文件；（五）招标人明示或者暗示投标人为特定投标人中标提供方便；（六）招标人与投标人为谋求特定投标人中标而采取的其他串通行为。

第四十二条　使用通过受让或者租借等方式获取的资格、资质证书投标的，属于招标投标法第三十三条规定的以他人名义投标。投标人有下列情形之一的，属于招标投标法第三十三条规定的以其他方式弄虚作假的行为：（一）使用伪造、变造的许可证件；（二）提供虚假的财务状况或者业绩；（三）提供虚假的项目负责人或者主要技术人员简历、劳动关系证明；（四）提供虚假的信用状况；（五）其他弄虚作假的行为。

第四十三条　提交资格预审申请文件的申请人应当遵守招标投标法和本条例有关投标人的规定。

第四章　开标、评标和中标

第四十四条　招标人应当按照招标文件规定的时间、地点开标。投标人少于3个的，不得开标；招标人应当重新招标。投标人对开标有异议的，应当在开标现场提出，招标人应当当场作出答复，并制作记录。

第四十五条　国家实行统一的评标专家专业分类标准和管理办法。具体标准和办法由国务院发展改革部门会同国务院有关部门制定。省级人民政府和国务院有关部门应当组建综合评标专家库。

第四十六条 除招标投标法第三十七条第三款规定的特殊招标项目外，依法必须进行招标的项目，其评标委员会的专家成员应当从评标专家库内相关专业的专家名单中以随机抽取方式确定。任何单位和个人不得以明示、暗示等任何方式指定或者变相指定参加评标委员会的专家成员。依法必须进行招标的项目的招标人非因招标投标法和本条例规定的事由，不得更换依法确定的评标委员会成员。更换评标委员会的专家成员应当依照前款规定进行。评标委员会成员与投标人有利害关系的，应当主动回避。有关行政监督部门应当按照规定的职责分工，对评标委员会成员的确定方式、评标专家的抽取和评标活动进行监督。行政监督部门的工作人员不得担任本部门负责监督项目的评标委员会成员。

第四十七条 招标投标法第三十七条第三款所称特殊招标项目，是指技术复杂、专业性强或者国家有特殊要求，采取随机抽取方式确定的专家难以保证胜任评标工作的项目。

第四十八条 招标人应当向评标委员会提供评标所必需的信息，但不得明示或者暗示其倾向或者排斥特定投标人。招标人应当根据项目规模和技术复杂程度等因素合理确定评标时间。超过三分之一的评标委员会成员认为评标时间不够的，招标人应当适当延长。评标过程中，评标委员会成员有回避事由、擅离职守或者因健康等原因不能继续评标的，应当及时更换。被更换的评标委员会成员作出的评审结论无效，由更换后的评标委员会成员重新进行评审。

第四十九条 评标委员会成员应当依照招标投标法和本条例的规定，按照招标文件规定的评标标准和方法，客观、公正地对投标文件提出评审意见。招标文件没有规定的评标标准和方法不得作为评标的依据。评标委员会成员不得私下接触投标人，不得收受投标人给予的财物或者其他好处，不得向招标人征询确定中标人的意向，不得接受任何单位或者个人明示或者暗示提出的倾向或者排斥特定投标人的要求，不得有其他不客观、不公正履行职务的行为。

第五十条 招标项目设有标底的，招标人应当在开标时公布。标底只能作为评标的参考，不得以投标报价是否接近标底作为中标条件，也不得以投标报价超过标底上下浮动范围作为否决投标的条件。

第五十一条 有下列情形之一的，评标委员会应当否决其投标：（一）投标文件未经投标单位盖章和单位负责人签字；（二）投标联合体没有提交共同投标协议；（三）投标人不符合国家或者招标文件规定的资格条件；（四）同一投标人提交两个以上不同的投标文件或者投标报价，但招标文件要求提交备选投标的除外；（五）投标报价低于成本或者高于招标文件设定的最高投标限价；（六）投标文件没有对招标文件的实质性要求和条件作出响应；（七）投标人有串通投标、弄虚作假、行贿等违法行为。

第五十二条　投标文件中有含义不明确的内容、明显文字或者计算错误，评标委员会认为需要投标人作出必要澄清、说明的，应当书面通知该投标人。投标人的澄清、说明应当采用书面形式，并不得超出投标文件的范围或者改变投标文件的实质性内容。评标委员会不得暗示或者诱导投标人作出澄清、说明，不得接受投标人主动提出的澄清、说明。

第五十三条　评标完成后，评标委员会应当向招标人提交书面评标报告和中标候选人名单。中标候选人应当不超过3个，并标明排序。评标报告应当由评标委员会全体成员签字。对评标结果有不同意见的评标委员会成员应当以书面形式说明其不同意见和理由，评标报告应当注明该不同意见。评标委员会成员拒绝在评标报告上签字又不书面说明其不同意见和理由的，视为同意评标结果。

第五十四条　依法必须进行招标的项目，招标人应当自收到评标报告之日起3日内公示中标候选人，公示期不得少于3日。投标人或者其他利害关系人对依法必须进行招标的项目的评标结果有异议的，应当在中标候选人公示期间提出。招标人应当自收到异议之日起3日内作出答复；作出答复前，应当暂停招标投标活动。

第五十五条　国有资金占控股或者主导地位的依法必须进行招标的项目，招标人应当确定排名第一的中标候选人为中标人。排名第一的中标候选人放弃中标、因不可抗力不能履行合同、不按照招标文件要求提交履约保证金，或者被查实存在影响中标结果的违法行为等情形，不符合中标条件的，招标人可以按照评标委员会提出的中标候选人名单排序依次确定其他中标候选人为中标人，也可以重新招标。

第五十六条　中标候选人的经营、财务状况发生较大变化或者存在违法行为，招标人认为可能影响其履约能力的，应当在发出中标通知书前由原评标委员会按照招标文件规定的标准和方法审查确认。

第五十七条　招标人和中标人应当依照招标投标法和本条例的规定签订书面合同，合同的标的、价款、质量、履行期限等主要条款应当与招标文件和中标人的投标文件的内容一致。招标人和中标人不得再行订立背离合同实质性内容的其他协议。招标人最迟应当在书面合同签订后 5 日内向中标人和未中标的投标人退还投标保证金及银行同期存款利息。

第五十八条　招标文件要求中标人提交履约保证金的，中标人应当按照招标文件的要求提交。履约保证金不得超过中标合同金额的 10%。

第五十九条　中标人应当按照合同约定履行义务，完成中标项目。中标人不得向他人转让中标项目，也不得将中标项目肢解后分别向他人转让。中标人按照合同约定或者经招标人同意，可以将中标项目的部分非主体、非关键性工作分包给他人完成。接受分包的人应当具备相应的资格条件，并不得再次分包。中标人应当就分包项目向招标人负责，接受分包的人就分包项目承担连带责任。

第五章　投诉与处理

第六十条　投标人或者其他利害关系人认为招标投标活动不符合法律、行政法规规定的，可以自知道或者应当知道之日起 10 日内向有关行政监督部门投诉。投诉应当有明确的请求和必要的证明材料。就本条例第二十二条、第四十四条、第五十四条规定事项投诉的，应当先向招标人提出异议，异议答复期间不计算在前款规定的期限内。

第六十一条　投诉人就同一事项向两个以上有权受理的行政监督部门投诉的，由最先收到投诉的行政监督部门负责处理。行政监督部门应当自收到投诉之日起 3 个工作日内决定是否受理投诉，并自受理投诉之日起 30 个工作日内作出书面处理决定；需要检验、检测、鉴定、专家评审的，所需时间不计算在内。投诉人捏造事实、伪造材料或者以非法手段取得证明材料进行投诉的，行政监督部门应当予以驳回。

第六十二条　行政监督部门处理投诉，有权查阅、复制有关文件、资料，调查有关情况，相关单位和人员应当予以配合。必要时，行政监督部门可以责令暂停招标投标活动。行政监督部门的工作人员对监督检查过程中知悉的国家秘密、商业秘密，应当依法予以保密。

第六章 法律责任

第六十三条 招标人有下列限制或者排斥潜在投标人行为之一的,由有关行政监督部门依照招标投标法第五十一条的规定处罚:(一)依法应当公开招标的项目不按照规定在指定媒介发布资格预审公告或者招标公告;(二)在不同媒介发布的同一招标项目的资格预审公告或者招标公告的内容不一致,影响潜在投标人申请资格预审或者投标。依法必须进行招标的项目的招标人不按照规定发布资格预审公告或者招标公告,构成规避招标的,依照招标投标法第四十九条的规定处罚。

第六十四条 招标人有下列情形之一的,由有关行政监督部门责令改正,可以处 10 万元以下的罚款:(一)依法应当公开招标而采用邀请招标;(二)招标文件、资格预审文件的发售、澄清、修改的时限,或者确定的提交资格预审申请文件、投标文件的时限不符合招标投标法和本条例规定;(三)接受未通过资格预审的单位或者个人参加投标;(四)接受应当拒收的投标文件。招标人有前款第一项、第三项、第四项所列行为之一的,对单位直接负责的主管人员和其他直接责任人员依法给予处分。

第六十五条 招标代理机构在所代理的招标项目中投标、代理投标或者向该项目投标人提供咨询的,接受委托编制标底的中介机构参加受托编制标底项目的投标或者为该项目的投标人编制投标文件、提供咨询的,依照招标投标法第五十条的规定追究法律责任。

第六十六条 招标人超过本条例规定的比例收取投标保证金、履约保证金或者不按照规定退还投标保证金及银行同期存款利息的,由有关行政监督部门责令改正,可以处 5 万元以下的罚款;给他人造成损失的,依法承担赔偿责任。

第六十七条 投标人相互串通投标或者与招标人串通投标的,投标人向招标人或者评标委员会成员行贿谋取中标的,中标无效;构成犯罪的,依法追究刑事责任;尚不构成犯罪的,依照招标投标法第五十三条的规定处罚。投标人未中标的,对单位的罚款金额按照招标项目合同金额依照招标投标法规定的比例计算。投标人有下列行为之一的,属于招标投标法第五十三条规定的情节严重行为,由有关行政监督部门取消其 1 年至 2 年内参加依法必须进行招标的项目的投标资格:(一)以行贿谋取中标;(二)3 年内 2 次以上串通投标;(三)串通投标行为损害招标人、其他投标人或者国家、集体、公民的合法利益,造成直接经济损失30万元以上;(四)其他串通投标情节严重的行为。投标人自本条第二款规定的处罚执行期限届满之日起3年内又有该款所列违法行为之一的,或者串通投标、以行贿谋取中标情节特别严重的,由工商行政管理机关吊销营业执照。法律、行政法规对串通投标报价行为的处罚另有规定的,从其规定。

第六十八条 投标人以他人名义投标或者以其他方式弄虚作假骗取中标的,中标无效;构成犯罪的,依法追究刑事责任;尚不构成犯罪的,依照招标投标法第五十四条的规定处罚。依法必须进行招标的项目的投标人未中标的,对单位的罚款金额按照招标项目合同金额依照招标投标法规定的比例计算。投标人有下列行为之一的,属于招标投标法第五十四条规定的情节严重行为,由有关行政监督部门取消其1年至3年内参加依法必须进行招标的项目的投标资格:(一)伪造、变造资格、资质证书或者其他许可证件骗取中标;(二)3年内2次以上使用他人名义投标;(三)弄虚作假骗取中标给招标人造成直接经济损失30万元以上;(四)其他弄虚作假骗取中标情节严重的行为。投标人自本条第二款规定的处罚执行期限届满之日起3年内又有该款所列违法行为之一的,或者弄虚作假骗取中标情节特别严重的,由工商行政管理机关吊销营业执照。

第六十九条 出让或者出租资格、资质证书供他人投标的,依照法律、行政法规的规定给予行政处罚;构成犯罪的,依法追究刑事责任。

第七十条 依法必须进行招标的项目的招标人不按照规定组建评标委员会,或者确定、更换评标委员会成员违反招标投标法和本条例规定的,由有关行政监督部门责令改正,可以处10万元以下的罚款,对单位直接负责的主管人员和其他直接责任人员依法给予处分;违法确定或者更换的评标委员会成员作出的评审结论无效,依法重新进行评审。国家工作人员以任何方式非法干涉选取评标委员会成员的,依照本条例第八十条的规定追究法律责任。

第七十一条 评标委员会成员有下列行为之一的,由有关行政监督部门责令改正;情节严重的,禁止其在一定期限内参加依法必须进行招标的项目的评标;情节特别严重的,取消其担任评标委员会成员的资格:(一)应当回避而不回避;(二)擅离职守;(三)不按照招标文件规定的评标标准和方法评标;(四)私下接触投标人;(五)向招标人征询确定中标人的意向或者接受任何单位或者个人明示或者暗示提出的倾向或者排斥特定投标人的要求;(六)对依法应当否决的投标不提出否决意见；（七）暗示或者诱导投标人作出澄清、说明或者接受投标人主动提出的澄清、说明；（八）其他不客观、不公正履行职务的行为。

第七十二条　评标委员会成员收受投标人的财物或者其他好处的，没收收受的财物，处 3000 元以上 5 万元以下的罚款，取消担任评标委员会成员的资格，不得再参加依法必须进行招标的项目的评标；构成犯罪的，依法追究刑事责任。

第七十三条　依法必须进行招标的项目的招标人有下列情形之一的，由有关行政监督部门责令改正，可以处中标项目金额 10‰以下的罚款；给他人造成损失的，依法承担赔偿责任；对单位直接负责的主管人员和其他直接责任人员依法给予处分：（一）无正当理由不发出中标通知书；（二）不按照规定确定中标人；（三）中标通知书发出后无正当理由改变中标结果；（四）无正当理由不与中标人订立合同；（五）在订立合同时向中标人提出附加条件。

第七十四条　中标人无正当理由不与招标人订立合同，在签订合同时向招标人提出附加条件，或者不按照招标文件要求提交履约保证金的，取消其中标资格，投标保证金不予退还。对依法必须进行招标的项目的中标人，由有关行政监督部门责令改正，可以处中标项目金额 10‰以下的罚款。

第七十五条　招标人和中标人不按照招标文件和中标人的投标文件订立合同，合同的主要条款与招标文件、中标人的投标文件的内容不一致，或者招标人、中标人订立背离合同实质性内容的协议的，由有关行政监督部门责令改正，可以处中标项目金额 5‰以上 10‰以下的罚款。

第七十六条　中标人将中标项目转让给他人的，将中标项目肢解后分别转让给他人的，违反招标投标法和本条例规定将中标项目的部分主体、关键性工作分包给他人的，或者分包人再次分包的，转让、分包无效，处转让、分包项目金额 5‰以上 10‰以下的罚款；有违法所得的，并处没收违法所得；可以责令停业整顿；情节严重的，由工商行政管理机关吊销营业执照。

第七十七条　投标人或者其他利害关系人捏造事实、伪造材料或者以非法手段取得证明材料进行投诉，给他人造成损失的，依法承担赔偿责任。招标人不按照规定对异议作出答复，继续进行招标投标活动的，由有关行政监督部门责令改正，拒不改正或者不能改正并影响中标结果的，依照本条例第八十一条的规定处理。

第七十八条　国家建立招标投标信用制度。有关行政监督部门应当依法公告对招标人、招标代理机构、投标人、评标委员会成员等当事人违法行为的行政处理决定。

第七十九条 项目审批、核准部门不依法审批、核准项目招标范围、招标方式、招标组织形式的，对单位直接负责的主管人员和其他直接责任人员依法给予处分。有关行政监督部门不依法履行职责，对违反招标投标法和本条例规定的行为不依法查处，或者不按照规定处理投诉、不依法公告对招标投标当事人违法行为的行政处理决定的，对直接负责的主管人员和其他直接责任人员依法给予处分。项目审批、核准部门和有关行政监督部门的工作人员徇私舞弊、滥用职权、玩忽职守，构成犯罪的，依法追究刑事责任。

第八十条 国家工作人员利用职务便利，以直接或者间接、明示或者暗示等任何方式非法干涉招标投标活动，有下列情形之一的，依法给予记过或者记大过处分；情节严重的，依法给予降级或者撤职处分；情节特别严重的，依法给予开除处分；构成犯罪的，依法追究刑事责任：（一）要求对依法必须进行招标的项目不招标，或者要求对依法应当公开招标的项目不公开招标；（二）要求评标委员会成员或者招标人以其指定的投标人作为中标候选人或者中标人，或者以其他方式非法干涉评标活动，影响中标结果；（三）以其他方式非法干涉招标投标活动。

第八十一条 依法必须进行招标的项目的招标投标活动违反招标投标法和本条例的规定，对中标结果造成实质性影响，且不能采取补救措施予以纠正的，招标、投标、中标无效，应当依法重新招标或者评标。

第七章 附则

第八十二条 招标投标协会按照依法制定的章程开展活动，加强行业自律和服务。

第八十三条 政府采购的法律、行政法规对政府采购货物、服务的招标投标另有规定的，从其规定。

第八十四条 本条例自2012年2月1日起施行。

政府采购货物和服务招标投标管理办法

(财政部令第87号)

财政部对《政府采购货物和服务招标投标管理办法》(财政部令第18号)进行了修订,修订后的《政府采购货物和服务招标投标管理办法》已经部务会议审议通过。现予公布,自2017年10月1日起施行。

部长 肖捷

2017年7月11日

第一章 总则

第一条 为了规范政府采购当事人的采购行为,加强对政府采购货物和服务招标投标活动的监督管理,维护国家利益、社会公共利益和政府采购招标投标活动当事人的合法权益,依据《中华人民共和国政府采购法》(以下简称政府采购法)、《中华人民共和国政府采购法实施条例》(以下简称政府采购法实施条例)和其他有关法律法规规定,制定本办法。

第二条 本办法适用于在中华人民共和国境内开展政府采购货物和服务(以下简称货物服务)招标投标活动。

第三条 货物服务招标分为公开招标和邀请招标。

公开招标,是指采购人依法以招标公告的方式邀请非特定的供应商参加投标的采购方式。

邀请招标,是指采购人依法从符合相应资格条件的供应商中随机抽取3家以上供应商,并以投标邀请书的方式邀请其参加投标的采购方式。

第四条 属于地方预算的政府采购项目,省、自治区、直辖市人民政府根据实际情况,可以确定分别适用于本行政区域省级、设区的市级、县级公开招标数额标准。

第五条 采购人应当在货物服务招标投标活动中落实节约能源、保护环境、扶持不发达地区和少数民族地区、促进中小企业发展等政府采购政策。

第六条 采购人应当按照行政事业单位内部控制规范要求，建立健全本单位政府采购内部控制制度，在编制政府采购预算和实施计划、确定采购需求、组织采购活动、履约验收、答复询问质疑、配合投诉处理及监督检查等重点环节加强内部控制管理。

采购人不得向供应商索要或者接受其给予的赠品、回扣或者与采购无关的其他商品、服务。

第七条 采购人应当按照财政部制定的《政府采购品目分类目录》确定采购项目属性。按照《政府采购品目分类目录》无法确定的，按照有利于采购项目实施的原则确定。

第八条 采购人委托采购代理机构代理招标的，采购代理机构应当在采购人委托的范围内依法开展采购活动。

采购代理机构及其分支机构不得在所代理的采购项目中投标或者代理投标，不得为所代理的采购项目的投标人参加本项目提供投标咨询。

第二章 招标

第九条 未纳入集中采购目录的政府采购项目，采购人可以自行招标，也可以委托采购代理机构在委托的范围内代理招标。

采购人自行组织开展招标活动的，应当符合下列条件：

（一）有编制招标文件、组织招标的能力和条件；

（二）有与采购项目专业性相适应的专业人员。

第十条 采购人应当对采购标的的市场技术或者服务水平、供应、价格等情况进行市场调查，根据调查情况、资产配置标准等科学、合理地确定采购需求，进行价格测算。

第十一条 采购需求应当完整、明确，包括以下内容：

（一）采购标的需实现的功能或者目标，以及为落实政府采购政策需满足的要求；

（二）采购标的需执行的国家相关标准、行业标准、地方标准或者其他标准、规范；

（三）采购标的需满足的质量、安全、技术规格、物理特性等要求；

（四）采购标的的数量、采购项目交付或者实施的时间和地点；

（五）采购标的需满足的服务标准、期限、效率等要求；

（六）采购标的的验收标准；

（七）采购标的的其他技术、服务等要求。

第十二条 采购人根据价格测算情况，可以在采购预算额度内合理设定最高限价，但不得设定最低限价。

第十三条 公开招标公告应当包括以下主要内容：

（一）采购人及其委托的采购代理机构的名称、地址和联系方法；

（二）采购项目的名称、预算金额，设定最高限价的，还应当公开最高限价；

（三）采购人的采购需求；

（四）投标人的资格要求；

（五）获取招标文件的时间期限、地点、方式及招标文件售价；

（六）公告期限；

（七）投标截止时间、开标时间及地点；

（八）采购项目联系人姓名和电话。

第十四条 采用邀请招标方式的，采购人或者采购代理机构应当通过以下方式产生符合资格条件的供应商名单，并从中随机抽取3家以上供应商向其发出投标邀请书：

（一）发布资格预审公告征集；

（二）从省级以上人民政府财政部门（以下简称财政部门）建立的供应商库中选取；

（三）采购人书面推荐。

采用前款第一项方式产生符合资格条件供应商名单的，采购人或者采购代理机构应当按照资格预审文件载明的标准和方法，对潜在投标人进行资格预审。

采用第一款第二项或者第三项方式产生符合资格条件供应商名单的，备选的符合资格条件供应商总数不得少于拟随机抽取供应商总数的两倍。

随机抽取是指通过抽签等能够保证所有符合资格条件供应商机会均等的方式选定供应商。随机抽取供应商时，应当有不少于两名采购人工作人员在场监督，并形成书面记录，随采购文件一并存档。

投标邀请书应当同时向所有受邀请的供应商发出。

第十五条 资格预审公告应当包括以下主要内容：

（一）本办法第十三条第一至四项、第六项和第八项内容；

（二）获取资格预审文件的时间期限、地点、方式；

（三）提交资格预审申请文件的截止时间、地点及资格预审日期。

第十六条 招标公告、资格预审公告的公告期限为5个工作日。公告内容应当以省级以上财政部门指定媒体发布的公告为准。公告期限自省级以上财政部门指定媒体最先发布公告之日起算。

第十七条 采购人、采购代理机构不得将投标人的注册资本、资产总额、营业收入、从业人员、利润、纳税额等规模条件作为资格要求或者评审因素，也不得通过将除进口货物以外的生产厂家授权、承诺、证明、背书等作为资格要求，对投标人实行差别待遇或者歧视待遇。

第十八条 采购人或者采购代理机构应当按照招标公告、资格预审公告或者投标邀请书规定的时间、地点提供招标文件或者资格预审文件，提供期限自招标公告、资格预审公告发布之日起计算不得少于5个工作日。提供期限届满后，获取招标文件或者资格预审文件的潜在投标人不足3家的，可以顺延提供期限，并予公告。

公开招标进行资格预审的，招标公告和资格预审公告可以合并发布，招标文件应当向所有通过资格预审的供应商提供。

第十九条 采购人或者采购代理机构应当根据采购项目的实施要求，在招标公告、资格预审公告或者投标邀请书中载明是否接受联合体投标。如未载明，不得拒绝联合体投标。

第二十条 采购人或者采购代理机构应当根据采购项目的特点和采购需求编制招标文件。招标文件应当包括以下主要内容：

（一）投标邀请；

（二）投标人须知（包括投标文件的密封、签署、盖章要求等）；

（三）投标人应当提交的资格、资信证明文件；

（四）为落实政府采购政策，采购标的需满足的要求，以及投标人须提供的证明材料；

（五）投标文件编制要求、投标报价要求和投标保证金交纳、退还方式以及不予退还投标保证金的情形；

（六）采购项目预算金额，设定最高限价的，还应当公开最高限价；

（七）采购项目的技术规格、数量、服务标准、验收等要求，包括附件、图纸等；

（八）拟签订的合同文本；

（九）货物、服务提供的时间、地点、方式；

（十）采购资金的支付方式、时间、条件；

（十一）评标方法、评标标准和投标无效情形；

（十二）投标有效期；

（十三）投标截止时间、开标时间及地点；

（十四）采购代理机构代理费用的收取标准和方式；

（十五）投标人信用信息查询渠道及截止时点、信用信息查询记录和证据留存的具体方式、信用信息的使用规则等；

（十六）省级以上财政部门规定的其他事项。

对于不允许偏离的实质性要求和条件，采购人或者采购代理机构应当在招标文件中规定，并以醒目的方式标明。

第二十一条 采购人或者采购代理机构应当根据采购项目的特点和采购需求编制资格预审文件。资格预审文件应当包括以下主要内容：

（一）资格预审邀请；

（二）申请人须知；

（三）申请人的资格要求；

（四）资格审核标准和方法；

（五）申请人应当提供的资格预审申请文件的内容和格式；

（六）提交资格预审申请文件的方式、截止时间、地点及资格审核日期；

（七）申请人信用信息查询渠道及截止时点、信用信息查询记录和证据留存的具体方式、信用信息的使用规则等内容；

（八）省级以上财政部门规定的其他事项。

资格预审文件应当免费提供。

第二十二条 采购人、采购代理机构一般不得要求投标人提供样品，仅凭书面方式不能准确描述采购需求或者需要对样品进行主观判断以确认是否满足采购需求等特殊情况除外。

要求投标人提供样品的，应当在招标文件中明确规定样品制作的标准和要求、是否需要随样品提交相关检测报告、样品的评审方法以及评审标准。需要随样品提交检测报告的，还应当规定检测机构的要求、检测内容等。

采购活动结束后，对于未中标人提供的样品，应当及时退还或者经未中标人同意后自行处理；对于中标人提供的样品，应当按照招标文件的规定进行保管、封存，并作为履约验收的参考。

第二十三条 投标有效期从提交投标文件的截止之日起算。投标文件中承诺的投标有效期应当不少于招标文件中载明的投标有效期。投标有效期内投标人撤销投标文件的，采购人或者采购代理机构可以不退还投标保证金。

第二十四条 招标文件售价应当按照弥补制作、邮寄成本的原则确定，不得以营利为目的，不得以招标采购金额作为确定招标文件售价的依据。

第二十五条 招标文件、资格预审文件的内容不得违反法律、行政法规、强制性标准、政府采购政策，或者违反公开透明、公平竞争、公正和诚实信用原则。

有前款规定情形，影响潜在投标人投标或者资格预审结果的，采购人或者采购代理机构应当修改招标文件或者资格预审文件后重新招标。

第二十六条 采购人或者采购代理机构可以在招标文件提供期限截止后，组织已获取招标文件的潜在投标人现场考察或者召开开标前答疑会。

组织现场考察或者召开答疑会的，应当在招标文件中载明，或者在招标文件提供期限截止后以书面形式通知所有获取招标文件的潜在投标人。

第二十七条 采购人或者采购代理机构可以对已发出的招标文件、资格预审文件、投标邀请书进行必要的澄清或者修改，但不得改变采购标的和资格条件。澄清或者修改应当在原公告发布媒体上发布澄清公告。澄清或者修改的内容为招标文件、资格预审文件、投标邀请书的组成部分。

澄清或者修改的内容可能影响投标文件编制的，采购人或者采购代理机构应当在投标截止时间至少 15 日前，以书面形式通知所有获取招标文件的潜在投标人；不足 15 日的，采购人或者采购代理机构应当顺延提交投标文件的截止时间。

澄清或者修改的内容可能影响资格预审申请文件编制的，采购人或者采购代理机构应当在提交资格预审申请文件截止时间至少 3 日前，以书面形式通知所有获取资格预审文件的潜在投标人；不足 3 日的，采购人或者采购代理机构应当顺延提交资格预审申请文件的截止时间。

第二十八条　投标截止时间前，采购人、采购代理机构和有关人员不得向他人透露已获取招标文件的潜在投标人的名称、数量以及可能影响公平竞争的有关招标投标的其他情况。

第二十九条　采购人、采购代理机构在发布招标公告、资格预审公告或者发出投标邀请书后，除因重大变故采购任务取消情况外，不得擅自终止招标活动。

终止招标的，采购人或者采购代理机构应当及时在原公告发布媒体上发布终止公告，以书面形式通知已经获取招标文件、资格预审文件或者被邀请的潜在投标人，并将项目实施情况和采购任务取消原因报告本级财政部门。已经收取招标文件费用或者投标保证金的，采购人或者采购代理机构应当在终止采购活动后 5 个工作日内，退还所收取的招标文件费用和所收取的投标保证金及其在银行产生的孳息。

第三章　投标

第三十条　投标人，是指响应招标、参加投标竞争的法人、其他组织或者自然人。

第三十一条　采用最低评标价法的采购项目，提供相同品牌产品的不同投标人参加同一合同项下投标的，以其中通过资格审查、符合性审查且报价最低的参加评标；报价相同的，由采购人或者采购人委托评标委员会按照招标文件规定的方式确定一个参加评标的投标人，招标文件未规定的采取随机抽取方式确定，其他投标无效。

使用综合评分法的采购项目，提供相同品牌产品且通过资格审查、符合性审查的不同投标人参加同一合同项下投标的，按一家投标人计算，评审后得分最高的同品牌投标人获得中标人推荐资格；评审得分相同的，由采购人或者采购人委托评标委员会按照招标文件规定的方式确定一个投标人获得中标人推荐资格，招标文件未规定的采取随机抽取方式确定，其他同品牌投标人不作为中标候选人。

非单一产品采购项目，采购人应当根据采购项目技术构成、产品价格比重等合理确定核心产品，并在招标文件中载明。多家投标人提供的核心产品品牌相同的，按前两款规定处理。

第三十二条 投标人应当按照招标文件的要求编制投标文件。投标文件应当对招标文件提出的要求和条件作出明确响应。

第三十三条 投标人应当在招标文件要求提交投标文件的截止时间前，将投标文件密封送达投标地点。采购人或者采购代理机构收到投标文件后，应当如实记载投标文件的送达时间和密封情况，签收保存，并向投标人出具签收回执。任何单位和个人不得在开标前开启投标文件。

逾期送达或者未按照招标文件要求密封的投标文件，采购人、采购代理机构应当拒收。

第三十四条 投标人在投标截止时间前，可以对所递交的投标文件进行补充、修改或者撤回，并书面通知采购人或者采购代理机构。补充、修改的内容应当按照招标文件要求签署、盖章、密封后，作为投标文件的组成部分。

第三十五条 投标人根据招标文件的规定和采购项目的实际情况，拟在中标后将中标项目的非主体、非关键性工作分包的，应当在投标文件中载明分包承担主体，分包承担主体应当具备相应资质条件且不得再次分包。

第三十六条 投标人应当遵循公平竞争的原则，不得恶意串通，不得妨碍其他投标人的竞争行为，不得损害采购人或者其他投标人的合法权益。

在评标过程中发现投标人有上述情形的，评标委员会应当认定其投标无效，并书面报告本级财政部门。

第三十七条 有下列情形之一的，视为投标人串通投标，其投标无效：

（一）不同投标人的投标文件由同一单位或者个人编制；

（二）不同投标人委托同一单位或者个人办理投标事宜；

（三）不同投标人的投标文件载明的项目管理成员或者联系人员为同一人；

（四）不同投标人的投标文件异常一致或者投标报价呈规律性差异；

（五）不同投标人的投标文件相互混装；

（六）不同投标人的投标保证金从同一单位或者个人的账户转出。

第三十八条 投标人在投标截止时间前撤回已提交的投标文件的，采购人或者采购代理机构应当自收到投标人书面撤回通知之日起 5 个工作日内，退还已收取的投标保证金，但因投标人自身原因导致无法及时退还的除外。

采购人或者采购代理机构应当自中标通知书发出之日起5个工作日内退还未中标人的投标保证金，自采购合同签订之日起5个工作日内退还中标人的投标保证金或者转为中标人的履约保证金。

采购人或者采购代理机构逾期退还投标保证金的，除应当退还投标保证金本金外，还应当按中国人民银行同期贷款基准利率上浮20%后的利率支付超期资金占用费，但因投标人自身原因导致无法及时退还的除外。

第四章　开标、评标

第三十九条　开标应当在招标文件确定的提交投标文件截止时间的同一时间进行。开标地点应当为招标文件中预先确定的地点。

采购人或者采购代理机构应当对开标、评标现场活动进行全程录音录像。录音录像应当清晰可辨，音像资料作为采购文件一并存档。

第四十条　开标由采购人或者采购代理机构主持，邀请投标人参加。评标委员会成员不得参加开标活动。

第四十一条　开标时，应当由投标人或者其推选的代表检查投标文件的密封情况；经确认无误后，由采购人或者采购代理机构工作人员当众拆封，宣布投标人名称、投标价格和招标文件规定的需要宣布的其他内容。

投标人不足3家的，不得开标。

第四十二条　开标过程应当由采购人或者采购代理机构负责记录，由参加开标的各投标人代表和相关工作人员签字确认后随采购文件一并存档。

投标人代表对开标过程和开标记录有疑义，以及认为采购人、采购代理机构相关工作人员有需要回避的情形的，应当场提出询问或者回避申请。采购人、采购代理机构对投标人代表提出的询问或者回避申请应当及时处理。

投标人未参加开标的，视同认可开标结果。

第四十三条　公开招标数额标准以上的采购项目，投标截止后投标人不足3家或者通过资格审查或符合性审查的投标人不足3家的，除采购任务取消情形外，按照以下方式处理：

（一）招标文件存在不合理条款或者招标程序不符合规定的，采购人、采购代理机构改正后依法重新招标；

（二）招标文件没有不合理条款、招标程序符合规定，需要采用其他采购方式采购的，采购人应当依法报财政部门批准。

第四十四条 公开招标采购项目开标结束后，采购人或者采购代理机构应当依法对投标人的资格进行审查。

合格投标人不足3家的，不得评标。

第四十五条 采购人或者采购代理机构负责组织评标工作，并履行下列职责：

（一）核对评审专家身份和采购人代表授权函，对评审专家在政府采购活动中的职责履行情况予以记录，并及时将有关违法违规行为向财政部门报告；

（二）宣布评标纪律；

（三）公布投标人名单，告知评审专家应当回避的情形；

（四）组织评标委员会推选评标组长，采购人代表不得担任组长；

（五）在评标期间采取必要的通讯管理措施，保证评标活动不受外界干扰；

（六）根据评标委员会的要求介绍政府采购相关政策法规、招标文件；

（七）维护评标秩序，监督评标委员会依照招标文件规定的评标程序、方法和标准进行独立评审，及时制止和纠正采购人代表、评审专家的倾向性言论或者违法违规行为；

（八）核对评标结果，有本办法第六十四条规定情形的，要求评标委员会复核或者书面说明理由，评标委员会拒绝的，应予记录并向本级财政部门报告；

（九）评审工作完成后，按照规定向评审专家支付劳务报酬和异地评审差旅费，不得向评审专家以外的其他人员支付评审劳务报酬；

（十）处理与评标有关的其他事项。

采购人可以在评标前说明项目背景和采购需求，说明内容不得含有歧视性、倾向性意见，不得超出招标文件所述范围。说明应当提交书面材料，并随采购文件一并存档。

第四十六条 评标委员会负责具体评标事务，并独立履行下列职责：

（一）审查、评价投标文件是否符合招标文件的商务、技术等实质性要求；

（二）要求投标人对投标文件有关事项作出澄清或者说明；

（三）对投标文件进行比较和评价；

（四）确定中标候选人名单，以及根据采购人委托直接确定中标人；

（五）向采购人、采购代理机构或者有关部门报告评标中发现的违法行为。

第四十七条 评标委员会由采购人代表和评审专家组成，成员人数应当为 5 人以上单数，其中评审专家不得少于成员总数的三分之二。

采购项目符合下列情形之一的，评标委员会成员人数应当为 7 人以上单数：

（一）采购预算金额在 1000 万元以上；

（二）技术复杂；

（三）社会影响较大。

评审专家对本单位的采购项目只能作为采购人代表参与评标，本办法第四十八条第二款规定情形除外。采购代理机构工作人员不得参加由本机构代理的政府采购项目的评标。

评标委员会成员名单在评标结果公告前应当保密。

第四十八条 采购人或者采购代理机构应当从省级以上财政部门设立的政府采购评审专家库中，通过随机方式抽取评审专家。

对技术复杂、专业性强的采购项目，通过随机方式难以确定合适评审专家的，经主管预算单位同意，采购人可以自行选定相应专业领域的评审专家。

第四十九条 评标中因评标委员会成员缺席、回避或者健康等特殊原因导致评标委员会组成不符合本办法规定的，采购人或者采购代理机构应当依法补足后继续评标。被更换的评标委员会成员所作出的评标意见无效。

无法及时补足评标委员会成员的，采购人或者采购代理机构应当停止评标活动，封存所有投标文件和开标、评标资料，依法重新组建评标委员会进行评标。原评标委员会所作出的评标意见无效。

采购人或者采购代理机构应当将变更、重新组建评标委员会的情况予以记录，并随采购文件一并存档。

第五十条 评标委员会应当对符合资格的投标人的投标文件进行符合性审查，以确定其是否满足招标文件的实质性要求。

第五十一条 对于投标文件中含义不明确、同类问题表述不一致或者有明显文字和计算错误的内容，评标委员会应当以书面形式要求投标人作出必要的澄清、说明或者补正。

投标人的澄清、说明或者补正应当采用书面形式，并加盖公章，或者由法定代表人或其授权的代表签字。投标人的澄清、说明或者补正不得超出投标文件的范围或者改变投标文件的实质性内容。

第五十二条 评标委员会应当按照招标文件中规定的评标方法和标准，对符合性审查合格的投标文件进行商务和技术评估，综合比较与评价。

第五十三条 评标方法分为最低评标价法和综合评分法。

第五十四条 最低评标价法，是指投标文件满足招标文件全部实质性要求，且投标报价最低的投标人为中标候选人的评标方法。

技术、服务等标准统一的货物服务项目，应当采用最低评标价法。

采用最低评标价法评标时，除了算术修正和落实政府采购政策需进行的价格扣除外，不能对投标人的投标价格进行任何调整。

第五十五条 综合评分法，是指投标文件满足招标文件全部实质性要求，且按照评审因素的量化指标评审得分最高的投标人为中标候选人的评标方法。

评审因素的设定应当与投标人所提供货物服务的质量相关，包括投标报价、技术或者服务水平、履约能力、售后服务等。资格条件不得作为评审因素。评审因素应当在招标文件中规定。

评审因素应当细化和量化，且与相应的商务条件和采购需求对应。商务条件和采购需求指标有区间规定的，评审因素应当量化到相应区间，并设置各区间对应的不同分值。

评标时，评标委员会各成员应当独立对每个投标人的投标文件进行评价，并汇总每个投标人的得分。

货物项目的价格分值占总分值的比重不得低于30%；服务项目的价格分值占总分值的比重不得低于10%。执行国家统一定价标准和采用固定价格采购的项目，其价格不列为评审因素。

价格分应当采用低价优先法计算，即满足招标文件要求且投标价格最低的投标报价为评标基准价，其价格分为满分。其他投标人的价格分统一按照下列公式计算：

投标报价得分＝（评标基准价/投标报价）×100

评标总得分＝$F_1×A_1+F_2×A_2+…+F_n×A_n$

F_1、F_2、……、F_n分别为各项评审因素的得分；

A1、A2、……、An 分别为各项评审因素所占的权重（A1＋A2＋…＋An＝1)。

评标过程中，不得去掉报价中的最高报价和最低报价。

因落实政府采购政策进行价格调整的，以调整后的价格计算评标基准价和投标报价。

第五十六条　采用最低评标价法的，评标结果按投标报价由低到高顺序排列。投标报价相同的并列。投标文件满足招标文件全部实质性要求且投标报价最低的投标人为排名第一的中标候选人。

第五十七条　采用综合评分法的，评标结果按评审后得分由高到低顺序排列。得分相同的，按投标报价由低到高顺序排列。得分且投标报价相同的并列。投标文件满足招标文件全部实质性要求，且按照评审因素的量化指标评审得分最高的投标人为排名第一的中标候选人。

第五十八条　评标委员会根据全体评标成员签字的原始评标记录和评标结果编写评标报告。评标报告应当包括以下内容：

（一）招标公告刊登的媒体名称、开标日期和地点；

（二）投标人名单和评标委员会成员名单；

（三）评标方法和标准；

（四）开标记录和评标情况及说明，包括无效投标人名单及原因；

（五）评标结果，确定的中标候选人名单或者经采购人委托直接确定的中标人；

（六）其他需要说明的情况，包括评标过程中投标人根据评标委员会要求进行的澄清、说明或者补正，评标委员会成员的更换等。

第五十九条　投标文件报价出现前后不一致的，除招标文件另有规定外，按照下列规定修正：

（一）投标文件中开标一览表（报价表）内容与投标文件中相应内容不一致的，以开标一览表（报价表）为准；

（二）大写金额和小写金额不一致的，以大写金额为准；

（三）单价金额小数点或者百分比有明显错位的，以开标一览表的总价为准，并修改单价；

（四）总价金额与按单价汇总金额不一致的，以单价金额计算结果为准。

同时出现两种以上不一致的,按照前款规定的顺序修正。修正后的报价按照本办法第五十一条第二款的规定经投标人确认后产生约束力,投标人不确认的,其投标无效。

第六十条 评标委员会认为投标人的报价明显低于其他通过符合性审查投标人的报价,有可能影响产品质量或者不能诚信履约的,应当要求其在评标现场合理的时间内提供书面说明,必要时提交相关证明材料;投标人不能证明其报价合理性的,评标委员会应当将其作为无效投标处理。

第六十一条 评标委员会成员对需要共同认定的事项存在争议的,应当按照少数服从多数的原则作出结论。持不同意见的评标委员会成员应当在评标报告上签署不同意见及理由,否则视为同意评标报告。

第六十二条 评标委员会及其成员不得有下列行为:

(一)确定参与评标至评标结束前私自接触投标人;

(二)接受投标人提出的与投标文件不一致的澄清或者说明,本办法第五十一条规定的情形除外;

(三)违反评标纪律发表倾向性意见或者征询采购人的倾向性意见;

(四)对需要专业判断的主观评审因素协商评分;

(五)在评标过程中擅离职守,影响评标程序正常进行的;

(六)记录、复制或者带走任何评标资料;

(七)其他不遵守评标纪律的行为。

评标委员会成员有前款第一至五项行为之一的,其评审意见无效,并不得获取评审劳务报酬和报销异地评审差旅费。

第六十三条 投标人存在下列情况之一的,投标无效:

(一)未按照招标文件的规定提交投标保证金的;

(二)投标文件未按招标文件要求签署、盖章的;

(三)不具备招标文件中规定的资格要求的;

(四)报价超过招标文件中规定的预算金额或者最高限价的;

(五)投标文件含有采购人不能接受的附加条件的;

(六)法律、法规和招标文件规定的其他无效情形。

第六十四条 评标结果汇总完成后,除下列情形外,任何人不得修改评标结果：

（一）分值汇总计算错误的；

（二）分项评分超出评分标准范围的；

（三）评标委员会成员对客观评审因素评分不一致的；

（四）经评标委员会认定评分畸高、畸低的。

评标报告签署前，经复核发现存在以上情形之一的，评标委员会应当当场修改评标结果，并在评标报告中记载；评标报告签署后，采购人或者采购代理机构发现存在以上情形之一的，应当组织原评标委员会进行重新评审，重新评审改变评标结果的，书面报告本级财政部门。

投标人对本条第一款情形提出质疑的，采购人或者采购代理机构可以组织原评标委员会进行重新评审，重新评审改变评标结果的，应当书面报告本级财政部门。

第六十五条 评标委员会发现招标文件存在歧义、重大缺陷导致评标工作无法进行，或者招标文件内容违反国家有关强制性规定的，应当停止评标工作，与采购人或者采购代理机构沟通并作书面记录。采购人或者采购代理机构确认后，应当修改招标文件，重新组织采购活动。

第六十六条 采购人、采购代理机构应当采取必要措施，保证评标在严格保密的情况下进行。除采购人代表、评标现场组织人员外，采购人的其他工作人员以及与评标工作无关的人员不得进入评标现场。

有关人员对评标情况以及在评标过程中获悉的国家秘密、商业秘密负有保密责任。

第六十七条 评标委员会或者其成员存在下列情形导致评标结果无效的，采购人、采购代理机构可以重新组建评标委员会进行评标，并书面报告本级财政部门，但采购合同已经履行的除外：

（一）评标委员会组成不符合本办法规定的；

（二）有本办法第六十二条第一至五项情形的；

（三）评标委员会及其成员独立评标受到非法干预的；

（四）有政府采购法实施条例第七十五条规定的违法行为的。

有违法违规行为的原评标委员会成员不得参加重新组建的评标委员会。

第五章　中标和合同

第六十八条　采购代理机构应当在评标结束后 2 个工作日内将评标报告送采购人。

采购人应当自收到评标报告之日起 5 个工作日内，在评标报告确定的中标候选人名单中按顺序确定中标人。中标候选人并列的，由采购人或者采购人委托评标委员会按照招标文件规定的方式确定中标人；招标文件未规定的，采取随机抽取的方式确定。

采购人自行组织招标的，应当在评标结束后 5 个工作日内确定中标人。

采购人在收到评标报告 5 个工作日内未按评标报告推荐的中标候选人顺序确定中标人，又不能说明合法理由的，视同按评标报告推荐的顺序确定排名第一的中标候选人为中标人。

第六十九条　采购人或者采购代理机构应当自中标人确定之日起 2 个工作日内，在省级以上财政部门指定的媒体上公告中标结果，招标文件应当随中标结果同时公告。

中标结果公告内容应当包括采购人及其委托的采购代理机构的名称、地址、联系方式，项目名称和项目编号，中标人名称、地址和中标金额，主要中标标的的名称、规格型号、数量、单价、服务要求，中标公告期限以及评审专家名单。

中标公告期限为 1 个工作日。

邀请招标采购人采用书面推荐方式产生符合资格条件的潜在投标人的，还应当将所有被推荐供应商名单和推荐理由随中标结果同时公告。

在公告中标结果的同时，采购人或者采购代理机构应当向中标人发出中标通知书；对未通过资格审查的投标人，应当告知其未通过的原因；采用综合评分法评审的，还应当告知未中标人本人的评审得分与排序。

第七十条　中标通知书发出后，采购人不得违法改变中标结果，中标人无正当理由不得放弃中标。

第七十一条　采购人应当自中标通知书发出之日起 30 日内，按照招标文件和中标人投标文件的规定，与中标人签订书面合同。所签订的合同不得对招标文件确定的事项和中标人投标文件作实质性修改。

采购人不得向中标人提出任何不合理的要求作为签订合同的条件。

第七十二条 政府采购合同应当包括采购人与中标人的名称和住所、标的、数量、质量、价款或者报酬、履行期限及地点和方式、验收要求、违约责任、解决争议的方法等内容。

第七十三条 采购人与中标人应当根据合同的约定依法履行合同义务。

政府采购合同的履行、违约责任和解决争议的方法等适用《中华人民共和国合同法》。

第七十四条 采购人应当及时对采购项目进行验收。采购人可以邀请参加本项目的其他投标人或者第三方机构参与验收。参与验收的投标人或者第三方机构的意见作为验收书的参考资料一并存档。

第七十五条 采购人应当加强对中标人的履约管理,并按照采购合同约定,及时向中标人支付采购资金。对于中标人违反采购合同约定的行为,采购人应当及时处理,依法追究其违约责任。

第七十六条 采购人、采购代理机构应当建立真实完整的招标采购档案,妥善保存每项采购活动的采购文件。

第六章 法律责任

第七十七条 采购人有下列情形之一的,由财政部门责令限期改正;情节严重的,给予警告,对直接负责的主管人员和其他直接责任人员由其行政主管部门或者有关机关依法给予处分,并予以通报;涉嫌犯罪的,移送司法机关处理:

(一)未按照本办法的规定编制采购需求的;

(二)违反本办法第六条第二款规定的;

(三)未在规定时间内确定中标人的;

(四)向中标人提出不合理要求作为签订合同条件的。

第七十八条 采购人、采购代理机构有下列情形之一的,由财政部门责令限期改正,情节严重的,给予警告,对直接负责的主管人员和其他直接责任人员,由其行政主管部门或者有关机关给予处分,并予通报;采购代理机构有违法所得的,没收违法所得,并可以处以不超过违法所得3倍、最高不超过3万元的罚款,没有违法所得的,可以处以1万元以下的罚款:

（一）违反本办法第八条第二款规定的；

（二）设定最低限价的；

（三）未按照规定进行资格预审或者资格审查的；

（四）违反本办法规定确定招标文件售价的；

（五）未按规定对开标、评标活动进行全程录音录像的；

（六）擅自终止招标活动的；

（七）未按照规定进行开标和组织评标的；

（八）未按照规定退还投标保证金的；

（九）违反本办法规定进行重新评审或者重新组建评标委员会进行评标的；

（十）开标前泄露已获取招标文件的潜在投标人的名称、数量或者其他可能影响公平竞争的有关招标投标情况的；

（十一）未妥善保存采购文件的；

（十二）其他违反本办法规定的情形。

第七十九条 有本办法第七十七条、第七十八条规定的违法行为之一，经改正后仍然影响或者可能影响中标结果的，依照政府采购法实施条例第七十一条规定处理。

第八十条 政府采购当事人违反本办法规定，给他人造成损失的，依法承担民事责任。

第八十一条 评标委员会成员有本办法第六十二条所列行为之一的，由财政部门责令限期改正；情节严重的，给予警告，并对其不良行为予以记录。

第八十二条 财政部门应当依法履行政府采购监督管理职责。财政部门及其工作人员在履行监督管理职责中存在懒政怠政、滥用职权、玩忽职守、徇私舞弊等违法违纪行为的，依照政府采购法、《中华人民共和国公务员法》、《中华人民共和国行政监察法》、政府采购法实施条例等国家有关规定追究相应责任；涉嫌犯罪的，移送司法机关处理。

第七章 附则

第八十三条 政府采购货物服务电子招标投标、政府采购货物中的进口机电产品招标投标有关特殊事宜，由财政部另行规定。

第八十四条 本办法所称主管预算单位是指负有编制部门预算职责,向本级财政部门申报预算的国家机关、事业单位和团体组织。

第八十五条 本办法规定按日计算期间的,开始当天不计入,从次日开始计算。期限的最后一日是国家法定节假日的,顺延到节假日后的次日为期限的最后一日。

第八十六条 本办法所称的"以上"、"以下"、"内"、"以内",包括本数;所称的"不足",不包括本数。

第八十七条 各省、自治区、直辖市财政部门可以根据本办法制定具体实施办法。

第八十八条 本办法自2017年10月1日起施行。财政部2004年8月11日发布的《政府采购货物和服务招标投标管理办法》(财政部令第18号)同时废止。

政府采购非招标采购方式管理办法

(财政部令第 74 号)

第一章 总则

第一条 为了规范政府采购行为,加强对采用非招标采购方式采购活动的监督管理,维护国家利益、社会公共利益和政府采购当事人的合法权益,依据《中华人民共和国政府采购法》(以下简称政府采购法)和其他法律、行政法规的有关规定,制定本办法。

第二条 采购人、采购代理机构采用非招标采购方式采购货物、工程和服务的,适用本办法。

本办法所称非招标采购方式,是指竞争性谈判、单一来源采购和询价采购方式。

竞争性谈判是指谈判小组与符合资格条件的供应商就采购货物、工程和服务事宜进行谈判,供应商按照谈判文件的要求提交响应文件和最后报价,采购人从谈判小组提出的成交候选人中确定成交供应商的采购方式。

单一来源采购是指采购人从某一特定供应商处采购货物、工程和服务的采购方式。

询价是指询价小组向符合资格条件的供应商发出采购货物询价通知书,要求供应商一次报出不得更改的价格,采购人从询价小组提出的成交候选人中确定成交供应商的采购方式。

第三条 采购人、采购代理机构采购以下货物、工程和服务之一的,可以采用竞争性谈判、单一来源采购方式采购;采购货物的,还可以采用询价采购方式:

(一)依法制定的集中采购目录以内,且未达到公开招标数额标准的货物、服务;

(二)依法制定的集中采购目录以外、采购限额标准以上,且未达到公开招标数额标准的货物、服务;

（三）达到公开招标数额标准、经批准采用非公开招标方式的货物、服务；

（四）按照招标投标法及其实施条例必须进行招标的工程建设项目以外的政府采购工程。

第二章 一般规定

第四条 达到公开招标数额标准的货物、服务采购项目，拟采用非招标采购方式的，采购人应当在采购活动开始前，报经主管预算单位同意后，向设区的市、自治州以上人民政府财政部门申请批准。

第五条 根据本办法第四条申请采用非招标采购方式采购的，采购人应当向财政部门提交以下材料并对材料的真实性负责：

（一）采购人名称、采购项目名称、项目概况等项目基本情况说明；

（二）项目预算金额、预算批复文件或者资金来源证明；

（三）拟申请采用的采购方式和理由。

第六条 采购人、采购代理机构应当按照政府采购法和本办法的规定组织开展非招标采购活动，并采取必要措施，保证评审在严格保密的情况下进行。

任何单位和个人不得非法干预、影响评审过程和结果。

第七条 竞争性谈判小组或者询价小组由采购人代表和评审专家共3人以上单数组成，其中评审专家人数不得少于竞争性谈判小组或者询价小组成员总数的2/3。采购人不得以评审专家身份参加本部门或本单位采购项目的评审。采购代理机构人员不得参加本机构代理的采购项目的评审。

达到公开招标数额标准的货物或者服务采购项目，或者达到招标规模标准的政府采购工程，竞争性谈判小组或者询价小组应当由5人以上单数组成。

采用竞争性谈判、询价方式采购的政府采购项目，评审专家应当从政府采购评审专家库内相关专业的专家名单中随机抽取。技术复杂、专业性强的竞争性谈判采购项目，通过随机方式难以确定合适的评审专家的，经主管预算单位同意，可以自行选定评审专家。技术复杂、专业性强的竞争性谈判采购项目，评审专家中应当包含1名法律专家。

第八条 竞争性谈判小组或者询价小组在采购活动过程中应当履行下列职责：

（一）确认或者制定谈判文件、询价通知书；

(二) 从符合相应资格条件的供应商名单中确定不少于3家的供应商参加谈判或者询价；

(三) 审查供应商的响应文件并作出评价；

(四) 要求供应商解释或者澄清其响应文件；

(五) 编写评审报告；

(六) 告知采购人、采购代理机构在评审过程中发现的供应商的违法违规行为。

第九条 竞争性谈判小组或者询价小组成员应当履行下列义务：

(一) 遵纪守法，客观、公正、廉洁地履行职责；

(二) 根据采购文件的规定独立进行评审，对个人的评审意见承担法律责任；

(三) 参与评审报告的起草；

(四) 配合采购人、采购代理机构答复供应商提出的质疑；

(五) 配合财政部门的投诉处理和监督检查工作。

第十条 谈判文件、询价通知书应当根据采购项目的特点和采购人的实际需求制定，并经采购人书面同意。采购人应当以满足实际需求为原则，不得擅自提高经费预算和资产配置等采购标准。

谈判文件、询价通知书不得要求或者标明供应商名称或者特定货物的品牌，不得含有指向特定供应商的技术、服务等条件。

第十一条 谈判文件、询价通知书应当包括供应商资格条件、采购邀请、采购方式、采购预算、采购需求、采购程序、价格构成或者报价要求、响应文件编制要求、提交响应文件截止时间及地点、保证金交纳数额和形式、评定成交的标准等。

谈判文件除本条第一款规定的内容外，还应当明确谈判小组根据与供应商谈判情况可能实质性变动的内容，包括采购需求中的技术、服务要求以及合同草案条款。

第十二条 采购人、采购代理机构应当通过发布公告、从省级以上财政部门建立的供应商库中随机抽取或者采购人和评审专家分别书面推荐的方式邀请不少于3家符合相应资格条件的供应商参与竞争性谈判或者询价采购活动。

符合政府采购法第二十二条第一款规定条件的供应商可以在采购活动开始前加入供应商库。财政部门不得对供应商申请入库收取任何费用，不得利用供应商库进行地区和行业封锁。

采取采购人和评审专家书面推荐方式选择供应商的，采购人和评审专家应当各自出具书面推荐意见。采购人推荐供应商的比例不得高于推荐供应商总数的50%。

第十三条　供应商应当按照谈判文件、询价通知书的要求编制响应文件，并对其提交的响应文件的真实性、合法性承担法律责任。

第十四条　采购人、采购代理机构可以要求供应商在提交响应文件截止时间之前交纳保证金。保证金应当采用支票、汇票、本票、网上银行支付或者金融机构、担保机构出具的保函等非现金形式交纳。保证金数额应当不超过采购项目预算的2%。

供应商为联合体的，可以由联合体中的一方或者多方共同交纳保证金，其交纳的保证金对联合体各方均具有约束力。

第十五条　供应商应当在谈判文件、询价通知书要求的截止时间前，将响应文件密封送达指定地点。在截止时间后送达的响应文件为无效文件，采购人、采购代理机构或者谈判小组、询价小组应当拒收。

供应商在提交询价响应文件截止时间前，可以对所提交的响应文件进行补充、修改或者撤回，并书面通知采购人、采购代理机构。补充、修改的内容作为响应文件的组成部分。补充、修改的内容与响应文件不一致的，以补充、修改的内容为准。

第十六条　谈判小组、询价小组在对响应文件的有效性、完整性和响应程度进行审查时，可以要求供应商对响应文件中含义不明确、同类问题表述不一致或者有明显文字和计算错误的内容等作出必要的澄清、说明或者更正。供应商的澄清、说明或者更正不得超出响应文件的范围或者改变响应文件的实质性内容。

谈判小组、询价小组要求供应商澄清、说明或者更正响应文件应当以书面形式作出。供应商的澄清、说明或者更正应当由法定代表人或其授权代表签字或者加盖公章。由授权代表签字的，应当附法定代表人授权书。供应商为自然人的，应当由本人签字并附身份证明。

第十七条　谈判小组、询价小组应当根据评审记录和评审结果编写评审报告，其主要内容包括：

（一）邀请供应商参加采购活动的具体方式和相关情况，以及参加采购活动的供应商名单；

（二）评审日期和地点，谈判小组、询价小组成员名单；

（三）评审情况记录和说明，包括对供应商的资格审查情况、供应商响应文件评审情况、谈判情况、报价情况等；

（四）提出的成交候选人的名单及理由。

评审报告应当由谈判小组、询价小组全体人员签字认可。谈判小组、询价小组成员对评审报告有异议的，谈判小组、询价小组按照少数服从多数的原则推荐成交候选人，采购程序继续进行。对评审报告有异议的谈判小组、询价小组成员，应当在报告上签署不同意见并说明理由，由谈判小组、询价小组书面记录相关情况。谈判小组、询价小组成员拒绝在报告上签字又不书面说明其不同意见和理由的，视为同意评审报告。

第十八条 采购人或者采购代理机构应当在成交供应商确定后 2 个工作日内，在省级以上财政部门指定的媒体上公告成交结果，同时向成交供应商发出成交通知书，并将竞争性谈判文件、询价通知书随成交结果同时公告。成交结果公告应当包括以下内容：

（一）采购人和采购代理机构的名称、地址和联系方式；

（二）项目名称和项目编号；

（三）成交供应商名称、地址和成交金额；

（四）主要成交标的的名称、规格型号、数量、单价、服务要求；

（五）谈判小组、询价小组成员名单及单一来源采购人员名单。

采用书面推荐供应商参加采购活动的，还应当公告采购人和评审专家的推荐意见。

第十九条 采购人与成交供应商应当在成交通知书发出之日起 30 日内，按照采购文件确定的合同文本以及采购标的、规格型号、采购金额、采购数量、技术和服务要求等事项签订政府采购合同。

采购人不得向成交供应商提出超出采购文件以外的任何要求作为签订合同的条件，不得与成交供应商订立背离采购文件确定的合同文本以及采购标的、规格型号、采购金额、采购数量、技术和服务要求等实质性内容的协议。

第二十条 采购人或者采购代理机构应当在采购活动结束后及时退还供应商的保证金，但因供应商自身原因导致无法及时退还的除外。未成交供应商的保证金应当在成交通知书发出后 5 个工作日内退还，成交供应商的保证金应当在采购合同签订后 5 个工作日内退还。

有下列情形之一的，保证金不予退还：

（一）供应商在提交响应文件截止时间后撤回响应文件的；

（二）供应商在响应文件中提供虚假材料的；

（三）除因不可抗力或谈判文件、询价通知书认可的情形以外，成交供应商不与采购人签订合同的；

（四）供应商与采购人、其他供应商或者采购代理机构恶意串通的；

（五）采购文件规定的其他情形。

第二十一条　除资格性审查认定错误和价格计算错误外，采购人或者采购代理机构不得以任何理由组织重新评审。采购人、采购代理机构发现谈判小组、询价小组未按照采购文件规定的评定成交的标准进行评审的，应当重新开展采购活动，并同时书面报告本级财政部门。

第二十二条　除不可抗力等因素外，成交通知书发出后，采购人改变成交结果，或者成交供应商拒绝签订政府采购合同的，应当承担相应的法律责任。

成交供应商拒绝签订政府采购合同的，采购人可以按照本办法第三十六条第二款、第四十九条第二款规定的原则确定其他供应商作为成交供应商并签订政府采购合同，也可以重新开展采购活动。拒绝签订政府采购合同的成交供应商不得参加对该项目重新开展的采购活动。

第二十三条　在采购活动中因重大变故，采购任务取消的，采购人或者采购代理机构应当终止采购活动，通知所有参加采购活动的供应商，并将项目实施情况和采购任务取消原因报送本级财政部门。

第二十四条　采购人或者采购代理机构应当按照采购合同规定的技术、服务等要求组织对供应商履约的验收，并出具验收书。验收书应当包括每一项技术、服务等要求的履约情况。大型或者复杂的项目，应当邀请国家认可的质量检测机构参加验收。验收方成员应当在验收书上签字，并承担相应的法律责任。

第二十五条　谈判小组、询价小组成员以及与评审工作有关的人员不得泄露评审情况以及评审过程中获悉的国家秘密、商业秘密。

第二十六条　采购人、采购代理机构应当妥善保管每项采购活动的采购文件。采购文件包括采购活动记录、采购预算、谈判文件、询价通知书、响应文件、推荐供应商的意见、评审报告、成交供应商确定文件、单一来源采购协商情况记录、合同文本、验收证明、质疑答复、投诉处理决定以及其他有关文件、资料。采购文件可以电子档案方式保存。

采购活动记录至少应当包括下列内容：

（一）采购项目类别、名称；

（二）采购项目预算、资金构成和合同价格；

（三）采购方式，采用该方式的原因及相关说明材料；

（四）选择参加采购活动的供应商的方式及原因；

（五）评定成交的标准及确定成交供应商的原因；

（六）终止采购活动的，终止的原因。

第三章　竞争性谈判

第二十七条　符合下列情形之一的采购项目，可以采用竞争性谈判方式采购：

（一）招标后没有供应商投标或者没有合格标的，或者重新招标未能成立的；

（二）技术复杂或者性质特殊，不能确定详细规格或者具体要求的；

（三）非采购人所能预见的原因或者非采购人拖延造成采用招标所需时间不能满足用户紧急需要的；

（四）因艺术品采购、专利、专有技术或者服务的时间、数量事先不能确定等原因不能事先计算出价格总额的。

公开招标的货物、服务采购项目，招标过程中提交投标文件或者经评审实质性响应招标文件要求的供应商只有两家时，采购人、采购代理机构按照本办法第四条经本级财政部门批准后可以与该两家供应商进行竞争性谈判采购，采购人、采购代理机构应当根据招标文件中的采购需求编制谈判文件，成立谈判小组，由谈判小组对谈判文件进行确认。符合本款情形的，本办法第三十三条、第三十五条中规定的供应商最低数量可以为两家。

第二十八条　符合本办法第二十七条第一款第一项情形和第二款情形，申请采用竞争性谈判采购方式时，除提交本办法第五条第一至三项规定的材料外，还应当提交下列申请材料：

（一）在省级以上财政部门指定的媒体上发布招标公告的证明材料；

（二）采购人、采购代理机构出具的对招标文件和招标过程是否有供应商质疑及质疑处理情况的说明；

（三）评标委员会或者 3 名以上评审专家出具的招标文件没有不合理条款的论证意见。

第二十九条　从谈判文件发出之日起至供应商提交首次响应文件截止之日止不得少于 3 个工作日。

提交首次响应文件截止之日前，采购人、采购代理机构或者谈判小组可以对已发出的谈判文件进行必要的澄清或者修改，澄清或者修改的内容作为谈判文件的组成部分。澄清或者修改的内容可能影响响应文件编制的，采购人、采购代理机构或者谈判小组应当在提交首次响应文件截止之日 3 个工作日前，以书面形式通知所有接收谈判文件的供应商，不足 3 个工作日的，应当顺延提交首次响应文件截止之日。

第三十条　谈判小组应当对响应文件进行评审，并根据谈判文件规定的程序、评定成交的标准等事项与实质性响应谈判文件要求的供应商进行谈判。未实质性响应谈判文件的响应文件按无效处理，谈判小组应当告知有关供应商。

第三十一条　谈判小组所有成员应当集中与单一供应商分别进行谈判，并给予所有参加谈判的供应商平等的谈判机会。

第三十二条　在谈判过程中，谈判小组可以根据谈判文件和谈判情况实质性变动采购需求中的技术、服务要求以及合同草案条款，但不得变动谈判文件中的其他内容。实质性变动的内容，须经采购人代表确认。

对谈判文件作出的实质性变动是谈判文件的有效组成部分，谈判小组应当及时以书面形式同时通知所有参加谈判的供应商。

供应商应当按照谈判文件的变动情况和谈判小组的要求重新提交响应文件，并由其法定代表人或授权代表签字或者加盖公章。由授权代表签字的，应当附法定代表人授权书。供应商为自然人的，应当由本人签字并附身份证明。

第三十三条　谈判文件能够详细列明采购标的的技术、服务要求的，谈判结束后，谈判小组应当要求所有继续参加谈判的供应商在规定时间内提交最后报价，提交最后报价的供应商不得少于 3 家。

谈判文件不能详细列明采购标的的技术、服务要求，需经谈判由供应商提供最终设计方案或解决方案的，谈判结束后，谈判小组应当按照少数服从多数的原则投票推荐 3 家以上供应商的设计方案或者解决方案,并要求其在规定时间内提交最后报价。

最后报价是供应商响应文件的有效组成部分。

第三十四条 已提交响应文件的供应商,在提交最后报价之前,可以根据谈判情况退出谈判。采购人、采购代理机构应当退还退出谈判的供应商的保证金。

第三十五条 谈判小组应当从质量和服务均能满足采购文件实质性响应要求的供应商中,按照最后报价由低到高的顺序提出 3 名以上成交候选人,并编写评审报告。

第三十六条 采购代理机构应当在评审结束后 2 个工作日内将评审报告送采购人确认。

采购人应当在收到评审报告后 5 个工作日内,从评审报告提出的成交候选人中,根据质量和服务均能满足采购文件实质性响应要求且最后报价最低的原则确定成交供应商,也可以书面授权谈判小组直接确定成交供应商。采购人逾期未确定成交供应商且不提出异议的,视为确定评审报告提出的最后报价最低的供应商为成交供应商。

第三十七条 出现下列情形之一的,采购人或者采购代理机构应当终止竞争性谈判采购活动,发布项目终止公告并说明原因,重新开展采购活动:

(一)因情况变化,不再符合规定的竞争性谈判采购方式适用情形的;

(二)出现影响采购公正的违法、违规行为的;

(三)在采购过程中符合竞争要求的供应商或者报价未超过采购预算的供应商不足 3 家的,但本办法第二十七条第二款规定的情形除外。

第四章　单一来源采购

第三十八条 属于政府采购法第三十一条第一项情形,且达到公开招标数额的货物、服务项目,拟采用单一来源采购方式的,采购人、采购代理机构在按照本办法第四条报财政部门批准之前,应当在省级以上财政部门指定媒体上公示,并将公示情况一并报财政部门。公示期不得少于 5 个工作日,公示内容应当包括:

(一)采购人、采购项目名称和内容;

(二)拟采购的货物或者服务的说明;

（三）采用单一来源采购方式的原因及相关说明；

（四）拟定的唯一供应商名称、地址；

（五）专业人员对相关供应商因专利、专有技术等原因具有唯一性的具体论证意见，以及专业人员的姓名、工作单位和职称；

（六）公示的期限；

（七）采购人、采购代理机构、财政部门的联系地址、联系人和联系电话。

第三十九条　任何供应商、单位或者个人对采用单一来源采购方式公示有异议的，可以在公示期内将书面意见反馈给采购人、采购代理机构，并同时抄送相关财政部门。

第四十条　采购人、采购代理机构收到对采用单一来源采购方式公示的异议后，应当在公示期满后5个工作日内，组织补充论证，论证后认为异议成立的，应当依法采取其他采购方式；论证后认为异议不成立的，应当将异议意见、论证意见与公示情况一并报相关财政部门。

采购人、采购代理机构应当将补充论证的结论告知提出异议的供应商、单位或者个人。

第四十一条　采用单一来源采购方式采购的，采购人、采购代理机构应当组织具有相关经验的专业人员与供应商商定合理的成交价格并保证采购项目质量。

第四十二条　单一来源采购人员应当编写协商情况记录，主要内容包括：

（一）依据本办法第三十八条进行公示的，公示情况说明；

（二）协商日期和地点，采购人员名单；

（三）供应商提供的采购标的成本、同类项目合同价格以及相关专利、专有技术等情况说明；

（四）合同主要条款及价格商定情况。

协商情况记录应当由采购全体人员签字认可。对记录有异议的采购人员，应当签署不同意见并说明理由。采购人员拒绝在记录上签字又不书面说明其不同意见和理由的，视为同意。

第四十三条　出现下列情形之一的，采购人或者采购代理机构应当终止采购活动，发布项目终止公告并说明原因，重新开展采购活动：

（一）因情况变化，不再符合规定的单一来源采购方式适用情形的；

（二）出现影响采购公正的违法、违规行为的；

（三）报价超过采购预算的。

第五章　询价

第四十四条　询价采购需求中的技术、服务等要求应当完整、明确，符合相关法律、行政法规和政府采购政策的规定。

第四十五条　从询价通知书发出之日起至供应商提交响应文件截止之日止不得少于3个工作日。

提交响应文件截止之日前，采购人、采购代理机构或者询价小组可以对已发出的询价通知书进行必要的澄清或者修改，澄清或者修改的内容作为询价通知书的组成部分。澄清或者修改的内容可能影响响应文件编制的，采购人、采购代理机构或者询价小组应当在提交响应文件截止之日3个工作日前，以书面形式通知所有接收询价通知书的供应商，不足3个工作日的，应当顺延提交响应文件截止之日。

第四十六条　询价小组在询价过程中，不得改变询价通知书所确定的技术和服务等要求、评审程序、评定成交的标准和合同文本等事项。

第四十七条　参加询价采购活动的供应商，应当按照询价通知书的规定一次报出不得更改的价格。

第四十八条　询价小组应当从质量和服务均能满足采购文件实质性响应要求的供应商中，按照报价由低到高的顺序提出3名以上成交候选人，并编写评审报告。

第四十九条　采购代理机构应当在评审结束后2个工作日内将评审报告送采购人确认。

采购人应当在收到评审报告后5个工作日内，从评审报告提出的成交候选人中，根据质量和服务均能满足采购文件实质性响应要求且报价最低的原则确定成交供应商，也可以书面授权询价小组直接确定成交供应商。采购人逾期未确定成交供应商且不提出异议的，视为确定评审报告提出的最后报价最低的供应商为成交供应商。

第五十条 出现下列情形之一的,采购人或者采购代理机构应当终止询价采购活动,发布项目终止公告并说明原因,重新开展采购活动:

(一)因情况变化,不再符合规定的询价采购方式适用情形的;

(二)出现影响采购公正的违法、违规行为的;

(三)在采购过程中符合竞争要求的供应商或者报价未超过采购预算的供应商不足3家的。

第六章 法律责任

第五十一条 采购人、采购代理机构有下列情形之一的,责令限期改正,给予警告;有关法律、行政法规规定处以罚款的,并处罚款;涉嫌犯罪的,依法移送司法机关处理:

(一)未按照本办法规定在指定媒体上发布政府采购信息的;

(二)未按照本办法规定组成谈判小组、询价小组的;

(三)在询价采购过程中与供应商进行协商谈判的;

(四)未按照政府采购法和本办法规定的程序和要求确定成交候选人的;

(五)泄露评审情况以及评审过程中获悉的国家秘密、商业秘密的。

采购代理机构有前款情形之一,情节严重的,暂停其政府采购代理机构资格3至6个月;情节特别严重或者逾期不改正的,取消其政府采购代理机构资格。

第五十二条 采购人有下列情形之一的,责令限期改正,给予警告;有关法律、行政法规规定处以罚款的,并处罚款:

(一)未按照政府采购法和本办法的规定采用非招标采购方式的;

(二)未按照政府采购法和本办法的规定确定成交供应商的;

(三)未按照采购文件确定的事项签订政府采购合同,或者与成交供应商另行订立背离合同实质性内容的协议的;

(四)未按规定将政府采购合同副本报本级财政部门备案的。

第五十三条 采购人、采购代理机构有本办法第五十一条、第五十二条规定情形之一,且情节严重或者拒不改正的,其直接负责的主管人员和其他直接责任人员属于国家机关工作人员的,由任免机关或者监察机关依法给予处分,并予通报。

第五十四条 成交供应商有下列情形之一的,责令限期改正,情节严重的,列入不良行为记录名单,在 1 至 3 年内禁止参加政府采购活动,并予以通报:

(一)未按照采购文件确定的事项签订政府采购合同,或者与采购人另行订立背离合同实质性内容的协议的;

(二)成交后无正当理由不与采购人签订合同的;

(三)拒绝履行合同义务的。

第五十五条 谈判小组、询价小组成员有下列行为之一的,责令改正,给予警告;有关法律、行政法规规定处以罚款的,并处罚款;涉嫌犯罪的,依法移送司法机关处理:

(一)收受采购人、采购代理机构、供应商、其他利害关系人的财物或者其他不正当利益的;

(二)泄露评审情况以及评审过程中获悉的国家秘密、商业秘密的;

(三)明知与供应商有利害关系而不依法回避的;

(四)在评审过程中擅离职守,影响评审程序正常进行的;

(五)在评审过程中有明显不合理或者不正当倾向性的;

(六)未按照采购文件规定的评定成交的标准进行评审的。

评审专家有前款情形之一,情节严重的,取消其政府采购评审专家资格,不得再参加任何政府采购项目的评审,并在财政部门指定的政府采购信息发布媒体上予以公告。

第五十六条 有本办法第五十一条、第五十二条、第五十五条违法行为之一,并且影响或者可能影响成交结果的,应当按照下列情形分别处理:

(一)未确定成交供应商的,终止本次采购活动,依法重新开展采购活动;

(二)已确定成交供应商但采购合同尚未履行的,撤销合同,从合格的成交候选人中另行确定成交供应商,没有合格的成交候选人的,重新开展采购活动;

(三)采购合同已经履行的,给采购人、供应商造成损失的,由责任人依法承担赔偿责任。

第五十七条 政府采购当事人违反政府采购法和本办法规定,给他人造成损失的,应当依照有关民事法律规定承担民事责任。

第五十八条 任何单位或者个人非法干预、影响评审过程或者结果的,责令改正;该单位责任人或者个人属于国家机关工作人员的,由任免机关或者监察机关依法给予处分。

第五十九条 财政部门工作人员在实施监督管理过程中违法干预采购活动或者滥用职权、玩忽职守、徇私舞弊的，依法给予处分；涉嫌犯罪的，依法移送司法机关处理。

第七章 附则

第六十条 本办法所称主管预算单位是指负有编制部门预算职责，向同级财政部门申报预算的国家机关、事业单位和团体组织。

第六十一条 各省、自治区、直辖市人民政府财政部门可以根据本办法制定具体实施办法。

第六十二条 本办法自 2014 年 2 月 1 日起施行。

政府采购质疑和投诉办法

(财政部令第 94 号)

第一章 总则

第一条 为了规范政府采购质疑和投诉行为，保护参加政府采购活动当事人的合法权益，根据《中华人民共和国政府采购法》《中华人民共和国政府采购法实施条例》和其他有关法律法规规定，制定本办法。

第二条 本办法适用于政府采购质疑的提出和答复、投诉的提起和处理。

第三条 政府采购供应商（以下简称供应商）提出质疑和投诉应当坚持依法依规、诚实信用原则。

第四条 政府采购质疑答复和投诉处理应当坚持依法依规、权责对等、公平公正、简便高效原则。

第五条 采购人负责供应商质疑答复。采购人委托采购代理机构采购的，采购代理机构在委托授权范围内作出答复。

县级以上各级人民政府财政部门（以下简称财政部门）负责依法处理供应商投诉。

第六条 供应商投诉按照采购人所属预算级次，由本级财政部门处理。

跨区域联合采购项目的投诉，采购人所属预算级次相同的，由采购文件事先约定的财政部门负责处理，事先未约定的，由最先收到投诉的财政部门负责处理；采购人所属预算级次不同的，由预算级次最高的财政部门负责处理。

第七条 采购人、采购代理机构应当在采购文件中载明接收质疑函的方式、联系部门、联系电话和通信地址等信息。

县级以上财政部门应当在省级以上财政部门指定的政府采购信息发布媒体公布受理投诉的方式、联系部门、联系电话和通信地址等信息。

第八条 供应商可以委托代理人进行质疑和投诉。其授权委托书应当载明代理人的姓名或者名称、代理事项、具体权限、期限和相关事项。供应商为自然人的，应当由本人签字；供应商为法人或者其他组织的，应当由法定代表人、主要负责人签字或者盖章，并加盖公章。

代理人提出质疑和投诉，应当提交供应商签署的授权委托书。

第九条 以联合体形式参加政府采购活动的，其投诉应当由组成联合体的所有供应商共同提出。

第二章 质疑提出与答复

第十条 供应商认为采购文件、采购过程、中标或者成交结果使自己的权益受到损害的，可以在知道或者应知其权益受到损害之日起7个工作日内，以书面形式向采购人、采购代理机构提出质疑。

采购文件可以要求供应商在法定质疑期内一次性提出针对同一采购程序环节的质疑。

第十一条 提出质疑的供应商（以下简称质疑供应商）应当是参与所质疑项目采购活动的供应商。

潜在供应商已依法获取其可质疑的采购文件的，可以对该文件提出质疑。对采购文件提出质疑的，应当在获取采购文件或者采购文件公告期限届满之日起7个工作日内提出。

第十二条 供应商提出质疑应当提交质疑函和必要的证明材料。质疑函应当包括下列内容：

（一）供应商的姓名或者名称、地址、邮编、联系人及联系电话；

（二）质疑项目的名称、编号；

（三）具体、明确的质疑事项和与质疑事项相关的请求；

（四）事实依据；

（五）必要的法律依据；

（六）提出质疑的日期。

供应商为自然人的，应当由本人签字；供应商为法人或者其他组织的，应当由法定代表人、主要负责人，或者其授权代表签字或者盖章，并加盖公章。

第十三条 采购人、采购代理机构不得拒收质疑供应商在法定质疑期内发出的质疑函，应当在收到质疑函后7个工作日内作出答复，并以书面形式通知质疑供应商和其他有关供应商。

第十四条　供应商对评审过程、中标或者成交结果提出质疑的，采购人、采购代理机构可以组织原评标委员会、竞争性谈判小组、询价小组或者竞争性磋商小组协助答复质疑。

第十五条　质疑答复应当包括下列内容：

（一）质疑供应商的姓名或者名称；

（二）收到质疑函的日期、质疑项目名称及编号；

（三）质疑事项、质疑答复的具体内容、事实依据和法律依据；

（四）告知质疑供应商依法投诉的权利；

（五）质疑答复人名称；

（六）答复质疑的日期。

质疑答复的内容不得涉及商业秘密。

第十六条　采购人、采购代理机构认为供应商质疑不成立，或者成立但未对中标、成交结果构成影响的，继续开展采购活动；认为供应商质疑成立且影响或者可能影响中标、成交结果的，按照下列情况处理：

（一）对采购文件提出的质疑，依法通过澄清或者修改可以继续开展采购活动的，澄清或者修改采购文件后继续开展采购活动；否则应当修改采购文件后重新开展采购活动。

（二）对采购过程、中标或者成交结果提出的质疑，合格供应商符合法定数量时，可以从合格的中标或者成交候选人中另行确定中标、成交供应商的，应当依法另行确定中标、成交供应商；否则应当重新开展采购活动。

质疑答复导致中标、成交结果改变的，采购人或者采购代理机构应当将有关情况书面报告本级财政部门。

第三章　投诉提起

第十七条　质疑供应商对采购人、采购代理机构的答复不满意，或者采购人、采购代理机构未在规定时间内作出答复的，可以在答复期满后15个工作日内向本办法第六条规定的财政部门提起投诉。

第十八条　投诉人投诉时，应当提交投诉书和必要的证明材料，并按照被投诉采购人、采购代理机构（以下简称被投诉人）和与投诉事项有关的供应商数量提供投诉书的副本。投诉书应当包括下列内容：

（一）投诉人和被投诉人的姓名或者名称、通信地址、邮编、联系人及联系电话；

（二）质疑和质疑答复情况说明及相关证明材料；

（三）具体、明确的投诉事项和与投诉事项相关的投诉请求；

（四）事实依据；

（五）法律依据；

（六）提起投诉的日期。

投诉人为自然人的，应当由本人签字；投诉人为法人或者其他组织的，应当由法定代表人、主要负责人，或者其授权代表签字或者盖章，并加盖公章。

第十九条　投诉人应当根据本办法第七条第二款规定的信息内容，并按照其规定的方式提起投诉。

投诉人提起投诉应当符合下列条件：

（一）提起投诉前已依法进行质疑；

（二）投诉书内容符合本办法的规定；

（三）在投诉有效期限内提起投诉；

（四）同一投诉事项未经财政部门投诉处理；

（五）财政部规定的其他条件。

第二十条　供应商投诉的事项不得超出已质疑事项的范围，但基于质疑答复内容提出的投诉事项除外。

第四章　投诉处理

第二十一条　财政部门收到投诉书后，应当在 5 个工作日内进行审查，审查后按照下列情况处理：

（一）投诉书内容不符合本办法第十八条规定的，应当在收到投诉书 5 个工作日内一次性书面通知投诉人补正。补正通知应当载明需要补正的事项和合理的补正期限。未按照补正期限进行补正或者补正后仍不符合规定的，不予受理。

（二）投诉不符合本办法第十九条规定条件的，应当在3个工作日内书面告知投诉人不予受理，并说明理由。

（三）投诉不属于本部门管辖的，应当在3个工作日内书面告知投诉人向有管辖权的部门提起投诉。

（四）投诉符合本办法第十八条、第十九条规定的，自收到投诉书之日起即为受理，并在收到投诉后8个工作日内向被投诉人和其他与投诉事项有关的当事人发出投诉答复通知书及投诉书副本。

第二十二条　被投诉人和其他与投诉事项有关的当事人应当在收到投诉答复通知书及投诉书副本之日起5个工作日内，以书面形式向财政部门作出说明，并提交相关证据、依据和其他有关材料。

第二十三条　财政部门处理投诉事项原则上采用书面审查的方式。财政部门认为有必要时，可以进行调查取证或者组织质证。

财政部门可以根据法律、法规规定或者职责权限，委托相关单位或者第三方开展调查取证、检验、检测、鉴定。

质证应当通知相关当事人到场，并制作质证笔录。质证笔录应当由当事人签字确认。

第二十四条　财政部门依法进行调查取证时，投诉人、被投诉人以及与投诉事项有关的单位及人员应当如实反映情况，并提供财政部门所需要的相关材料。

第二十五条　应当由投诉人承担举证责任的投诉事项，投诉人未提供相关证据、依据和其他有关材料的，视为该投诉事项不成立；被投诉人未按照投诉答复通知书要求提交相关证据、依据和其他有关材料的，视同其放弃说明权利，依法承担不利后果。

第二十六条　财政部门应当自收到投诉之日起30个工作日内，对投诉事项作出处理决定。

第二十七条　财政部门处理投诉事项，需要检验、检测、鉴定、专家评审以及需要投诉人补正材料的，所需时间不计算在投诉处理期限内。

前款所称所需时间，是指财政部门向相关单位、第三方、投诉人发出相关文书、补正通知之日至收到相关反馈文书或材料之日。

财政部门向相关单位、第三方开展检验、检测、鉴定、专家评审的，应当将所需时间告知投诉人。

第二十八条　财政部门在处理投诉事项期间，可以视具体情况书面通知采购人和采购代理机构暂停采购活动，暂停采购活动时间最长不得超过 30 日。

采购人和采购代理机构收到暂停采购活动通知后应当立即中止采购活动，在法定的暂停期限结束前或者财政部门发出恢复采购活动通知前，不得进行该项采购活动。

第二十九条　投诉处理过程中，有下列情形之一的，财政部门应当驳回投诉：

（一）受理后发现投诉不符合法定受理条件；

（二）投诉事项缺乏事实依据，投诉事项不成立；

（三）投诉人捏造事实或者提供虚假材料；

（四）投诉人以非法手段取得证明材料。证据来源的合法性存在明显疑问，投诉人无法证明其取得方式合法的，视为以非法手段取得证明材料。

第三十条　财政部门受理投诉后，投诉人书面申请撤回投诉的，财政部门应当终止投诉处理程序，并书面告知相关当事人。

第三十一条　投诉人对采购文件提起的投诉事项，财政部门经查证属实的，应当认定投诉事项成立。经认定成立的投诉事项不影响采购结果的，继续开展采购活动；影响或者可能影响采购结果的，财政部门按照下列情况处理：

（一）未确定中标或者成交供应商的，责令重新开展采购活动。

（二）已确定中标或者成交供应商但尚未签订政府采购合同的，认定中标或者成交结果无效，责令重新开展采购活动。

（三）政府采购合同已经签订但尚未履行的，撤销合同，责令重新开展采购活动。

（四）政府采购合同已经履行，给他人造成损失的，相关当事人可依法提起诉讼，由责任人承担赔偿责任。

第三十二条　投诉人对采购过程或者采购结果提起的投诉事项，财政部门经查证属实的，应当认定投诉事项成立。经认定成立的投诉事项不影响采购结果的，继续开展采购活动；影响或者可能影响采购结果的，财政部门按照下列情况处理：

（一）未确定中标或者成交供应商的，责令重新开展采购活动。

（二）已确定中标或者成交供应商但尚未签订政府采购合同的，认定中标或者成交结果无效。合格供应商符合法定数量时，可以从合格的中标或者成交候选人中另行确定中标或者成交供应商的，应当要求采购人依法另行确定中标、成交供应商；否则责令重新开展采购活动。

（三）政府采购合同已经签订但尚未履行的，撤销合同。合格供应商符合法定数量时，可以从合格的中标或者成交候选人中另行确定中标或者成交供应商的，应当要求采购人依法另行确定中标、成交供应商；否则责令重新开展采购活动。

（四）政府采购合同已经履行，给他人造成损失的，相关当事人可依法提起诉讼，由责任人承担赔偿责任。

投诉人对废标行为提起的投诉事项成立的，财政部门应当认定废标行为无效。

第三十三条 财政部门作出处理决定，应当制作投诉处理决定书，并加盖公章。投诉处理决定书应当包括下列内容：

（一）投诉人和被投诉人的姓名或者名称、通信地址等；

（二）处理决定查明的事实和相关依据，具体处理决定和法律依据；

（三）告知相关当事人申请行政复议的权利、行政复议机关和行政复议申请期限，以及提起行政诉讼的权利和起诉期限；

（四）作出处理决定的日期。

第三十四条 财政部门应当将投诉处理决定书送达投诉人和与投诉事项有关的当事人，并及时将投诉处理结果在省级以上财政部门指定的政府采购信息发布媒体上公告。

投诉处理决定书的送达，参照《中华人民共和国民事诉讼法》关于送达的规定执行。

第三十五条 财政部门应当建立投诉处理档案管理制度，并配合有关部门依法进行的监督检查。

第五章 法律责任

第三十六条 采购人、采购代理机构有下列情形之一的，由财政部门责令限期改正；情节严重的，给予警告，对直接负责的主管人员和其他直接责任人员，由其行政主管部门或者有关机关给予处分，并予通报：

（一）拒收质疑供应商在法定质疑期内发出的质疑函；

（二）对质疑不予答复或者答复与事实明显不符，并不能作出合理说明；

（三）拒绝配合财政部门处理投诉事宜。

第三十七条　投诉人在全国范围12个月内三次以上投诉查无实据的，由财政部门列入不良行为记录名单。

投诉人有下列行为之一的，属于虚假、恶意投诉，由财政部门列入不良行为记录名单，禁止其1至3年内参加政府采购活动：

（一）捏造事实；

（二）提供虚假材料；

（三）以非法手段取得证明材料。证据来源的合法性存在明显疑问，投诉人无法证明其取得方式合法的，视为以非法手段取得证明材料。

第三十八条　财政部门及其工作人员在履行投诉处理职责中违反本办法规定及存在其他滥用职权、玩忽职守、徇私舞弊等违法违纪行为的，依照《中华人民共和国政府采购法》《中华人民共和国公务员法》《中华人民共和国行政监察法》《中华人民共和国政府采购法实施条例》等国家有关规定追究相应责任；涉嫌犯罪的，依法移送司法机关处理。

第六章　附则

第三十九条　质疑函和投诉书应当使用中文。质疑函和投诉书的范本，由财政部制定。

第四十条　相关当事人提供外文书证或者外国语视听资料的，应当附有中文译本，由翻译机构盖章或者翻译人员签名。

相关当事人向财政部门提供的在中华人民共和国领域外形成的证据，应当说明来源，经所在国公证机关证明，并经中华人民共和国驻该国使领馆认证，或者履行中华人民共和国与证据所在国订立的有关条约中规定的证明手续。

相关当事人提供的在香港特别行政区、澳门特别行政区和台湾地区内形成的证据，应当履行相关的证明手续。

第四十一条　财政部门处理投诉不得向投诉人和被投诉人收取任何费用。但因处理投诉发生的第三方检验、检测、鉴定等费用，由提出申请的供应商先行垫付。投诉处理决定明确双方责任后，按照"谁过错谁负担"的原则由承担责任的一方负担；双方都有责任的，由双方合理分担。

第四十二条 本办法规定的期间开始之日,不计算在期间内。期间届满的最后一日是节假日的,以节假日后的第一日为期间届满的日期。期间不包括在途时间,质疑和投诉文书在期满前交邮的,不算过期。

本办法规定的"以上""以下"均含本数。

第四十三条 对在质疑答复和投诉处理过程中知悉的国家秘密、商业秘密、个人隐私和依法不予公开的信息,财政部门、采购人、采购代理机构等相关知情人应当保密。

第四十四条 省级财政部门可以根据本办法制定具体实施办法。

第四十五条 本办法自2018年3月1日起施行。财政部2004年8月11日发布的《政府采购供应商投诉处理办法》(财政部令第20号)同时废止。